经学通论

〔清〕皮锡瑞 著
吴仰湘 点校

中華書局

图书在版编目(CIP)数据

经学通论/(清)皮锡瑞著;吴仰湘点校. —北京:中华书局,2020.12
ISBN 978-7-101-14866-4

Ⅰ.经… Ⅱ.①皮…②吴… Ⅲ.经学-研究 Ⅳ.Z126.27

中国版本图书馆 CIP 数据核字(2020)第 207235 号

书　　名	经学通论
著　　者	〔清〕皮锡瑞
点 校 者	吴仰湘
责任编辑	刘　明
出版发行	中华书局 (北京市丰台区太平桥西里 38 号　100073) http://www.zhbc.com.cn E-mail:zhbc@zhbc.com.cn
印　　刷	北京瑞古冠中印刷厂
版　　次	2020 年 12 月北京第 1 版 2020 年 12 月北京第 1 次印刷
规　　格	开本/880×1230 毫米　1/32 印张 16¾　插页 2　字数 250 千字
印　　数	1-3000 册
国际书号	ISBN 978-7-101-14866-4
定　　价	48.00 元

点校说明

《经学通论》是皮锡瑞为晚清新式学堂编撰的经学教材，一百多年来风行于世，堪称新经学教育的经典著作。

皮锡瑞（1850—1908）字鹿门，一字麓云，湖南善化人，曾自署所居曰“师伏堂”，后学尊称“师伏先生”。皮氏于同治十二年（1873）膺选拔贡，光绪八年（1882）举顺天乡试，后四赴礼闱报罢，遂绝意功名仕进，以讲学、著述终老。他从训诂、名物入手治经，进而精究《尚书》，兼攻郑学，晚贯群经，虽宗主今文，但学风谨严，持论平实。皮氏又是晚清教育名家，自光绪十八年（1892）起主讲南昌经训书院，光绪二十四年（1898）出任长沙南学会学长，光绪二十八年（1902）受聘创办善化小学堂，又相继在湖南高等学堂、湖南师范馆、长沙府中学堂讲授经史，并一度担任善化小学堂监督，短期代理湖南高等学堂总理，为湘省新式教育鞠躬尽瘁，被杨树达誉为“经师人师”。

在清末新政中，随着书院改制、科举停废，经学教育骤然陷入困境，“今学堂因功课繁多，往往偏重艺能，反轻圣教，经、史、国文，钟点甚少，或且并无经学、国文”（皮名振《皮鹿门年谱》，商务印书馆，1939年，第100页）。新教育重艺轻道，已使经学课程名实难符，更有崇尚西学新知、宣扬革命排满的激进派鄙弃经学，正如皮锡瑞所指摘：“近日邪说流行，乃谓中国欲图富强，止应专用西学，五经四书，皆当付之一炬。办学堂者，惑于其说，敢于轻蔑圣教，民立学堂，多无经学一门，即官立者，亦不过略存饩羊之遗。功课无多，大义茫昧，离经畔道，职此之由。”（同前，第101—102页）皮氏自称“思殚炳烛之明，用救燔经之祸”（《经学通论自序》），相继编撰《经学历史》和《经学通论》，要为新式学堂实施经学教育提供理想的教材。

光绪三十年（1905）夏，皮锡瑞接受湖南省学务处提调、代理湖南高等学堂监督陈庆年之议，撰成《经学历史》，开篇指出：“凡学不考其源流，不能通古今之变；不别其得失，无以获从入之途。”他分十个时代论述整个经学的嬗变，析其源流，辨其得失，并针对“自新学出而薄视旧学，遂有烧经之说”，特意借史立论，强调“立学必先尊经”，同时力言经学简明、有用、易学，在篇末为初学者指出一条入门捷径：“今欲简明、有用，当如《汉志》所云‘存大体，玩经文’而已，如《易》主张惠言《虞氏义》，参以焦循《易章句》《通释》诸书；《书》主伏《传》、《史记》，辅以两汉今文家说；《诗》主鲁、齐、韩三家遗说，参以毛《传》、郑《笺》；《春秋》治《公羊》者主何《注》、徐《疏》，兼采陈立之书，治《左氏》者主贾、服遗说，参以杜《解》；三《礼》主郑《注》，孔、贾

《疏》。先考其名物、制度之大而可行于今者，细碎者姑置之，后儒臆说，概屏勿观，则专治一经，固属易事，兼通各经，亦非甚难。能考其源流，而不迷于途径，本汉人治经之法，求汉人致用之方，如《禹贡》治河、《洪范》察变之类，两汉人才之盛，必有复见于今日者，何至疑圣经为无用而以孔教为可废哉！"

《经学历史》完稿后，皮锡瑞意犹未尽，不久另撰新书，光绪三十年十一月初二日《师伏堂日记》即载："连日检书籍，《经学提纲》一书似不难成，须先阅《皇清经解》《续经解》二书，择取摘出，加以论断，有暇即可录出，特需抄胥之费，而刊板费尤重。"次日即记"录《经学提纲》一条"，十二月日记中又具体记载录《易经》提纲一条或二条，至二十七日说"录《易》二条，大约此一经略具矣"。《师伏堂日记》光绪三十一年（1906）正月二十日更是明言"录《经学通论·书》一条"，已将书名定为《经学通论》。至二月初八日，"《尚书》粗毕"；四月初八日，"《诗》粗毕矣"；闰四月十一日，"录《春秋》一道，毕"；六月十八日，"论《礼》粗毕"；七、八月再对各经续加增补，至八月十三日，"《通论》粗定"。前后不到十个月，可谓神速。陈庆年同样关注《经学通论》的编撰，《师伏堂日记》四月十一日载："下午善如来，取《书论》阅之，云须立题目，加圈点，分段宜短，乃便人阅。段有可分，有不可分，惟题目可立耳。"五月十五日又记："善余还书来，以为宜分段目，列标题，甚是；圈点仿西河，可不必。"皮氏酌采其说，从五月十九日起费力为各篇加上标题。皮氏原担忧刻赀，但成稿甫及一半，王先谦即允诺刊刻，后来还逐卷批阅，大加称赞，《师伏堂日记》九月十六日即说："葵园来函极恭惟，有胸罗众家、掌运千古之语，属即送交手民。"此时《经学通论》尚未定稿，只好分卷交付思贤书局发刻，终在光绪三十二年岁末刊成行世。

皮锡瑞在自序中明言："前编《经学历史》以授生徒，犹恐语焉不详，学者未能窥治经之门径，更纂《经学通论》，以备参考。"对于中国二千多年经学的源流、正变，《经学历史》作了一次纵向的回顾，作为其续编的《经学通论》，则从经学的内层作更详尽的总结。它依五经分卷，各卷按议题设篇，包括《易经》30 篇、《书经》33 篇、《诗经》38 篇、《三礼》52 篇、《春秋》56 篇，分别对《易》、《书》、《诗》、三《礼》及《春秋》三传的成书、流传、义例、要旨，和历代注解、考订、诠释的得失，以及今古文、汉宋学分立互争的是非，以专论的形式作简要梳理和精辟论述，还特别开列研读各经的入门书目，"俾学者有从入之途，而无多歧之患"，为初学者提供治经的基本理念、学问根柢与关键知识，企望"使天下生徒尽通经术"。全书议题鲜明，取材丰富，分之为 209 篇经学专题论文，合之则不啻是一部经学小百科。皮氏于经学寝馈既深，得以含英咀华，对历来纷繁复杂的五经之学，作提纲挈领式论述，如阐发五经大义，论变与不变皆《易》之大义，论今文《尚书》篇篇有义，论《诗》教温柔敦厚，论《礼》所以节性复情，论《春秋》有大义有微言，又如梳理五经源流，分别《易》之正传与别传，辨析

《书》、《诗》之今古文纠纷，探讨三《礼》、《春秋》三传之异同优劣，又如指点后学治经的门径，分论治《易》、通《书》、读《诗》、习《礼》、明《春秋》之法，总论研治群经当求简明有用，无不上下千古，独具裁断，虽时见偏主今文的个人好恶，但主要内容仍属条理旧说，切实有用。

总之，《经学通论》既是皮锡瑞个人一生经学研究的晚年定论，也是他全面总结古代经学、开启近代经学通识教育的精品力作。因此，这本深入浅出的经学教材，自刊行以后长盛不衰，迄今仍是引导人们进入中国经学殿堂的入门读物，乃至被列入高校文科院系研究生的必读书目。

《经学通论》由湖南思贤书局刊于光绪三十二年（1907），先后收入《师伏堂丛书》《皮氏八种》，并被多次影印。1920年，商务印书馆依据初刻本，添加句读，略作校正，以铅字排印，相继列入“万有文库”、“国学基本丛书”，流传较广。1954年，中华书局采用《国学基本丛书》本纸型重印，以挖改方式校正了少数讹误。此校印本后来多次重印，海外各地亦屡有翻印，畅行至今。近些年来，《经学通论》相继出现四种整理本，即潘斌选编的《皮锡瑞儒学论集》本（四川大学出版社，2010年）、周春健的校注本（华夏出版社，2011年）和本人主编的《皮锡瑞集》本（岳麓书社，2012年）、《皮锡瑞全集》本（中华书局，2015年）。此次新校，仍以思贤书局刻本为底本，以《皮锡瑞全集》本为工作本，从断句标点、覆检引文、比对异文、校正讹舛等方面，对《皮锡瑞全集》本中的少数错讹作了纠补。

点校工作的相关事项如下：

（一）凡“经”、“传”、“记”等，若非确指某书某篇，不加书名号；凡“注”、“疏”、“正义”、“解诂”、“释文”等，若非确指某书某篇，而指对某书某篇中字、词、句的注解或说明，亦不加书名号。

（二）凡底本中讹、脱、衍、倒文字，确有把握者予以改正，出校说明依据。

（三）凡避讳字、版刻混用字，一律径改，不出校记。

（四）凡皮锡瑞引述文字，全部覆检原书，若有文字讹误或文意歧异者，据原书改正，出校说明；属节引、撮述大意及无碍文义的文字出入，则不作校改。

（五）皮锡瑞之孙皮名振所撰《皮鹿门先生传略》，有助于今人了解皮锡瑞其人其学，又民国学者江翰、吴承仕所作《经学通论》提要两种，均作为附录置于书末。

整理古籍决非易事，整理经学著述更难，点校带有总结中国经学性质的皮氏《经学通论》难上加难。此次新校难免仍有舛谬，恭请高明惠予指正。

丙申冬月初十日，吴仰湘谨识于岳麓书院。

自　序

经学不明，则孔子不尊。孔子不得位，无功业表见，晚定六经以教万世，尊之者以为万世师表。自天子以至于士庶，莫不读孔子之书，奉孔子之教。天子得之以治天下，士庶得之以治一身，有舍此而无以自立者。此孔子所以贤于尧、舜，为生民所未有，其功皆在删定六经。孟子称孔子作《春秋》，比禹与周公，为天下一治，其明证矣。汉初诸儒深识此义，以六经为孔子所作，且谓孔子为汉定道。太史公谓"言六艺者折衷于孔子，可谓至圣"。董仲舒奏武帝表章六经，抑黜百家，"诸不在六艺之科、孔子之术者，勿使并进"。故其时上无异教，下无异学。君之诏旨，臣之章奏，无不先引经义。所用之士，必取经明行修。此汉代人才所以极盛而治法最近古，由明经术而实行孔教之效也。后汉以降，始有异议，不尽以经为孔子作。《易》，则以为文王作卦辞，周公作爻辞。《春秋》，则以凡例为出周公。《周礼》、《仪礼》，皆以为周公手定。《诗》、《书》二经，亦谓孔子无删定事。于是孔子无一书传世，世之尊孔子，特名焉而已，不知所以为万世师表者安在！唐时乃尊周公为先圣，降孔子为先师，配享从祀，与汉《韩勑》、《史晨》诸碑所言大异，岂非经学不明、孔子不尊之过欤？近世异说滋多，非圣无法，至欲以祖龙之一炬，施之圣经。在廷儒臣上言尊孔，恭奉谕旨，升孔子为大祀，尊崇盛典，远轶百王。锡瑞窃以为，尊孔必先明经。前编《经学历史》以授生徒，犹恐语焉不详，学者未能窥治经之门径，更纂《经学通论》，以备参考。大旨以为：一、当知经为孔子所定，孔子以前，不得有经；二、当知汉初去古未远，以为孔子作经，说必有据；三、当知后汉古文说出，乃尊周公，以抑孔子；四、当知晋、宋以下，专信古文《尚书》、《毛诗》、《周官》、《左传》，而大义微言不彰；五、当知宋、元经学虽衰，而不信古文诸书，亦有特见；六、当知国朝经学复盛，乾嘉以后，治今文者尤能窥见圣经微旨。执此六义以治诸经，乃知孔子为万世师表之尊，正以其有万世不易之经。经之大义微言，亦甚易明。治经者当先去其支离不足辨，及其琐细无大关系，而用汉人存大体、玩经文之法，勉为汉时通经致用之才，斯不至以博而寡要与迂而无用疑经矣。锡瑞思殚炳烛之明，用救燔经之祸，钻仰既竭，不知所裁，尚冀达者谅其僭愚而匡所不逮，则幸甚！

光绪丁未，善化皮锡瑞自序。

目　录

书经

诗经

三礼

春秋

附录

易　经

一、论变易、不易皆《易》之大义

治经者当先知此经之大义。以《易》而论，变易、不易皆大义所在，二者当并行不相悖。《周易正义·第一论易之三名》曰："夫'易'者，变化之总名，改换之殊称。自天地开辟，阴阳运行，寒暑迭来，日月更出，孚萌庶类，亭毒群品，新新不停，生生相续，莫非资变化之力、换代之功。然变化运行，在阴阳二气。故圣人初画八卦，设刚柔两画，象二气也；布以三位，象三才也。谓之为《易》，取变化之义。既义总变化，而独以《易》为名者，《易纬乾凿度》云：'易一名而含三义，所谓易也，变易也，不易也。'又云：'易者，其德也。光明四通，简易立节，天以烂明；日月星辰，布设张列；通精无门，藏神无穴；不烦不扰，淡泊不失。此其易也。变易者，其气也。天地不变，不能通气；五行迭终，四时更废；君臣取象，变节相移；能消者息，必专者败。此其变易也。不易者，其位也。天在上，地在下；君南面，臣北面；父坐，子伏。此其不易也。'郑玄依此义，作《易赞》及《易论》云：'易一名而含三义：易简，一也；变易，二也；不易，三也。故《系辞》云："乾坤，其《易》之蕴邪？"又云："《易》之门户邪？"又云："夫乾，确然示人易矣。夫坤，隤然示人简矣。""易则易知，简则易从。"此言其易简之法则也。又云："为道也屡迁，变动不居，周流六虚，上下无常，刚柔相易，不可为典要，唯变所适。"此言顺时变易、出入移动者也。又云："天尊地卑，乾坤定矣；卑高以陈，贵贱位矣；动静有常，刚柔断矣。"此言其张设布列不易者也。'"锡瑞案：孔颖达引证详明。《乾凿度》为说《易》最古之书。郑君兼通今、古文之学，其解"易"之名义，皆兼变易、不易之说。郑引《易》尤切实，是"易"虽有穷变通久之义，亦有不易者在。斯义也，非独《易》言之，群经亦多言之，而莫著于《礼记》，《大传》曰："改制度，易服色，殊徽号，异器械，别衣服。此其所得与民变革者也。其不可得变革者则有矣：尊尊也，亲亲也，长长也，男女有别。此其不可得与民变革者也。"变革即变易也，不可变革即不易也。董仲舒，汉初大儒，深得斯旨，其对策曰："道之大原出于天。天不变，道亦不变。"又曰："为政而不行，甚者必变而更化之，乃可理也。"后人读之，议其前后矛盾。不知董子对策之意全在变法，以为舜继尧后，大治有道，故可无为而治；汉继秦后，大乱无道，而汉多袭秦旧，故谓当变更化。不变者，道也；当变者，法也。亦即《易》以变易为义，而有不变者在也。今之学者，不知穷变通久之义，一闻变法，群起而争。反其说者，又不知变易之中有不易者在，举天地、君臣、父子不可变者亦欲变之，又岂可为训乎！

二、论伏羲作《易》垂教，在正君臣、父子、夫妇之义

读《易》者当先知伏羲为何画八卦，其画八卦有何用处。《正义》曰："作《易》所以垂教者，即《乾凿度》云：'孔子曰：上古之时，人民无别，群物未殊，未有衣食器用之利。伏羲乃仰观象于天，俯观法于地，中观万物之宜，于是始作八卦，以通神明之德，以类万物之情。故《易》者，所以继天地、理人伦而明王道。是以画八卦，建五气，以立五常之行；象法乾坤，顺阴阳，以正君臣、父子、夫妇之义。度时制宜，作为网罟，以佃以渔，以赡民用。于是人民乃治，君亲以尊，臣子以顺，群生和洽，各安其性。'此其作《易》垂教之本意也。"又《坤灵图》曰："伏羲氏立九部，民易理。"《春秋纬文耀钩》曰："伏羲作《易》名官。"《礼纬含文嘉》曰："虙者，别也。戏者，献也，法也。伏羲始别八卦，以变化天下。天下法则咸伏贡献，故曰伏羲也。"郑君《六艺论》曰："虙羲作十言之教，曰乾、坤、震、巽、坎、离、艮、兑、消、息。无文字，谓之易，以厚君民之别。"郑专以"厚君民之别"为说，盖本孔子云"君亲以尊，臣子以顺"之义。陆贾《新语·道基》篇亦云："先圣仰观天文，俯察地理，图画乾坤，以定人道。民始开悟，知有父子之亲，君臣之义，夫妇之

道，长幼之序。于是百官立，王道乃生。”《白虎通》畅其说云：“古之时，未有三纲六纪，民人但知其母，而不知其父，能覆前，不能覆后，卧之詓詓，起之吁吁，饥即求食，饱即弃余，茹毛饮血而衣皮苇。于是伏羲仰观象于天，俯察法于地，因夫妇，正五行，始定人道，画八卦，以治天下。”焦循谓“读陆氏之言，乃恍然悟伏羲所以设卦之故”，更推阐其旨曰：“学《易》者，必先知伏羲未作八卦之前，是何世界？伏羲作八卦，重为六十四，何以能治天下？神农、尧、舜、文王、周公、孔子，何奉此卦画为万古修己治人之道？孔子删《书》始唐、虞，治法至唐、虞乃备也；赞《易》始伏羲，人道自伏羲始定也。有夫妇然后有父子，有父子然后有君臣。伏羲设卦观象，定嫁娶以别男女，始有夫妇，有父子，有君臣。然则君臣自伏羲始定，故伏羲为首出之君。前此无夫妇、父子，即无君臣。凡纬书所载天皇、地皇、人皇、九头、五龙、摄提、合雒等纪，无容议矣。《庄子·缮性》篇云：‘古之人在混茫之中，与一世而得淡漠焉。当是时也，阴阳和静，鬼神不扰，四时得节，万物不伤，群生不夭，人虽有知，无所用之，此之谓至一。当是时也，莫之为，常自然。逮德下衰，及燧人、伏戏始为天下，是故顺而不一。’按：庄子不知《易》道，不知伏羲之功者也。饮食男女，虽禽兽虫豸生而即知，然牝牡无定偶，故有母而无父。自伏羲画八卦而人道定，有夫妇乃有父子，有父子乃有君臣。孔子赞《易》，所以极称伏羲之功也。人道不定，天下大乱，何以得‘至一’？故无伏羲画卦，则无夫妇，无父子，无君臣，而以为‘阴阳和静’，‘万物不伤’，真妄论矣。阮嗣宗《通易论》云：‘《易》者何也？乃昔之玄真，往古之变经也。庖牺氏当天地一终，值人物憔悴，利用不存，法制夷昧，神明之德不通，万物之情不类，于是始作八卦，引而伸之，触类而长之，分阴阳，序刚柔，积山泽，连水火，杂而一之，变而通之，终于《未济》，六十四卦，尽而不穷。’嗣宗亦庄生之流，而论《易》则称伏羲之功，不拾漆园唾余。然谓‘利用不存，法制夷昧’，似谓上古本有法制、利用，至伏羲时晦乱，而伏羲氏复之，则无稽耳。”锡瑞案：焦氏发明伏羲画卦之功尤畅。画卦之功，首在厚君民之别，故曰：“上天下泽，履。君子以辨上下，定民志。”而地天为《泰》，天地为《否》，似与此义相反。盖《泰》之得在天地交，《否》之失在天地不交，《履》以位言，《泰》、《否》以情言，所谓言岂一端而已。后世尊卑阔绝，而上下之情疏；礼节繁多，而君臣之义薄。四语本苏子瞻。昧者欲矫其弊，遂议尽去上下之分，岂知作《易》垂教，所以理人伦而明王道之义乎！

三、论重卦之人当从史迁、扬雄、班固、王充，以为文王

《易》为群经之首，读《易》当先知作《易》之人。欲知作卦、爻辞为何人，又必先知重卦为何人。《周易正义·第二论重卦之人》曰：“重卦之人，诸儒不同，凡有四说：王辅嗣等以为伏牺重卦，郑玄之徒以为神农重卦，孙盛以为夏

禹重卦，史迁等以为文王重卦。其言夏禹及文王重卦者，案《系辞》，神农之时已有盖取《益》与《噬嗑》，以此论之，不攻自破。其言神农重卦，亦未为得，今以诸文验之。案：《说卦》云：'昔者圣人之作《易》也，幽赞于神明而生蓍。'凡言'作'者，'创造'之谓也。神农以后便是'述修'，不可谓之'作'也，则幽赞用蓍谓伏牺矣。"锡瑞案：解经以最初之说为主。《史记·儒林传》曰："自鲁商瞿受《易》孔子，传六世至齐人田何，字子庄，而汉兴。田何传东武人王同子仲，子仲传菑川人杨何。言《易》者，本于杨何之家。"是杨何上距商瞿凡八传。汉初言《易》皆主杨何，太史公父谈亦受《易》于杨何，史公言《易》必用杨何之说。《周本纪》曰："西伯盖即位五十年，其囚羑里，盖益《易》之八卦为六十四卦。"《日者传》曰："自伏牺作八卦，周文王演三百八十四爻而天下治。"《正义》谓史迁"以为文王重卦"，其说甚明。且非独史迁之说为然也。扬子《法言·问神》篇曰："《易》始八卦，而文王六十四，其益可知也。"《问明》篇曰："文王渊懿也。重《易》六爻，不亦渊乎？"《汉书·艺文志》曰："至于殷、周之际，纣在上位，逆天暴物。文王以诸侯顺命而行道，天人之占可得而效，于是重《易》六爻。"《论衡·对作》篇曰："《易》言伏牺作八卦。前是未有八卦，伏牺造之，故曰作也。文王图八，自演为六十四，故曰衍[1]。"《正说》篇曰："伏牺得八卦，非作之。文王得成六十四，非

① "衍"，原误作"演"，据《论衡·对作》改。

演也。”是以为文王重卦者，非独史迁，更有扬雄、班固、王充，故《正义》以为“史迁等”。扬雄，西汉末人，班固、王充，东汉初人，皆与史迁说同。郑玄，东汉末人，已在诸人之后，其说以为神农重卦，盖以取《益》、《噬嗑》为据，谓伏牺取诸《离》在八卦之内，神农取《益》、《噬嗑》在六十四卦之内也。孔《疏》亦以神农之时已有盖取《益》与《噬嗑》，为伏牺重卦之证。案：此说亦太泥。《朱子语类》曰：“十三卦所谓‘盖取诸《离》’、‘盖取诸《益》’者，言结绳而为网罟，有《离》之象，非观《离》而始有此也。”又云：“不是先有见乎《离》而后为网罟，先有见乎《益》而后为耒耜。圣人亦只是见鱼鳖之属，欲有以取之，遂做一个物事去拦截他；欲得耕种，见地土硬，遂做一个物事去剔起他，却合于《离》之象，合于《益》之意。”沈寓山《寓简》曰：“《大传》言‘盖取诸《益》’、‘取诸《睽》’，凡一十三卦。盖圣人谓耒耜得《益》、弧矢得《睽》耳，非谓先有卦名，乃作某器也。”陈澧曰：“案：《系辞》所言‘取诸’者，与《考工记·轮人》‘取诸圜也’、‘取诸易直也’、‘取诸急也’文义正同。轮人意取诸圜，非因见圜物而取之也；意取易直与急，非因见易直与急之物而取之也。”此三说皆极通，可无疑于神农时已有《益》与《噬嗑》，而不得云文王重卦矣。后人犹有疑者，皆疑所不当疑。罗泌《路史·余论》曰：“世以为文王重卦，因扬雄之说而谬之也。‘满招损，谦受益。’谦与损益，益稷之言，不自后世。佃渔之《离》，谓之小成可也；耒耜之《益》与交易之《噬嗑》，岂小成哉！然则不自文王重卦，可识矣。"顾炎武《日知录》曰:"考襄公九年穆姜迁于东宫,筮之,遇《艮》之《随》。姜曰:'是于《周易》曰:《随》,元亨,利贞,无咎。'独言'是于《周易》',则知夏、商皆有此卦,而重八卦为六十四卦者,不始于文王也。"锡瑞案:罗氏不知"满招损,谦受益"出伪古文《大禹谟》,不足据。《益》与《噬嗑》言"取诸"者,朱子辨之已明。顾氏不知《左氏》杂取占书,唐啖助已言不可尽信。占筮书多傅会。穆姜说"元亨,利贞"之义,全同孔子《文言》,以为暗合,未必穆姜之学与圣人同;以为孔子作《文言》剿袭穆姜之说,尤无是理。疑占书取孔子《文言》,傅之穆姜,而《左氏》载之,不当反据其文,疑重卦不始文王也。丁晏《孝经征文》云:"丘明博闻,多采孔门精语缀集成文,而后儒反疑圣经剿取《左氏》[①],必不然矣。"据丁氏说,可为《左氏传》引圣经之证。焦循亦云:"左氏生孔子赞《易》之后,剌取《易》义,以饰为周史之言。"

四、论《连山》、《归藏》

《周易正义·第三论三代〈易〉名》曰:"案《周礼·太卜》三《易》,云'一曰《连山》,二曰《归藏》,三曰《周易》'。杜子春云:'《连山》,伏羲。《归藏》,黄帝。'郑玄《易赞》及《易论》云:'夏曰《连山》,殷曰《归藏》,周曰《周易》。'郑玄又释云:'连山者,象山之出云连连不绝。归藏者,万

① "经",原脱,据丁晏《孝经征文自序》补。

物莫不归藏于其中。周易者，言易道周普，无所不备。'郑玄虽有此释，更无所据之文。先儒因此遂为文质之义，皆烦而无用，今所不取。案《世谱》等群书，神农一曰连山氏，亦曰列山氏，黄帝一曰归藏氏。既'连山'、'归藏'并是代号，则《周易》称周，取岐阳地名，《毛诗》云'周原膴膴'是也。又文王作《易》之时，正在羑里，周德未兴，犹是殷世也，故题'周'别于殷。以此文王所演，故谓之《周易》，其犹《周书》、《周礼》，题'周'以别余代，故《易纬》云'因代以题周'是也。先儒又兼取郑说，云既指周代之名，亦是普遍之义，虽欲无所遐弃，亦恐未可尽通。其《易》题'周'，因代以称周，是先儒更不别解。唯皇甫谧云：'文王在羑里，演六十四卦，著七八九六之爻，谓之《周易》。'以此文王安'周'字，其《系辞》之文，《连山》、《归藏》无以言也。"《周礼·太卜》疏："赵商问：'今当从此说以不[1]？敢问杜子春何由知之？'答云：'此数者非无明文，改之无据，故著子春说而已。近师皆以为夏、殷、周。'郑既为此说，故《易赞》云'夏曰《连山》，殷曰《归藏》'，又注《礼运》云：'其书存者有《归藏》。'如是玉兆为夏、瓦兆为殷可知，是皆从近师之说也。按：今《归藏·坤·开筮》'帝尧降二女为舜妃'，又见《节》卦云'殷王其国常毋谷'。若然，依子春之说'《归藏》，黄帝'，得有帝尧及殷王之事者，盖子春之意，宓戏、黄帝造其名，夏、殷因其名以作《易》。故郑云'改之

① "说"，原误作"问"，据《周礼注疏》改。

无据’。是以皇甫谧《记》亦云：‘夏人因炎帝，曰《连山》。殷人因黄帝，曰《归藏》。’虽‘炎帝’与子春‘黄帝’不同，是亦相因之义也。云‘名曰连山，似山出内气也’者[1]，此《连山易》其卦以纯《艮》为首，《艮》为山，山上山下，是名‘连山’，云气出内于山，故名《易》为《连山》。‘归藏者，万物莫不归而藏于其中’者，此《归藏易》以纯《坤》为首，《坤》为地，故万物莫不归而藏于中，故名为《归藏》也。郑虽不解‘周易’，其名《周易》者，《连山》、《归藏》皆不言地号，以义名《易》，则‘周’非地号。以《周易》以纯《乾》为首，《乾》为天，天能周匝于四时，故名《易》为‘周’也。”锡瑞案：孔、贾二疏不同。孔不从郑，以为代号。贾从郑，以为以义名。当以郑说义名为是。“连山”、“归藏”若是代号，不应夏、殷袭伏羲、黄帝之旧。且《连山》、《归藏》不名“易”，若是代号，必下加“易”字乃可通。故郑皆以义名，与《连山》首《艮》、《归藏》首《坤》正合。郑以“周易”为“周普”，亦以义名，盖本《系辞传》“《易》之为书也，周流六虚”。孔疏以为无据，非也。桓谭《新论》曰“《连山》八万言，《归藏》四千三百言”，不应夏《易》数倍于殷，疑皆出于依托。《连山》，刘炫伪作，《北史》明言之。《归藏》虽出隋、唐以前，亦非可信为古书。删定六经，始于孔子。孔子以前，《周易》与《连山》、《归藏》并称，犹鲁之《春秋》与晋之《乘》、楚之《梼杌》并称也。《周易》得孔子赞之而传为经，《连山》、《归藏》不

① “出内”，原倒，据《周礼注疏》乙正。

得孔子赞之而遂亡,犹鲁之《春秋》得孔子修之而传为经,晋《乘》、楚《梼杌》不得孔子修之而遂亡也。孔子所不赞修者,学者可不措意,况是伪书,何足辨乎!《连山》、《归藏》之辞,绝不见于古书称引,盖止有占法而无文辞。故《周易》当孔子未赞之前,疑亦止有占法而无文辞也。

五、论卦辞文王作、爻辞周公作皆无明据,当为孔子所作

《周易正义·第四论卦辞爻辞谁作》曰:"其《周易》系辞,凡有二说。一说所以卦辞、爻辞并是文王所作,知者,案《系辞》云:'《易》之兴也,其于中古乎?作《易》者,其有忧患乎?'又曰:'《易》之兴也,其当殷之末世、周之盛德耶?当文王与纣之事耶?'又《乾凿度》云:'垂皇策者牺,卦道演德者文,成命者孔。'《通卦验》又云:'苍牙通灵昌之成,孔演命明道经。'准此诸文,伏牺制卦,文王系辞,孔子作《十翼》。'《易》历三圣',只谓此也。故史迁云'文王囚而演《易》',即是'作《易》者,其有忧患乎'。郑学之徒并依此说也。二以为验爻辞,多是文王后事。案《升》卦六四:'王用亨于岐山。'武王克殷之后,始追号文王为王,若爻辞是文王所制,不应云'王用亨于岐山'。又《明夷》六五:'箕子之明夷。'武王观兵之后,箕子始被囚奴,文王不宜预言箕子之明夷。又《既济》九五:'东邻杀牛不如西邻之禴祭。'说者皆云'西邻'谓文王,'东邻'谓纣。文王之

时，纣尚南面，岂容自言己德，受福胜殷，又欲抗君之国，遂言东西相邻而已？又《左传》韩宣子适鲁见《易·象》，云'吾乃知周公之德'。周公被流言之谤，亦得为忧患也。验此诸说，以为卦辞文王，爻辞周公。马融、陆绩等并同此说，今依而用之。所以只言三圣、不数周公者，以父统子业故也。"《左传正义》曰："《易·系辞》云：'《易》之兴也，其当殷之末世、周之盛德耶？当文王与纣之事耶？'郑玄云：'据此言，以《易》是文王所作，断可知矣。'且史传、谶纬皆言文王演《易》，演谓为其辞以演说之，《易经》必是文王作也。但《易》之爻辞有'箕子之明夷，利贞'。又云'王用亨于岐山'，又云'东邻杀牛不知西邻之禴祭，实受其福'，二者之意，皆斥文王。若是文王作经，无容自伐其德。故先代大儒郑众、贾逵，或以为卦下之彖辞，文王所作；爻下之象辞，周公所作。虽复纷竞大久，无能决当是非。"锡瑞案：据孔疏之说，文王作卦、爻辞，及文王作卦辞、周公作爻辞，皆无明文可据，是非亦莫能决。今据西汉古义以断，则二说皆非是。以卦辞为文王作者，但据《系辞传》"《易》之兴也，其于中古乎"下有"是故《履》，德之基也"云云，"当文王与纣之事耶？是故其辞危"云云，遂以为文王作卦辞。实则"《履》，德之基也"云云共引九卦，正是文王重卦之证，则"其辞"云云当即六十四卦，非必别有卦辞。伏羲在未制文字之先，八卦止有点画；文王在制文字之后，六十四卦必有文字。有文字即是辞，不必作卦辞而后为辞也。孔疏云"史传、谶纬皆言文王演《易》"，今考之史传，《史记》

但云“文王演三百八十四爻”，不云作卦、爻辞；谶纬云“卦道演德者文”，则“演《易》”即演三百八十四爻之谓，不必为辞演说乃为“演”也。其云周公作爻辞者，但以“箕子”、“岐山”、“东邻”等文不当属文王说。惠栋《周易述》用赵宾说而小变之，以“箕子”为“其子”，又据《禹贡》冀州“治梁及岐”、《尔雅》“梁山，晋望也”，因谓岐山亦冀州之望，夏都冀州，“王用亨于岐山”者为夏王。惠氏疏通爻辞，可以解郑、贾诸人之疑矣。然以爻辞为文王作，止是郑学之义；以爻辞为周公作，亦始于郑众、贾逵、马融诸人，乃东汉古文家异说。若西汉今文家说，皆不如是。史迁、扬雄、班固、王充但云文王重卦，未尝云作卦辞、爻辞，当以卦、爻之辞并属孔子所作。盖卦、爻分画于羲、文，而卦、爻之辞皆出于孔子。如此，则与“《易》历三圣”之文不背。“箕子”、“岐山”、“东邻”、“西邻”之类，自孔子言之亦无妨。若以为文王作爻辞，既疑不应豫言，以为周公作爻辞，又与“《易》历三圣”不合。孔疏以为父统子业，殊属强辞。韩宣适鲁，单文孤证，未可依据，韩宣亦未明说周公作爻辞也。或疑《左氏传》引筮辞多在孔子之前，不得以卦辞、爻辞为始于孔子。案：占书傅会，前已言之。《困学纪闻》曰：“‘八世之后，莫之与京’，其田氏篡齐之后之言乎？‘公侯子孙，必复其始’，其三卿分晋之后之言乎？皆非《左氏》之旧也。”姚鼐以为“毕万筮仕于晋”一条，吴起增窜以媚魏者。然则懿氏卜妻敬仲，云“有妫之后，将育于姜”，亦陈氏得政之后人所增窜。若是当时实事，未必齐人不忌敬仲而更任用之。晋献公筮嫁伯姬于秦，有“为嬴败姬，侄其从姑，死于高梁”之占。叔孙穆子之生，有“以谗人入，其名曰牛，卒以馁死”之占。应验如神，疑皆傅会。若是当时实事，献公未必嫁女于秦，穆子未必用竖牛为政。《左氏传》此等处皆不可据。《说苑》泄冶引《易》曰“君子居其室”至“可不慎乎”，泄冶在孔子前，不应引《系辞》，此等明是后人搀入。《左氏》引《易》，亦犹是也。

六、论《易》至孔子始著，于是学士大夫尊信其书

《王制》：“乐正崇四术，立四教，顺先王《诗》、《书》、《礼》、《乐》以造士。春秋教以《礼》、《乐》，冬夏教以《诗》、《书》。”《文献通考》应氏曰：“《易》虽用于卜筮，而精微之理，非初学所可语。《春秋》虽公其记载，而策书亦非民庶所得尽窥。故《易·象》、《春秋》，韩宣子适鲁始得见之。则诸国之教，未必尽备六者。”锡瑞案：此亦卦辞、爻辞不出于文王、周公之一证。若卦、爻之辞为文王、周公作，则当如后世钦定、御纂之书，颁之学官以教士子矣。而当时造士，止有《礼》、《乐》、《诗》、《书》，则以《易》但有卦、爻而无文辞，故不可与《礼》、《乐》、《诗》、《书》并立为教，当时但以为卜筮之书而已。至孔子阐明其义理，推合于人事，于是《易》道乃著。《史记·孔子世家》曰：“孔子晚而喜《易》，序《彖》，系《象》、《说卦》、《文言》。读《易》，韦编三绝。曰：‘假我数年，若是，我于《易》则彬彬矣。’孔

子以《诗》、《书》、《礼》、《乐》教，弟子盖三千焉，身通六艺者七十有二人。”盖《易》与《春秋》，孔门惟高才弟子乃能传之。于是学士大夫尊信其说，或论作《易》之大旨，或说学《易》之大用，或援《易》以明理，或引《易》以决事，而其教遂大明。如《荀子·大略》篇曰：“善为《易》者不占。”此以当时之用《易》者专为占卜，不知天地消长、人事得失，无不可以《易》理推测，故云善《易》不占，以挽其失。又曰：“《易》之《咸》，见夫妇之道，不可不正也，君臣、父子之本也。咸，感也，以高下下，以男下女，柔上而刚下。聘士之义，亲迎之道，重始也。”此本《象传》、《序卦》之旨而引申之。《非相》篇曰：“好其实，不恤其文，是以终身不免埤污庸俗。故《易》曰：‘括囊，无咎无誉。’腐儒之谓也。”此为当日石隐者流，如沮、溺、丈人匿迹销声，介之推所谓“身将隐，焉用文之”，究非中道。《大略》篇又曰：“‘复自道，何其咎？’以为能变也。”《吕览·务本》篇引而申之曰：“以言本无异，则动卒有喜。”《荀子》言变，《吕览》言动，皆取《复》卦刚反之义。《吕览·应同》篇曰：“平地注水，水流湿；均薪施火，火就燥。”阐发经义，简明不支。《慎大览》篇引《易》“愬愬，履虎尾，终吉”，可证今本之误。《召类》篇引史默说“涣群”之义曰：“涣者，贤也。群者，众也。元者，吉之始也。‘涣其群，元吉’者，其佐多贤也。”可证注、疏以“涣”为“涣散”之非。“元吉”与“大吉”异，“元吉”以德言,“大吉”以时言。《彖》曰[①]:“大哉乾元,万物资始。”《文言》曰:“‘乾元’者,始而亨者也。”故曰“元吉者,吉之始”,亦可证旧解“元吉”为“大吉”之失。周末诸子引《易》,具有精义如此。《史记》载蔡泽言“亢龙”之义“上而不能下,信而不能诎[②],往而不能自返”,《国策》载春申君言“狐濡其尾”之义“始之易,终之难”,皆引《易》文以决时事。其说之精,亦可以补周末诸子之遗也。

七、论卦辞、爻辞即是系辞,《十翼》之说于古无征

以卦辞、爻辞为孔子作,疑无明文可据,然亦非尽无据也。古以系辞即为卦辞、爻辞,汉儒说皆如是,而今之《系辞》上、下篇,古以为系辞传。《释文》王肃本有“传”字,盖古本皆如是。宋吴仁杰《古周易》以爻为系辞。今考《系辞》有云:“圣人设卦观象,系辞焉以明吉凶。”又云:“圣人有以见天下之动而观其会通[③],以行其典礼,系辞焉以断其吉凶,是故谓之爻。”又云:“系辞焉而命之,动在其中矣。”又云:“系辞焉以尽其言。”据此诸文,明是指卦、爻辞谓之“系辞”。若谓《系辞》中四处所云“系辞”即是今之《系辞》,孔子不应屡自称其所著之书,又自言其作辞之义,且不应自称圣人。盖“系辞”即卦辞、爻辞,乃孔子所作。今

① “彖”,原误作“象”,据《周易正义·上经乾传》改。

② “诎”,原误作“决”,据《史记·蔡泽列传》改。

③ “动”,原误作“物”,据《周易正义·系辞上》改。

之《系辞》乃系辞之传，孔子弟子所作。《系辞》中明有“子曰”，必非出自孔子手笔。《史记·自序》引系辞之文为《易大传》，是其明证。凡孔子所作谓之经，弟子所作谓之传。所云“圣人系辞焉以断其吉凶”，乃孔子弟子作传，称孔子为圣人，非孔子作《系辞》而称文王、周公为圣人也。郑樵《六经奥论》曰：“《易大传》言‘系辞’者五，皆指爻辞曰系辞。如《上系》曰‘系辞焉而明吉凶’，‘系辞以断其吉凶’有二，曰‘系辞焉而命之’。孔子专指爻辞以为系辞。今之《系辞》，乃孔门七十二子传《易》，于夫子之言，为《大传》之文，则《系辞》者，其古传《易》之《大传》欤？”郑樵以《系辞传》为《易大传》，正本《史记》。孔《疏》云：“经，文王、周公所作。传，孔子所作。”不知孔子以前不得有经。《汉书·儒林传》云“孔子晚而好《易》，读之韦编三绝，而为之传”，则已误以孔子所作为传，与《史记》之说大异矣。欧阳修不信祥异，以《系辞》云“河出图[①]，洛出书，圣人则之”为非孔子之言[②]。不知《系辞传》本非孔子之言，乃孔子弟子所作，以解释孔子之言者也。《史记·孔子世家》云：“孔子晚而喜《易》，序《彖》，系《象》、《说卦》、《文言》。”史公既以今之《系辞》为《易大传》，则不以为孔子所作；《世家》所谓，亦必指卦辞、爻辞而言。系者，属也。系辞，犹云属辞。据《史记》云伏戏画八卦，文王重卦为六十四，分为三百八十四爻，而无其辞，至孔子乃属辞以缀其

① “出”，原误作“作”，据《周易正义·系辞上》改。

② “则”，原误作“作”，据《周易正义·系辞上》改。

下，故谓之系。此其有明文可据而不必疑者也。惟《孔子世家》引《说卦》，颇疑有误。《论衡·正说》篇曰："至孝宣皇帝之时，河内女子发老屋，得逸《易》、《礼》、《尚书》各一篇，奏之。宣帝下示博士[①]，然后《易》、《礼》、《尚书》各益一篇。"所说《易》益一篇，盖《说卦》也。《隋书·经籍志》曰："及秦焚书，《周易》独以卜筮得存，唯失《说卦》三篇。后河内女子得之。"所谓三篇，盖兼《序卦》、《杂卦》在内。据王充说，《说卦》至宣帝时始出，非史公所得见，故疑《世家》"说卦"二字为后人搀入者。《说卦》论八卦方位，与《卦气图》合，疑焦、京之徒所为。程迥《古易考》十二篇阙《序》《杂卦》，以为非圣人之言。李邦直、朱新仲、傅选卿皆疑《序卦》[②]，近儒朱彝尊亦然。戴震云："昔儒相传《说卦》三篇，与今文《大誓》同后出。《说卦》分之为《序卦》、《杂卦》，故三篇，词指不类孔子之言。或经师所记孔门余论，或别有所传述，博士集而读之，遂一归孔子，谓之《十翼》矣。"据此，则古今人皆疑《说卦》三篇，而《十翼》之说于古无征。《汉书·艺文志》："《易经》十二篇。"又曰："孔氏为之《彖》、《象》、《系辞》、《文言》、《序卦》之属十篇。"是已分为十篇，尚不名为《十翼》。孔疏以为郑学之徒并同此说，是《十翼》出东汉以后，未可信据。欧阳修谓："《十翼》之说，不知起于何人。自秦、汉以来，大儒君子不论。"后人

① "宣"，原误作"皇"，据《论衡·正说》篇改。

② "傅选卿"，据朱彝尊《曝书亭集》卷四十二《王氏大易缉说跋》，当作"王巽卿"。

以为欧阳不应疑经，然《十翼》之说，实不知起于何人也。

八、论孔子作卦辞、爻辞，又作《彖》、《象》、《文言》，是自作而自解

或疑卦辞、爻辞为孔子作，《彖》、《象》、《文言》又孔子作，夫《彖》、《象》、《文言》所以解卦辞、爻辞也，是岂孔子自作之而自解之欤？曰：孔子正是自作之而自解之也。圣人作《易》，幽赞神明，广大精微，人不易喻。孔子恐人之不能尽喻也，既作卦辞，又自作《彖》以解卦辞；既作爻辞，又自作《象》以解爻辞；《乾》、《坤》为《易》之门，居各卦之首，又特作《文言》以释之。所谓"言之不足，故长言之"，所以开愚蒙、导后学也。若疑自作自解无此文体，独不观扬雄之《太玄》乎？《太玄》，准《易》而作者也。《汉书·扬雄传》曰："为其泰曼漶而不可知[①]，故有《首》、《冲》、《错》、《测》、《摛》、《莹》、《数》、《文》、《掜》、《图》、《告》十一篇，皆以解剥《玄》体，离散其文，章句尚不存焉。"据此，是雄作《太玄》，恐人以为曼漶不可知，自作十一篇解散其文，以示后人。正犹孔子作《易》，有卦辞、爻辞，恐人不知，自作《彖》、《象》、《文言》，以示后人也。司马光《说玄》曰："《易》有《彖》，《玄》有《首》。《彖》者，卦辞也。《首》者，亦统论一首之义。《易》有爻，《玄》有赞。《易》

① "知"下，原衍"奂"，据《汉书·扬雄传》删。

有《象》,《玄》有《测》。《测》所以解赞也。《易》有《文言》,《玄》有《文》。《文》解五德并《中》首九赞,《文言》之类也。”据此,则《太玄》准《易》,《玄》之赞即《易》之爻。若谓自作不当自解,则扬子即作赞矣,何必又有《测》以解赞,复有言以解赞乎[①]?当时客有难《玄》太深,雄解之,号曰《解难》,其辞曰:“是以宓牺氏之作《易》也,绵络天地,经以八卦,文王附六爻,孔子错其象而彖其辞,然后发天地之藏,定万物之基。”扬子但以文王为附六爻,与《法言》所说同。文王但重卦而无辞,则卦、爻辞必孔子作。雄以孔子作卦、爻辞,又作《彖》、《象》、《文言》而自解之,故准《易》作《太玄》,亦作《首》赞以法卦、爻辞,又作《测》与《文》而自解之。扬雄《太玄》自作自解,人未有疑之者,独疑孔子不应自作自解,是知二五而不知十也。高贵乡公以下,多疑《彖》、《象》不当合经。不知《彖》、《象》与卦、爻辞皆孔子一人所作,既皆孔子所作,则皆当称为经,并无经、传之分,惟《系辞传》当称传耳。《彖》、《象》合卦、爻辞,与不合卦、爻辞,似可无庸争辨。《太玄》旧本分《玄》之赞辞为三卷,一方为上,二方为中,三方为下,次列《首》、《冲》、《错》、《测》、《摛》、《莹》、《数》、《文》、《掜》、《图》、《告》,凡十一篇。范望散《首》、《测》于赞辞之间,王涯因之。宋惟干依《易》之序,以《玄首》准卦辞,《测》准《小象》,《文》准《文言》,《摛》、《莹》、《掜》、《图》准《系辞》,

① “言”,据上引司马光《说玄》,似当作“《文》”。

《告》、《数》准《说卦》,《冲》准《序卦》,《错》准《杂卦》,吴秘因之。司马光从范本。诸人纷纷改订,正与改订《易》文相似。其实一人所作,次序先后可以不拘。阮孝绪称《太玄》经九卷,雄自作《章句》。是雄且作《章句》以自解其《太玄》矣,尚何疑于自作自解之不可乎?章学诚《文史通义》以著书自注为最善,谓本班固《汉书》。不知扬雄又在班固之前,孔子更在前也。

九、论传经之人惟《易》最详,经义之亡惟《易》最早

孔子删定六经,传授之人,惟《易》最详,而所传之义,惟《易》之亡最早。《史记·仲尼弟子列传》曰:"孔子传《易》于商瞿,瞿传楚人馯臂子弘,弘传江东人矫子庸疵,疵传燕人周子家竖,竖传淳于人光子乘羽,羽传齐人田子庄何,何传东武人王子中同,同传菑川人杨何。何元朔中以治《易》,为汉中大夫。"《汉书·儒林传》曰:"自鲁商瞿子木受《易》孔子,以授鲁桥庇子庸。子庸授江东馯臂子弓。子弓授燕周丑子家。子家授东武孙虞子乘。子乘授齐田何子装。田何授东武王同子中,雒阳周王孙、丁宽,齐服生。同授淄川杨何字叔元。宽授同郡砀田王孙。王孙授施雠、孟喜、梁丘贺,繇是《易》有施、孟、梁丘之学。"《史》、《汉》载商瞿以下传授名字,子弘即子弓,矫疵即桥庇,周丑即周竖,光羽即孙虞。《史记》以为子弘传子庸,《汉书》以为子庸传子弓,各有所据,而小异大同。孔门传《易》之源

流，在汉固甚明也。《史记》止于杨何，距商瞿八传。《汉书》下及施、孟、梁丘，距商瞿九传。《史记·儒林传》云："言《诗》，于鲁则申培公，于齐则辕固生，于燕则韩太傅。言《尚书》，自济南伏生。言《礼》，自鲁高堂生。言《易》，自菑川田生。言《春秋》，于齐、鲁自胡毋生，于赵自董仲舒。"是皆言汉初传经诸人，而申公、辕固、韩婴、伏生、高堂生等，皆不言其所授，盖史公已不能明。惟于《易》云："自鲁商瞿受《易》孔子，孔子卒，商瞿传《易》，六世至齐人田何字子庄，而汉兴。田何传东武人王同子仲，子仲传菑川人杨何。"史公父谈受《易》于杨何，故于《易》之授受独详。史公能详《易》家授受之人，岂不能知《易经》作卦、爻辞之人？而《周本纪》但云文王重卦，《鲁世家》不云周公作爻辞，则文王、周公无作卦、爻辞之事。《孔子世家》云"序《彖》、系《象》"，即卦、爻辞在其中矣。《史记》不及丁宽。《汉书》以为宽授田王孙，王孙授施、孟、梁丘；又云："至成帝时，刘向校书，考《易》说，以为诸《易》家说皆祖田何、杨叔、丁将军，大谊略同，唯京氏为异党。焦延寿独得隐士之说，托之孟氏，不相与同。"据《汉书》，则田何、丁宽、杨何之学本属一家，传之施、孟、梁丘，为《易》之正传；焦、京之学明阴阳、术数，为《易》之别传。乃至于今，不特王同、周王孙、丁宽、服生之《易传》数篇无一字存，即施、孟、梁丘，汉立博士，授生徒以千万计，今其书亦无有存者，转不如伏生《尚书》，齐、鲁、韩《诗》，犹可稍窥大旨，岂非事理之可怪而经学之大可惜者乎？后惟虞翻注《易》，自谓五世传

《孟氏易》。其注见李鼎祚《集解》稍详，近儒张惠言为之发明。此则孟氏之学支与流裔犹有存者，而汉儒《易》学幸得存什一于千百也。

十、论汉初说《易》皆主义理、切人事，不言阴阳、术数

西汉《易》学之书虽亡，而其说犹有可考者。如《淮南子·缪称训》曰："故君子惧失仁义，小人惧失利。观其所惧，知各殊矣。《易》曰：'即鹿无虞，惟入于林中。君子几，不如舍，往吝。'"又曰："小人在上位[1]，如寝关暴纩，不得须臾安[2]。故《易》曰：'乘马班如，泣血涟如。'言小人处非其位，不可长也。"又曰："故至德者言同略，事同指，上下一心，无歧道旁见者，遏障之于邪，开道之于善，而民乡方矣。故《易》曰：'同人于野，利涉大川。'"《齐俗训》曰："故《易》曰：'履霜，坚冰至。'圣人之见终始微言。"《氾论训》曰："自古及今，五帝三王，未有能全其行者也。故《易》曰：'小过[3]：亨，利贞。'言人莫不有过[4]，而不欲其大也。"《人间训》曰："今霜降而树谷，冰泮而求获，欲其食，则难矣。故《易》曰'潜龙勿用'者，言时之不可以行也。

---

① "位"，原脱，据《淮南子·缪称训》补。

② "安"，《淮南子·缪称训》本作"宁"。

③ "过"，原误作"道"，据《淮南子·氾论训》及《周易正义·小过》改。

④ "过"，原误作"道"，据《淮南子·氾论训》改。

故'君子终日乾乾,夕惕若厉,无咎'。'终日乾乾',以阳动也;'夕惕若厉',以阴息也。因日以动,因夜以息,惟有道者能行之。"《泰族训》曰:"《易》曰'丰其屋,蔀其家,窥其户,阒其无人'者[①],非无众庶也,言无圣人以统理之也。"贾谊《新书·容经》曰:"亢龙往而不返,故《易》曰'有悔'。悔者,凶也。潜龙入而不能出,故曰'勿用'。勿用者,不可也。龙之神也,其为蜚龙乎?"《春秋》篇曰:"故爱出者爱反,福往者福来。《易》曰:'鸣鹤在阴,其子和之。'其此之谓乎!"董子《繁露·基义》篇曰:"《易》言履霜坚冰,盖言逊也。"《精华》篇曰:"其在《易》,曰:'鼎折足,覆公餗。'夫鼎折足者,任非其人也;覆公餗者,国家倾也。"刘向《说苑》:"'无咎,有言不信。'圣人所与人难言信也。"又引孔子曰:"困之为道,犹寒之及煖,煖之及寒也。惟贤者独知而难言之也。《易》曰:'困:亨,贞,大人吉。'"《法诫》篇曰[②]:"孔子读《易》,至于《损》、《益》,则喟然而叹。子夏避席而问曰:'夫子何为叹?'孔子曰:'自损者益,自益者缺。吾是以叹也。'子夏曰:'然则学者不可以益乎?'孔子曰:'否。夫道成者[③],未尝得久也。夫学者以虚受之,故曰得。'"又曰:"谦也者,致恭以存其位者也。夫丰明而动,故能大。苟大,则亏矣。吾戒之。"《奉使》篇曰:"赵简子将袭卫,使

① "阒",原误作"闃",据《周易正义·丰卦》改。

② 按,以下引见《说苑·敬慎》篇,非《法诫》篇。

③ "夫道",《说苑·敬慎》本作"天之道"。

史黯往视之。黯曰：'"涣其群，元吉。"涣者，贤也。群者，众也。元者，吉之始也。"涣其群，元吉"者，其佐多贤矣。'"《指武》篇曰："《易》曰：不威小，不惩大。此小人之福也。"《列女传·邹孟母》曰："《易》曰：'在中馈，无攸遂。'以言妇人无擅制之义，而有三从之道也。"《刘向传》称[①]："《易》有《鼎》卦。鼎，宗庙之器。主器奉宗庙者，长子也。野鸟自外来，入为宗庙器主，是继嗣将易也。一曰：鼎三足，三公象，而以耳行。野鸟居鼎耳，小人将居公位，败宗庙之祀。野木生朝，野鸟入庙，败亡之异也。"又曰："于《易》，在《丰》之《震》曰：'丰其沛，日中见沬。折其右肱，无咎。'于《诗》，《十月之交》则著卿士、司徒，下至趣马、师氏，咸非其材。同于右肱之所折，协于三务之所择，明小人乘君子，阴侵阳之原也。"又曰："谗邪进则众贤退，邪枉盛则正士消，故《易》有《否》、《泰》。小人道长，君子道消，则政日乱，故为《否》。否者，闭而乱也。君子道长，小人道消，则政日治，故为《泰》。泰者，通而治也。"又曰："《易》'涣汗其大号'，言号令如汗，汗出而不返者也。"又曰："故贤人在上位，则引其类而聚之于朝，《易》曰：'飞龙在天，大人聚也。'在下位，则思与其类俱进，《易》曰：'拔茅茹，以其汇，征吉。'"又："《易》曰：'有嘉折首，获匪其丑。'言美诛首恶之人[②]，而诸不顺

① 按，以下引文中，前两则为《汉书·五行志》记刘歆之言，末则见《汉书·甘延寿陈汤传》。

② "美"，原脱，据《汉书·甘延寿陈汤传》补。

者皆来从也。"《彭宣传》:"宣上书言三公鼎足承君,一足不任,则覆乱矣。"宣治《易》,事张禹,禹受《易》于施雠者也。刘向治《易》,校书考《易》说,以为诸家说皆祖田何、杨叔、丁将军者也。淮南王,集九师说《易》者也。贾、董,汉初大儒。其说《易》皆明白正大,主义理,切人事,不言阴阳、术数,盖得《易》之正传。田何、杨叔之遗,犹可考见。

十一、论阴阳灾变为《易》之别传

经学有正传,有别传。以《易》而论,别传非独京氏而已,如孟氏之卦气、郑氏之爻辰,皆别传也。又非独《易》而已,如伏《传》五行,《齐诗》五际,《礼》月令明堂阴阳说,《春秋》公羊,多言灾异,皆别传也。子贡谓"夫子言性与天道,不可得闻",则孔子删定六经以垂世立教,必不以阴阳、五行为宗旨。《汉·艺文志》阴阳、五行分为二家。其后二家皆窜入儒家,此亦有所自来。古之王者,恐己不能无失德,又恐子孙不能无过举也,常假天变以示儆惕。《礼记》曰:"王前巫而后史,卜筮瞽侑皆在左右。王中心无为也,以守至正。"《易》本卜筮之书。其掌卜筮者,必陈祥异占验以左右王。古卜筮与史通,《周官》冯相、保章司天文者,皆属太史。故《国语》曰:"吾非瞽史,焉知天道?"《左氏传》采占书,虽未必皆当时本文,而所载卜筮事,皆属史官占之。此古卜筮与史通之明证,亦古卜、史借天道以儆君之明证。后世君尊臣卑,儒臣不敢正言匡君,于是亦假天道进谏,以为仁义之说,人君之所厌闻,而祥异之占,人君之所敬畏。陈言既效,遂成一代风气。故汉世有一种天人之学,而齐学尤盛,伏《传》、《齐诗》、《公羊春秋》,皆齐人所传也。孟、京非齐学,其言《易》亦主阴阳灾变者,卜筮占验本与阴阳灾变为近。故后世之言术数者,多托于《易》。《汉书·儒林传》曰:"孟喜好自称誉,得《易》家候阴阳灾变书,诈言师田生且死时枕喜𦙶[①],独传喜。诸儒以此耀之。博士缺,众人荐喜。上闻喜改师法,遂不用喜。京房受《易》梁人焦延寿。延寿云尝从孟喜问《易》。会喜死,房以为延寿《易》即孟氏学。翟牧、白生不肯,皆曰非也。至成帝时,刘向校书,考《易》说,唯京氏为异党。"据班氏说,则《易》家以阴阳灾变为说,首改师法,不出于田何、杨叔、丁将军者,始于孟而成于京。班氏既谓二家不同,而《艺文志》又有《孟氏京房》十一篇、《灾异孟氏京房》六十六篇,似二家实合为一者。盖又京氏托之孟氏,而非孟氏之本然也。孟氏得《易》家书,焦延寿得隐士说,则当时实有此种学,而非其所自创。《汉志》《易》家有《杂灾异》三十五篇,是《易》家本有专言灾异一说,而其传此说者,仍是别传而非正传。汉儒借此以儆其君,揆之《易》义"纳约自牖"与神道设教之旨,皆相吻合,可见人臣进谏之苦心,亦不背圣人演《易》之宗旨。而究不得为正传者,孔

① "𦙶",原误作"𨛜",据《汉书·儒林传》改。

子说《易》见于《论语》者二条，一勉无过，一戒无恒，皆切人事而言；战国诸子及汉初诸儒言《易》，亦皆切人事，而不主阴阳灾变。至孟、京出而说始异，故虽各有所授，而止得为《易》之别传也。《困学纪闻》："《京氏易》积算法引夫子曰：'西伯父子研理穷通，上下囊括，推爻考象，配卦世应，加乎星宿，局于六十四所、二十四气，分天地之数，定人伦之理，验日月之行，寻五行之端，灾祥进退，莫不因兹而兆矣。'"王应麟曰："此占候之学，决非孔子之言。"惠栋曰："如京说，则今占法所谓纳甲、世应、游归、六亲、六神之说，皆始于西伯父子也。"案：西汉以前，无以为文王、周公作卦、爻辞者，况纳甲、世应之说乎？此不特非孔子之言，并非京氏之说。京氏《易传》无之，乃后人傅会，不可信。

十二、论孟氏为京氏所托，虞氏传孟学，亦间出道家

孟氏之学，以今考之，有与诸家相出入者。卦气出于孟氏，而其书不传，其说不详，详见于京氏书。《汉书·京房传》曰："分六十卦，更直日用事，以风、雨、寒、温为候。"孟康曰："分卦直日之法，一爻主一日，六十四卦为三百六十日，余四卦《震》、《离》、《兑》、《坎》为方伯监司之官。所以用《震》、《离》、《兑》、《坎》者，是二至二分用事之日。"其说亦见于《易纬稽览图》，所云"卦气起《中孚》"，卦主六日七分，大谊略同。唐一行《卦议》引之，以为十二月卦出于《孟氏章句》。汉儒以纬为孔子作，固未必然；孔

《疏》以谶纬起自哀、平，亦不甚合。纬书之出最古，亦有汉儒傅会者。《稽览图》未知与孟、京孰为先后，或纬窃孟、京，抑或孟、京窃纬，皆不可知。汉儒称谶纬，宋人斥谶纬而称图书，其实皆主阴阳、五行。如邵子曰卦气始于《中孚》，蔡西山云康节亦用六日七分。是孟、京之说，不仅汉儒宗之，宋儒亦宗之矣。然其说有可疑者。六十四卦直日用事，何以《震》、《离》、《兑》、《坎》四卦不在内，但主二至二分？《乾》、《坤》为诸卦之宗，何以与诸卦并列？似未免削趾适屦，强合牵附。京氏与孟氏相出入。《汉书》云"焦、京托之孟氏，不相与同"，则卦气之说，或亦焦、京所托，非孟氏本旨欤？《汉书》又云孟喜得《易》家阴阳灾变书，则卦气之说，或孟氏得《易》家书本有之欤？皆疑莫能明。焦循云："六日七分，即所得阴阳灾变托之田生者。《艺文志》《章句》二篇，此乃得之田王孙者。今《说文》、《释文》中所引即此。《志》又有《孟氏京房》十一篇、六十六篇[①]，则所传卦气、六日七分之学也。"孟氏今文，与费氏古文《易》判然不合。而许慎《说文解字叙》云"《易》孟氏，皆古文也"，则孟氏亦有古文矣。荀爽传《费氏易》，而言升降。虞翻表献帝云："颍川荀谞号为知《易》，臣得其注，有愈俗儒。"虞氏言消息、旁通，与荀言升降相出入，则荀氏《费易》与虞氏《孟易》相出入矣。张惠言《易义别录》首列孟氏，亦仅能举《说文》、《释文》诸书之异字，而不能举其

① "六"上，焦循《易图略》卷八本有"灾异孟氏京房"六字。

义。张氏以为“学者求田何之书，则惟孟氏此文；求孟氏之义，惟虞氏注说”，故作《虞氏义》与《消息》。阮元称为孤家专学，近之汉学家多宗之，而亦有不尽谓然者。王引之谓“虞氏以旁通说《彖》、《象》，显与经违；虞氏释‘贞以之正’，违失经义”，见《经义述闻》。钱大昕论“虞仲翔说《易》之卦，有失其义者，有自紊其例者”，见《潜研堂答问》。陈澧云“虞氏《易注》多不可通，所言卦象尤多纤巧”，见《东塾读书记》。焦循《易图略》虽取虞义，亦驳其非。张惠言云：“虞氏虽传孟学，亦斟酌其意，不必尽同。”然则虞氏间有违失，而非必尽出于孟矣。虞氏引《参同契》日月为易，又言梦道士饮以三爻，则其学杂出于道家。故虞氏虽汉《易》大宗，亦有当分别观之者。

十三、论郑、荀、虞三家之义，郑据礼以证《易》，学者可以推补，不必推补爻辰

郑君用《费氏易》，其注《易》有爻辰之说，盖本费氏《分野》一书，然郑所长者不在此。郑学最精者三《礼》，其注《易》亦据礼，以证《易》义广大，无所不包。据礼证《易》，以视阴阳、术数，实远胜之。郑注如嫁娶、祭祀、朝聘，皆合于《礼经》。其余虽阙而不完，后儒能隅反而意补之，亦颛家之学也。郑君自序“来至元城，乃注《周易》”，其成书在绝笔之年。晋以后，郑《易》皆立学。南北朝时，河北用郑《易》，江左用王弼《易注》。至隋，郑《易》渐衰。

唐定《正义》,《易》主王弼,而郑《易》遂亡。宋末王应麟始为搜辑古书之学,辑郑《易注》一卷。近儒惠栋以为未备,更补正为三卷。丁杰又以为有误入者,复加厘订,称为善本。是郑君之成《易注》,视诸经为最后;郑君书多亡逸,辑《易注》者,视诸书为最先。张惠言亦辑郑《易》,而加以发明,《周易郑荀义叙》曰:"昔者虑牺作十言之教,曰乾、坤、震、巽、坎、离、艮、兑、消、息。郑氏赞《易》实述之,至其说经,则以卦、爻无变动,谓之彖辞。夫七、八者彖,九、六者变。经称用九、用六,而辞皆七、八,名与实不相应,非虑牺氏之旨也。爻象之区既隘,则乃求之于天。《乾》、《坤》六爻,上系二十八宿,依气应宿,谓之爻辰。若此,则三百八十四爻,其象十二而止,殆犹溓焉。此又未得消、息之用也。然其列贵贱之位,辨大小之序,正不易之论[①]。经纶创制,吉凶损益,与《诗》、《书》、《礼》、《乐》相表里,则诸儒未有能及之也。荀氏之说消、息,以乾升坤降,万物始乎《泰》,终乎《否》。夫阴阳之在天地,出入上下,故理有易有简,位有进有退,道有经有权,归于正而已。而荀氏言阳常宜升而不降,阴常宜降而不升,则《姤》、《遁》、《否》之义大于《既济》也。然其推乾坤之本,合于一元,云行雨施,阴阳和均,而天地成位,则可谓得《易》之大义者也。虞氏考日月之行,以正乾元;原七九之气,以定六位;运始终之纪,以叙六十四卦;要变化之居,以明吉凶悔吝。六爻发挥旁

① "论",原误作"伦",据张惠言《茗柯文编》二编卷上改。

通，乾元用九，则天下治，以则四德。盖与荀同源，而闳大远矣。王弼之说，多本郑氏，而弃其精微。后之学者习闻之，则以为费氏之义如此而已。其盈虚消息之次，周流变动之用，不详于《系辞》、《彖》、《象》者，概以为不经。若观郑、荀所传卦气、十二辰、八方之风、六位、世应、爻互、卦变，莫不彰著。刘向有言，《易》家皆祖田何，大义略同，岂特杨叔、丁将军哉？"锡瑞案：张氏举郑、荀、虞而斟酌其得失，皆有心得。其于郑义，取其言礼，不取其言爻辰，与李鼎祚《集解》采郑注不采其言爻辰者，同一卓识。惟以卦气、十二辰之类亦祖田何，则未必然。孟、京以前，言《易》无有主卦气、十二辰之类者，不可以后人之说诬前人，而以《易》之别传为正传也。焦循曰："爻辰自为郑氏一家之学，非本之《乾凿度》，亦不必本于《月律》也。然以《离》九三为《艮》爻，位值丑，丑上值弁星，弁星似缶，《坎》上六爻辰在巳，蛇之蟠屈似徽纆，《临》卦斗临丑，为殷之正月，以见周改殷正之数，谬悠非经义。至以'焚如'为不孝之刑，'女壮'为一女当五男，尤非圣人之义也。余于爻辰，无取焉尔。"

十四、论《费氏易》传于马、郑、荀、王，而其说不同，王弼以十篇说经，颇得费氏之旨

汉《易》立博士者四家，施、孟、梁丘、京氏，并今文说而皆亡佚。后世所传者，费氏古文《易》也。而今之《易》又非古文，盖为后人变改几尽。《说文》间载古文，许慎以为

孟氏。《释文》所载经文异字，惟《易》独多。然则汉时传《易》者，尤为杂而多端，未知田何、杨叔、丁将军之传本究如何也。《汉书·儒林传》曰："费直字长翁，东莱人也。治《易》为郎，至单父令。长于卦筮，亡章句，徒以《彖》、《象》、《系辞》十篇、《文言》解说上下经。琅邪王璜平中能传之。"《后汉书·儒林传》曰："东莱费直能《易》[①]，授琅邪王横，为费氏学。本以古字，号古文《易》。陈元、郑众皆传费氏《易》，其后马融亦为其传。融授郑玄，玄为《易注》。荀爽又作《易传》。自是费氏兴而京氏遂衰。"锡瑞案：费氏之《易》，不知所自来，考其年当在成、哀间，出孟、京后。王璜即王横，与王莽同时，为费氏一传弟子，则必在西汉之末矣。费氏无章句，故《艺文志》不载。《释文》有《费直章句》四卷，当属后人依托。费氏专以《彖》、《象》、《系辞》、《文言》解经，与丁将军"训故举大谊"略同，似属《易》之正传。而汉不立学者，汉立学皆今文，而费氏传古文；汉人重师授，而费氏无师授。故范升曰"京氏既立，费氏怨望"，则东汉初有欲立费《易》者，而卒不立。陈元传费《易》，或即欲立费《易》之人，正与范升反对者也。陈元、郑众、马融《易》学不传。郑、荀二家稍传其略，王弼亦传费《易》，而其说各异。费氏亡章句，止有文字。东汉人重古文，盖但据其本文，而说解各从其意。此郑、荀、王所以各异也。刘向以中古文《易经》校施、孟、梁丘经，或脱去"无咎"、"悔

① "能"，《后汉书·儒林传》本作"传"。

亡”,唯费氏经与古文同。此马、郑所以皆用费氏。《释文》以为费《易》人无传者,是不知马、郑、王之《易》即费《易》也。王弼尽扫象数,而独标卦爻承应之义,盖本费氏之以《彖》、《象》、《系辞》、《文言》解经。后儒多议其空疏,陈澧独取之,曰:“‘乾:元亨利贞。初九:潜龙勿用。’王辅嗣注云:‘《文言》备矣。’‘九二:见龙在田。’注云:‘出潜离隐,故曰见龙。处于地上,故曰在田。’此真费氏家法也。‘元亨利贞’之义,‘潜龙勿用’之义,《文言》已备,故辅嗣不复为注。至‘见龙在田’,《象》曰‘德施普也’,《文言》曰‘龙德而正中者也’,又曰‘时舍也’,皆未释‘见’字、‘田’字,故当为之注[①],而又不可以意而说也。《文言》曰:‘潜之为言也,隐而未见。’‘潜’为‘未见’,则‘见’为‘出潜’矣;‘潜’为‘隐’,则‘见’为‘离隐’矣。故辅嗣云‘出潜离隐’,据彼以解此也。《系辞传》曰:‘兼三才而两之,故《易》六画而成卦。’是五与上为天,三与四为人,初与二为地。初为地下,二为地上,故辅嗣云‘处于地上’也。此真以十篇解说经文者。若全经之注皆如是[②],则诚独冠古今矣。”

十五、论王弼多清言,而能一扫术数,瑕瑜不掩,是其定评

王弼《易注》,孔《疏》以为独冠古今。程子谓学《易》

① “当”,原误作“皆”,据陈澧《东塾读书记》卷四改。
② “注”,原误作“法”,据陈澧《东塾读书记》卷四改。

先看王弼,《易传》中不论象,不论卦变,皆用弼说。王应麟谓"辅嗣之《注》,学者不可忽也",《困学纪闻》录王《注》二十三条。何焯云:"程《传》中所取辅嗣之义正多[①],厚斋则但就其格言录之。"陈澧谓:"厚斋所录,非但尚《易》之辞,并尚辅嗣之辞矣。此孙盛所谓丽辞溢目者也。然所录如《大有》六五注云:'不私于物,物亦公焉;不疑于物,物亦诚焉。'《颐》初九注云:'安身莫若不竞,修己莫若自保。守道则福至,求禄则辱来。'造语虽精,然似自作子书,不似经注矣。又如《乾》九三注云:'《乾》三以处下卦之上,故免亢龙之悔;《坤》三以处下卦之上,故免龙战之灾。'厚斋所云'《乾》以惕无咎,《震》以恐致福',颇似摹拟辅嗣语也。朱子云:'汉儒解经,依经演绎[②]。晋人则不然,舍经而自作文。'辅嗣所为格言,是其学有心得,然失汉儒注经之体,乃其病也。"锡瑞案:程子之取王弼者,以其说多近理。朱子之不取晋人者,以其文太求工。言非一端,义各有当。陈澧谓其所为格言,学有心得。予谓弼之所学,得于老氏者深,而得于《易》者浅。魏、晋人尚清言,常以《老》、《易》并举。见于史者,多云某人善说《老》、《易》。是其时之所谓《易》学,不过借为谈说之助,且与老氏并为一谈。王弼尝注《老子》,世称其善。其注《易》亦杂老氏之旨,虽名词隽句耐人寻味,实即当时所谓清言。南朝好玄理,重文词,故弼之

① "正",陈澧《东塾读书记》卷四引本作"甚"。

② "绎",原误作"释",据陈澧《东塾读书记》卷四及《朱子语类》卷六十七改。

书盛行。北人尚朴学,《易》主郑玄,不主王弼。自隋以后,北学并入南学,唐人以为独冠古今,于是《易》专主王弼《注》及晋韩康伯之《补注》矣。宋元嘉时,王、郑两立,颜延之为祭酒,黜郑置王,而《太平御览》引颜延之《庭诰》曰:"马、陆得其象数,而失其成理。荀、王举其正宗,而略其象数。"则延之虽以王弼为正宗,亦疑其于象数太略也。孔子之《易》,重在明义理,切人事。汉末《易》道猥杂,卦气、爻辰、纳甲、飞伏、世应之说,纷然并作。弼乘其敝,扫而空之,颇有摧陷廓清之功,而以清言说经,杂以道家之学,汉人朴实说经之体,至此一变。宋赵师秀诗云"辅嗣《易》行无汉学",可为定论。范武子谓王弼、何晏罪浮桀、纣,则诋之太过矣。弼《注》之所以可取者,在不取术数而明义理;其所以可议者,在不切人事而杂玄虚。《四库提要》曰:"弼之说《易》,源出费直。直《易》今不可见,然荀爽《易》即费氏学,李鼎祚书尚颇载其遗说,大抵究爻位之上下,辨卦德之刚柔,已与弼《注》略近。但弼全废象数,又变本加厉耳。平心而论,阐明义理,使《易》不杂于术数者,弼与康伯深为有功;祖尚虚无,使《易》竟入于老、庄者,弼与康伯亦不能无过。瑕瑜不掩,是其定评。诸儒偏好偏恶,皆门户之见,不足据也。"

十六、论以传附经始于费直,不始于王弼,亦非本于郑君

古本《易经》与今不同。朱子《记嵩山晁氏卦爻彖象

说》谓："古经始变于费氏，而卒大乱于王弼。"顾炎武谓："此据孔氏《正义》，谓连合经、传始于辅嗣，不知其实本于康成也。《汉书·儒林传》云：费直治《易》，'无章句，徒以《彖》、《象》、《系辞》、《文言》解说上下经'，则以传附经，又不自康成始。"近儒姚配中说尤详晰，曰："经、传之合，始自费直。《魏志·高贵乡公纪》：帝问曰：'孔子作《彖》、《象》，郑氏作《注》。虽圣贤不同，其所释经义一也。今《彖》、《象》不与经文相连，而《注》连之，何也？'《易》博士淳于俊对曰：'郑氏合《彖》、《象》于经，欲使学者寻省易了也。'据此，则经、传之合，始自郑矣。然案《儒林传》云：费直治《易》，'长于卦筮，亡章句，徒以《彖》、《象》、《系辞》十篇、《文言》解说上下经。'以传解经，则必以传合经。经、传之连，实当始自费，非始自郑也。而高贵乡公、淳于俊并云郑者，盖费氏亡章句，徒以传解经，则传即为其章句。注者因费氏之本，既注经，即还注传，而合传于经之名，遂独归注之者矣。且直以古字，号古文《易》。刘向以中古文《易》校诸家，唯费氏经与古文同。费氏经既与中古文同，而又亡章句，非合传于经，则传其书者，直云传古文可耳，乌得以直既无章句，又无异文，而乃独以其学归之费氏耶？《尚书》有今、古文之学，此其可证者也。《后汉书·儒林传》云：'陈元、郑众皆传《费氏易》，其后马融亦为其传。'案：马融注《周礼》，尚欲省学者两读，其为《易传》，当亦必仍费氏之旧。高贵乡公不言马融，独言郑连之者，时方讲郑学，据郑言也。盖唯费无章句，以传解经，传其学者，不过用其本耳，是以注家言人人殊，而俱曰传《费氏易》。极至王弼之虚言，亦称为费氏之学。此其明验也。”锡瑞案：姚氏此说，可为定论。其谓传费氏学者“不过用其本，是以注家言人人殊”，尤可以见汉时传古文者之通例。非特《周易》一经，即如《尚书》，传古文者卫、贾、马、郑，皆用杜林本，而郑不同于马，马亦未必同于卫、贾，正与郑、荀、王皆传《费氏易》而言人人殊者相似。汉时传今文者有师授，有家法；传古文者无师授，无家法。其崇尚古文者，以古文之本为是，今文之本为非。如《易》则云诸家脱“无咎”、“悔亡”，《书》则云“《酒诰》脱简一，《召诰》脱简二”。故好古者以古文经相矜炫，而相传为秘本。然古文但有传本，而无师说。当时儒者，若但以古文正今文之误，而师说仍用今文博士所传，则无乡壁虚造之讥，亦无多歧亡羊之患，汉之经学，虽至今存可也。乃诸儒名为慕古，实则喜新，传本虽用古文，而解经各以意说，以致异议纷杂，言人人殊，学者苦其繁而无由折衷，以致汉末一乱而同归于尽，不得谓非诸儒之咎矣。《易经》皆孔子作，《彖》、《象》、《文言》亦当称经，惟今之《系辞传》可称传耳。据高贵乡公言，则当时已误以卦、爻辞为经，《彖》、《象》、《文言》为传矣。

十七、论宋人图书之学亦出于汉人而不足据

汉人有图书之学，宋人亦有图书之学。宋人之图书，

亦出于汉人之图书。《公羊疏》曰："《六艺论》言'六艺者，图所生也'，《春秋》言依百二十国史何？答曰：王者依图书行事，史官录其行事，言出图书，岂相妨夺？"俞正燮曰："百二十国史仍是图书。古太史书杂处，取《易》于《河图》，则《河图》余九篇，取《洪范》于《洛书》，则《洛书》余六篇，皆图书也。"锡瑞案：汉时图书即是谶纬。谶纬篇多以图名，则当时书中必有图。《韩勑礼器碑》云："秦项作乱，不尊图书。"此碑多引纬书，其称"图书"必是谶纬。《易纬》亦或以图名篇，卦气出《稽览图》，则所云《坎》、《离》、《震》、《兑》为四正卦，余六十卦，每月五卦，卦六日七分，当日必有图以明之。是谶纬即图书之明证。宋人图书之学，出于陈抟。抟得道家之图，创为太极、河洛、先天、后天之说，宋人之言《易》学者多宗之。周子稍变而转易之，为《太极图说》，宋人之言道学者多宗之。邵子精于数学，著《皇极经世书》，亦为学者所宗。程子与邵同时，又属懿戚，不肯从受数学。其著《易传》，专言理，不言数。《答张闳中书》云："得其义，则象数在其中。"故程子于《易》颇推王弼，然其说理非弼所及，且不杂以老氏之旨，尤为纯正。顾炎武谓见《易》说数十家，未见有过于程《传》者，以其说理为最精也。朱子作《本义》以补程《传》，谓程言理而未言数，乃于篇首冠以九图，又作《易学启蒙》，发明图书之义，同时袁枢、薛季宣已有异论。考《宋史·儒林传》，《易学启蒙》朱子本属蔡元定创稿，非所自撰。《晦庵大全集》中载《答刘君房书》："《启蒙》本欲学者且就《大传》所言卦画蓍数推寻，不须过为浮说。而自今观之，如论《河图》、《洛书》[1]，亦不免尚有剩语。”至于《本义》卷首九图，王懋竑《白田杂著》以《文集》、《语类》钩稽参考，多相矛盾，信其为门人所依附，则九图亦非朱子所自列也。朱子尝疑《龙图》是伪书，以康节之学为《易》外别传[2]，持论至确，特疑程子《易传》不言象数，以致后来有九图之附益。宋、元、明言《易》者，开卷即及先天、后天。惟元陈应润作《爻变义蕴》，始指先天诸图为道家借《易》理以为修炼之术。吴澄、归有光亦不信图书。国朝毛奇龄作《图书原舛篇》，黄宗羲作《易学象数论》，黄宗炎作《图书辨惑》，争之尤力。胡渭《易图明辨》引据旧文，足箝依托之口。张惠言《易图条辨》驳诘精审，足箴先儒之失。今且不必深论，但以“图书”二字诘之。图，今所谓画也。书，今所谓字也。是图但有点画，而书必有文字。汉人以《河图》为八卦，《洛书》为九畴。刘歆谓“初一曰五行”以下二十八字即是《洛书》，其说尚为近理。宋人所传河、洛，皆黑白点子，但可云河图、洛图，何云《河图》、《洛书》？此百喙所不能解者。

十八、论先天图不可信，朱子《答袁机仲书》乃未定之说

宋人图书之学，近儒已摧陷廓清，学者可勿道矣，而朱

① “论”，原脱，据朱熹《晦庵集·答刘君房》补。

② “外”，原误作“卦”，据《四库全书总目》卷六改。

子之说，犹有不得不辨者。《答袁机仲书》曰："据邵氏说，先天者，伏羲所画之《易》也；后天者，文王所演之《易》也。伏羲之《易》，初无文字，只有一图以寓其象数，而天地万物之理、阴阳始终之变具焉。文王之《易》，即今之《周易》，而孔子所为作传者也。孔子既因文王之《易》以作传，则其所论固当专以文王之《易》为主。然不推本伏羲作《易》画卦之所由，则学者必将误认文王所演之《易》，便为伏羲始画之《易》，只从中半说起，不识向上根原矣。故《十翼》之中，如八卦成列，因而重之，太极、两仪、四象、八卦，与天、地、山、泽、雷、风、水、火之类，皆本伏羲画卦之意。而今新书《原卦画》一篇亦分两仪，伏羲在前，文王在后。必欲知圣人作《易》之本，则当考伏羲之画。若只欲知今《易》书文义，则但求之文王之经、孔子之传足矣。两者初不相妨，而亦不可以相杂。来教乃谓专为邵氏解释，而于《易经》无所折衷，则恐考之有未详也。"《本义·图说》曰："右《易》之图九，有天地自然之《易》，有伏羲之《易》，有文王、周公之《易》，有孔子之《易》。自伏羲以上，皆无文字，只有图画，最宜深玩，可见作《易》本原精微[①]。文王以下，方有文字，即今之《周易》。然读者亦宜各就本文消息，不可便以孔子之《易》为文王之说也[②]。"锡瑞案：朱子此说，与经学大有关碍。六经皆出孔子，故汉初人以为文王但重卦而无辞，卦辞、爻辞皆孔子作。其后乃谓文王作卦、爻辞，又谓

① "微"下，朱熹《周易本义》本有"之意"二字。

② "易"，朱熹《周易本义》本作"说"。

文王作卦辞，周公作爻辞。孔《疏》遂以文王、周公作者为经，孔子作者为传，则已昧于经、传之别，而夺孔子之制作，以归之文王、周公矣。然《易》历三圣，道原一揆，犹未始歧而二之也。自宋陈、邵之图书出，乃有伏羲之《易》与文王之《易》、孔子之《易》，分而为三。朱子此说，更增以天地自然之《易》，判而为四，谓"不可便以孔子之《易》为文王之说"，又谓不可误认文王所演之《易》为伏羲始画之《易》，则是学《易》者于孔子之明义理、切人事者，可以姑置勿论，必先索之杳冥之际、混沌之初。即使真为上古之传，亦无裨于圣经之学，矧其所谓伏羲者非伏羲也，乃陈、邵之书也，且非儒家之言，乃道家之旨也。夫以道家之旨解《易》，固不始于宋人。虞翻明引《参同契》，是道家之旨也。王弼以老氏注《易》，亦道家之旨也。然二人但以道家之旨，杂于儒家之中。宋人乃以道家之书，加乎孔子之上。以图书之学说《易》，亦不始于宋人。卦气、爻辰出于谶纬，亦图书之学也。然汉人以谶纬为孔子所作，说虽近诬，尚不失为尊圣。宋人乃以羲、文列孔子之上，说尤近诬，而圣更不尊矣。学如孔子，亦云至矣，不当更求之于孔子之上；时代如孔子，亦云古矣，不当更推之于孔子之前。世去孔子一二千年，圣学之仅存不过什一千百，乃于其仅存者视为未足，必远求之荒渺无征，饰伪欺人，迭相祖述，怪图满纸，迷误后学。王鸣盛谓宋儒以虞廷十六字为三圣传心，此《风俗通》所云鲍君神之类。予谓先天诸图乃真鲍君神之类也。《朱子语类》曰"先天图传自希夷，希夷又自有所传，盖方士技术，用以修炼”，则朱子非不知先天图不可信，《答袁机仲》盖未定之说，不可不辨。

十九、论胡渭之辨甚确，若知《易》皆孔子所作，更不待辨而明

胡渭《易图明辨》辨《本义》之说曰："按：《本义》卷首列九图于前，而总为之说。所谓天地自然之《易》，《河图》、《洛书》也；伏羲之《易》，先天八卦及六十四卦次序方位也；文王之《易》，后天八卦次序方位及六十四卦之卦变也。是皆著为图者。伏羲有画而无辞，文王系彖，周公系爻，孔子作《十翼》，皆递相发挥以尽其义，故曰：'圣人之情见乎辞。'辞者，所以明象数之难明者也。而朱子顾以为三圣人之《易》专言义理，而象数阙焉，是何说与？且《易》之所谓象数，蓍、卦焉而已。卦主象，蓍主数。二体六画，刚柔杂居者，象也。大衍五十，四营成《易》者，数也。经文粲然，不待图而明。若朱子所列九图，乃希夷、康节、刘牧之象数，非《易》之所谓象数也。三圣人之言，胡为而及此乎？伏羲之世，书契未兴，故有画而无辞。延及中古，情伪渐启，忧患滋多。故文王系彖，以发明伏羲未尽之意；周公又系爻，以发明文王未尽之辞。一脉相承，若合符节。至于孔子，绍闻知之统，集群圣之大成，论者以为生民所未有。使伏羲、文王、周公之意而孔子有所不知，何以为孔子？既已知之，而别自为说，以求异于伏羲、文王、周公，非

述而不作之旨也。然则伏羲之象，得辞而益彰。纵令深玩图书而得其精微，亦不外乎文王、周公、孔子所言之理，岂百家众技之说所得而窜入其中哉？九图虽妙，听其为《易》外别传，勿以冠经首可也。”锡瑞案：胡氏之辨甚明，以九图为《易》外别传尤确，特犹误沿前人之说，以为文王作卦辞，周公作爻辞，孔子作《十翼》，故但以为孔子之说不异文王、周公之意，不知卦、爻辞亦孔子之说也。自东汉后，儒者误疑《系辞传》云盖取诸《益》与《噬嗑》，以为神农时已有重卦，则重卦当属神农。重卦既为神农，则文王演《易》必当有辞，遂疑卦辞、爻辞为文王作。其后又疑文王作爻辞，不应有“岐山”、“箕子”、“东邻”诸文，遂又疑爻辞为周公作。重纰貤缪，悍然以文王、周公加孔子之上，与六经皆孔子作之旨不合矣。宋之陈、邵，更加伏羲。此犹许行并耕，上托神农，老、庄无为，高谈皇古，乃昌黎所谓“惟怪之欲闻”者。宋儒之学过求高深，非但汉、唐注疏视为浅近，孔、孟遗经亦疑平易。故其解经多推之使高，凿之使深，有入于二氏而不觉者。其说《易》，以孔子之《易》为未足，而务求之道家，亦犹其解各经，疑孔子之言为未至，而间杂以二氏也。宋时一代风尚如此，故陈、邵图书盛行，以朱子之明，犹无定见而为所惑。元、明以其书取士，学者不究《本义》，而先观九图，遂使《易》学沉霾数百年，国初诸儒辨之而始熄。若知《易》皆孔子所作，不待辨而明矣。

二十、论黄宗羲论《易》取王《注》与程《传》，汉之焦、京，宋之陈、邵，皆所不取，说极平允，近人复理焦、京之绪，又生一障

黄宗羲《象数论序》曰："夫《易》者，范围天地之书也，广大无所不备。故九流百家之学，俱可窜入焉。自九流百家借之以行其说，而于《易》之本意反晦矣。《汉·儒林传》孔子六传至菑川田何，《易》道大兴。吾不知田何之说何如也。降而焦、京，世应、飞伏、动爻、互体、五行、纳甲之变，无不具者。吾读李鼎祚《集解》[1]，一时诸儒之说，芜秽康庄，使观象玩占之理，尽入淫瞽方技之流，可不悲夫！有魏王辅嗣出而注《易》，得意忘象，得象忘言，日时岁月、五气相推悉皆摈落，多所不关，庶几潦水尽而寒潭清矣。顾论者谓其以《老》、《庄》解《易》。试读其《注》，简当而无浮义，何曾笼络玄旨？故能远历于唐，发为《正义》。其廓清之功，不可泯也。然而魏伯阳之《参同契》，陈希夷之图书，远有端绪。世之好奇者卑王《注》之淡薄，未尝不以别传私之。逮伊川作《易传》，收其昆仑旁薄者，散之于六十四卦中，理到语精，《易》道于是而大定矣。其时康节上接种放、穆修、李之才之传，而创为《河图》先天之说，是亦不过一家之学耳。晦庵作《本义》，加之于开卷，读《易》者从

---

① "集"，黄宗羲《易学象数论序》本作"易"。

之。后世颁之学官，初犹兼《易传》并行，久而止行《本义》。于是经生学士，信以为羲、文、周、孔其道不同，所谓象数者又语焉而不详，将夫子之韦编三绝者，须求之卖酱箍桶之徒，而《易》学之榛芜，仍如焦、京之时矣。晦翁曰：'谈《易》者譬之烛笼，添得一条骨子，则障了一路光明。若能尽去其障，使之统体光明，岂不更好[①]？'斯言是也，奈何添入康节之学，使之统体皆障乎？世儒过视象数，以为绝学，故为所欺。余一一疏通之，知其于《易》本了无干涉，而后反求之程《传》，或亦廓清之一端也。"锡瑞案：黄氏此说，但取王弼《注》与程《传》之说理者，而尤推重程《传》，汉之焦、京，宋之陈、邵，皆所不取，说甚平允。焦、京之《易》，出阴阳家之占验，虽应在事后，非学《易》之大义。陈、邵之《易》，出道家之修炼，虽数近巧合，非作《易》之本旨。故虽自成一家之学，而于圣人之《易》，实是别传而非正传。俞琰曰："先天图虽《易》道之绪余，亦君子养生之切务。"又曰"丹家之说，虽出于《易》[②]，不过依仿而托之者，初非《易》之本义"，因作《易外别传》以明之。俞氏深于丹家，明言陈、邵之图为《易》外别传，乃彼道家自认不讳。吾儒家犹据以说《易》，斯可谓大惑矣。近世学者于陈、邵之图，辟之不遗余力，而又重理焦、京之说，是去一障又生一障，曷若如黄氏言，尽去其障之尤善乎！惟焦循《易

① "更"，原误作"甚"，据黄宗羲《易学象数论序》及《朱子语类》卷六十七改。

② "虽"，原误作"非"，据俞琰《易外别传·后序》改。

图略》遍斥纳甲、纳音、卦气、爻辰之失，曰："纳甲、卦气，皆《易》之外道。赵宋儒者辟卦气而用先天，近人知先天之非矣，而复理纳甲、卦气之说，不亦唯之与阿哉！"

二十一、论近人说《易》，张惠言为颛门，焦循为通学，学者当先观二家之书

《四库提要·易类》曰："圣人觉世牖民，大抵因事以寓教。《诗》寓于风谣，《礼》寓于节文，《尚书》、《春秋》寓于史，而《易》则寓于卜筮。故《易》之为书，推天道以明人事者也。《左传》所记诸占，盖犹太卜之遗法。汉儒言象数，去古未远也。一变而为京、焦，入于禨祥，再变而为陈、邵，务穷造化，《易》遂不切于民用。王弼尽黜象数，说以《老》、《庄》。一变而胡瑗、程子，始阐明儒理，再变而李光、杨万里，又参证史事，《易》遂日启其论端。此两派六宗，已互相攻驳。又《易》道广大，无所不包，旁及天文、地理、乐律、兵法、韵学、算术，以逮方外之炉火，皆可援《易》以为说，而好异者又援以入《易》，故《易》说愈繁。夫六十四卦，大象皆有'君子以'字，其爻象则多戒占者，圣人之情见乎词矣。其余皆《易》之一端，非其本也。今参校诸家，以因象立教者为宗，而其他《易》外别传者，亦兼收以尽其变。"又《惠栋〈易汉学〉提要》曰："汉学之有孟、京，亦犹宋学之有陈、邵，均所谓《易》外别传也[①]。"锡瑞案：以孟、京、

① "外"，原误作"卦"，据《四库提要》改。

陈、邵均为《易》外别传，至明至公。孟、京即所谓天文、算术，陈、邵即所谓方外炉火也。汉之孟、京，宋之陈、邵，既经辟辟，学者可以勿道。国朝二黄、毛、胡之辟宋学，可谓精矣。图书之学，今已无人信之者，则亦可以勿论。惠栋为东南汉学大宗，然生当汉学初兴之时，多采掇而少会通，犹未能成一家之言，其《易汉学》采及《龙虎经》，正是方外炉火之说。故《提要》谓其"掇拾散佚，未能备睹专门授受之全"，则惠氏书亦可从缓。近儒说《易》，惟焦循、张惠言最善。其成书稍后，《四库》未收，故《提要》亦未及称许，实皆学《易》者所宜急治。焦氏说《易》，独辟畦町，以虞氏之旁通，兼荀氏之升降，意在采汉儒之长而去其短。《易通释》六通四辟，皆有据依。《易图略》复演之为图，而于孟氏之卦气、京氏之纳甲、郑氏之爻辰皆驳正之，以示后学。《易章句》简明切当，亦与虞氏为近。学者先玩《章句》，再考之《通释》、《图略》，则于《易》有从入之径，无望洋之叹矣。张氏著《周易虞氏义》，复有《虞氏消息》、《虞氏易礼》、《易事》、《易言》、《易候》，笃守家法，用功至深。汉学颛门，存此一线。治颛门者，当治张氏之书，以窥汉《易》之旨。若欲先明义理，当观王《注》而折衷于程《传》，亦不失为《易》之正传。

二十二、论象数已具于《易》，求象数者不当求象于《易》之外，更不当求数于《易》之先

王《注》、程《传》说《易》主理，固不失为《易》之正传，而有不尽满人意者，则以王《注》言理不言象，程《传》言理

不言数也。《易》本卜筮之书，伏戏画卦，文王重卦，皆有画而无辞。其所为通神明之德、类万物之情者，当时必有口说流传，卜人、筮人世守其业，传其大义，以用于卜筮。学士大夫鲜有通其说者，但以为卜筮之书而已。至孔子，乃于卦、爻各系以辞，又作《彖》、《象》、《文言》以解其义。而《易》本为卜筮之用，不得专以空言说之，孔子欲借卜筮以教人，不能不借象数以明义。若但空言说理，孔子自可别撰一书，何必托之于《周易》乎？平心论之，说《易》不可尽扫象数，亦不可过求之象数。象数已具于《易》。《易》之言象，详于《说卦》，"《乾》为马、《坤》为牛"及"《乾》为天，《坤》为地"之类是也。《易》之言数，详于《系辞传》，"天一地二"、"天数五地数五"之类是也。《易》之言象已具，则不当求象于《易》之外；《易》之言数已具，则不当求数于《易》之先。所谓不当求象于《易》之外者，顾炎武《日知录》曰："夫子作传，传中更无别象。荀爽、虞翻之徒，穿凿附会，象外生象，以同声相应为《震》、《巽》，同气相求为《艮》、《兑》，水流湿、火就燥为《坎》、《离》，云从龙则曰《乾》为龙，风从虎则曰《坤》为虎。《十翼》之中，无语不求其象，而《易》之大指荒矣。"案：汉人于《说卦》言象之外，别有逸象，又有出于逸象之外者，穿凿诚如顾氏所讥。故王弼尽扫其说，《易略例》曰："爻苟合顺，何必《坤》乃为牛？义苟应健，何必《乾》乃为马？而或者定马于《乾》，案文责卦，有马无《乾》，则伪说滋蔓，难可纪矣。互体不足，遂及卦变；变又不足，推致五行。一失其原，巧愈弥甚，纵复或值[1]，而义无所取。"王氏驳诸家说极明快，而其《注》有偏矫太过者。如《涣·象》曰："'利涉大川'，乘木有功也。"据孔疏，"先儒皆以此卦《坎》下《巽》上，以为乘木水上，涉川之象"。《坎》水《巽》木，明见于《易》。而王注云"乘木，即涉难也"，并明见《易·象》者亦不取，故人讥其蹈虚。李鼎祚《集解序》曰："集虞翻、荀爽三十余家，刊辅嗣之野文，补康成之逸象。"李氏盖以王不取象而多空言，故欲刊其野文，而补以逸象。然康成注《易》不用逸象，正是谨严，又何必补？是王矫汉儒之失太过，李矫王氏之失又太过也。所谓不当求数于《易》之先者，《系辞传》曰："河出图，洛出书，圣人则之。"又曰："古者包羲氏之王天下也，仰则观象于天，俯则观法于地，观鸟兽之文与地之宜，近取诸身，远取诸物，于是始作八卦。"是包羲作八卦，并非专取图书，况图书自古不传。秦不焚《易》，无独焚其图书之理，何以汉儒皆不曾见，乃独存于道家？自宋陈抟创说于前，邵子昌言于后，其传之者，或以《河图》为九、《洛书》为十，或以《河图》为十、《洛书》为九，说又互异，而皆有图无书。程子曰："有理而后有象，有象而后有数。《易》因象以知数，得其义，则象在其中矣。必欲穷象之隐微，尽数之毫忽，乃寻流逐末，术家所尚，非儒者之务也，管辂、郭璞之学是已。"故程《传》言理不言数。朱子曰："程先生《易传》义理精，字数足，无一毫欠缺，只是于本义不相合。《易》本是卜筮之书，程先生只说得

① "复或"，原倒，据王弼《易略例》乙正。

一理。"朱子以程《传》不合本义，故作《本义》以补程《传》，而必兼言数。既知《龙图》是伪书，又使蔡季通入蜀求真图；既知邵子是《易》外别传，又使蔡季通作《启蒙》，以九图冠《本义》之首，未免添蛇足而粪佛头。且曰"有伏羲之《易》"，是求数于作《易》之始也，"有天地自然之《易》"，是并求数于未作《易》之前也，皆未免贤知之过也。

二十三、论焦循《易》学深于王弼，故论王弼得失极允

焦循论王弼极允，《周易补疏叙》曰："《易》之有王弼，说者以为罪浮桀、纣。近之说汉《易》者，屏之不论不议者也。岁壬申，余撰《易学三书》渐有成，夏月启书塾北窗，与一二友人看竹中红薇白菊，因言《易》，及赵宾解'箕子'为'荄兹'。或诩其说曰：非王弼辈所能知也。余笑而不答。或曰：何也？余乃取王弼《注》示之，曰：弼之解'箕子'，正用赵宾说，孔颖达不能申明之也。众唯唯退。门人进曰：《正义》者，奉王弼为准绳者也，乃不能申弼如是乎？余曰：非特此也。如读'彭'为'旁'，借'雍'为'甕'，通'孚'为'浮'而训为'务躁'，解'斯'为'厮'而释为'贱役'。诸若此，非明乎声音、训诂，何足以明之？东汉末以《易》学名家者，称荀、刘、马、郑。荀谓慈明爽，刘谓景升表。表之学受于王畅，畅为粲之祖父，与表皆山阳高平人。粲族兄凯，为刘表女婿。凯生业，业生二子，长弘，次弼。粲二子既诛，

使业为粲嗣。然则王弼者，刘表之外曾孙，而王粲之嗣孙，即畅之嗣玄孙也。弼之学盖渊源于刘，而实根本于畅。弘字正宗，亦撰《易义》。王氏兄弟皆以《易》名，可知其所受者远矣。故弼之《易》虽参以己见，而以六书通借，解经之法，尚未远于马、郑诸儒，特貌为高简，故疏者概视为空论耳。弼天资察慧，通俊卓出，盖有见于说《易》者支离傅会，思去伪以得其真，而力不能逮。故知卦变之非而用反对，知五气之妄而用十二辟，唯之于阿，未见其胜也。解'龙战'，以《坤》上六为阳之地，固本爻辰之在巳[①]。解'文柔'、'文刚'，以《乾》二、《坤》上言，仍用卦变之自《泰》来，改换其皮毛，而本无真识也。至局促于乘承比应之中，颟顸于得象忘言之表。道消道长，既偏执于扶阳；贵少贵寡，遂漫推夫卦主。较量于居阴居阳，揣摹于上卦下卦。智虑不出乎六爻，时世谬拘于一卦。洵童稚之藐识，不足与言通变神化之用也。然于《观》则会及全《蒙》，于《损》亦通诸《剥》道。"聪不明"之传，似明比例之相同；"观我生"之爻，颇见升降之有合。机之所触，原有悟心，倘天假之年，或有由一隙贯通，未可知也。惜乎秀而不实，称道者徒饫其糠粃，讥刺者莫探其精液。然则弼之《易》，未可屏之不论不议也。"锡瑞案：焦氏《易》学深于王弼，故能考其得失。弼注"箕子之明夷"曰："险莫如兹，而在斯中。"焦氏《补疏》曰："古字'箕'即'其'，'子'通'滋'，'滋'通

① "固"，原误作"因"，据焦循《周易补疏·自序》改。

‘兹’。王氏读‘箕子’为‘其兹’,以‘兹’字解‘子’字,以‘斯’字解‘其’字。”焦氏《易章句》曰:“‘箕’,古‘其’字。与《中孚》‘其子和之’同义。”以“其子”解“箕子”,与王氏意略同。其以假借说《易》,亦与王注读“彭”为“旁”、借“雍”为“甕”相合。故有取于王《注》,而特为之补疏也。

二十四、论焦循以假借说《易》本于《韩诗》,发前人所未发

焦循以假借说《易》,独辟畦町。其《易话·韩氏易》一条,引《韩诗外传》云:“‘《易》曰:困于石,据于蒺藜,入于其宫,不见其妻,凶。此言困而不见据贤人者[1]。昔者,秦穆公困于殽,疾据五羖大夫、蹇叔、公孙支而小霸;晋文公困于骊氏[2],疾据咎犯、赵衰、介子推而遂为君;越王句践困于会稽,疾据范蠡、大夫种而霸南国;齐桓公困于长勺,疾据管仲、宁戚、隰朋而匡天下。此皆困而知疾据贤人者也。夫困而不知疾据贤人而不亡者,未尝有也。’以‘疾据贤人’解‘据于蒺藜’,则借‘蒺’为‘疾’,由此可悟《易》辞之比例。《汉书·儒林传》称韩婴亦以《易》授人,推《易》意而为之传,于此可见其一端。余于其以‘疾’解‘蒺’,悟得经文以假借为引申。如借‘祇’为‘底’,借‘豚’为‘遁’,借‘豹’为‘约’,借‘鲋’为‘附’,借‘鹤’为‘隺’,借

① “见”,原脱,据焦循《易话》补。

② “公”,原误作“以”,据焦循《易话》改。按,《韩诗外传》本无“公”。

'羊'为'祥',借'袂'为'夬',皆韩氏有以益我也。"又《周易用假借论》曰:"近者学《易》十许年,悟得比例引申之妙,乃知彼此相借,全为《易》辞而设。假此以就彼处之辞,亦假彼以就此处之辞。如'豹'、'礿'为同声,与虎连类而言,则借'礿'为'豹';与祭连类而言,则借'豹'为'礿'。'沛'、'绂'为同声,以其刚揜于困下,则借'沛'为'绂';以其成兑于丰上,则借'绂'为'沛'。各随其文以相贯,而声近则以借而通。盖本无此字而假借者,作六书之法也;本有此字而假借者,用六书之法也。古者命名辨物,近其声即通其义。如'天'之为'颠','日'之为'实','春'之为'蠢','秋'之为'愁','嶽'之为'桷','岱'之为'代','华'之为'荴','子'之为'滋','丑'之为'纽','卯'之为'冒','辰'之为'振','仁'之为'人','義'之为'我','禮'之为'體','富'之为'福','铭'之为'名','及'之为'汲','桑'之为'丧'[1],'栗'之为'慄','踟蹰'之为'蜘蛛'[2],'汍澜'之为'芄兰',无不以声之通而为字形之借。故闻其声即知其实,用其物即思其义。欲其夷平也,则以雉名官;欲其勼聚也,则以鸠名官;欲其户止也,则以扈名官。以曲文其直,以隐蕴其显,其用本至精而至神。施诸《易》,辞之比例引申,尤为切要矣。是故柏人之过,警于迫人;秭归之地,原于姊归。发忽蒜而知算尽,屐露卯而识阴谋[3]。即'杨'之通于'扬',

① "桑",原误作"葬",据焦循《周易用假借论》改。

② "踟蹰","蜘蛛",原误植,据焦循《周易用假借论》改。

③ "屐",原误作"履",据焦循《周易用假借论》改。

'娣'之通于'稊'也。梁简文、沈约等集,有药名、将军名、郡名等诗。唐权德舆诗曰:'藩宣秉戎寄,衡石崇位势。年纪信不留,弛张良自愧。'宣秉、石崇、纪信、张良,即'箕子'、'帝乙'之借也。陆龟蒙诗:'佳句成来谁不伏,神丹偷去亦须防。风前莫怪携诗稿,本是吴吟荡桨郎。'伏神、防风、稿本,即'蒺藜'、'苋陆'之借也。温庭筠诗:'井底点灯深烛伊,共郎长行莫围棋。玲珑骰子安红豆,入骨相思知不知。'借'烛'为'属',借'围棋'为'违期',即借'蚌'为'邦',借'鲋'为'附'之遗也。相思为红豆之名,长行为双陆之名,借为男之行、女之思,即'高尚其事'为逸民,'匪躬之故'为臣节,借为当位之高、失道之匪也。合艮手坤母而为'拇',合坎弓艮瓜而为'弧',即孔融之离合也。'樽酒'为尊卑之'尊','蒺藜'为迟疾之'疾',即《子夜》之双关也。"

二十五、论假借说《易》并非穿凿,学者当援例推补

焦循《与朱椒堂兵部书》曰:"《易》之道,大抵教人改过,即以寡天下之过。改过全在变通,能变通即能行权,所谓'使民宜之','使民不倦','穷则变,变则通,通则久'。圣人格致诚正修齐治平,全于此一以贯之,则《易》所以名'易'也,《论语》、《孟子》已质言之。而卦画之所之,其比例、齐同有似九数,其辞则指其所之,亦如句股割圆,用甲乙丙丁子丑等字,指其变动之迹。吉凶利害,视乎爻之所

之，泥乎辞以求之，不啻泥甲乙丙丁子丑之义以索算数也。惟其中引申发明，其辞之同有显而明者。如“密云不雨，自我西郊”，《小过》、《小畜》同。“先甲三日”，“先庚三日”，《蛊》与《巽》同。其“冥升”、“冥豫”，“敦复”、“敦艮”、“敦临”，“同人于郊”、“需于郊”之类，多不胜指数。又多用六书之转注、假借。转注如‘冥’即‘迷’，‘颠’即‘窒’，‘喜’即‘乐’。假借如借‘繻’为‘需’，《说文》。借‘蒺’为‘疾’，《韩诗外传》。借‘豚’为‘遯’，黄颖说①。借‘祀’为‘巳’。虞翻。推之‘鹤’即‘隺然’之‘隺’②，‘祥’即‘牵羊’之‘羊’，‘禄’即‘即鹿’之‘鹿’，‘礿’即‘纳约’之‘约’，‘拔’即‘寡发’之‘发’，‘昧’即‘归妹’之‘妹’，‘胏’即‘德积’之‘积’，‘沛’即‘朱绂’之‘绂’。彼此训释，实为两汉经师之祖。其声音相借，亦与三代金石文字相孚。非明九数之齐同、比例，不足以知卦画之行；非明六书之假借、转注，不足以知彖辞、爻辞、《十翼》之义。”锡瑞案：焦氏自明说《易》之旨，其比例通于九数，其假借、转注本于六书，而说假借之法尤精，可谓四通六辟。学者能推隅反之义例，为触类之引申，凡难通者无不可通，不至如何平叔之不解《易》中七事矣。或疑假借说《易》近于傅会，不知卦名每含数义，不得专执一义以解。专以本义解之，爻辞多不可通。如《革》卦之义为“改革”，“初九：巩用黄牛之革”，则借为“皮革”。据《说文》“革，兽皮治去其毛，革更之”，故假借为“改革”。是“皮革”为“革”字本义也。

① “颖”，原误作“款”，据焦循《雕菰集》卷十三改。

② “隺然之”，原脱，据焦循《雕菰集》卷十三补。

"九五[①]:大人虎变","上六:君子豹变",亦取象于虎、豹之皮,而取义于"皮革"之"革"。《礼记·玉藻》君羔幦虎犆,故曰"大人虎变";大夫、士鹿幦豹犆,故曰"君子豹变"。君称大人,大夫、士称君子。云"小人革面"者,盖庶人役车,其幦以犬、羊之鞟为之,无虎犆、豹犆,故曰"革面"。若以"革面"为改头换面,古无此文法也。《易》之取象,必有其物、有其事,无虚文设言者。如《贲》卦之义为"贲饰","初九:贲其趾","趾"乃足趾。王注云"饰其趾",世岂有文饰其足趾者?正所谓"饰粉黛于胸臆,缀金翠于足趾"矣[②]。"贲"当假为"偾",取"偾车"之义。《左氏传》:"郑伯之车偾于济。""贲其趾"谓偾车伤其足,故舍车而徒也。"六二:贲其须","须"乃须髯,孔疏云"似贲饰其须",世岂有文饰其须髯者?殆有如湘东王子方诸踞鲍泉腹,以五色彩辫其髯矣。"贲"当假为"斑",谓须髯斑白也。凡此等皆专执一义必不可通者,必以假借之义通之,而后怡然理顺,涣然冰释。学者试平心静气以审之,当信其必非傅会矣。

二十六、论《易》说多依托,不当崇信伪书

《困学纪闻》云:"经说多依托,《易》为甚。《子夏传》,

① "九五",原误作"六五",据《周易正义·革卦》改。

② "饰粉黛于胸臆,缀金翠于足趾",《文心雕龙·事类》作"缀金翠于足胫,靓粉黛于胸臆"。

张弧作也。《关子明传》，阮逸作也。《麻衣正易》，戴师愈作也。”锡瑞案：《关子明传》、《麻衣正易》，朱子答李寿翁，明言“两书皆是伪书。关子明《易》是阮逸伪作，陈无己集中说得分明，麻衣《易》乃是南康戴师愈作”。今两书已罕见称述，惟《子夏易传》见隋、唐《志》。刘知幾辨其伪，晁以道以为唐张弧作。朱彝尊《经义考》证以陆德明、李鼎祚、王应麟所引，皆今本所无，不但非子夏书，并非张弧书。或以为汉杜子夏作，又或以为韩婴、丁宽，皆傅会无据，不足辨。而论《易》之伪托，尚不止此数书。如《连山》、《归藏》，《汉志》不载。《归藏》，或以为晋薛正所得，或以为唐长孙无忌所得。《连山》，隋刘炫作，郑樵信以为真。不知《连山》、《归藏》与《易》无关，非由孔子所定，其真其伪皆可不论。先天、后天之图，汉以来所未见，宋陈抟始创为《龙图》。朱子以《龙图》为伪，更求真图。不知此皆道家修炼之图，与《易》无关，非由孔子所定，其真其伪更可不论。高明好奇之士，不知经皆孔子手定，凡出于孔子之后者，不得为经；即出于孔子之前者，亦不得为经。圣人则《河图》、《洛书》，《系辞传》明言之。然圣人既则图书而作《易》，学者但求之于《易》，不必求之图书。犹《春秋》本鲁之《春秋》，孟子亦明言之，然圣人既据鲁史而作《春秋》，学者但求之《春秋》，不必求之鲁史。《庄子》云：“筌者所以得鱼，得鱼而忘筌。蹏者所以得兔，得兔而忘蹏。”《河图》、《洛书》与鲁《春秋》，正《庄子》筌蹏之类也。后儒不明此旨，惜图书不可见，惜未修《春秋》不可见。不思孔子之经且未能明，何暇求之孔子之前？求之不得，或且以伪应之，如《连山》、《归藏》、河洛之图，皆无益于经，而反汩经义[①]，岂非高明好奇之过哉！《汉·郊祀志》刘向引《易大传》曰："诬神者殃及三世。"今见《大戴礼·本命》篇，而子政以为《易大传》，与《史记》引系辞为《易大传》正同。又《经解》引《易》曰："差若毫厘，缪以千里。"今见《易纬》，而引为《易经》，则汉以前传本或与今本不同。今本以《彖》、《象》杂经文，《序卦》、《杂卦》盖出东汉以后，《十翼》之说亦出郑学之徒。宋人订《古周易》，欲复圣经之旧，其意未始不善，然但知经出羲、文，不当以孔子所作之传杂之，而不知经实出孔子，不当以弟子所作之传杂之也。

二十七、论《易》为卜筮作，实为义理作，孔子作卦、爻辞纯以理言，实即羲、文本意

朱子曰："《易》为卜筮作，非为义理作。伏羲之《易》，有占而无文，与今人用《火珠林》起课者相似。文王、周公之《易》，爻辞如签辞。孔子之《易》，纯以理言，已非羲、文本意。某解《易》，只是用虚字去迎过意来[②]，便得。"周渔驳之曰："然则孔子当日何用三绝韦编？而所称加年无大过者，岂终日把定一束蓍草耶？"锡瑞案：朱子以"《易》为

① "汩"，原误作"泊"，据文义改。

② "用"，《朱子语类》卷六十七本作"添"，皮锡瑞此处实是转引朱彝尊《经义考》卷六十七所录周渔《加年堂讲易·自序》。

卜筮作，非为义理作”，其说大误，然其误亦有所自来。伏羲画卦，虽有占而无文，而亦寓有义理在内。《系辞传》谓包羲“始作八卦，以通神明之德，以类万物之情”，所谓通神明、类万物者，必有义理，口授相传。焦循曰：“伏羲画八卦，重为六十四。其旁通行动之法，当时必口授指示，久而不传。文王、周公以辞明之，即明其当日口授指示者也。学者舍其辞，但观其卦，则此三百八十四画，遂成一板而不灵之物。如棋有车、马、炮、卒、士、相、帅、将，按图排之，必求之于谱，乃知行动之法，其精微奇妙存乎其中。若舍去谱而徒排所谓车、马、炮、卒、士、相、帅、将，不敢动移一步，又何用乎其为棋也？六十四卦，车、马、炮、卒、士、相、帅、将也；文王、周公、孔子之辞，谱也。不于辞中求其行动之用，是知有棋而不知有谱者也。”焦氏之说极通，惜犹拘于旧说，以为伏羲重卦，文王、周公作卦、爻辞。若更定之，于“重为六十四”上加“文王”二字，“文王、周公以辞明之”改为“孔子以辞明之”，“文王、周公、孔子之辞”去“文王、周公”四字，则更合矣。而据其说，可知伏羲作《易》垂教，当时所以正人伦、尽物性者，皆在八卦之内，意必有义说寓于卜筮，必非专为卜筮而作。文王重卦，其说加详，卜人、筮人口授相传。以其未有文辞，故乐正不以教士。然其中必有义理，不可诬也。或疑止有画而无辞，何得有义理在内；既有义理，则必著为文辞。是又不然。《左氏》杂采占书，其占不称《周易》者，当是夏、殷之《易》，而亦未尝不具义理。若无义理，但有占法，何能使人信用？观夏、殷之《易》

如是，可知伏羲、文王之《易》亦如是矣。周衰而卜筮失官，盖失其义，专言祸福，流为巫史。《左氏》所载，焦循尝一一辨其得失曰："《易》至春秋，淆乱于术士之口，谬悠荒诞，不足以解圣经，孔子所以韦编三绝而翼赞之也。昭七年传一条，以灵公名元，直以'元亨'之'元'为灵公之名。此与阳虎占《泰》之《需》，以'帝乙'为宋之祖，同一因文生意，有如市俗神签妖谶，去古筮法远矣。"据此，是孔子见当时之人惑于吉凶祸福，而卜筮之史加以穿凿傅会，故演《易》系辞，明义理，切人事，借卜筮以教后人，所谓以神道设教。其所发明者，实即羲、文之义理，而非别有义理；亦非羲、文并无义理，至孔子始言义理也。当即朱子之言而小变之，曰"《易》为卜筮作，实为义理作。伏羲、文王之《易》，有占而无文，与今人用《火珠林》起课者相似。孔子加卦、爻辞如签辞，纯以理言，实即羲、文本意"，则其说分明无误矣。

二十八、论说《易》之书最多，可取者少

《四库全书》经部，惟《易经》为最多，《提要》别择之亦最严，《存目》之外，又别出于术数，不欲以溷经也。《易》义无所不包，又本卜筮之书，一切术数皆可依托，或得《易》之一端，而要不足以尽《易》，虽云密合，亦属强附。如京房卦气原出历数，唐一行言历引孟喜卦气。扬雄《太玄》推本浑天，其数虽似巧合于《易》，实是引《易》以强合其数。孔子作《易》，当时并不知有汉历，谓孔子据汉历作《易》，断断乎

不然也。陈抟《龙图》本是丹术，邵子"衍数"亦原道家，其数虽似巧合于《易》，实是引《易》以强合其数。孔子作《易》，当时亦不知有道书，谓孔子据道书作《易》，断断乎不然也。此两家准之孔子作《易》之旨，既皆不然，则其学虽各成一家，皆无关于大义。汉学误于谶纬，宋学乱于图书。当时矜为秘传，后儒不得不加论辨。今辨之已晰，人皆知其不关大义，学者可以不必诵习，亦不必再加论辨矣。其余一切术数、风角、壬遁实有征验，丹鼎、炉火亦足养生，其书亦或假《易》为名，要不尽符于《易》之理。《参同契》见引于虞氏，而专言《坎》、《离》之旨，已与《易》重《乾》、《坤》不同。阴阳、五行、蓍龟、杂占，《汉书·艺文志》别出之于后，未尝以溷于《易》，诚以先圣大义，非可以九流众技参之。即蓍龟十五家，实为卜筮之书，而但言占法，不言义理，亦不得与《易》十三家并列于前。古人别择之严如此，所以尊经而重道也，又况后世臆造委巷不经之书乎？汉人之书，自《太玄》、《参同契》以外，今皆亡佚，所传术数，多出唐、宋以后。《提要》既别出于后，不入《易》部，学者更可不必诵习，亦不必再加论辨矣。《存目》诸书，取资甚鲜，即收入经部者，亦多节取其长。盖汉儒之书不传，自宋至今，能治专家之学如张惠言、通全经之学如焦循者，实不多觏。故后之学《易》者，必自此二家始。

二十九、论汉人古义多不传，汉碑可以引证

汉人《易》义，传世甚鲜，惟郑、荀、虞稍存崖略。而三

家皆生于汉末，距魏王弼时代不远，其前通行之本出于施、孟、梁丘、京氏者，皆不可考。今惟汉碑引《易》为当时通行之本，姑举数条证之。《博陵太守孔彪碑》云："《易》建八卦，揆肴毂辞。"《隶释》云碑以"肴"为"爻"，"毂"即"系"字。案：碑云建卦揆爻，乃云系辞，此以卦辞、爻辞即是系辞之证。所谓系辞，非今之所谓《系辞》也。《百石卒史碑》云："孔子作《春秋》，制《孝经》，删述五经，演《易》系辞，经纬天地，幽赞神明。"碑以"演《易》系辞"属孔子说，则亦必以系辞为卦、爻辞，非今之所谓《系辞》也。今《系辞传》曰："昔者圣人之作《易》也，幽赞乎神明而生蓍。"碑以"幽赞神明"属孔子说，则亦必以圣人作《易》属之孔子。此二碑皆汉人遗说，以卦爻辞为系辞、为孔子作之明证也。若其字句与今不同而与古说合者，如蔡邕《处士圂叔则碑》云"童蒙来求"，与《释文》"一本作'来求我'"合，足证今本之误脱。又云"彪之用文"，及《司徒袁公夫人马氏碑铭》云"蒙昧以彪"，胡广《征士法高卿碑》云"彪童蒙"，与《释文》"郑曰：包，当作彪。彪，文也"合，足证郑义之有本。《卫尉卿衡方碑》云："恩隆乾夳，威肃剥巛。""巛"即"坤"，则"夳"亦即"泰"，与《说文》"夳，古文'泰'"合，足证汉《易》之古文。《玄儒先生娄寿碑》云"不可营以禄"，《堂邑令费凤碑》云"不营荣禄"，边韶《老子铭》云"禄执弗营"，与《虞氏易》作"营"合，足证"营"训"营惑"，而孔疏训为"荣华"之非。《荆州刺史度尚碑》云"晖光日新"，与《释文》"郑以'日新'绝句"合，足证王注以"辉光日新其德”为句之非。《博陵太守孔彪碑》云“抍马㲄害”，与《释文》“子夏作‘抍’”合，足证唐开成后定作“拯”字之非。《太尉桥公庙碑》云“亦用齐斧”，与《释文》“《子夏传》及众家并作‘齐斧’”合，足证今作“资斧”之非。《安平相孙根碑》云：“厥先出自有殷，玄商之系，子汤之苗。至于东吅，大䨓戕仁，圣武定周，封干之墓。”《隶释》引：“班孟坚《幽通赋》云‘东厸虐而歼仁’，注云：‘厸，古邻字，谓纣也。仁即三仁也。’碑中之语盖出于此，则是以吅为厸，以戕为歼，或为戕也。”与《坊记》引《易》此文，郑注曰“东邻”谓纣，孔疏《易》与《左传》云说者皆云“东邻”谓纣合，足证王注、孔疏拨弃古义、不解“东邻”之非。李鼎祚《周易集解》集子夏、孟喜、京房、马融、荀爽、郑康成、刘表、何晏、宋衷、虞翻、陆绩、干宝、王辅嗣、姚信、王廙、张璠、向秀、王凯冲、侯果、蜀才、翟玄、韩伯、刘𪻐、何妥、崔憬、沈驎士、卢氏、崔觐、孔颖达三十余家[①]。《释文》云张璠《易集解》二十二家：钟会、向秀、庾运、应贞、荀煇、张辉、王弘、阮咸、阮浑、杨乂、王济、卫瓘、栾肇、邹湛、杜育、杨瓒、张轨、宣舒、邢融、裴藻、许适、杨藻。《释文》所引诸家，于二《集解》之外，又有董遇、黄颖、尹涛三人。张璠书今不传，但传《释文》与李鼎祚书。汉人《易》说亦不多，汉碑可以补其缺也。

---

① “刘表”，原误作“刘衷”，“王凯冲”，原脱“冲”，据朱睦㮮《周易集解序》改、补。

三十、论筮《易》之法，今人以钱代蓍，亦古法之遗

圣人因卜筮而作《易》，乃神道设教之意。《汉·艺文志》曰："秦燔书，而《易》为筮卜之事，传者不绝。"刘歆《移博士书》曰："天下但有《易》卜，未有他书。"是《易》以筮卜而幸存。《史记》、《汉书》载汉初经师之传，惟《易》最详，盖以此也。乃至汉后，而汉初说《易》之书无一存者，《易》卜之法亦失其传。圣人之经幸存于秦火之余，而经义、卜法尽亡于汉代之后，此事理之不可解者。《汉·艺文志》蓍龟十五家，龟有《龟书》五十二卷、《夏龟》二十六卷、《南龟书》二十八卷、《巨龟》三十六卷、《杂龟》十六卷，凡五家；蓍止有《蓍书》二十八卷，一家。盖重龟而轻蓍。古大事用卜，小事用筮。《左氏传》云："蓍短龟长，不如从长。"《史记·日者列传》专言卜，云："太卜之起，自汉兴而有。"是古重卜轻筮之证。自汉以后，鲜有用龟卜者。灼龟占墨之法，虽略见于注疏，其详不可得闻，唐李华所以有"废龟"之论也。惟筮法犹传于世，详见于朱子书。朱子以韩侂胄专权，欲上书极谏，门人请以蓍决之。是朱子尝用揲蓍之法，而其法亦不通行。今世通行以钱代蓍，出于《火珠林》。陈振孙《书录解题》"卜筮类"："《火珠林》一卷，无名氏。今卖卜掷钱占卦，尽用此书。"《朱子语类》云："《火珠林》犹是汉人遗法。"盖其法亦有所本。《仪礼·士冠礼》注曰："所卦者，所以画地记爻。"疏："云'所卦者，所以画地记

爻'者，筮法，依七、八、九、六之爻而记之，但古用木画地，今则用钱。以三少为重钱，重钱则九也；三多为交钱，交钱则六也；两多一少为单钱，单钱则七也；两少一多为拆钱，拆钱则八也。"项安世《家说》："今占家以三钱擲之，两背一面为拆，此即两少一多，少阴爻也；两面一背为单，此即两多一少，少阳爻也；俱面者为交，交者拆之，此即三多，为老阴爻也；俱背者为重，重者单之，此即三少，为老阳爻也。盖以钱代蓍，一钱当一揲。"钱大昕曰："贾公彦《疏》本于北齐黄庆、隋李孟悊二家，是则齐、隋与唐初皆已用钱，重、交、单、拆之名与今不异也。但古人先揲蓍，而后以钱记之，其后术者渐趋简易，但擲钱得数，不更揲蓍。"锡瑞案：据诸家之说，擲钱占卦是由揲蓍而变，故朱子以《火珠林》为汉法之遗也。越人鸡卜，载在《史记》；《鼠序卜黄》，列于《汉志》。此等小数犹可占验，况擲钱本古人遗法，不能得蓍草者，可以此代。用心诚敬，亦足以占吉凶。若心不诚敬，则虽得蓍龟而占之，亦将如《汉志》所云"筮渎不告，《易》以为忌；龟厌不告，《诗》以为刺"矣。

书　经

一、论《尚书》分今、古文最先，而《尚书》之今、古文最纠纷难辨

两汉经学有今、古文之分，以《尚书》为最先，亦以《尚书》为最纠纷难辨。治《尚书》不先考今、古文分别，必至茫无头绪，治丝而棼。故分别今、古文，为治《尚书》一大关键，非徒争门户也。汉时今文先出，古文后出；今文立学，古文不立学。汉立十四博士，《易》施、孟、梁丘、京氏，《尚书》欧阳、大小夏侯，《诗》鲁、齐、韩，《礼》大、小戴，《春秋》严、颜，皆今文立学者也。费氏古文《易》、古文《尚书》、《毛诗》、《周官》、《左氏春秋》，皆古文不立学者也。其后今文立学者皆不传，古文不立学者反盛传。盖自东汉以来，异说渐起，非一朝一夕之故矣。谓今、古文之分，《尚书》最先者，《史记·儒林传》举汉初经师，《诗》自申培公、辕固生、韩太傅，《礼》自高堂生，《易》自田何，《春秋》自胡

毋生、董仲舒，皆今文，无古文。惟于《尚书》云："孔氏有古文《尚书》，而安国以今文读之，因以起其家。"是汉初已有古文《尚书》，与今文别出。故曰今、古文之分，以《尚书》为最先也。谓今、古文以《尚书》为最纠纷难辨者，太史公时，《尚书》立学者惟有欧阳，太史公未言受《书》何人。《史记》引《书》多同今文，而《汉书·儒林传》云："司马迁从安国问故，迁书载《尧典》、《禹贡》、《洪范》、《微子》、《金縢》诸篇多古文说。"然则《史记》引《书》为欧阳今文乎，抑安国古文乎？此难辨者一。《汉书·艺文志》曰："古文《尚书》者，出孔子壁中，安国献之，遭巫蛊事，未列于学官。刘向以中古文校欧阳、大小夏侯三家经文。"又《儒林传》曰："世所传百两篇者，出东莱张霸，分析合二十九篇以为数十，又采《左氏传》、《书叙》为作首尾，凡百二篇。成帝时，求其古文者，霸以能为百两征。以中书校之，非是。"《后汉书·儒林传》曰："扶风杜林传古文《尚书》，林同郡贾逵为之作训，马融作传，郑玄注解。由是古文《尚书》遂显于世。"据此，则汉时古文《尚书》已有三本：一、孔氏之壁书；一、张霸之百两；一、杜林之漆书。此难辨者二。东晋梅颐献古文《尚书》、孔安国《传》，孔颖达作疏，以孔氏经、传为真，马、郑所注为张霸伪书。宋儒以孔安国书为伪。近儒毛奇龄以孔氏经、传为真，马、郑所注本于杜林漆书者为伪；阎若璩、惠栋则以孔氏经、传为伪，马、郑所注本于杜林者即孔壁真古文；刘逢禄、宋翔凤、魏源又以孔氏经、传与马、郑本于杜林者皆伪，逸十六篇亦非孔壁之真。

此难辨者三。锡瑞案:张霸书之伪,《汉书》已明辨之。孔安国书之伪,近儒已明辨之。马、郑古文《尚书》出于杜林者,是否即孔壁真古文,至今犹无定论。故曰今、古文之分,以《尚书》为最纠纷难辨也。若唐玄宗诏集贤学士卫包改古文从今文,乃以当时俗书改隶书,与汉时今文不同。《文献通考》曰:"汉之所谓古文者,科斗书;今文者,隶书也。唐之所谓古文者,隶书;今文者,世所通用之俗字也。"宋时又有古文《尚书》出宋次道家,尤不足据。阮元曰:"卫包以前,未尝无今文;卫包以后,又别有古文也。"

二、论汉时今、古文之分由文字不同,亦由译语各异

汉时所谓今文,今谓之隶书,世所传《熹平石经》与孔庙等处汉碑是也。汉时所谓古文,今谓之古籀,世所传钟鼎、石鼓与《说文》所列古文是也。隶书汉时通行,故谓之今文,犹今人之于楷书,人人尽识者也。古籀汉时已不通行,故谓之古文,犹今人之视篆、隶,不能人人尽识者也。《史记·儒林传》曰:"伏生者,济南人也,故为秦博士。秦时焚书,伏生壁藏之。其后兵大起,流亡。汉定,伏生求其书,亡数十篇,独得二十九篇,即以教于齐、鲁之间。"锡瑞案:孔子写定六经皆用古文,见许氏《说文·自叙》。伏生为秦博士,所藏壁中之书,必与孔壁同为古文,至汉发藏以教生徒,必易为通行之隶书,始便学者诵习。江声《尚书集注音疏》始用篆文,书不通行,后卒改用今体楷书。观今人

不识篆文，不能通行，即知汉人不识古文，不能通行之故。此汉时立学所以皆今文，而古文不立学也。古文《尚书》之名虽出汉初，尚未别标今文之名，但云《欧阳尚书》、《夏侯尚书》而已。刘歆建立古文《尚书》之后，始以今《尚书》与古《尚书》别异。许慎《五经异义》列古《尚书》说，今《尚书》夏侯、欧阳说，是其明证。龚自珍《总论汉代今文古文名实》曰："伏生壁中书，实古文也，欧阳、夏侯之徒以今文读之，传诸博士，后世因曰伏生今文家之祖。此失其名也。孔壁固古文也，孔安国以今文读之，则与博士何以异？而曰孔安国古文家之祖，此又失其名也。今文、古文，同出孔子之手，一为伏生之徒读之，一为孔安国读之。未读之先，皆古文矣；既读之后，皆今文矣。惟读者人不同，故其说不同。源一流二，渐至源一流百。此如后世翻译，一语言也，而两译之，三译之，或至七译之，译主不同，则有一本至七本之异。未译之先，皆彼方语矣；既译之后，皆此方语矣。其所以不得不译者，不能使此方之人晓殊方语故；经师之不能不读者，不能使汉博士及弟子员悉通周古文故[①]。然而译语者未尝取所译之本而毁弃之也，殊方语自在也。读《尚书》者，不曰以今文读后而毁弃古文也，故其字仍散见于群书及许氏《说文解字》之中，可求索也。又译字之人，必华夷两通而后能之；读古文之人，必古今字尽识而后能之。此班固所谓晓古、今语者，必冠世大师如伏生、欧阳

① "故"，原脱，据龚自珍《大誓答问第二十四》补。

生、夏侯生、孔安国庶几当之，余子皆不能也。此今文、古文家之大略也。若夫‘读之’之义，不专指以此校彼而言，又非谓以博士本读壁中本而言，具如予外王父段先生言[①]，详见段氏《古文尚书撰异》。”案：段氏解“读”字甚精，龚氏通翻译，解“读”字尤确。据此，可知今、古文本同末异之故，学者不必震于古文之名而不敢议矣。

三、论伏生传经二十九篇，非二十八篇，当分《顾命》、《康王之诰》为二，不当数《书序》与《大誓》

孔子弟子漆雕开传《尚书》，其后授受源流皆不可考。汉初传《尚书》者，始自伏生。伏生传经二十九篇，见《史记·儒林传》。《汉书·艺文志》、《儒林传》亦云伏生求得二十九篇，无所谓二十八篇者。乃孔颖达《正义》云：“《尚书》遭秦而亡，汉初不知篇数。武帝时，有太常、蓼侯孔臧者，安国之从兄也，与安国书云：时人惟闻《尚书》二十八篇，取象二十八宿，谓为信然，不知其有百篇也。”锡瑞案：此引《论衡》“法四七宿”之说，而遗“其一曰斗”之文。段玉裁谓孔臧书不可信。王引之谓二十八篇之说见于伪《孔丛子》，及《汉书·刘歆传》臣瓒注，盖晋人始有此说。据段、王说，则今文二十八篇之说非是，孔臧书即伪《孔丛子》所载也。惟王充《论衡·正说》篇云：“至孝宣皇帝之时，

① “具”，原误作“其”，据龚自珍《大誓答问第二十四》改。

河内女子发老屋，得逸《易》、《礼》、《尚书》各一篇，奏之。宣帝下示博士，然后《易》、《礼》、《尚书》各益一篇，而《尚书》二十九篇始定。”如其说，则益一篇乃有二十九，伏生所传者止二十八矣。所益一篇是《大誓》。《尚书正义》引刘向《别录》曰：“武帝末，民有得《大誓》书于壁内者，献之。与博士使读说之，数月皆起传以教人。”《文选注》引《七略》同，且曰“今《太誓》篇是也”。《论衡》言宣帝时，与《别录》、《七略》言武帝末不合。王引之、陈寿祺皆以《论衡》为传闻之误，则其言《尚书》篇数亦不可信。而即《论衡》之说考之，亦自有不误者。《正说》篇云：“传者或知《尚书》为秦所燔，而谓二十九篇，其遗脱不烧者也。审若此言，《尚书》二十九篇，火之余也。七十一篇为炭灰，二十九篇独遗耶？夫伏生年老，晁错从之学时，适得二十余篇。伏生死矣，故二十九篇独见，七十一篇遗脱。”据此，则王仲任亦以为伏生传晁错已有二十九篇，与马、班说不异。其以为益一篇而二十九篇始定者，盖当时传闻之辞，仲任非必坚持其说，而其说亦有所自来。伏生所传二十九篇，《尧典》一，《皋陶谟》二，《禹贡》三，《甘誓》四，《汤誓》五，《般庚》六，《高宗肜日》七，《西伯戡耆》八，《微子》九，《牧誓》十，《鸿范》十一，《大诰》十二，叶梦得云：伏生以《大诰》列《金縢》前。《金縢》十三，《康诰》十四，《酒诰》十五，《梓材》十六，《召诰》十七，《洛诰》十八，《多士》十九，《毋佚》二十，《君奭》二十一，《多方》二十二，《立政》二十三，《顾命》二十四，《康王之诰》二十五，《鲜誓》二十六，《甫刑》二十七，

《文侯之命》二十八,《秦誓》二十九。《释文》:"'王若曰:庶邦侯、甸、男、卫',马本从此以下为《康王之诰》。欧阳、大小夏侯同为《顾命》。"故或谓今文二十九篇,当合《顾命》、《康王之诰》为一。而以《大誓》当一篇者,王引之《经义述闻》是也。或以《书序》当一篇者,陈寿祺《左海经辨》是也。案:以《书序》当一篇,《经义述闻》已辨之矣。以《大誓》当一篇,《大誓答问》已辨之矣。当从《大誓答问》,分《顾命》、《康王之诰》为二,不数《大誓》、《书序》为是。惟龚氏论夏侯、欧阳无增篇,无解于《释文》所云。欧阳、夏侯既无增篇,又并二篇为一,则仍止二十八,而无二十九矣。《史记·周本纪》云"作《顾命》"、"作《康诰》",《康诰》即《康王之诰》,则史公所传伏生之书明分二篇,其后欧阳、夏侯乃合为一。疑因后得《大誓》,下示博士,使读说以教人,博士乃以《顾命》、《康王之诰》合为一篇,而搀入《大誓》。此夏侯篇数所以仍二十九,欧阳又分《大誓》为三,所以篇数增至三十一也。《论衡》所云益一篇而《尚书》二十九篇始定,乃据其后言之;云伏生传晁错适得二十九篇,乃据其先言之。如此解,则二说皆可通,而伏生所传篇数与博士所传篇数名同而实不同之故,亦可考而知矣。若《书正义》谓:"司马迁在武帝之世,见《太誓》出而得行,入于伏生所传内,故为史总之,并云伏生所出,不复曲别分析,云民间所得也",史公不应谬误至此,其说非是。汉所得《大誓》今残缺,考其文体,与二十九篇不类。白鱼赤乌之瑞,颇近纬书。伏生《大传》虽载之,似亦说经之文,而非引经之文。故董子但称为《书传》,马融疑之,是也。唐人信伪孔古文,以此《大誓》为伪,遂致亡佚。近人以为不伪,复掇拾丛残而补之,似亦可以不必矣。

四、论古文增多十六篇见《汉志》,增二十四篇为十六卷见孔《疏》,篇数分合、增减皆有明文

伏生壁藏之书,汉立学,今传诵者也。孔氏壁藏之书,汉不立学,今已不传者也。书既不传,则真伪不必辨。而既考今文之篇数,不能不并考古文之篇数。《史记·儒林传》曰"逸《书》得十余篇",《汉书·艺文志》曰"以考二十九篇,得多十六篇",皆未列其篇名。《书正义》曰:"案壁内所得、孔为传者,凡五十八篇,为四十六卷。三十三篇与郑《注》同,二十五篇增多郑《注》也。其二十五篇者,《大禹谟》一,《五子之歌》二,《胤征》三,《仲虺之诰》四,《汤诰》五,《伊训》六,《太甲》三篇九,《咸有一德》十,《说命》三篇十三,《泰誓》三篇十六,《武成》十七,《旅獒》十八,《微子之命》十九,《蔡仲之命》二十,《周官》二十一,《君陈》二十二,《毕命》二十三,《君牙》二十四,《冏命》二十五。但孔君所传,值巫蛊不行以终。前汉诸儒知孔本有五十八篇,不见孔《传》,遂有张霸之徒于郑《注》之外,伪造《尚书》,凡二十四篇,以足郑《注》三十四篇为五十八篇。其数虽与孔同,其篇有异。孔则于伏生所传二十九篇内,无古文《泰誓》,除《序》,尚二十八篇,分出《舜典》、《益

稷》、《盘庚》二篇、《康王之诰》，为三十三，增二十五篇为五十八篇。郑玄则于伏生二十九篇之内，分出《盘庚》二篇、《康王之诰》，又《泰誓》三篇，为三十四篇，更增益伪书二十四篇为五十八。所增益二十四篇者，则郑注《书序》，《舜典》一，《汩作》二，《九共》九篇十一，《大禹谟》十二，《益稷》十三，《五子之歌》十四，《胤征》十五，《汤诰》十六，《咸有一德》十七，《典宝》十八，《伊训》十九，《肆命》二十，《原命》二十一，《武成》二十二，《旅獒》二十三，《冏命》二十四。以此二十四为十六卷，以《九共》九篇共卷，除八篇，故为十六。故《艺文志》、刘向《别录》云五十八篇。"锡瑞案：孔《疏》以伪孔古文为真，以郑注古文为伪，诚为颠倒之见，而所数篇目，必有所据。其引郑注《书序》，《益稷》当作《弃稷》，《冏命》当作《毕命》。云增二十五篇，据伪孔《序》文，实当作二十四，盖作伪孔书者，知伏生二十九篇不数《泰誓》与《序》，遂误以为二十八篇，而不知当数《康王之诰》也。桓谭《新论》云："古文《尚书》旧有四十五卷，为五十八篇。"《汉书·艺文志》云："《尚书》古文经四十六卷，为五十七篇。"二说不同。桓云四十五卷，盖不数《序》，五十八篇兼数《武成》。班云四十六卷，则并数《序》，五十七篇不数《武成》。《武成》正义引郑云"《武成》逸书，建武之际亡"，故比桓谭时少一篇矣。篇数分合、增减，皆有明文可据。俞正燮谓"《艺文志》本注云五十七篇者，与众本皆不应，'七'是误文；《正义》引刘向《别录》云五十八篇，'八'亦误文"，轻诋前人，殊嫌专辄。龚自珍不信《大誓》，极是，而必以为博士无增《大誓》之事，则二十九篇之数不能定，乃谓刘向袭称五十八、班固袭称五十七为误，则亦未尽得也。

五、论《尚书》伪中作伪，屡出不已，其故有二，一则因秦燔亡失而篇名多伪，一则因秦燔亡失而文字多伪

孔子所定之经，惟《尚书》真伪难分明。至伪中作伪，屡出不已者，其故有二：一则秦时燔经，《尚书》独受其害。《汉书·艺文志》曰："及秦燔书，而《易》为筮卜之事，传者不绝。"又曰："凡三百五篇遭秦而全者，以其讽诵，不独在竹帛故也。"据此，则《易》、《诗》二经皆全，未尝受秦害也。《史记·儒林传》曰："《礼》固自孔子时，而其经不具。及至秦焚书，书散亡益多。"《十二诸侯年表》曰："孔子次《春秋》，七十子之徒口受其传指，为有所刺讥褒讳挹损之文辞，不可以书见也。"据此，则《礼》虽因焚书而散亡，其先本不完全；《春秋》本是口传，今犹完全，亦未尝受秦害也。独《尚书》一经，《史记》云："秦时焚书，亡数十篇。"《汉书》云："《书》凡百篇，秦燔书禁学，汉兴亡失。"《论衡·正说》篇云："盖《尚书》本百篇，孔子所授也。遭秦用李斯之议，燔烧五经，济南伏生抱百篇藏于山中。孝景皇帝时，始存《尚书》。伏生已出山中，景帝遣晁错往，从受《尚书》二十余篇。伏生老死，《书》残不竟。晁错传于倪宽。"又云："至孝景帝时，鲁共王坏孔子教授堂以为殿，得百篇于墙壁

中。武帝使使者取视，莫能读者，遂秘于中，外不得见。至孝成皇帝时，征为古文《尚书》学，东海张霸案百篇之《序》，空造百两之篇，献之成帝。帝出所秘百篇以较之，皆不相应。于是下霸于吏，吏白霸罪当至死。成帝高其才而不诛，亦惜其文而不灭，故百两之篇传在世间者。传见之人，则谓《尚书》有百两篇矣。"据此，则以孔子所定本有百篇，遭燔残缺不全。王充且以为孔壁所得亦有百篇，因秘于中而不得见，学者既不得见，而徒闻百篇之名，遂有张霸出而作伪。后之作伪孔古文者，正袭张霸之故智也。张霸与孔皆伪，究不知真古文安在。马、郑注古文十六篇，世以为孔壁真古文，而马融云"逸十六篇绝无师说"。既无师说，真伪难明，《史》、《汉》皆不具其篇目。刘逢禄以为《逸周书》之类，非真古文《尚书》，证以刘歆引《武成》即《逸周书·世俘解》，似亦有据。其书既亡，是非莫决。此因秦燔亡失而篇名多伪者也。一则今文、古文，《尚书》分别独早。孔壁古文藏于中秘，刘向以中古文校三家，成帝以秘百篇校张霸，皆必是真古文。后遭新莽、赤眉之乱，西京图籍未必尚存。《后汉书·杜林传》云："林前于西州得漆书古文《尚书》一卷，常宝爱之，虽遭难困，握持不离身。出以示卫宏、徐巡曰：'林流离兵乱，常恐斯经将绝，何意东海卫子、济南徐生复能传之，是道竟不坠于地也。古文虽不合时务，然愿诸生无悔所学。'宏、巡益重之，于是遂行。"案：杜林古文，马、郑本之以作传注，所谓古文遂行也。此漆书，或是中秘古文遭乱佚出者。杜林作《苍颉训纂》、《苍颉故》,《汉书》云"世言小学者由杜公"。杜既精于小学,得古文一卷,可以校刊俗本之讹。故贾逵作训,马融作传,郑玄注解,皆据以为善本。许慎师贾逵,《说文》所列古文,当即贾逵所传杜林漆书一卷,故其字亦无多。或以为杜林见孔壁全书,固非;或又以漆书为杜林伪作,亦非也。《说文》"豂"字注引卫宏说。《隋书·经籍志》:"《古文官书》一卷,后汉卫敬仲撰。"《史记·儒林传》正义、《汉书·儒林传》注皆引作卫宏《诏定古文尚书》。卫宏传杜林之学,《官书》一卷盖本杜林。东汉诸儒多压今文以尊古文,马融诋为俗儒,郑君疾其蔽冒,于是伪孔所谓隶古定乃乘虚而入。自唐卫包改为今文,而隶古定又非其旧,于是宋人之伪古文又继踵而起。而据《经典释文·叙录》曰:"今齐、宋旧本及徐、李等音所有古字,盖亦无几。穿凿之徒务欲立异,依傍字部,改变经文,疑惑后生,不可承用。"段玉裁谓:"按:此则唐以前久有此伪书,盖集《说文》、《字林》、魏石经及一切离奇之字为之。传至郭忠恕,作《古文尚书释文》。此非陆德明《释文》也,徐楚金、贾昌朝、夏竦、丁度、宋次道、王仲至、晁公武、宋公序、朱元晦、蔡仲默、王伯厚皆见之。公武刻石于蜀,薛季宣取为《书古文训》。此书伪中之伪,不足深辨。今或以为此即伪孔《序》所谓隶古者,亦非也。"又谓:"按:《尚书》自有此一种与今本绝异者,如郭氏璞说'茂才茂才',贾氏公彦说'三岳三海',释玄应说高'高宗梦导说'、'砅砥砮丹',陆氏德明说'昚徽五典',孔氏颖达说壁内之书'治'皆作'乿',颜氏师古说'汤斷奴翮’,徐氏锴说‘才生明’、说‘讙哫’,皆在宋次道以前也。”江声好改字,深信之。段不信,识优于江。据此,则伪中之伪,至于擅造文字。此又因秦燔亡失而文字多伪者也。

六、论伏生所传今文不伪,治《尚书》者不可背伏生《大传》最初之义

篇名、文字多伪,皆属古文。古文有伪,伏生所传今文二十九篇固无伪也。《史》、《汉》皆云伏生得《书》止二十九篇,《论衡》则云“伏生老死,《书》残不竟”,则伏生所得不止此数,当以《史》、《汉》为是。晁错景帝时已大用,受《书》伏生在文帝时。兒宽受《书》欧阳生、孔安国,非晁错所传授。《论衡》多传闻之失,惟以发孔壁在景帝时,足证《汉书》之误。《史》、《汉》与《论衡》虽少异,而二十九篇之不伪,固昭昭也。《史》、《汉》皆云二十九篇之外,亡数十篇。刘歆《移太常博士书》谓博士“以《尚书》为备”,臣瓒《汉书注》曰:“当时学者谓《尚书》唯有二十八篇,不知本存百篇也。”《论衡》引或说:“《尚书》二十九篇者,法斗四七宿也。四七二十八篇,其一曰斗矣,故二十九。”汉时谓《尚书》唯有二十九篇,故以为备。《尚书》不止此数,而秦燔亡失,所得止此,则虽不备,而不得不以为备矣。《史》、《汉》与博士说少异,而二十九篇之不伪,又昭昭也。全经几烬,一老慭遗。以九十余岁之人,传二十九篇之经,又有四十一篇之传,今虽残缺,犹

存大略。其传兼明大义，不尽释经，而释经者确乎可据，如：大麓之野，必是山林；旋机之星，实为北极。四方上下，“六宗”之义可寻；三才四时，“七政”之文具在。称祖归假，知事死如事生；鸟兽咸变，见物性通人性。十二州之兆祀，是祭星辰；三千条之肉刑，难解画象。七始七律，文犹见于唐山；五服五章，制岂同于周世。三公绌陟，在巡守之先；重华禅让，居宾客之位。西伯受命，逮六载而称王；元公居摄，阅七年而致政。成王抗法，为世子以迎侯；皇天动威，开金縢而改葬。此皆伏生所传古义，必不可创新解而背师说者。其后三家之传，渐失初祖之义。《汉书·于定国传》“万方之事，大录于君”，是用大夏侯说，背伏生“大麓”之说，一矣。《地理志》“周公封弟康叔，号曰孟侯”，是用小夏侯说，背伏生“迎侯”之说，二矣。《白虎通》以“虞宾在位”为“不臣丹朱”，亦是用夏侯说，背伏生“舜为宾客”之说，三矣。欧阳、夏侯说天子服十二章，公卿服九章，背伏生“五服五章”之说，四矣。说详见后。古文后出，异说尤多。马、郑以“璿机玉衡”为浑天仪，背伏生“旋机，北极”之说，五矣。马、郑又以日、月、五星为“七政”，背伏生“三才四时”之说，六矣。刘歆以“六宗”为水、火、雷、风、山、泽，贾、马、许以为日、月、星、河、海、岱，郑以为星、辰、司中、司命、风师、雨师，背伏生“上下四方”之说，七矣。马、郑训“肇十二州”之“肇”为

"始"，分置并、幽、营三州，背伏生"兆祭分星"之说，八矣[①]。郑以"艺祖"犹周明堂，背伏生"归假祖祢"之说，九矣。马以"鸟兽"为"筍虡"，背伏生"鸟兽咸变"之说，十矣。"七始训"，古文作"在治忽"，郑本又作"曶"，解为"笏"，背伏生"七始七律"之说，十一矣。马、郑古文以成王感雷雨，迎周公反国，背伏生"公薨改葬"之说，十二矣。说详见后。刘歆欲立古文，诋博士"是末师而非往古"。试问传《尚书》者，有古于伏生者乎？岂伏生《大传》不足信，末师之说乃足信乎？郑君为《大传》作注，可谓伏生功臣，乃于《虞传》六宗、《夏传》三公、《周传·多士》之言郊遂，皆引《周礼》为说。又谓《虞传》"仪"当为"羲"，以傅合羲仲；《洪范》"容"当为"睿"，而改从古文。则郑君之于伏书，亦犹注《礼》笺《诗》，杂糅今、古，而非笃守伏书者矣。近儒王鸣盛说《牧誓》司徒、司马、司空，以伏生为不可解；段玉裁说《金縢》，以今文为荒谬。彼袒护古文者，犹不足怪。孙星衍始治今文，于《多方》泥于郑注践奄在摄政时，谓《大传》不出自伏生。陈乔枞专治今文，乃于文王受命、周公避居两事，皆诋伏生老耄，记忆不全。此经义所以不明，皆由不守师说，诚无解于孔颖达"叶不归根"之诮矣。

---

① "八"，原误作"七"，据文义改。

七、论伏《传》之后，以《史记》为最早，《史记》引《书》多同今文，不当据为古文

汉武帝立博士，《尚书》惟有欧阳。太史公《尚书》学，不言受自何人。考其年代，未能亲受伏生，当是欧阳生所传者。陈寿祺曰："司马子长时，《书》惟有欧阳，所据《尚书》乃欧阳本也。"臧琳《经义杂记》分别《史记》引《尚书》为今文，马、郑、王本为古文，已列《尧典》一篇，余可类推。其说甚是。今考《史记》一书，如："大麓"是林麓，非录尚书；"百揆"即百官，匪云宰相。尧太祖称"文祖"，异于"祢祖"之亲；"胤子朱"是丹朱，知非胤国之爵。舜年凡百岁，见"征庸三十"之讹；帝咨廿二臣，有彭祖一人在内。九官、十二牧，四岳即在十二牧内，合以彭祖，正是二十有二人。"夔曰"八字，本属衍文；"予乘四载"，更当分列。"戛击鸣球"以下，记自虞史伯夷；明良喜起之歌，义即舜传大禹。《般庚》属小辛时作，比于陈古刺今；微子咨乐官乃行，何与剖心胥靡？太师、少师皆乐官，非箕子、比干。《多士》文兼《毋佚》，意在两义互明；《君奭》告以勿疑，事在初崩居摄。成王开金匮，不因管、蔡之言；重耳赐彤弓，乃作《文侯之命》。鲁公就国，誓众征戎；秦伯封殽，惩前悔过。皆与古文不合，而与《大传》略同。惟文王囚羑里之后，乃出戡耆，箕子封朝鲜之前，已先访范，此二事与《大传》年代先后稍异耳。司马贞《索隐》见与伪孔古文不符，谓史公采杂说，非本义。此其谬，

人皆知之矣。《汉书》谓"迁从孔安国问故,迁书载《尧典》、《禹贡》、《洪范》、《微子》、《金縢》多古文说",其言亦无确证。陈寿祺曰:"今以此五篇考之,如《五帝纪》之载《尧典》'居郁夷'、'曰柳谷'、'便在伏物'、'黎民始饥'、'五品不训'、'归,至于祖祢庙'、'五流有度,五度三居',《夏本纪》之载《禹贡》'维箘簬楛'、'荥播既都',《周本纪》之载《洪范》'毋侮鳏寡',文字皆与今文吻合,则所谓多古文说者,特指其说义耳。"段玉裁曰:"按:此谓诸篇有古文说耳,非谓其文字多用古文也。《五经异义》每云古某说、今某说,皆谓其义,非谓其文字,如:说'内于大麓',云'尧使舜入山林川泽',不云大录万机之政;说《禹贡》,云天子之国千里,以外甸、侯、绥、要、荒,每服五百里,方六千里,不云甸服千里,加侯、绥、要、荒,每服五百里,方五千里;说《洪范》,云'思曰睿',不云'思心曰容';说《微子》,云'大师若曰:今诚得治国,死不恨。不得治,不如去',不云'微子若曰:我旧云孩子,王子不出';说《金縢》,虽用今文说,而亦云'或谮周公,周公奔楚。成王发府,见周公祷书,乃泣,反周公'。皆古文说之异于今文家,约略可言者也。"锡瑞案:史迁从安国问故,《史记》所未载,不知班氏何据。若《史记》所引《尚书》,多同今文,不同古文。班氏所云,惟'方六千里'同于贾、马古文,'思曰睿'与'曰涕'同于马、郑古文。若"大麓"不作"大录",是用欧阳说,与夏侯异;"大师"不作"父师",是今文说,与马、郑古文异,特不同于《论衡》一家之说耳。《金縢》在周公薨后,是今文说，与马、郑古文异。而又云“或谮周公，周公奔楚”，虽与《论衡》引古文说颇合，而以为公归政后，与马、郑古文避居之说不同。皆不足为《史记》用古文说之证。自孙星衍以后，皆误用班氏说，以为《史记》一书引《尚书》者尽属古文，于是《尚书》今、古文家法大乱。不知分别家法，确有明征，非可执疑似之单文，揜昭晰之耳目。孙星衍过信班氏，其解《金縢》，误分《史记》以“居东”为东征与《毛诗》同者为古文说，郑以周公居东在成王禫后者为今文说，而无以处《论衡》明言“古文家”，乃曰“王氏充以为古文者，今文亦古说也”，岂知《论衡》分今、古文甚明，乃欲厚诬古人，岂不谬哉！

八、论伏《传》、《史记》之后，惟《白虎通》多引今文，两《汉书》及汉碑引《书》，亦皆汉时通行之本

《尚书》有今、古文之分，人皆知之，而未有一人能分别不误者。孔壁古文，罕传于世。至东汉卫、贾、马、郑，古文之学渐盛。其原出于杜林，与孔壁古文是一是二，未有明据。至东晋伪孔古文出，唐以立学，孔颖达见其篇目与马、郑异，乃强谓马、郑为今文。近人皆知孔《疏》之谬矣，而又误执班《志》“迁书多古文说”，遂以《史记》所载皆属古文，而无以处马、郑与《史记》异者，又强谓马、郑为今文。夫《史记》据《欧阳尚书》，明明属今文矣，而必以为古文，马、郑据杜林漆书，明明属古文矣，而必以为今文，则谓未有一

人能分别不误者，非过论也。经义最久远难分明者，莫如《尚书》；经义最有确凭据者，亦莫如《尚书》。《尚书》之确凭据，首推伏生《大传》，次则司马《史记》。其说已见前矣。又次则《白虎通德论》，多载今《尚书》说，陈寿祺曰：《白虎通义》用今文《尚书》。如：琮、璜，五玉；麑、鹿，二牲。九族亲睦，兼列异闻；三考黜陟，不拘一义。放勋非号，说见于郊天；伯夷不名，义彰于敬老。鸣球堂上，尤贵降神之歌；燔柴岱宗，即为封禅之礼。考绩事由二伯，州牧旁立三人。五行衰王之宜，八音方位之别。受铜即位，大敛即可称王；改朔应天，太平亦须革正。周公薨当改葬，康叔封据平安。皆不背于伏书，亦无违于迁史。《白虎通》为今文各经之总汇，具唐、虞三代之遗文。碎璧零珪，均称瑰宝。虽不专为《尚书》举证，而《尚书》之故实、典礼，要皆信而有征。治今文《尚书》者，于伏《传》、《史记》外，当以此书为最。他如两《汉书》纪、志、传之引《尚书》，汉碑之引《尚书》，以汉家四百年之通行，证伏书二十九篇之古义，虽不能备，而《尚书》之大旨，可以瞭然于心，而不为异说所惑矣。至于孔壁古文，久已不传，其余真伪难明，或且伪中作伪，既无裨于经学，学者可姑置之。与其信疑似难明之古文而乡壁虚造，不如信确实有据之今文而抱缺守残。《尚书》本出伏生，不当求《书》义于伏生所传之外。兒宽受学于欧阳生，又受学于孔安国。欧阳、大小夏侯之学，皆出于宽。是安国古文之传，已并入欧阳、夏侯，更不当求《书》义于欧阳、夏侯三家之外也。

九、论古文无师说，二十九篇之古文说亦参差不合，多不可据

古文《尚书》之名旧矣，今止以今文二十九篇为断，古文置之不论。其说似乎骇俗，不知真古文之亡久矣，且真古文亦无师说。凡今文早出有师说，古文晚出无师说，各经皆然，非独《尚书》。孔安国以今文读古文，或略缀以文字，如后之《释文》、《校勘记》，亦未可知，要之必无章句、训义。《汉书·孔光传》曰："忠生武及安国，武生延年，延年生霸，霸生光焉。安国、延年皆以治《尚书》，为武帝博士；安国至临淮太守。霸亦治《尚书》，事太傅夏侯胜，昭帝末年为博士。"案：此孔安国古文《尚书》但有经而无传之明证也。汉人重家法。欧阳生至歙八世，皆治《欧阳尚书》。霸为安国从孙，如安国有师说，霸岂得舍而事夏侯？大夏侯有孔、许之学，则孔氏之家学转在夏侯，而非传安国矣。盖古文无师说，博士必以今文师说教授，故夏侯师说有与古文《尚书》相出入者。班氏世习《夏侯尚书》。《汉书》引经，与《史记》引欧阳说颇不同，而《汉书》又间用古字，其异同皆可考而知。孔氏所谓"起其家"者，不过守此孤本，传为家学耳。逸十六篇本之杜林，托之孔壁，卫、贾、马、郑递相授受。马融以为绝无师说，郑亦不注逸《书》。观于逸《书》之无师说，又安国古文《尚书》有经无传之明证也。有经而无师说，与无经同，况并此真经而亡之，乃以

赝鼎乱真，奚可哉！二十九篇以外之古文既不可信，二十九篇之中有古文说，盖创始于刘歆。歆欲建立古文，必有说义，方可教授。《周礼》、《左氏传》皆由刘歆创通大义，有明文可据，则古《尚书》说出于东汉之初者，亦由刘歆创立可知。如以“三公”为太师、太傅、太保，以“六宗”为乾坤六子，以“父师”为箕子，以文王为受命九年而崩，歆说至今可考见者，皆不与今《尚书》说同，是其明证。刘歆为国师，王璜、涂恽皆贵显。涂恽授桑钦，则《汉书》《禹贡》引桑钦说，又在刘歆之后。《汉书·地理志》于《禹贡》引古文说必分别言之，则其余皆今文可知。《五经异义》引古《尚书》说，盖出卫宏、贾逵，亦或本之于歆。卫、贾所作训，今不传。郑君《书赞》曰：“卫、贾、马二三君子之业，则雅才好博，既宣之矣。”是郑注古文《尚书》多本于卫、贾、马。今马、郑注解犹存其略，而郑不同于马，马又不同于卫、贾。盖古文本无师授，所以人自为说。其说互异，多不可据，不当以卫、贾、马、郑后起之说，违伏生最初之义也。

十、论《禹贡》山川当据经文解之，据汉人古义解之，不得从后起之说

郡县有时而更，山川终古不易。山川之名，自禹始定。《甫刑》曰：“禹平水土，主名山川。”郭璞《尔雅注》曰：“从《释地》已下至九河，皆禹所名也。”据此，则禹奠高山大川之后，始一一为之定名，相传至今。其支峰、支流不必皆禹

所定，而大山川之名终古不易。即或山有崩坏，水道有迁徙，而准其地望，考其形势，大致犹可推求。《禹贡》一书，为后世山经水记之祖，《史记·河渠书》、《汉书·地理志》皆全载其文。《汉志》又于郡县下，备载《禹贡》某山某水在今郡县某处。汉时去古未远，其说必有所受。后之治《禹贡》者，吾惑焉。经有明文，习而不察，其数可稽者，乃释以颟顸之辞。此大惑者一。汉人引经有明文，诳而不信，其地可据者，反傅会不经之说。此大惑者二。试举数条证之。《禹贡》曰："九山刊旅，九川涤源，九泽既陂。"经明言九山、九川、九泽，则必数实有九，注、疏乃以九州之山、川、泽解之。据《史记》云"道九山"、"道九川"，其为实有九数，而非泛说九州可知。今以经文考之。"岍及岐，至于荆山"，一也。"壶口、雷首，至于太岳"，二也。"砥柱、析城，至于王屋"，三也。"太行、恒山，至于碣石"，四也。"西倾、朱圉、鸟鼠，至于太华"，五也。"熊耳、外方、桐柏，至于陪尾"，六也。"嶓冢，至于荆山"，七也。"内方，至于大别"，八也。"岷山之阳，至于衡山"，九也。盖山之数不止于九，而脉络相承，数山实是一山。故经言某山至于某山，合之适得九数。《史记索隐》曰："汧、壶口、砥柱、太行、西倾、熊耳、嶓冢、内方、岐是九山也。"其说不误，惟专举为首一山言之，未明言一山合数山之故，又误"崏山"为"岐"。"岷"，《史记》作"汶"，或作"崏"，"崏"与"岐"相似致误。《索隐》"岍"作"汧"，"岷"作"崏"，与今文合，盖出今文遗说。后人不能订正误字，又不能按合经文，故《索隐》虽有明文，而莫之遵信矣。九川者,《索隐》曰:"弱、黑、河、瀁、江、沇、淮、渭、洛为九川。"按之经文,其数适合。"漾"作"瀁",亦与今文合,足见其说皆出今文。九泽,《索隐》无说,以经考之,雷夏一,大野二,彭蠡三,震泽四,云梦五,荥波六,菏泽七,孟猪八,猪野九,其数亦适合。雷夏、彭蠡、震泽、菏泽,经明言泽。云梦、孟猪、大野以泽名,见《周礼·职方》。荥泽见《左氏传》。都野泽见《水经》。即猪野。"猪",今文作"都"。或一州有二泽、三泽,或一州无一泽,盖无一定,非若《职方》每一州一泽也。楚人名"泽中"谓"梦中",见王逸《楚辞注》。是"云梦"即云泽。若分为二,谓云在江北,梦在江南,则有十泽,非止九泽矣。此大山川明见经者,人且忽而不察。自来说《禹贡》者,无一人能确指其数,何论其他!九河,当从许商,以为"古说九河之名有徒骇、胡苏、鬲津,见在成平、东光、鬲界中。自鬲以北至徒骇间,相去二百余里"。《汉志》东光"有胡苏亭",成平"虖沱河[1],民曰徒骇河",鬲"平当以为鬲津",皆与许商说同。班固、许商,皆习《夏侯尚书》者。若王横言"九河之地,为海所渐",乃古文异说,不可从。三江,《汉志》会稽郡吴县"南江在南",毗陵"江在北",丹阳郡芜湖"中江出西南"。据《水经》,过毗陵县北为北江,则《汉志》毗陵"江在北","江"上脱一"北"字。合南江、北江、中江,为三江。九江,《史记》云"余登庐山,观禹疏九江"。《汉志》庐江郡寻阳"《禹贡》九江在南,皆东合为大江",又豫章郡

① "沱",原误作"池",据《汉书·地理志》改。

"莽曰九江"。有鄱水、余水、修水、豫章水、盱水、蜀水、南水、彭水,皆入湖汉,合湖汉水为九,入江,则九江在汉庐江、豫章二郡之地。宋胡旦、毛晃始傅会《山海经》,以九江为洞庭,近治《禹贡》者多惑之。案:古有云梦,无洞庭。至战国时,吴起说魏武侯,始言"昔三苗氏左洞庭";苏秦说楚威王,言"南有洞庭、苍梧";张仪说秦王,言"大破荆,袭郢,取洞庭、五渚"。屈子《楚辞》屡称洞庭,而云梦罕见称述。至汉以巴丘湖为云梦,又言云梦,不言洞庭。盖水道迁徙而异名,要与九江无涉。《山海经》,太史公所不敢言,岂可据以证《禹贡》乎?《山海经》疑战国人作,必非禹时之书。九河、三江,亦多异说。九河或并简絜为一,三江或并三江为一。庾仲初以后,各创新说,反疑《汉志》是《职方》三江,非《禹贡》三江。又《汉志》大别在安丰,而或以为翼际;东陵在金兰,而或以为巴陵,皆与古说不同。胡渭《禹贡锥指》有重名,亦多惑于后起之说。惟焦循《禹贡郑注释》、成蓉镜《禹贡班义述》专明古义,治《禹贡》者当先观之。郑引《地记》,与班《志》微不同,盖各有所据。郑以"九江孔殷"为其孔甚多;"因桓是来","桓是"为陇坻之名,颇近于新巧,乃古文异说,不必从。

十一、论五福、六极明见经文,不得以为术数,五行配五事当从伏《传》、《汉志》

陈澧曰:"洪范九畴,天帝不锡鲧而锡禹,此事奇怪,而载在《尚书》，反复读之乃解。所谓‘我闻在昔’者，箕子上距鲧与禹千年矣，天帝之锡不锡，乃在昔传闻之语也。《洪范》之文奇古奥博，千年以来奉为秘宝，以为出自天帝。箕子告武王，述其所闻如此耳。至以为龟文，则尤当存而不论。二刘辈乃或以为龟背有三十八字，或以为惟有二十字，徒为臆度，徒为辨论而已，孰从而见之乎！《洪范》以庶征为五事之应。伏生《五行传》以五事分配五行，又以皇极与五事为六，又以五福、六极分配之。《汉书·五行志》云：‘董仲舒治《公羊春秋》，始推阴阳。刘向治《穀梁春秋》，傅以《洪范》，与仲舒错。至向子歆治《左氏传》，其《春秋》意亦已乖矣，言《五行传》又颇不同。’澧谓：此汉儒术数之学，其源虽出于《洪范》，然既为术数之学，则治经者存而不论可矣。”锡瑞案：经学有正传，有别传。《洪范》五行，犹《齐诗》五际，专言术数，皆经学之别传。而《洪范》之五行、五事、皇极、庶征、五福、六极，明见经文，非比《齐诗》五际存于传说，尤为信而有征，不得尽以为汉儒术数矣。《系辞传》曰：“河出图，洛出书，圣人则之。”汉儒以《河图》为八卦，《洛书》为九畴。古时天人本不相远，龙官、鸟纪以命氏，龙图、龟书以授人，所谓天锡当有是事。三国魏时，张掖涌石有牛马之形及“大讨曹”字，足见祥异之兆，有不可据理以断有无者，安见三代以前必无石见文字之事乎？岂真如杜镐附会天书，云圣人以神道设教乎？陈氏以为奇怪，不应载在《尚书》，乃以“我闻在昔”为传闻之语，殊属非是。周公曰“君奭，我闻在昔伊尹格天”之类，并非奇怪之事。以箕子曰“我闻在昔”为传闻之怪事,然则周公曰“我闻在昔”,亦为传闻之怪事乎?《洪范》自《洪范》,《春秋》自《春秋》。《洪范》言阴阳、五行,《春秋》不言阴阳、五行。孔子作《春秋》经,但书灾异,借以示儆,未尝云某处之灾应某处之事也。伏生作《洪范传》,但言某事不修则有某灾,亦未尝引《春秋》某事应《洪范》某灾也。董、刘牵引《洪范》五行,以说《春秋》灾异,某灾应在某事,正如《汉志》所讥凌杂米盐。董据《公羊》,刘向据《穀梁》,歆据《左氏》,三《传》又各不同,尤为后人所疑。《隋书·经籍志》云:“济南伏生之传,唯刘向父子所著《五行传》是其本法,而又多乖戾。”《隋志》所云“乖戾”,指向、歆之说不同,而谓伏生之传惟“《五行传》是其本法”,则误以伏生之学仅有五行。不知《尚书》一经皆出伏生所传,而五行特其一端。故伏生《大传》四十一篇,而《洪范五行传》别出于后。此以《五行传》为别传之证,伏生已明著之。《隋志》袒伪古文,抑今文,故不知伏生之本法何在,其言殊不足据。陈氏云“汉儒术数”,亦少别白。董、刘强《洪范》合《春秋》,谓之术数,可也;伏生以五行配五事,谓之术数,不可也。以《洪范传》为术数,《洪范》经亦术数乎?五行配五事见《汉志》,曰:“视之不明,其极疾;顺之,其福曰寿。听之不聪,其极贫;顺之,其福曰富。言之不从,其极忧;顺之,其福曰康宁。貌之不恭,其极恶;顺之,其福曰攸好德。思心之不容,其极曰凶短折;顺之,其福曰考终命。”皆本《大传》为说。《书正义》引郑注,惟“听聪则致富”与《汉志》

同，余皆不同，盖古文异说。孙星衍以为郑说皆逊于今文，是也。元胡一中《定正洪范》图穿凿支离，与《易》之先后天图同一怪妄。

十二、论古文《尚书》说误以《周官》解唐、虞之制

子曰："殷因于夏礼，所损益可知也。周因于殷礼，所损益可知也。"又曰："行夏之时，乘殷之辂，服周之冕，乐则《韶舞》。"知一代有一代之制度，所谓"五帝殊时，不相沿乐；三王异世，不相袭礼"，未有唐、虞、夏、商、周一切皆沿袭不变者。强后人以尽遵前人，固不能行；强前人而豫法后人，尤为乖谬。今文家之说《尚书》也，唐、虞之《书》，即以唐、虞之制解之。此其理甚易明，而至当不可易者也。古文家说《尚书》，务创新说，以别异于今文。其所谓新说者，大率本于《周官》一书。《周官》出山岩屋壁，汉人多不信为周公所作。即使真是周公手定，而唐、虞、夏、商诸帝王，远在千载以上，安能豫知姬周之代，有一周公其人，有一周公手定之书名曰《周官》，而事事效法之？此其理甚易明，而至当不可易者也。乃自刘歆以至马、郑，鲜知此义，而《尚书》之制度大乱。今试略举数事言之。如尧命羲、和，"敬授人时"，又分命四子，《史记·天官书》、《历书》，《汉书·成帝纪》、《律历志》、《食货志》、《艺文志》、《百官公卿表》、《魏相传》，以及《论衡》、《中论》、《后汉书》、《续汉志》，皆以羲、和专司天文，四子即是羲、和。郑注《尚书》，乃云："官名。盖春为秩宗，夏为司马，秋为士，冬为共

工，通稷与司徒，是六官之名见。”又云：“仲、叔，羲、和之子，又主方岳之事，是为四岳。”案：唐、虞以羲、和司天文，四岳主方岳，九官治民事，各分其职。郑乃混而一之。是本《周官》六卿，以乱唐、虞之官制。其失一矣。“天命有德，五服五章”，《大传》云：“山龙，青也。华虫，黄也。作绘，黑也。宗彝，白也。藻火，赤也。天子服五，诸侯服四，次国服三，大夫服二，士服一。”《续汉·舆服志》：“孝明皇帝永平二年，初诏有司采《周官》、《礼记》、《尚书·皋陶》篇，乘舆、服从欧阳说，日、月、星辰十二章；公、卿以下从大、小夏侯氏说，山龙九章，华虫七章。”与经“五服五章”不合。当时诏以《周官》列首，故三家舍伏《传》而从《周官》。郑注又本于欧阳、夏侯。是本《周官》十二章，以乱唐、虞之服制。其失二矣。“弼成五服，至于五千”，欧阳、夏侯说中国方五千里，《汉书·贾捐之传》、《盐铁论》、《说苑》、《论衡》、《白虎通》说同。惟《史记》以为天子之国以外五服各五百里，似为贾、马说六千里所本。《异义》古《尚书》说五服旁五千里，相距万里。郑云五服已五千，又弼成为万里。盖以夏之五服，与周九服相同。是本《周官》九服，以乱唐、虞土地之制。其失三矣。“辑五瑞”，《白虎通·瑞贽》篇曰：“何谓五瑞？谓珪、璧、琮、璜、璋也。盖璜以征召，璧以聘问，璋以发兵，珪以质信，琮以起土功之事也。”《公羊》定八年传解诂曰：“不言璋言玉者，起珪、璧、琮、璜、璋五玉尽亡之也。珪以朝，璧以聘，琮以发兵，璜以发众，璋以征召。”与《白虎通》所施略异而名正同。马注云:“五瑞,公、侯、伯、子、男取执以为瑞信也。”案:《礼记·王制》郑注、《白虎通·爵》篇引《礼纬含文嘉》,皆云殷爵三等,则周以前不得有五等之爵。是以《周官》五等,乱唐、虞瑞玉之制。其失四矣。他如“六宗”为天、地、四方,郑引《周官》以为星、辰、司中、司命、风师、雨师。“同律、度、量、衡”,“同”训“齐同”,郑引《周官·典同》以为“同”是阴吕。“象以典刑,流宥五刑”,《大传》、《孝经纬》、《公羊注》、《白虎通》、《风俗通》皆云唐、虞象刑,马融注云:“五刑,墨、劓、剕、宫、大辟。”是以周制说虞制。“大战于甘,乃召六卿”,《异义》:“今《尚书》夏侯、欧阳说:天子三公、九卿。古《周礼》说:天子立三公,又立三少;冢宰、司徒、宗伯、司马、司寇、司空,是为六卿之属。许君谨案:此周之制。”是周以前不得有六卿。《甘誓》所云,郑注以为“六军之将”,是也;又引“《周礼》六军将皆命卿,则三代同”,与许义不合。不知一代有一代之制,非可强前人以从后人也。

十三、论古文《尚书》说变易今文,乱唐、虞三代之事实

一代有一代之制度,未可据后王而强同之也;一代有一代之事实,尤未可凭胸臆而强易之也。伏生《大传》、太史公书所载事实,大致不异。古来口授相传,本是如此。两汉今文,并遵师说。东汉古文始有异义,所改制度,多本

《周官》;所改事实,不知何本,大率采杂说,凭臆断,为宋、明人作俑。自此等臆说出,不仅唐、虞三代之制度乱,并唐、虞三代之事实亦乱。今略举数事以证之。《尧典》"乃命羲、和",专为授时,"帝曰:畴咨若时登庸",别为一事。张守节《史记正义》云:"言将登用之嗣位。"张说盖本汉人。扬雄《美新》云:"陛下以至圣之德,龙兴登庸。"是汉人以"登庸"为登帝位之证。马、郑乃连合上文为一事。马云:"羲、和为卿官,尧之末年,皆以老死,庶绩多阙。故求贤顺四时之职,欲用以代羲、和。"郑注《大传》云:"尧始得羲、和,命为六卿。后稍死,讙兜、共工等代之。"马、郑以"羲、和"为六卿,"登庸"为代羲、和,以致孔疏有"求贤而荐太子"之疑[①],信伪孔以"胤子朱"为"胤,国;子,爵",而违《史记》"嗣子丹朱"之明证。此乱唐、虞之事实者一也。"帝曰:我其试哉",《史记·五帝本纪》作"尧曰:吾其试哉",《论衡·正说》篇引"尧曰:我其试哉",是今文有"帝曰"。孔疏云:"马、郑、王本皆无'帝曰',当时庸生之徒漏之也。"是古文无"帝曰"。如其说,当直以"我其试哉"为四岳语。四岳如何试舜?必不可通。古文不如今文,即此可证。此乱唐、虞之事实者二也。"四罪而天下咸服",《夏本纪》云[②]:舜摄政巡狩,见鲧治水无状,请于尧而殛之。是殛鲧在禹治水成功之前。郑注云:"禹治水事毕,乃流四凶。"王肃难云:"若待治水功成,而后以鲧为无功殛

① "贤",《尚书正义》本作"官"。

② "夏",原误作"五帝",据《史记·夏本纪》改。

之，是舜用人子之功而流放其父，则禹之勤劳，适足使父致殛。舜失五典克从之义，禹陷三千莫大之罪，进退无据，亦甚迂哉！”如郑说，诚无以解王肃之难。此乱唐、虞之事实者三也。《盘庚》，《殷本纪》：“帝盘庚之时，殷已都河北。盘庚渡河南，复居成汤之故居，乃五迁，无定处。帝盘庚崩，弟小辛立，殷复衰，百姓思盘庚，乃作《盘庚》三篇。”郑云“阳甲立，盘庚为之臣，乃谋徙居汤旧都。上篇，盘庚为臣时事；下篇，盘庚为君时事”。又云“汤自商徙亳，数商、亳、嚣、相、耿为五”，而不数所迁之殷，与经文“于今五邦”“今”字不符。石经《盘庚》三篇合为一篇。依郑说，非一时事，不当合。此乱三代之事实者四也。《微子》，《殷本纪》：“微子数谏，不听，乃与太师、少师谋，遂去。比干强谏纣，纣杀比干，囚箕子。殷之太师、少师，乃持其祭乐器奔周。”《宋微子世家》：“微子度纣终不可谏，欲死之。及去，未能自决，乃问于太师、少师。”古文“太师”作“父师”，郑云：“父师者，三公也，时箕子为之。少师者，太师之佐孤卿也，时比干为之。”伪孔传从郑义。此乱三代之事实者五也。《金縢》“周公居东二年，则罪人斯得”，《鲁世家》：“周公乃奉成王命，兴师东伐，作《大诰》。遂诛管叔，杀武庚，放蔡叔，收殷余民[1]。宁淮夷、东土，二年而毕定。”是“居东”即东征，“罪人”即武庚、管、蔡，甚明。《异义》引古《尚书》说云：“武王崩时，成王年十三。后一年，管、蔡作乱，周

① “收”，原误作“放”，据《史记·鲁世家》改。

公东辟之。王与大夫尽弁，以开金縢之书。”此说当出于刘歆、卫、贾诸人，始以“我之弗辟”为“弗避”，“居东”为“东辟”，不为东征；开金縢为周公生前，不在薨后。郑云：“罪人，周公之属党与知居摄者。周公出，皆奔。今二年尽为成王所得。”王肃以为横造。此乱三代之事实者六也。“秋，大熟，未获。天大雷电以风”，《大传》曰：“周公死，成王欲葬之于成周。天乃雷雨以风，禾尽偃，大木斯拔。国人大恐。王与大夫开金縢之书，执书以泣。”《鲁世家》、《论衡·感类》篇、《白虎通·封公侯》篇《丧葬》篇、《汉书·梅福传》《杜邺传》《儒林传》、《后汉书·周举传》《张奂传》、《公羊何氏解诂》说同。是“秋，大熟”不知何年秋，在周公薨后。郑云：“秋，谓周公出二年之后明年秋也[1]。新逆，改先时之心，更自新以迎周公于东，与之归，尊任之。”此乱三代之事实者七也。《多士》在前，《多方》在后，《史记》所载今文《书序》与马、郑古文《书序》同。伪孔传云奄再叛再征，盖本汉人旧说。按之经文，其说不误。郑君误合为一，《多方》疏引郑云：“此伐淮夷与践奄，是摄政三年伐管、蔡时事。其编篇于此，未闻。”盖谓不应编于《多士》、《无逸》、《君奭》之后，遂启后人《多士》、《多方》先后倒置之疑。此乱三代之事实者八也。《无逸》，石经“肆高宗之飨国百年”下接“自时厥后”，则“其在祖甲”。今文作“昔在殷王太宗”，以为太甲，在“周公曰：呜乎”下，以后乃

① “后”，原脱，据《毛诗正义》引郑注改。

云“其在中宗”、“其在高宗”。古文《尚书》于前遗“太宗”，而于后增“祖甲”。《殷本纪》“帝甲淫乱”，《国语》亦云“帝甲乱之”，则祖甲非贤主，不当在三宗之列。王肃为调停之说，以“祖甲”为“太甲”，云“先中宗，后祖甲；先盛德，后有过”，说尤非是。此乱三代之事实者九也。《君奭》，《史记·燕世家》：“成王既幼，周公摄政，当国践阼，召公疑之，作《君奭》。”与《列子·杨朱》篇“周公摄天子之政，召公不说”相合。《汉书·孙宝传》《王莽传》、《后汉书·申屠刚传》，皆以为周公摄政时作。古文编列《多士》之后，马、郑遂有不说周公贪宠之说。此乱三代之事实者十也。

十四、论《尚书》义凡三变，学者各有所据，皆不知专主伏生

孔广森《戴氏遗书序》曰：“君以梅、姚售伪，孔、蔡谬悠，妄云壁下之书，猥有航头之字。乃或误援《伊训》，滋‘元年正月’之疑；强执《周官》，推‘五服一朝’之解[①]。譬之争年郑市，本自两非；议瓜骊山，良无一是。”孔氏此说，最为通达。据此，可以折衷一是，解释群疑。惟戴氏非《尚书》专家，其作《尚书义考》未成，未能发明今文，以津逮后学耳。经定自孔子，传自汉初诸儒。使后世学者能恪遵最先之义，不惑于后起之说，径途归一，门户不分，不难使天

① “解”，原误作“制”，据孔广森《骈俪文》卷二改。

下生徒皆通经术。况《尚书》一经，传之者止伏生一老，非若《诗》有齐、鲁、韩三家，《春秋》有公羊、穀梁、左氏，各有所受，本不止一师也。欧阳、大小夏侯既分颛门，小有出入，亦未至截然不合，如今、古文家也。其后古文说出，初不知所自来。卫、贾、马、郑所说各异，既无师授，安可据依？后世震于刘歆古文之名，压于郑君盛名之下，循用注解，立于学官。古文说盛行，而今文衰歇，于是《尚书》之义一变。王肃学承贾、马，亦远本于欧阳，其学兼通古、今，又去汉代不远，使其自为传注，原可与郑并行，乃必托名于孔安国，又伪造《尚书》古文经。后世见其经既增多，孔《传》又古于郑，废郑行孔，定于一尊。伪古文说盛行，而今文尽亡，于是《尚书》之义再变。宋儒不信古人，好矜创获，献疑孔《传》，实为首庸。惟宋儒但知孔《传》之可疑，而不知古义之可信，又专持一理字，臆断唐、虞三代之事。凡古事与其理合者，即以为是；与其理不合者，即以为非。蔡沈、王柏、金履祥之说盛行，编书者至改古事以从之。《纲鉴辑略》一书改西伯戡黎为武王，微子奔周为武庚。以近儒臆断之空言，改自古相传之实事，于是《尚书》之义三变。经义既已屡变，学者各有所据，蔽所不见，遂至相攻。有据孔《传》以攻蔡《传》者，如毛奇龄《古文尚书冤词》是也。有据蔡《传》以攻孔《传》者，如阎若璩《尚书古文疏证》是也。有据马、郑而攻孔《传》与蔡《传》者，如江声《尚书集注音疏》、王鸣盛《尚书后案》是也。要皆不知导原而上，专主伏生，故不能宗初祖以折服末师，甚且信末师以反攻初祖。其说有得有失，半昧半明，正孔广森所云“争年郑市，本自两非；议瓜骊山，良无一是”者。此《尚书》一经所以本极易明，反致纠纷而极不易明也。

十五、论卫、贾、马、郑尊古文而抑今文，其故有二，一则学术久而必变，一则文字久而致讹

尝疑卫、贾、马、郑皆东汉通儒，岂不知今文远有师承？乃必尊古文、抑今文，诚不解其用意。今细考之，而知其故有二。一则学术久而必变。汉初《尚书》惟有欧阳而已，后乃增立夏侯。夏侯学出张生，张生与欧阳生皆伏生弟子，所学当无不同。然既别于欧阳而自成一家，则同中必有异。如以“大麓”为“大录”是。夏侯胜从子建，“师事胜及欧阳高，左右采获，又从五经诸儒问与《尚书》相出入者，牵引以次章句，具文饰说。胜非之曰：‘建所谓章句小儒，破碎大道。’建亦非胜为学疏略，难以应敌。建卒自颛门名经”。是小夏侯又异于大夏侯，而增立博士，号为颛门。此人情好异、学术易变之证。秦恭延君守小夏侯说，又增师法至百万言。桓谭《新论》：“秦近君即延君。能说《尧典》篇目两字之谊至十余万言，但说‘曰若稽古’三万言。”《汉书·艺文志》云“说五字之文，至于二三万言”，即指秦恭而言。盖小夏侯本破碎支离，恭又加以蔓衍，使人憎厌。古文家乘其敝而别开一门径，名虽古而实新，喜新者遂靡然从之。此其故一。一则文字久而致讹。伏生改古文为今文，以授生徒，取其通俗。古无刊板印本，专凭口授手抄，讹以传

讹，必不能免。观熹平石经残字及孔庙等处汉碑，字多省俗，不合六书，故桓谭、马融并诋今文家为俗儒。当时所谓通儒刘歆、扬雄、杜林、卫宏、贾逵、许慎以及马、郑，皆精小学，以古文正今文之讹俗，其意未始不善。惟诸儒当日但宜校正文字，而不必改易其义训，则三家之原于伏生者，虽至今存可也。而古文之名既立，嫉今文如仇雠，依据故书，如《周礼》之类。创为新说。古文本无者，以意补之；今文本有者，以意更之。附和末师，拨弃初祖，如拔赵帜而立汉帜，以为不如是不能别立一学。义虽新而文古，好古者又靡然从之。此其故二。有此二故，故虽欧阳、夏侯三家立学数百年，徒党遍天下，为古文家掊击，而其势渐衰歇。重以典午永嘉之乱，而欧阳、夏侯三家皆亡。至东晋而伪古文经、传出，托之于孔安国，年代比马、郑为更古，而篇又增多。马、郑不注逸《书》，而此遍注之。故其后孔、郑并行，郑学又渐衰歇。唐以伪孔立学，而郑氏《尚书》亡。向之攻击三家者，乃与三家同归于尽，大有积薪之叹，甘售赝鼎之欺，岂非好古与喜新者阶之厉哉！夫伏书本藏山之业，而伪孔云"失其本经"；古文与史籀稍殊，而伪孔云"字皆科斗"。其抑今文而尊古文，诬妄何可胜究，而其说非始于伪孔。卫宏《古文官书序》曰："伏生老，不能正言，言不可晓也，使其女传言教错。齐人语多与颍川异，错所不知者凡十二三，略以其意属读而已。"案：《史》、《汉》无伏生使女传言之事。古人书皆口授。即伏生老，不能口授，使女传言，亦有藏书可凭，何至"以意属读"？其时山东大师无不涉《尚书》以教，晁大夫何至“不知者凡十二三”？宏荣古虐今，意以伏生所传全不可信。伪孔以为“失其本经，口以传授”，正用卫宏之说而更加诬。不知《史》、《汉》明言得二十九篇，则失本经之说不可信。郑君《书赞》已有“科斗书”之说，亦不可信。说见后。

十六、论庸生所传已有脱漏，足见古文不如今文，中古文之说亦不可信

刘歆《移太常博士书》云：“考学官所传，经或脱简，传或间编。”《汉书·艺文志》云：“刘向以中古文校欧阳、大小夏侯三家经文，《酒诰》脱简一，《召诰》脱简二。率简二十五字者，脱亦二十五字；简二十二字者，脱亦二十二字。文字异者七百有余，脱字数十。”此即歆所云“经或脱简”也。后之袒古文者每以借口，据为今文不如古文之证。案《汉书》庸生传古文，为孔安国再传弟子，而《尧典》开卷已漏“帝曰”。《般庚》之“心腹肾肠”，《吕刑》之“劓、刵、椓、黥”，古文与今文不同，当即在“七百有余”之内，而皆不如夏侯、欧阳本之善。据此可见古文不如今文，一有师承、一无师承之明证也。龚自珍《说中古文》曰：“中古文之说，余所不信。秦烧天下儒书，汉因秦宫室，不应宫中独藏《尚书》。一也。萧何收秦图籍，乃地图之属，不闻收《易》与《书》。二也。假使中秘有《尚书》，何必遣晁错往伏生所受二十九篇？三也。假使中秘有《尚书》，不应安国献孔壁

书，始知曾多十六篇。四也。假使中秘有《尚书》，以宣、武之为君，诸大儒之为臣，百余年间无言之者，不应刘向始知校《召诰》、《酒诰》，始知与博士本异文七百。五也。此中秘书既是古文，外廷所献古文遭巫蛊不立，古文亦不亡。假使有之，则是烧书者，更始之火、赤眉之火，而非秦火矣。六也。中秘既是古文，外廷自博士以迄民间，应奉为定本，斠若画一，不应听其古文家、今文家纷纷异家法。七也。中秘有书，应是孔门百篇全经，不但《舜典》、《九共》之文终西汉世具在，而且孔安国之所无者亦在其中，孔壁之文又何足贵？今试考其情事，然邪不邪？八也。秦火后，千古儒者独刘向、歆父子见全经，而生平不曾于二十九篇外，引用一句，表章一事。九也。亦不传受一人，斯谓空前，斯谓绝后，此古文者迹过如扫矣。异哉，异至于此！十也。假使中秘《书》并无百篇，则向作《七略》，当载明是何等篇，其不存者亡于何时，其存者又何所受也，而皆无原委，千古但闻有中古文之名。十一也。中秘既有五经，独《易》、《书》著，其三经何以蔑闻？十二也。当帝之时，以中书校百两篇，非是。予谓此中古文亦张霸百两之流亚，成帝不知而误收之；或即刘歆所自序之言，托于其父，并无此事。古文《书》如此，古文《易》可知，宜其独与绝无师承之费直《易》相同，而不与施、孟、梁丘同也。《汉书·刘向》一传本非班作，歆也博而诈，固也侗而愿。”案：龚氏不信中古文，并疑刘向以中古文校今文《易》、《书》皆有脱简，为刘歆所假托，可谓特见。惟《汉志》所云中古文，似即孔壁古文之藏中秘者，非必别有一书。而此中秘书不复见于东汉以后，则亦如龚氏所云，毁于更始、赤眉之火矣。书既不存，可以不辨。顾炎武曰："不知中古文即安国所献否？及王莽末，遭赤眉之乱，焚烧无余。"

十七、论百篇全经不可见，二十九篇篇篇有义，学者当讲求大义，不必考求逸《书》

《史记》云伏生"得二十九篇"、"亡数十篇"，未言百篇全数。《汉书·艺文志》曰："《书》之所起远矣。至孔子篹焉，凡百篇。"《论衡·正说》篇曰："盖《尚书》本百篇，孔子所授也。"始明言《书》有百篇。《尚书璇玑钤》曰："孔子求书，定可以为世法者百二十篇，以百二篇为《尚书》。"则以为《书》有百二篇，乃张霸百两所自出。或以古文《尚书》为百篇，今文《尚书》为百二篇。伏《传》、《书纬》及张霸所据皆今文，伏《传》有《揜诰》，《史记》有《太戊》，即其多出二篇，古无明文，不必深究。汉博士以《尚书》为备，以二十八篇应二十八宿，则以为《书》止有此数，不信百篇、百二篇之说。案二十九篇，篇篇有义，如：《尧典》见为君之义。君之义莫大于求贤审官，其余巡守朝觐、封山濬川、赏功罚罪皆大事。非大事不书。观此，可以知作史本纪之法矣。《皋陶谟》见为臣之义。臣之义莫大于尽忠纳诲、上下交儆，以致雍熙。故两篇皆冠以"曰若稽古"。观此，可以知记言问对之体矣。《禹贡》见禹治水之功，并锡土姓，分别五服。观此,可以冠地理、水道之书矣。《甘誓》见天子亲征,申明约束之义。观此,知仁义之师亦必兼节制矣。《汤誓》见禅让变为征诛,吊民伐罪之义,与《牧誓》合观,可知暴非桀、纣,圣不及汤、武,不得以放伐借口矣。《般庚》见国迁询万民,命众正法度之义。观此,知拓拔宏之谲众胁迁者非矣。《高宗肜日》见遇灾而惧,因事进规之义。观此,知汉以灾异求直言,得敬天之意矣。《西伯戡黎》见拒谏速亡,取以垂戒之义。观此,知天命不足恃,而人事不可不勉矣。《微子》见殷之亡由法度先亡,取以垂戒之义。观此,知为国当正纪纲,不可使民玩其上矣。《牧誓》见吊民伐罪,兼明约束之义。观此,知步伐整齐,乃古兵法而非迂论矣。《洪范》见天人不甚相远,祸福足以儆君之义。观此,知人君一言一动,皆关天象而不可不慎矣。《大诰》见开国时基业未固,防小腆、靖大艰之义。观此,知大臣当国,宜挺身犯难而不宜退避矣。《金縢》见人臣忠孝足以感天,人君报功当逾常格之义。观此,知周公所以为圣,而成王命鲁郊非僭矣。《康诰》见用亲贤以治乱国,宜慎用刑之义。观此,知父子兄弟罪不相及,用法似重而实轻矣。《酒诰》见禁酒以绝乱源,宜从重典之义。观此,知作新民必先除旧习矣。《梓材》见宥罪加惠,以永保民之义。观此,知王者治天下,一夫一妇必无不得所矣。《召诰》见宅中图大,祈天永命之义。观此,知王者宜监前朝而疾敬德矣。《洛诰》见营洛复政,留公命后之义。观此,知君臣当各尽其道而不忘交儆矣。《多士》见开诚布公,以靖反侧之义。

观此，知遗民不忘故君，非新主所能遽夺矣。《无逸》见人君当知艰难，毋以太平渐耽乐逸之义。观此，知忧盛危明，当念魏征所云"十渐不克终"矣。《君奭》见大臣当和衷共济，闵天越民之义。《君奭》，据《史记》，为周公居摄时作，当上列于《大诰》、《金縢》之间。观此，知富弼以撤帘与韩琦生意见者，其量褊矣。《多方》见绥靖四方，重言申明之义。观此，知开国之初人多觊觎，当以德服其心，不当用威服矣。《立政》见为官择人，尤当慎选左右之义。观此，知命官当得其人，不当干预其事矣。《顾命》见王者所以正终，当命大臣、立嗣子之义。观此，知宦官、宫妾擅废立之祸，由未发大命矣。《康王之诰》见王者所以正始，当命大臣保王室。观此，知成、康继治，几致刑措，有由来矣。《甫刑》见哀敬折狱，轻重得中之义。观此，知罚即赎刑，不可轻用其慈祥悱恻，汉人缓刑书不足道矣。《文侯之命》见命方伯、安远迩之义。观此，知襄王时王灵犹赫，惜不能振作矣。《费誓》见诸侯专征，严明纪律之义。观此，知用兵不可扰民矣。《秦誓》见穆公悔过，卒伯西戎之义。观此，知人君不可饰非，当改变以救败矣。知二十九篇之大义，则知《论衡》所引今文家说独为二十九篇立法者，未可据百篇之《序》而非之也。其余《左传》、《国语》及诸子书、《墨子》引《书》不在百篇之内者，盖非孔子删定之本。《大传》、《史记》所引逸文，虽非后世伪作，而全篇不可得见，则大义无由而明。至于逸十六篇以及后出《太誓》，真伪既莫能辨，尤不当以鱼目混珠。《逸周书》，刘向以为孔子删《书》之余，其文不能闳深，亦不可以乱经，洪迈谓“与《尚书》体不相类”[①]，陈振孙谓“文体与古书不类[②]，似战国后人仿效为之者”。近人去伪孔古文，而以《逸周书》入《尚书》，非是。昔人谓读人间未见书，不如读人间常见书。二十九篇皆常见书，学者当宝爱而讲明之，勿徒惜不见夫全经，而反面墙于大义也。

十八、论《书序》有今、古文之异，《史记》所引《书序》皆今文，可据信

西汉马、班皆云孔子序《书》，东汉马、郑皆云《书序》孔子所作。《论衡·须颂》篇曰：“问说《书》者：‘钦明文思’以下，谁所言也？曰：篇家也。篇家者谁也？孔子也。”陈乔枞谓：“《论衡》以‘钦明文思’以下为孔子所言者，盖指《尧典序》。《书序》实孔子所作也。”据此，则《书序》孔子作，今、古文之说同。而今、古文之《序》，实有不同。《书正义》曰：“安国既以同《序》为卷，捡此百篇，凡有六十三《序》。同《序》而别篇者三十三篇，通《明居》、《无逸》等四篇不序所由者，为三十七篇，加六十三，即百篇也。”锡瑞案：伪孔古文《尚书序》，即马、郑之《书序》，其稍异者见于《释文》，如《金縢序》“武王有疾”，云“马本作‘有疾不豫’”，《康王之诰序》“康王既尸天子”，云“马本此句上更有‘成王崩’三字”，《文侯之命序》云“马本无‘平’字”，则

① “体”，原误作“辞”，据洪迈《容斋续笔》卷十三改。

② “体”、“书”，原误作“辞”、“文”，据陈振孙《直斋书录解题》卷二改。

其余皆同矣。《史记》不载典、谟之《序》,《禹贡》、《甘誓》、《五子之歌》、《胤征》、《帝诰》、《女鸠》、《女房》、《汤誓》、《典宝》、《夏社》、《中䨲》、《作诰》、《汤诰》、《咸有一德》、《明居》、《伊训》、《肆命》、《徂后》、《太甲》、《沃丁》、《咸艾》,皆与马、郑古文《序》说略同。惟《典宝》在《夏社》前,《咸有一德》在《明居》前,次序不同。"伊陟让,作《原命》",与古文《序》"作《伊陟》、《原命》"异。《仲丁》云"书阙不具",《河亶甲》、《祖乙》亦必有书。史公不云作书,盖省文。《盘庚》三篇,以为小辛时作。"高宗梦得说",序事与古文同。不言作《说命》,亦省文。《高宗肜日》、《西伯戡耆》、《微子》略同,惟"父师"作"大师"为异。《大誓》、《牧誓》、《武成》略同,惟"三百"作"三千"、"归兽"作"归狩"为异。《洪范》、《分器》略同。《金縢》无周公作《金縢》明文,序事至周公薨后。《大诰》、《微子之命》、《归禾》、《嘉禾》、《康诰》、《酒诰》、《梓材》、《召诰》、《洛诰》、《多士》、《毋逸》略同。《君奭》以为"周公摄政,当国践阼,召公疑之",则当在《大诰》前后,与古文序次异。《蔡仲之命》虽序事同,无作命明文,其次序亦无考。《书正义》云郑以为在《费誓》前第九十六,则与孔本又异。《成王政》、《将蒲姑》序事同,不言作书,"蒲"字作"薄"。《多方》、《立政》、《周官》、《贿肃慎之命》同,"肃"字作"息"。《亳姑》序事同,不言作书,盖即《亳姑》之序。孙星衍据之,疑《金縢》"秋,大熟"以下为《亳姑》文误入。《顾命》、《康王之诰》略同,"康王之诰"作"康诰"。《毕命》、《冏命》、《吕刑》、《文侯之命》、《费誓》、《秦誓》略同，惟"冏"作"臩"、"吕"作"甫"、"费"作"肹"为异。《文侯之命》，以为周襄王命晋文公。《秦誓》，以为封殽尸之后追作。此《史记》引《书序》，与马、郑、伪孔《书序》不同之大致也。段玉裁曰："按：《书序》亦有古文、今文之殊。《汉志》曰'《尚书》古文经四十六卷'，此盖今文二十八篇为二十八卷，又逸《书》十六卷，并《书序》得此数也。伏生教于齐、鲁之间，未知即用《书序》与否，而太史公胪举十取其八九，则汉时《书序》盛行，非俟孔安国也。假令孔壁有之，民间绝无，则亦犹逸《书》十六卷绝无师说耳，马、班安能采录，马、郑安能作注，以及妄人张霸安能窃以成百两哉？《孔丛子》与《连丛子》，皆伪书也。臧与安国书曰：'闻《尚书》二十八篇，取象二十八宿，何图古文乃有百篇耶？'学者因此语，疑百篇《序》至安国乃出。然则其所云'弟素以为《尧典》杂有《舜典》，今果如所论'者，岂亦可信乎？其亦惑矣。惟内外皆有之，是以《史记》字时有同异，如女房、女方，登鼎耳、升鼎耳，饥、𨸏，纣、受，牧、坶，行狩、归兽，异母、异亩，馈禾、归禾，鲁天子命、旅天子命，毋逸、无逸，息慎、肃慎，伯臩、伯冏，肹誓、狝誓、粊誓，甫刑、吕刑之类，皆今文《尚书》、古文《尚书》之异也。"

十九、论马、郑、伪孔古文《书序》不尽可据信，致为后人所疑，当以《史记》今文《序》为断

朱彝尊曰："说《书序》者不一，谓作自孔子者，刘歆、

班固、马融、郑康成、王肃、魏征、程颢、董铢诸儒是也；谓历代史官转相授受者[①]，林光朝、马廷鸾也；谓齐、鲁诸儒次第附会而作者，金履祥也。至朱子持论，谓决非夫子之言、孔门之旧。由是九峰蔡氏作《书传》，从而去之。按：古者《书序》自为一篇，列于全书之后。故陆德明称：'马、郑之徒，百篇之《序》总为一卷。'至孔安国之《传》出，始引《小序》分冠各篇之首。后人习而不察，遂谓伏生今文无《序》，《序》与孔《传》并出。不知汉孝武帝时即有之，此史迁据以作夏、殷、周《本纪》。而马氏于《书·小序》有注，见于陆氏《释文》。又郑氏注《周官》引《书序》文，以证保、傅。故许谦云郑氏不见古文，而见百篇之《序》。考马、郑传注本漆书古文，是孔《传》未上之时，百篇之《序》先著于汉代，初不与安国之书同时而出也。"锡瑞案：宋儒疑《书序》与伪孔《传》同出，孔《传》伪，则《书序》亦伪，朱氏已辨之矣。戴震《尚书今文古文考》以《序》为伏书所无。王鸣盛《尚书后案》以《书序》亦从屋壁中得。陈寿祺《今文尚书有序说》列十有七证以明之：以欧阳经三十二卷，西汉经师不为《序》作训，故《欧阳章句》仍止三十一卷。其证一。《史记》于《书序》胪举十之八九，说义、文字往往与古文异，显然兼取伏书。其证二。张霸案百篇《序》造百二篇，即出今文，非古文也。其证三。《书正义》曰"伏生二十九卷而《序》在外"，必见石经《尚书》有百篇之《序》。其证

① "官"，原误作"书"，据朱彝尊《曝书亭集》卷五十九《书论二》改。

四。《书传》云“遂践奄”，三字明出于《成王政》之《序》。其证五。《书传》言葬周公事，本于《亳姑序》。其证六。《大传》曰“武丁祭成汤[①]，有雉飞升鼎耳而雊”，此出《高宗肜日》之《序》。其证七。《大传》曰“成王在丰，欲宅洛邑，使召公先相宅”，此述《召诰》之《序》。其证八。《大传》曰“夏刑三千条”，此本《甫刑》之《序》。其证九。《大传》篇目有《九共》、《帝告》、《臩命》，《序》又有《嘉禾》、《揜诰》，在二十九篇外，非见《书序》，何以得此篇名？其证十。《白虎通·诛伐》篇称“《尚书序》曰武王伐纣”，此《大誓序》及《武成序》之文。其证十一。《汉书·孙宝传》曰“周公大圣，召公大贤，尚犹有不相说，著于经典”，此引《君奭》之《序》。其证十二。《后汉书·杨震传》曰“般庚五迁，殷民胥怨”，此引《般庚》之《序》。其证十三。《法言·问神》篇曰：“《书》之不备过半矣，而习者不知。惜乎！《书序》之不如《易》也。”《书》不备过半，唯今文为然。其证十四。《法言》又曰：“古之说《书》者序以百，而《酒诰》之篇俄空焉，今亡矣夫。”《酒诰》唯今文有脱简。其证十五。《论衡·正说》篇曰“按百篇之《序》，阙遗者七十一篇”，亦据今文为说。若古文，有逸篇二十四篇，不得云“阙遗者七十一篇”。其证十六。杜预《春秋左传后序》曰：“《纪年》与《尚书序》说太甲事乖异。老叟之伏生，或致昏忘。”详预此言，直以《书序》为出自伏生。其证十七。十

① “大”，原脱，据陈寿祺《左海经辨》卷上《今文尚书有序说》补。

七证深切著明，无可再翻之案。惟陈氏但知今文有《序》，而今文《序》之胜于古文者，尚未道及。《史记》引《书序》是今文，马、郑、伪孔《序》是古文。今文《序》皆可信，古文不尽可信。崔应榴谓《书序》可疑者有数端：《舜典》备载一代政事始终，《序》只言其"历试诸难"，则义有不尽；《伊训》称"成汤既歿，太甲元年"，则与《孟子》及《竹书纪年》不合；《泰誓》"惟十有一年，武王伐殷"，则并不与今文合；《毕命》"康王命作册毕分居里，成周郊"，则句意为难通；又《左传》祝鮀称鲁曰"命以《伯禽》"，称晋曰"命以《唐诰》"，此二篇何以《序》反无之？案：百篇《序》无《伯禽》、《唐诰》，孙宝侗、顾炎武已言之。此二篇或在百篇之外，无庸深辨。"作册毕"下脱一"公"字，故难通。据《史记》，有"公"字。"十有一年，武王伐殷"，与伪《泰誓》不同。伪《泰誓》从刘歆古文说，十一年观兵，十三年克殷。《泰誓序》从《史记》今文说，九年观兵，十一年克殷。故年岁两歧，《序》却不误。若《舜典序》只言"历试诸难"，遂开梅、姚分"慎徽五典"以下为《舜典》之妄说。《伊训序》云"成汤既没，太甲元年"，中失外丙、仲壬两朝，遂启宋人以《孟子》所云二年、四年为生年之谬论。又如周公东征摄王，成王不亲行。古文《序》于"成王既黜殷命"、"成王既伐管蔡"，皆冠以"成王"字，后人遂误执为周公未摄王之证。周公作《君奭》，《史记》引《序》在践阼当国时。古文《序》列于复政后，遂有召公疑周公贪宠之言。此皆古文《序》之不可信者。宋人一概疑之，固非；近人一概信之，亦未是。

惟一以《史记》引今文《序》为断，则得之矣。

二十、论二十九篇皆完书，后人割裂补亡，殊为多事

《尚书》以今文为断，经义本自瞭然，即云不见全经，二十九篇皆完书，无缺失也。而后人必自生葛藤，任意割裂，或离其篇次，或搀入伪文，使二十九篇亦无完肤，诚不可解。且其说不仅出于宋以后，并出于汉以前。今举《尧典》一篇言之。《尧典》本属完书，舜事即在《尧典》之中，故《大学》引作《帝典》。而汉传逸《书》十六篇，首列《舜典》之名，意必别有一篇，非《尧典》杂有《舜典》也。《舜典》不传，仅传其《序》。云"虞舜侧微，尧闻之聪明"，即《尧典》之"明明扬侧陋"至"帝曰予闻"云云也；"历试诸难"，即"我其试哉"至"纳于大麓"云云也。郑君，亲见逸《书》者也，其注《书序》云"入麓伐木"，尤即"纳于大麓"之明证。然则逸《书》所谓《舜典》，亦即分裂《尧典》之文，并非别有一篇；或即从"明明扬侧陋"分篇，亦未可知。伪孔古文从"慎徽五典"分篇，盖因马、郑之本，小变之耳。其后伪中又伪，增入十二字，复增入二十八字。《释文》："王氏注。相承云梅颐上孔氏传古文《尚书》，亡《舜典》一篇，时以王肃注颇类孔氏，故取王注从'慎徽五典'以下为《舜典》，以续孔《传》。'曰若稽古帝舜曰重华，协于帝'，此十二字是姚方兴所上，孔氏《传》本无[①]。阮孝绪亦云然。方兴本或此

① "无"，原脱，据《尚书正义·舜典第二》补。

下更有'濬哲文明，温恭允塞，玄德升闻，乃命以位'，此二十八字异，聊出之，于王注无施也。"夫《尧典》为二千年前之古籍，开宗明义之第一篇，学者当如何宝爱信从，岂可分裂其篇，加增其字？且序事直至舜崩之年，则舜事已备载，不可再安蛇足。《舜典》既名曰典，必有大典礼、大政事，不可专说逊位，而逊位历试已见《尧典》，不可重复再见。乃自伪孔分裂于前，方兴加增于后。当时梁武帝为博士已驳议曰："孔《序》称伏生误合五篇，皆文相承接，所以致误。《舜典》首有'曰若稽古'，伏生虽昏耄，何容合之？"遂不行用。隋初购求遗典，刘炫复以姚书上之，又撰"濬哲文明"十六字，与《尧典》"钦明文思"四句相配。伪中又伪，实自东汉古文逸《书》启之。此刘逢禄、宋翔凤所以不信逸《书》也。赵岐，未见逸《书》者也，其注《孟子》曰："孟子时，《尚书》凡百二十篇，逸《书》有《舜典》之《叙》，亡失其文。孟子诸所言舜事，皆《尧典》当作《舜典》。及逸《书》所载。"自有此说，又开《舜典》补亡一派。阎若璩谓："'舜往于田'、'祗载见瞽瞍'与'不及贡，以政接于有庳'等语，安知非《舜典》之文乎？又'父母使舜完廪'一段，文辞古崛，不类《孟子》本文。《史记·舜本纪》亦载其事，其为《舜典》之文无疑。"毛奇龄作《舜典补亡》，遂断自"月正元日"以下为《舜典》，采《史记》本纪之文列于其前，又取魏高堂隆《改朔议》引《书》"粤若稽古帝舜曰重华，建皇授政改朔"冠于篇首，以代二十八字。朱彝尊《经义考》所说略同。不知高堂所引乃《中候·考河命》文，见《太平御览·

皇天部》引。《史记》本纪载"使舜完廪"一段,或即取之《孟子》,何以见其为《舜典》文?圣经既亡,岂末学所能臆补?如以为可臆补,则伪孔古文固应颁之学官,唐白居易补《汤征》亦可用以教士子矣。《四库提要》曰:"司马迁书岂可以补经?即用迁书为补,亦何可前半迁书,后半忽接以古经,混合为一?"其驳毛氏之失,深切著明。王柏《书疑》于"舜让于德,弗嗣"下,补《论语》"尧曰"以下二十四字;"敬敷五教,在宽"下,补《孟子》"劳之来之"以下二十二字;《皋陶谟》、《益稷》、《武成》、《洪范》、《多方》、《立政》,皆更易其文之次序。苏轼、黄震皆移易《洪范》,苏轼又改《康诰》篇首四十八字于《洛诰》上。金履祥亦移易《洪范》,疑《洛诰》有缺文。《武成》伪书不在内。不知诸儒何仇于圣经,并二十九篇之完书,而必欲颠倒错乱,使无完肤也?天下本无事,庸人自扰之。诸儒为此纷纷,是亦不可以已乎!

二十一、论伪孔经传前人辨之已明,阎若璩、毛奇龄两家之书互有得失,当分别观之

欧阳、大小夏侯三家既亡,其后郑、孔并行。至隋,郑氏渐微。唐作《正义》,专用孔《传》。至宋,吴棫始发其覆。朱子继之,曰:"孔安国解经最乱道,看得只是《孔丛子》等做出来。""某尝疑孔安国书是假书。孔书至东晋方出,前此诸儒皆不曾见,可疑之甚。"锡瑞案:朱子于孔

《传》直斥其伪,可谓卓识,而于古文经虽疑之,未敢明斥之,犹为调停之说,曰:"《书》有二体,有极分晓者,有极难晓者。""《尚书》诸命皆分晓,盖如今制诰,是朝廷做底文字;诸诰皆难晓,盖是时与民下说话,后来追录而成之。"据此,是朱子以《传》为伪,于经犹有疑辞。故蔡沈作《传》,仍存古文。然犹赖有朱子之疑,故蔡《传》能分别今、古文之有无。其后吴澄、归有光、梅鷟愈推愈密。尝谓伪孔古文上于东晋之梅赜,而攻古文渐有实据者,出于晚明之梅鷟,同一梅氏,而关伪古文之兴废,倘亦天道之循环欤?至阎若璩、惠栋,考证更精。至丁晏《尚书余论》,据《家语·后序》,定为王肃伪作。《隋书·经籍志》、孔氏《正义》皆有微辞,唐初人已疑之,不始于吴才老。朱子可谓搜得真赃实证矣。毛奇龄好与朱子立异,乃作《古文尚书冤词》,其所执为左证以鸣冤者,《隋书·经籍志》也。《隋志》作于唐初,其时方尊伪孔,作义赞,颁学官,作《志》者即稍有微辞,何敢显然直斥其伪?《志》所云虽历历可据,要皆传伪书者臆造不经之说。孔书经、传,一手所作,伪则俱伪,阎若璩已明言之。毛乃巧为饰辞,以为东晋所上之书是经非传,专以《隋志》为证。使斯言出《汉·艺文志》,乃为可信。若《后汉·儒林传》,则已不可信矣。以范蔚宗作书之时,伪书已出,不免为所惑也。况《隋志》修于唐初,在古文立学之后哉!《冤词》一书,相传为驳阎若璩《尚书古文疏证》而作。案:阎、毛二家互有得失。阎证古文之伪甚确,特当明末宋学方盛,未免沾染其说。夫据古义以斥孔

《传》,可也;据宋人以斥孔《传》,则不可。阎引金履祥说,以《高宗肜日》"典祀无丰于昵"为祖庚绎于高宗之庙,其误一也。引邵子书,以定"或十年"等年数,其误二也。引程子说,谓武王无观兵事,其误三也。驳《武成》篇,并以文王受命改元为妄,其误四也。驳孔《传》,以"居东"为避居,不为东征,其误五也。信金履祥,以为武王封康叔,其误六也。信金履祥,以《多方》为在《多士》前,其误七也。知"九江"在寻阳,又引《水经》云"九江在长沙下雋西北",未免骑墙之见,其误八也。解"三江"亦以为有二,与"九江"同,其误九也。信蔡氏说,以《康诰》属武王,其误十也。移易《康诰》、《大诰》、《洛诰》以就其说,其误十一也。谓伏生时未得《小序》,其误十二也。以金履祥更定《洪范》为文从字顺、章妥句适,其误十三也。阎氏此等处,皆据宋人以驳古义,有伪孔本不误而阎误者。盖孔书虽伪,而去汉未远,臆说未兴。信宋人,不如信伪孔。毛不信宋人,笃守孔书之义,以为"《尚书》可焚,《尚书》之事实不可焚";"今溥天之下,老老大大皆有一武王戡黎、封康叔,周公留后治洛典故在其胸中,此千古大冤大枉事"。是则毛是而阎非者,学者当分别观之,勿专主一家之说。但以今文之说为断,则两家之得失明矣。

二十二、论焦循称孔《传》之善,亦当分别观之

国朝诸儒自毛奇龄外,鲜有袒孔《传》者,惟焦循颇右

之，其《尚书补疏序》曰：“‘曰若稽古帝尧’，‘曰若稽古皋陶’，《传》皆以‘顺考古道’解之。郑以‘稽古’为‘同天’，‘同天’二字可加诸帝尧，不可施于皋陶。若亦以皋陶为‘同天’，则是人臣可僭天子之称颂。若以帝尧之‘稽古’为‘同天’，以皋陶之‘稽古’为‘顺考古道’，则文同义异，歧出无理。此《传》之善一也。‘四罪而天下咸服’，《传》以舜征用之初即诛四凶，是先殛鲧而后举禹。郑以禹治水毕，乃流四凶，故王肃斥之云：‘是舜用人子之功而流放其父，则为禹之勤劳，适足使父致殛。舜失五典克从之义，禹陷三千莫大之罪。’此《传》之善二也。尧舍丹朱，以天位授舜。朱虽不肖，不宜自舜历数其不善[①]。《史记》以‘无若丹朱傲’上加‘帝曰’，而《传》则以为禹之言。自禹言之则可，自舜言之则不可。此《传》之善三也。《盘庚》三篇，郑以上篇乃盘庚为臣时所作。然则阳甲在上，公然以臣假君命，因而即真。此莽、操、师、昭之事，而乃以之诬盘庚，大可怪矣。《传》皆以为盘庚为王时所作。此《传》之善四也。微子问父师、少师，父师答之，不云少师。郑以为少师‘志在必死’，盖以少师指比干。顾大臣徒志于死，遂不谋国以出一言，非可为忠。《传》虽亦以少师指比干，而于此则云‘比干不见，明心同，省文’。此《传》之善五也。《金縢》‘我之不辟’，郑读为‘避’，谓周公避居于东；又以‘罪人斯得’为成王收周公之属官，殊属谬悠，说者多不以为

① “舜”，原脱，据焦循《尚书补疏序》补。

然。《传》则训'辟'为'法','居东'即东征,'罪人'即指禄父、管、蔡。此《传》之善六也。《明堂位》以周公为天子,汉儒用以说《大诰》,遂启王莽之祸。郑氏不能辨正,且用以为《尚书》注而以周公称王。自时厥后,历曹、马以及陈、隋、唐、宋,无不沿莽之故事。而《传》特卓然以周公不自称王,而称成王之命以诰,胜郑氏远甚。此《传》之善七也。为此《传》者,盖见当时曹、马所为,为之说者,有如杜预之解《春秋》,束皙等之伪造竹书,舜可囚尧,启可杀益,太甲可杀伊尹,上下倒置,君臣易位,邪说乱经,故不惮改《益稷》,造《伊训》、《太甲》诸篇,阴与竹书相齮龁。又托孔氏《传》,以黜郑氏,明君臣上下之义,屏僭越抗害之谭。以触当时之忌,故自隐其姓名。"锡瑞案:近儒江、段、孙、王皆尊郑而黜孔,焦氏独称孔《传》之善,可谓特见。惟未知孔《传》实王肃伪作,故所说有得有失。肃之学得之父朗,朗师杨赐,杨氏世传《欧阳尚书》,洪亮吉《传经表》以肃为伏生十七传弟子,是肃亦今文家之支流。肃又好贾、马之学,则兼通古文者。杂糅今、古与郑君同,而立意与郑君为难。郑注《书》从今文,则以古文驳之;郑从古文,则又以今文驳之。肃以今文驳古文,实有胜郑《注》者。焦氏所举以"稽古"为"考古",以"四罪"为禹治水之前,以"居东"为东征,以"罪人"为禄父、管、蔡,是其明证。至信伪孔,疑《史记》、《明堂位》,则其说非是。《史记》引《书》最古,明有"帝曰",岂可妄去?舜、禹同为尧臣,禹可直斥丹朱,何以舜独不可?周公称王,非独见于《明堂位》。荀子亲见百篇《尚书》,其书中屡言之。伏《传》、《史记》皆云周公居摄。岂可改易古事,强为回护?焦氏乃以作《传》者以触时忌,自隐姓名,则尤求之过深。肃与司马氏昏姻,助晋篡魏,岂能明君臣、屏僭越者?若伪作竹书者言启杀益、太甲杀伊尹,反似改古事以儆乱臣,又何必作伪古文,以与竹书相龉龁乎?焦循之子廷琥作《尚书申孔篇》,与其父所见同,中有数条即《补疏序》所说。余琐细不足辨,兹不具论。

二十三、论宋儒体会语气胜于前人,而变乱事实不可为训

孔《传》立学,行数百年,至宋而渐见疑;蔡《传》立学,行数百年,至今又渐见废。陈澧曰:"近儒说《尚书》,考索古籍,罕有道及蔡仲默《集传》者矣。然伪孔《传》不通处,蔡《传》易之,甚有精当者。江艮庭《集注》多与之同。《大诰》'若兄考乃有友伐厥子,民养其劝弗救',伪孔传云:'以子恶故。'孔疏云:'民皆养其劝伐之心不救之。'此甚不通。蔡传云:'苏氏曰:养,厮养也,谓人之臣仆。言若父兄有友攻伐其子,为之臣仆者,其可劝其攻伐而不救乎?'江氏注云:'长民者其相劝止不救乎?'《召诰》'王敬作所不可不敬德',伪孔云:'敬为所不可不敬之德。'蔡云:'所,处所也,犹所其无逸之所。王能以敬为所,则无往而

不居敬矣。'江云:'王其敬为之所哉,言处置之得所也[①]。'《召诰》'我不敢知曰',伪孔云:'我不敢独知,亦王所知。'蔡云:'夏、商历年长短,所不敢知,我所知者,惟不敬厥德,即坠其命也。'江云:'夏、殷历年长短,我皆不敢知,惟知其皆以不敬德,故早坠其命。'《君奭》'襄我二人',伪孔云:'当因我文、武之道而行之。'蔡云:'王业之成,在我与汝而已。'江云:'二人,己与召公也[②]。'《多方》'我惟时其战要囚之',伪孔云:'谓讨其倡乱,执其朋党。'蔡云:'我惟是戒惧而要囚之。'江云:'战,惧也。'《康王之诰》'惟新陟王',伪孔云:'惟周家新升王位。'蔡云:'陟,升遐也。成王初崩,未葬未谥,故曰新陟王。'江云:'陟,登假也,谓崩也。成王初崩,未有谥,故称新陟王。'《秦誓》'昧昧我思之',伪孔云:'惟察察便巧善为辨佞之言,使君子回心易辞。我前多有之,以我昧昧思之不明故也。'蔡云:'昧昧而思者,深潜而静思也。'以'昧昧我思之'属下文。江云:'昧昧我思者,是穆公自道思此一介臣,非谓前日之昧昧于思也。此文当为下文缘起。'此皆蔡《传》精当,而江氏与之同者。如为暗合,则于蔡《传》竟不寓目,轻蔑太甚矣;如览其书、取其说而没其名,则尤不可也。"锡瑞案:陈氏取蔡《传》,与焦氏取孔《传》,同一特见。宋儒解经,善于体会语气,有胜于前人处,而其失在变易事实,以就其说。《尚书》载唐、虞三代之事,汉初诸儒去古未远,其说必有所受。

① "言",原误作"而",据陈澧《东塾读书记》卷五改。

② "己",原脱,据陈澧《东塾读书记》卷五补。

宋儒乃以一己所见之义理，悬断千载以前之故事，甚至凭恃臆见，将古事做过一番。虽其意在维持名教，未为不善，然维持名教亦只可借古事发论，不得翻前人之成案。孔《传》谓周公不称王，伊尹将告归，已与古说不符，而蔡《传》引宋人之说，又加甚焉。《西伯戡黎》，伏《传》、《史记》皆云文王伐耆，“黎”即耆，“西伯”即文王。蔡《传》独为文王回护，以“西伯”为武王。其失一也。《大诰》“王若曰”，郑注：“王，谓摄也。周公居摄，命大事则权代王也。”伏《传》、《史记》皆云周公居位践阼，则郑说有据。蔡《传》从孔《传》，以为周公称成王命以诰。其失二也。《康诰》“王若曰：孟侯，朕其弟，小子封”，《汉书·王莽传》引《书》解之曰：“此周公居摄称王之文也。”蔡《传》不信周公称王之事，从苏氏说，移篇首四十八字于《洛诰》上，又无以解“朕其弟”之语，遂以为武王封康叔。不知《史记》明言“康叔封、冉季载皆少，未得封”，是武王无封康叔事。《左氏传》祝鮀言“周公尹天下，封康叔”。鮀以卫人言卫事，岂犹有误？而横造事实，擅移经文。其失三也。《洛诰》“王命周公后，作册逸诰，在十有二月。惟周公诞保文、武受命，惟七年”，言周公七年致政，当归国，成王留公，命伯禽就国为公后。蔡《传》乃以为王命周公留后治洛。不知唐置节度使乃有留后，周无此官。周公老于丰，薨于丰，并无治洛之事。其失四也。宋儒习见莽、操妄托古人，故极力回护，欲使后世不得借口。不知古人行事光明磊落，何待后儒回护？王莽托周公，无伤于周公。曹操托文王，无伤于文王。天位无常，惟有德者居之。圣人无暗干非分之心，而天与人归，则亦不得不受。禅让易而传子，又复易为征诛。事虽不同，其义则一。稷、契同受封于舜、禹，周之先本非商之臣。不窋失官，公刘、太王迁豳、岐，商王未尝过问。文王始率诸侯事纣，后入朝而被囚，释归而诸侯皆从之，受命称王，何损至德？《诗》、《书》皆言文王受命，伏《传》言受命六年称王，《史记》言"诗人道西伯，盖受命之年称王"。此汉初古说可信者。必以文王称王为非，则汤之伐桀亦非，舜、禹之受禅亦非，必若巢、许而后可也。至周公居摄，尤是常事。古有摄主，见《礼记·曾子问》。君薨而世子未生，则有上卿摄国事，称摄主。此上卿盖同姓子弟，世子生则避位，或生非世子，则摄主即真。观《左氏传》"季孙有疾，命正常曰：'南孺子之子，男也，则以告而立之；女也，则肥也可。'"贾谊上疏有"植遗腹，朝委裘"之文，是其明证。或世子生而幼，国有大事，亦必有人摄行。郑注"命大事，权代王"，并无语弊。武王薨而东诸侯皆叛，周之势且岌岌，成王幼，不能亲出，公不权代王以镇服天下，大局将不可问。事定而稽首归政，可告无罪于天下万世矣。后世古义不明，即有亲贤处周公之位者，亦多畏首畏尾，如萧齐竟陵王子良以此自误，并以误国。盖自马、郑训"我之弗辟"为避位，已非古义。宋儒以力辨公不称王之故，臆撰武王封康叔、周朝设留后之事，以为左证，使后世亲贤当国者误信其说，避嫌而不肯犯难，必误国事，是尤不可不辨。古人事实，不可改易。如编小说、演杂剧者借引古事，做过一番，以就其说，此在弹词、演剧可不拘耳，若以此解经，则断乎不可。

二十四、论伪孔书相承不废，以其言多近理，然亦有大不近理者，学者不可不知

伪孔古文《尚书》，自宋至今，已灼知其伪矣，而犹相承不废，是亦有故。宋之不废者，“人心惟危”四句①，宋儒以为道统相传。其《进〈尚书注〉表》首以三圣传心为说，而四语出伪《大禹谟》。故宋儒虽于伪传献疑，而于伪经疑信参半。王鸣盛《蛾术编》戏以虞廷十六字，为《风俗通》所言鲍君神之类。此在今日汉学家吐弃宋学，乃敢为此语，而在当日，固无不尸祝俎豆者也。此其远因一。且古文虽伪，而言多近理，非止“人心惟危”四句。真德秀曰：“开万世性学之源，自成汤始。敬、仁、诚并言，始见于此。三者，尧、舜、禹之正传也。”此皆出伪古文，为宋儒言道学所本。故宋儒不敢直斥之，而且尊信之。此其远因二。近儒不尊宋学，斥伪经亦甚于宋儒，而至今仍不废者，阮元曰：“古文《尚书》孔《传》出东晋，渐为世所诵习，其中名言法语，以为出自古圣贤，则闻者尊之。故宇文周主视太学，太傅于谨为三老，帝北面访道，谨曰：‘木从绳则正，后从谏则圣。’帝再拜受言。唐太宗见太子息于木下，诲之曰：‘木受绳则正，后从谏则圣。’唐太宗自谓兼将相之事，给事中张行成上书，以为禹不矜伐而天下莫与之争，上甚善之。唐总章

① “危”，原误作“微”，据《尚书正义》改。下“人心惟危”同。

元年，太子上表曰：'《书》曰："与其杀不辜，宁失不经。"伏愿逃亡之家，免其配役。'从之。凡此君臣父子之间，皆得陈善纳言之益。"是知其伪，而欲留为纳言之益。此近因一。龚自珍述庄存与之言曰："帝胄天孙，不能旁览杂氏，惟赖幼习五经之简，长以通于治天下。昔者《大禹谟》废，人心道心之旨、'杀不辜，宁失不经'之诫亡矣。《太甲》废，'俭德永图'之训坠矣。《仲虺之诰》废，'谓人莫己若'之诫亡矣。《说命》废，股肱良臣启沃之谊丧矣。《旅獒》废，'不宝异物贱用物'之诫亡矣。《冏命》废，左右前后皆正人之美失矣。公乃计其委曲，退直上书房，日著书，曰《尚书既见》如干卷，数数称《禹谟》、《虺诰》、《伊训》。是书颇为承学者诟病，而古文竟获仍学官不废。"是知其伪，而恐废之无以垂诫。此其近因二。有此四故，故得相承不废。然而过书举烛，国赖以治，非郢人之意也；齐求岑鼎，鲁应以赝，非柳下所许也。古文虽多格言，而伪托帝王则可恶。且其言多近理，亦多不近理者，如：《大禹谟》"舞干羽于两阶，七旬，有苗格"，为宋人重文轻武、口不言兵所借口；《胤征》"威克厥爱，允济"，为杨素等用兵好杀之作俑；《仲虺之诰》"若苗之有莠，若粟之有秕。小大战战，罔不惧于非辜"，则汤之伐桀为自全计，非为吊民；《咸有一德》"伊尹既复政厥辟，将告归"，则伊尹不曾相太甲，与《君奭》所言及《左氏传》"伊尹放太甲而相之"义违；《泰誓》三篇数殷纣罪，有"刳剔孕妇"、"斮朝涉之胫，剖贤人之心"等语，宋人遂疑汤数桀之罪简，武数纣之罪太甚，而"罪人以族”非三代以前所有,“时哉不可失”亦非吊民伐罪之言;《旅獒》太保训王云“功亏一篑”,宋人遂疑汤伐桀后犹有惭德,武伐纣后一事不做;《君陈》以“尔有嘉谋嘉猷”为康王语,宋人遂谓康王失言。此皆伪古文之大不近理者。而割裂古书,缀辑成文,词意亦多牵强,不相贯串。如《孟子》引“王曰:‘无畏!宁尔也,非敌百姓也。’若崩厥角稽首”,夹议夹叙,词意极明。伪孔乃更之曰:“勖哉,夫子!罔或无畏,宁执非敌。百姓懔懔,若崩厥角。”无论如何解说,必不可通,似全不识文义者所为。此等书岂可以教国胄?毛奇龄以袒伪古文之故,至谓“《论语》引《书》有四,无不改其词、篡其句、易其读者”。伪孔擅改古经,显违孔训,僭妄已极。奇龄不罪伪孔,反归罪于孔子改经,可谓悍然无忌惮矣。

二十五、论伪古文多重复,且敷衍不切

《尚书》与《春秋》,皆记事之书,所记之事,必有义在。孔子之作《春秋》,非有关系足以明义者不载,事见于前者,不复见于后,所以省繁复也。故孔子之删《书》,亦非有关系足以明义者不载,事见于前者,不复见于后,亦所以省繁复也。古书详略互见,变化不拘,非同后世印板文字,有一定之例。《尧典》兼言二帝,合为一篇。圣德则尧详于舜,政事则舜详于尧。是详略互见之法。而作伪者不达此义,别出《舜典》一篇,以为不应略于舜之圣德,乃于《舜典》篇

首伪撰二十八字，以配《尧典》。不顾文义，首尾横决，由不晓古书之法也。《盘庚》三篇旨意不同，上篇告亲近在位者，中篇告民之弗率，下篇既迁之后申告有众，未尝有重复之义。《康诰》、《酒诰》、《梓材》皆言封康叔，《召诰》、《洛诰》皆言营洛都，旨意不同，亦未尝有重复之义。而伪孔书《太甲》三篇、《说命》三篇，皆上、中、下文义略同，且辞多肤泛，非但上、中、下篇可移易，而伊尹之辞可移为傅说，傅说之辞可移为伊尹，伊尹、傅说之辞又可移为《大禹谟》之禹、皋，以皆臣勉其君而无甚区别也。《泰誓》三篇，皆数纣罪而无甚区别。使真如此文繁义复，古人何必分作三篇？今文《尚书》二十九篇，篇篇有义，初不犯复，其辞亦无复见。若伪古文，不但旨意略同，其辞亦多雷同，《太甲》下与《蔡仲之命》雷同尤甚。《太甲》下云："惟天无亲，克敬惟亲。民罔常怀，怀于有仁。德惟治，否德乱。与治同道，罔不兴；与乱同事，罔不亡。"《蔡仲之命》云："皇天无亲，惟德是辅。民心无常，惟惠之怀。为善不同，同归于治；为恶不同，同归于乱。"其文义不谓之雷同，得乎？《太甲》下云"慎终于始"，《蔡仲之命》云"慎厥初，惟厥终"，亦雷同语。盖其书本凭空结撰，其胸中义理又有限，止此敷衍不切之语说来说去，层见叠出。又文多骈偶，似平正而实浅近，以比《尚书》之浑浑灏灏者迥乎不同。而杂凑成篇，尤多文不合题之失。姚鼐谓"古文《尚书》多不切，文之不切者，皆不中于理"，可谓知言。汉古文学创通于刘歆，伪古文书撰成于王肃。乱经之人，递相祖述。古天子、诸侯皆五庙，至周始有七庙。刘歆以为周以上皆七庙。《吕览》："五世之庙，可以观怪。"伪古文《咸有一德》改云"七世之庙，可以观德"，后世遂引为商时七庙之证。此肃本之于歆者也。《异义》：天子六卿，周制；三公、九卿，商以前制。周三公在六卿中，见《顾命》，而无三孤。伪古文《周官》有三公、三孤，本《汉书·百官公卿表》，《表》又出于莽、歆之制，又肃本之于歆者也。古云相某君是虚字，不以为官名。伪古文《说命》"爰立作相"，又误沿汉制而不觉者。《左氏传》仲虺为汤左相，亦可疑。

二十六、论孔《传》尽释经文之可疑，及马、郑古文与今文驳异之可疑

《朱子语录》云："某尝疑孔安国书是假书，比毛公《诗》如此高简，大段省事。汉儒训释文字多是如此，有疑则阙。今此却尽释之，岂有千百年前人说底话，收拾于灰烬屋壁中与口传之余[①]，更无一字讹舛？理会不得如此，可疑也。"锡瑞案：朱子之说，具有特见。汉初说《易》者举大谊，如丁将军者是；说《诗》者无传疑，如鲁申公者是。毛公之《传》，未知真出汉初与否，而其文亦简略，未尝字字解经。惟伪孔于经尽释之，此伪孔《传》所以可疑。蔡沈曰："今文多艰涩，而古文反平易。伏生倍文暗诵，乃偏得其所难，而安国考定于科斗古书错乱摩灭之余，反专得其所易，

① "口"，原误作"日"，据《朱子语类》改。

则又有不可晓者。”吴澄曰：“伏生《书》虽难尽通，然词义古奥，其为上古之书无疑。梅颐所增，体制如出一手，采辑补缀，虽无一字无所本，而平缓卑弱，殊不类先汉以前之文。夫千年古书，最晚乃出，而字画略无脱误，文势略无龃龉，不亦大可疑乎？”蔡氏、吴氏之说，亦有特见。伏、孔之《书》难易不同，伏生不应独记其难，安国不应专得其易。此伪孔经所以可疑。而由二家之说推之，《尚书》之可疑者非直此也。伪孔书无论矣，二十九篇今、古文同，而夏侯、欧阳之今文，与马、郑、王之古文，其字句又不同。今以熹平石经及两汉人引用《尚书》之文考之，其异于马、郑古文者，亦多今文艰涩而古文平易。试举数条以证。《盘庚》“器非求旧”，石经“求”作“救”。“求”、“救”音近得通，“求”字易而“救”字难也。《洪范》“鲧堙洪水”，石经“堙”作“伊”。“堙”、“伊”音近假借，“堙”字易而“伊”字难也。“保后胥戚”，石经“戚”作“高”。“戚”、“高”音近假借，“戚”字易而“高”字难也。“无弱孤有幼”，石经“弱”作“流”。“弱”、“流”音近假借，“弱”字易而“流”字难也。《无逸》“乃谚”，石经作“乃宪”；“既诞”，石经作“既延”。“谚”、“宪”，“诞”、“延”，音近得通，“谚”、“诞”易而“宪”、“延”难也。“无皇”，石经作“毋兄”。“皇”、“兄”音近得通，“皇”字易而“兄”字难也。“此厥不听”，石经“听”作“圣”。“听”、“圣”音近得通，“听”字易而“圣”字难也。《立政》“相时憸民”，石经“憸”作“散”。“憸”、“散”音近假借，“憸”字易而“散”字难也。以此推之，不但世所传今文多艰涩，而伪孔古文反平易，即汉所传今文亦多艰涩，而马、郑古文反平易。不但伪孔古文可疑，即马、郑古文亦不尽可信矣。惜《经典释文》不列三家《尚书》之异同，使学者无由见今文真本。所赖以略可考见者，惟石经残字十数处，及孔《疏》引"优贤扬历"、"膑宫劓割头庶剠"数处而已[①]，岂不惜哉！窃意东汉诸儒之传古文，盖亦多以训故改经，与太史公《史记》相似，有字异而义相同者，如《般庚》"器非求旧"之类是也；有字异而义違失者[②]，如《般庚》"优贤扬历"之类是也。然则今之伪孔增多古文，固皆撰造而非安国之真，即伪孔同于马、郑二十九篇之古文，亦有改窜而非伏生之旧者[③]。伪孔所造古文固当删弃，即伪孔同于马、郑之古文，后人以为真是伏生之所亲传、孔子之所手定，亦岂可尽信哉？孟子曰："尽信《书》，则不如无《书》。"观于世所传之《尚书》，益叹孟子之言为不妄也。

二十七、论《尚书》有不能解者当阙疑，不必强为傅会，汉儒疑辞不必引为确据

子曰："多闻，阙疑。"又曰："君子于其所不知，盖阙如也。"然则圣人生于今日，其解经必不向壁虚造而自欺欺人

① "孔"，原误作"也"，据校印本改。
② "違"，原误作"選"，据校印本改。
③ "改窜"，原误作"之窜"，据校印本改。

也明矣。《尚书》最古，文义艰深。伏生易为今文，而史公著书，多以训故改经。马、郑名传古文，而与今文驳异者，亦疑多以训故改经。其必改艰深为平易者，欲以便学者诵习也。而二十九篇传于今者，犹未能尽索解人。"周诰殷盘，诘屈聱牙"，韩文公已言之。《尚书》之难解，以诸篇为尤甚。如《大诰》之"今蠢，今翼日"、"乃有友伐厥子，民养其劝勿救"，《盘庚》之"吊由灵"、"用宏兹贲"等语，或由方言之莫识，或由简策之传讹，无论如何曲说，终难据为确解。而孔《传》强为解之，近儒江、王、孙又强为解之。此皆未敢信为必然，当从不知盖阙者也。北魏徐遵明解经，史称其穿凿，所据本"八寸策"，误作"八十宗"，遂强以"八十宗"解之。然则强不知以为知，非皆"八十宗"之类乎？汉儒解经，其有明文而能自信者，即用决辞；其无明文而不能自信者，即为疑辞。如《尧典》之"羲、和"，疏引郑云[①]："高辛氏之世，命重为南正司天，黎为火正司地。尧育重、黎之后羲氏、和氏之子贤者，使掌旧职天地之官，亦纪于近[②]，命以民事。其时官名，盖曰稷、司徒。"锡瑞案：郑以四子分属四时，羲、和实司天地，地官司徒犹可强附，天官为稷，并无明文。《国语》云"稷为大官"，有误作"天官"者。纬云"稷为司马"，又云"司马主天"。故郑君以此傅会之，云："初，尧天官为稷。禹登用之年，举弃为之。时天下赖后稷之功，故以官名通称。"笺《诗》又云："尧登用之，使居稷官，

① 按，下引文实见于贾公彦等撰《周礼正义序》所引《尚书·尧典》郑注。
② "近"下，原衍"氏"，据《周礼正义序》删。

民赖其劳。后虽作司马,天下犹以后稷称焉。”郑之弥缝,亦云至矣,然如其说,则弃于尧时已为天官,其位最尊,若周之冢宰矣,何以尧、舜禅让,皆不及弃?且稷为天官,司马为夏官,天官尊于夏官,后稷有功于民,何以反由天官降为司马?舜命九官,并无司马之名。郑知其无明文,不能自信,故云“盖曰稷司徒”。凡言“盖”者,皆疑辞也。《周礼疏序》又引郑云:尧既分阴阳为四时,命羲仲、和仲、羲叔、和叔等为之官,又主方岳之事,是为四岳,“掌四时者曰仲、叔[①],则掌天地者,其曰伯乎”。案:郑以四子即四岳,又别有掌天地之官,与两汉今文说不同。郑知其无明文,不能自信,故云“其曰伯乎”。凡言“乎”者,皆疑辞也。其不敢为决辞,犹见先儒矜慎之意。后之主郑义者,必强傅会以为确据,非但不知圣人阙疑之旨,并先儒矜慎之意亦失之矣。

二十八、论伪古文言仁言性言诚,乃伪孔袭孔学,非孔学出伪书

王应麟曰:“《仲虺之诰》,言仁之始也。《汤诰》,言性之始也。《太甲》,言诚之始也。《说命》,言学之始也。皆见于《商书》。‘自古在昔,先民有作。温恭朝夕,执事有恪’,亦见于《商颂》。孔子之传有自来矣。”锡瑞案:《商

① “曰”上,《周礼正义序》本有“字”。

书》四篇皆出伪孔古文，惟《礼记·文王世子》引"《兑命》曰：'念终始典于学。'"，郑注："兑，当为'说'。《说命》，《书》篇名，殷高宗之臣傅说之所作。"是王氏所举《商书》四篇之语，惟"学"之一字实出《说命》，其余皆未可据。宋儒讲性理，故于古文虽知其伪，而不能不引以为证。其最尊信者，"危微精一"十六字之传。考"人心之危，道心之微"二语，出《荀子》引《道经》。荀子亲见全《书》，若出《尚书》，不当引为《道经》。既称《道经》，不出《尚书》可知。伪孔以羼入《大禹谟》，宋儒乃以四语为传心秘诀。四语惟"允执厥中"出《论语·尧曰》篇"允执其中"，实有可据。二帝相传，即此已足。《中庸》称"舜执其两端，用其中于民"，正是推阐"允执其中"之义。《论语》云"舜亦以命禹"，足见二帝相传无异。朱注云："今见于《虞书·大禹谟》，比此加详。"如其说，则尧命舜为寥寥短章，舜命禹为洋洋大篇，由误信伪古文，与《论语》"亦"字不合。大凡理愈推而愈密，辞愈衍而愈详。性理自尧、舜至孔、孟而后，推衍精详，前此或有其义而无其文，要其义亦足以盾之。如《尧典》云"钦明文思安安"等语，《史记·尧本纪》译其文，而代以"其仁如天，其知如神"等语，是当时已有"仁"之义也。《孟子》曰："尧、舜，性之也。"是当时已有"性"之义也。今文《尚书》"文思"作"文塞"，"塞"有"诚实"之义，是当时已有"诚"之义也。古文字简略，而义已包括于其中，何必谓《虺诰》言"仁"、《汤诰》言"性"、《太甲》言"诚"，至《商书》始发其义乎？典以钦始，谟以钦终，二帝相传心法，“钦”之一字足以括之，何必十六字乎？伪孔古文出于魏晋孔、孟之学大明之时，掇拾阙里绪言，撰成伪书文字。此乃伪孔书袭孔学，非孔学本于伪孔书。王氏不知，乃以此等书为圣学所自出，岂非颠倒之甚哉！惟《商颂》作于正考父，乃孔子六世祖，以为“孔子之传有自来”，其说尚不误耳。然亦本于近祖正考父，而非本于远祖商王也。

二十九、论王柏《书疑》疑古文有见解，特不应并疑今文

王柏《书疑》与《诗疑》，皆为人诟病。王氏失在并今文而疑之耳，疑古文不得谓其失也。其疑伪孔《尚书序》曰：“其一曰：《三坟》之书言大道，《五典》之书言常道。所谓《三坟》、《五典》、《八索》、《九丘》者，古人固有此书，历代相传，至夫子时已删而去之，则其不足取以为后世法，可知矣。序者欲夸人以所不知，遂敢放言以断之曰：此言大道、此言常道也。使其果有圣人经世治民之道，登载于简籍之中，正夫子之所愿幸，必为之发挥纪述，传之方来，必不芟夷退黜，使堙没于后世。夫天下之论，至孔子而定；帝王之书，至《尧典》而始。上古风气质朴，随时致治，史官未必得纂纪之要。故夫子定《书》所以断自唐、虞者，以其立政有纲，制事有法，可以为万世帝王之轨范也。唐、虞之

下，且有存有亡，有脱有误；唐、虞之上，千百年之书[①]，孰得其全而传之，孰得其要而绎之[②]？予尝为之说曰：凡帝王之事不出于圣人之经者，皆妄也。学者不当信其说，反引以证圣人之经也。其二曰：孔壁之书，皆科斗文字。予尝求科斗之书体，茫昧恍惚，不知其法。后世所传夏、商彝鬲盘匜之类，举无所谓科斗之形。或谓：科斗者，颛顼之时书也。序者之言，不过欲耀孔壁所藏之古耳。谓科斗始于颛帝者，亦不过因序者之言，实以世代之远而傅会之。且曰科斗书废已久，时人无能知者，又不知何以参伍点画、考验偏傍而更为隶古哉？于是遂遁其词曰：以所闻伏生之书，考论文义，定其可知者。则是古文之书，初无补于今文，反赖今文而成书。本欲尊古文，而不知实陋古文也。"锡瑞案：王氏辨孔《序》二条，皆有见解。知《尚书》以孔子所定为断，则郑樵信《三坟》、王应麟辑三皇五帝书，爱奇炫博，皆可不必。知古文科斗之无据，则非惟伪孔《序》不足信，即郑君《书赞》曰"书初出屋壁，皆周时象形，今所谓科斗书。以形言之为科斗，指体即周之古文"，亦未可信。晋王隐谓："科斗文者，其字头粗尾细，似科斗之虫，故俗名之焉。"段玉裁据此，以科斗文乃晋人里语，孔叙《尚书》乃有科斗文字之称，其伪显然。考郑君《书赞》已云科斗书，则段说未确。案：钟鼎文无头粗尾细之形，王氏已明言之。《说文》所列古文，亦不似科斗。然则古文科斗之说，乃东汉古文家自相矜炫，郑君信其说

---

① "书"，原误作"前"，据王柏《书疑·书大序》改。

② "绎"，原误作"详"，据王柏《书疑·书大序》改。

而著之《书赞》，伪孔又信郑说而著之《书序》也。王氏知古文之伪，不知今文之真，其并疑今文，在误以宋儒之义理准古人之义理，以后世之文字绳古人之文字。苏轼疑《顾命》不当陈设吉礼，赵汝谈疑《洪范》非箕子作，晁以道疑《尧典》、《禹贡》、《洪范》、《吕刑》、《甘誓》、《盘庚》、《酒诰》、《费誓》诸篇。见《容斋三笔》。《书疑》多本前人，亦非王氏独创，特王氏于《尚书》篇篇献疑，金履祥等从而和之，故其书在当时盛行，而受后世之掊击最甚。平心而论，疑经改经，宋儒通弊，非止王氏，皆由不信经为圣人手定。王氏《诗疑》删郑、卫《诗》，窜改《雅》、《颂》，僭妄太甚，《书疑》犹可节取。

三十、论刘逢禄、魏源之解《尚书》多臆说，不可据

今、古文之兴废，皆由《公羊》、《左氏》为之转关。前汉通行今文，刘歆议立《左氏春秋》，于是牵引古文《尚书》、《毛诗》、逸《礼》诸书，以为之佐。后汉虽不立学，而古文由此兴，今文由此废。以后直至国朝，诸儒昌明汉学，亦止许、郑古文。及孔广森专主《公羊》，始有今文之学。阳湖庄氏乃推今《春秋公羊》义并及诸经，刘逢禄、宋翔凤、龚自珍、魏源继之，而三家《尚书》、三家《诗》皆能绍承绝学。凌曙、陈立师弟，陈寿祺、乔枞父子，各以心得，著为专书，二千余年之坠绪得以复明，十四博士之师传不至中绝。其有功于圣经甚大，实亦由治《公羊春秋》，渐通《诗》、《书》、《易》、《礼》之今文义也。常州学派蔚为大宗，龚自

珍诗所谓"秘纬户户知何休"者,盖《公羊》之学为最精,而其说《尚书》则有不可据者。刘逢禄《书序述闻》多述庄先生说,不补《舜典》,不信逸《书》,所见甚卓,在江、孙、王诸家之上;而引《论语》、《国语》、《墨子》以补《汤誓》,以《多士》、《多方》为有错简而互易之,自谓非敢蹈宋人改经故辙,而明明蹈其故辙矣。《盘庚》以"咸造勿"为句,谓"勿"为古文"旂";《微子》以"刻子"读为"亥子";《洪范序》以"立武庚㠯"为句[1],谓"已"当作"祀";《洛诰》以"王宾杀禋"为句,"咸格王"为句,"入太室祼"为句,谓"杀"当为"秉","秉禋"即奉璋也;《顾命》"太保命仲桓、南宫毛俾爰"为句,"爰"者,扶掖之名;《毕命序》以"康王命作册"为句,"毕分居里成周郊"为句,谓"毕,终也。周公、成王未竟之业,至康王始毕之",皆求新而近凿。《太誓序》"惟十有一年"为武王即位之十一年,不蒙文王受命之年数之,与今文、古文皆不合。至于不信周公居摄之说,以孙卿为诬圣乱经;不取"太子孟侯"之文,以伏《传》为街谈巷议;不用孟津观兵之义,以马迁为齐东野人,横暴先儒,任意武断,乃云"汉儒诬之于前,宋儒乱之于后"。其实庄氏所自矜创获,皆阴袭宋儒之余唾,而显背汉儒之古训者也。孙卿在焚书之前,伏生为传经之祖,太史公去古未远,其说必有所受,乃以理断之,谓皆不可信,宋儒之说独可信乎?宋儒已不可信,庄氏之说又可信乎?刘逢禄虽尊信之,宋翔

---

① "㠯",原误作"目",据刘逢禄《书序述闻》改。

凤、龚自珍皆不守其说。魏源尊信刘逢禄，其作《书古微》，痛斥马、郑，以扶今文，实本庄、刘，更参臆说。补《汤誓》本庄氏，补《舜典》、《汤诰》、《牧誓》、《武成》，则庄氏所无。《周诰分年集证》将《大诰》至《洛诰》之文尽窜易其次序，与王柏《书疑》无以异。以管叔为嗜酒亡国，则虽宋儒亦未敢为此无据之言。而于《金縢》"未敢训公"之下，既知必有缺文，又云"后半篇不如从马、郑说。西汉今文，千得岂无一失？东汉古文[①]，千失岂无一得"，则其解经并无把握，何怪其是末师而非往古乎？解经但宜依经为训，庄、刘、魏皆议论太畅。此宋儒说经之文，非汉儒说经之文。解经于经无明文者，必当阙疑，庄、刘、魏皆立论太果。此宋儒武断之习，非汉儒矜慎之意也。

三十一、论孔子序《尚书》略无年月，《皇极经世》、《竹书纪年》所载共和以前之年皆不足据

太史公《三代世表》曰[②]："孔子因史文次《春秋》，纪元年，正时日月，盖其详哉。至于序《尚书》则略无年月；或颇有，然多阙，不可录。故疑则传疑，盖其慎也。余读谍，记黄帝以来皆有年数。稽其历谱谍终始五德之传，古文咸不同，乖异。夫子之弗论次其年月，岂虚哉！于是以《五帝系谍》、《尚书》，集世纪黄帝以来讫共和，为《世表》。"《十二

① "东"，原误作"一"，据魏源《书古微》改。

② "史"，原误作"平"，据文义改。

诸侯年表》曰:“于是谱十二诸侯,自共和讫孔子。”锡瑞案:太史公于共和以前,但表其世,自黄帝始,至共和二伯行政止;共和以后,始表其年,自庚申共和元年,以宣王少,大臣共和行政始,至甲子周敬王四十三年崩止。盖史公所据载籍,于共和以前之年岁已不可考,故史公作五帝、夏、商、周《本纪》,但书某帝王崩、某帝王立,周宣王后,始纪崩年,正所谓“疑则传疑,盖其慎也”。郑君《诗谱》曰:“夷、厉以上,岁数不明,太史《年表》自共和始。历宣、幽、平王而得春秋次第,以立斯《谱》。”是郑君亦不能知共和以前也。《汉书·律历志》据刘歆《三统术》曰:“夏后氏继世十七王,四百三十二岁。自伐桀至武王伐纣,六百二十九岁,故《传》曰殷‘载祀六百’。《殷历》曰:当成汤方即世用事十三年,十一月甲子朔旦冬至,终六府首[①]。当周公五年,则为距伐桀四百五十八岁[②],少百七十一岁,不盈六百二十九。又以夏时乙丑为甲子,计其年乃孟统后五章,癸亥朔旦冬至也。以为甲子府首,皆非是。凡殷世继嗣三十一王,六百二十九岁。《春秋》、《殷历》皆以殷。鲁自周昭王以下亡年数,故据周公、伯禽以下为纪。”案:刘歆所推,据殷、鲁历,于周仅能举文、武、成、康之年,昭王以下则不能知,鲁则自伯禽至惠公崩,年皆具。盖据历推之,不能备,而亦不尽可信者也。今即《尚书》而论。尧“在位七十载”,虽有明文,然不知从何年数起。“舜生三十征庸,三十

---

① “终”,原误作“於”,据《汉书·律历志》改。

② “八”,原脱,据《汉书·律历志》补。

在位，五十载陟方乃死”，亦有明文，不知从何年数起。郑本作“征庸二十”，其年又异。殷中宗“七十有五年”，高宗“五十有九年”，祖甲“三十有三年”，有明文，而今文“祖甲”作“太甲”，不同。高宗“飨国百年”，其年又异。文王“享国五十年”，穆王“享国百年”，有明文，亦不知从何年数起。故孔子序《书》略无年月，疑在孔子时已不尽可考矣。皇甫谧《帝王世纪》载帝王在位之年，不知从何得之。《竹书纪年》，据束皙所引，云夏年多殷，与《左氏传》、《汉志》不同。今《纪年》云：自禹至桀十七世，用岁四百七十一年；自成汤灭夏以至于受二十九王，用岁四百九十六年。仍殷年多夏，而与《左氏传》、《汉志》亦异。疑皆以意为说，当从不知盖阙者也。刘恕作《通鉴外纪》，起三皇五帝，止用共和，载其世次而已；起共和至威烈王二十二年丁丑，四百三十八年为一编。又作《疑年谱》、《年略谱》，谓先儒叙包羲、女娲，下逮三代，享国之岁，众说不同，惧后人以疑事为信书，穿凿滋甚，故周厉王以前三千五百一十九年为《疑年谱》，而共和以下至元祐壬申一千九百一十八年为《年略谱》。刘氏原本《史记》，犹不失为矜慎。自邵子作《皇极经世书》，上稽唐尧受命甲辰之元[1]，为编年谱。胡宏《皇王大纪》、张栻《经世纪年》，皆本其说。张氏云：“外丙、仲壬之纪，康节以数知之，乃合于《尚书》‘成汤既没，太甲元年’之说。成汤之后，盖实传孙，《孟子》所说，特以

① “上”，原误作“土”，据张栻《经世纪年序》引文改。

太丁未立而卒。方是时,外丙生二年,仲壬生四年耳,又正武王伐商之年。盖武王嗣位十一年矣。故《书序》称‘十有一年’,而复称‘十三年’者,字之误也。是类皆自史迁以来传习之谬,一旦使学者晓然得其真,万世不可改者也。”锡瑞案:宋儒好武断而自相标榜,至此而极。二帝三代相传之年,孔子所未言,汉儒所不晓,邵子生于数千载之后,全无依据,而以数推知之,岂可信乎!《孟子》云“外丙二年”、“仲壬四年”,必是在位之年。若以“年”为年岁,古者“植遗腹、朝委裘而天下不乱”,岂有二岁、四岁之人不可立者?古文《书序》云“成汤既没,太甲元年”,遗却外丙、仲壬两朝,正可以见古文《书序》之伪。邵子不能辨,而据以就其所推之数,误矣。武王伐殷,十一年、十三年有二说。今文说文王受命七年而崩,武王再期观兵为九年,又二年伐纣为十一年。古文说以文王受命九年而崩,武王再期观兵为十一年,又二年伐纣为十三年。皆蒙文王受命之年而言。邵子不能辨,又不蒙文王受命之年,以为武王十一年,而“十三年”字误,其实并非误也。张氏所引二事已皆非,是其余可知。金履祥《通鉴前编》、许谦《读书丛说·纪年图》,皆用邵子之说。元、明以来,尊崇宋学,臆推之年遂成铁案,编年之史率沿伪说。世所传《纲鉴易知录》、《历代帝王年表》诸书,篇首载帝王之年历历可数,唐尧以上,或出于皇甫谧,要皆“俗语不实,流为丹青”,而不知其为向壁虚造也。世传《竹书纪年》,如以外丙、仲壬列入纪年,及所推帝王年代,又与《皇极经世》所推多异,而与伪孔古文《尚书》全符，皆由后人依托为之，并非汲冢之旧，尤不可据。阎若璩云："邵子出而数明，上下千万载，罔或抵牾。"此阎氏过信宋学之故，不知皆凭臆撰造也。

三十二、论《尚书》是经非史，史家拟《尚书》之非

刘知幾《史通》论史有六体，一曰"《尚书》家"。刘氏是史才，是说作史者摹仿《尚书》有此一家，非说《尚书》也，以此说《尚书》则大误。其说曰："《书》之所主，本于号令，所以宣王道之正义，发话言于臣下。故其所载，皆典、谟、训、诰、誓、命之文。至于尧、舜二《典》直序人事，《禹贡》一篇唯言地理，《洪范》总述灾祥，《顾命》都陈丧礼，兹亦为例不纯者也。"锡瑞案：圣人作经，非可拘以史例。《汉书·艺文志》曰："左史记言，言为《尚书》。右史记事，事为《春秋》。"荀悦《申鉴》说同。郑君《六艺论》曰："左史所记为《春秋》，右史所记为《尚书》。"是以《玉藻》云："动则左史书之，言则右史书之。"其分左右、言动互异，不知当以何说为正。即如诸家之说，亦不过借《尚书》、《春秋》作指点语。刘氏所见过泥，遂以《尚书》专主记言，不当记事，敢议圣经为例不纯。此与《惑经》、《申左》诸篇诋斥《春秋》，同一谬妄，由史家未通经学也。其论孔衍《汉魏尚书》、王邵《隋书》义例准《尚书》之非，则甚明确，曰："原夫《尚书》之所记也，若君臣相对，词旨可称，则一时之言，累篇咸载；如言无足纪，语无可述，若此故事，虽有脱略，而观

者不以为非。案：此足证《尚书》非史，不必疑其略而不备。爰逮中叶，文籍大备，必翦截今文，摸拟古法，事非改辙，理涉守株。故舒元孔衍字。所撰《汉魏》等书，不行于代也。若乃帝王无纪，公卿缺传，则年月失序，爵里难详。斯并昔之所忽，而今之所要。如君懋王邵字。《隋书》，虽欲祖述商、周，宪章虞、夏，观其所述，乃似《孔子家语》、临川《世说》，可谓画虎不成反类犬也。"案：史家不知《尚书》是经非史，其书不名一体，非后人所敢妄议；其书自成一经，亦非后人所能摸仿。作史者惟宜撰次当代文章，别定义例，以备观览，必不可以宪章虞夏、祖述商周自命，蹈《春秋》吴、楚僭王之失。王通作《四范七业》以拟《尚书》，或云伪作。朱子谓："高、文、武、宣之制，岂有精一执中之传？"汉帝固不能比古帝王，彼拟《尚书》者亦何敢自比孔子乎？《尚书璇玑钤》曰："孔子求书，得黄帝玄孙帝魁之书，迄于秦穆公，凡三千二百四十篇，断远取近，定可以为世法者百二十篇，以百二篇为《尚书》，十八篇为《中候》。"案：《中候·勑省图》、《握河纪》、《运衡》、《考河命》、《题期》、《立象》、《仪明》、《礼阏邮》、《苗兴》、《契握》、《雒予命》、《稷起》、《我应》、《雒师谋》、《合符后》、《摘雒戒》、《霸免》、《准纤哲》，凡十八篇。纬书虽难尽信，然古时"书"必不少，孔子但取其可为法者，余皆删之，犹作《春秋》但取其可明义者，余皆削之。圣人删定六经，务在简明，便学者诵习。后人不知此旨，嫌其简而欲求多，于是张霸书、伪孔书抵隙而出，史家复从而妄续之。不知史可续，经不可续。孔衍、王邵之拟《尚书》，正与沈既济、孙甫之拟《春秋》，同一谬见也。

三十三、论治《尚书》当先看孙星衍《尚书今古文注疏》、陈乔枞《今文尚书经说考》

孔《传》至今日，人知伪作而不足信矣，蔡《传》又为人轻蔑而不屑称矣，然则治《尚书》者，当以何书为主？陈澧曰："江、王、段、孙四家之书善矣。既有四家之书，则可删合为一书。取《尚书大传》及马、郑、王《注》，伪孔《传》，与《史记》之采《尚书》者，《尔雅》、《说文》、《释名》、《广雅》之释《尚书》文字、名物者，汉人书之引《尚书》而说其义者，采择会聚而为集解；孔《疏》、蔡《传》以下，至江、王、段、孙及诸家说《尚书》之语，采择融贯而为义疏。其为疏之体，先训释经意于前，而详说文字、名物、礼制于后，如是则尽善矣。"锡瑞案：陈氏说近是，而未尽也。江声《尚书集注音疏》疏解全经，在国朝为最先，有荜路蓝缕之功。惟今文搜辑未全，立说亦有未定，如解"曰若稽古"两歧，孙星衍已辨之。又承东吴惠氏之学，好以古字改经，颇信宋人所传之古《尚书》。此其未尽善者。王鸣盛《尚书后案》主郑氏一家之学，是为专门之书。专主郑，故不甚采今文，且间驳伏生，如解司徒、司马、司空之类。亦未尽善。段玉裁《古文尚书撰异》于今、古文分别具晰，惟多说文字，鲜解经义，且意在袒古文，而不信伏生之今文，如《金縢》诋今文说之类。亦未尽善。孙星衍《尚书今古文注疏》于今、古说搜罗略备，分析亦明，但误执《史记》皆古文，致今、古文家法大乱，如《论衡》明引《金縢》

古文说，孙以其与《史记》不合，乃曰“王氏充以为古者，今文亦古说也”，岂非遁词？亦有未尽善者，然大致完善，优于江、王，故王懿荣请以立学。其后又有刘逢禄《尚书今古文集解》、魏源《书古微》、陈乔枞《今文尚书经说考》。三家之书皆主今文，不取古文。盖自常州学派以西汉今文为宗主，《尚书》一经亦主今文。刘氏、魏氏不取马、郑，并不信马、郑所传逸十六篇，其识优于前人。惟既不取马、郑古文，则当专宗伏生今文。而刘氏、魏氏一切武断，改经增经，如魏氏改《梓材》为《鲁诰》，且臆增数篇，搀入《尚书》。从宋儒臆说而变乱事实，与伏生之说大背，如刘氏驳周公称王之类。魏氏尤多新解，如以管叔为嗜酒亡国之类。皆不尽善。陈氏博采古说，有功今文。惟其书颇似长编，搜罗多而断制少。又必引郑君为将伯，误执古说为今文，以致反疑伏生，违弃初祖，如文王受命、周公避居二事，皆诋伏生老耄，记忆不全。亦有未尽善者，但以捃拾宏富，今文家说多存。治《尚书》者，先取是书与孙氏《今古文注疏》，悉心研究，明通大义，笃守其说，可不惑于歧趋。今即近人所著书中，酌取两家之说，指明初学所入门径，以免歧误，犹《易》取焦、张两家之说也。若如陈澧所言，撰为集解、义疏，当先具列伏《传》、《史记》之说，字字遵信，加以发明，不可误据后起之词，轻疑妄驳；次则取《白虎通》及两《汉书》所引经说，加以汉碑所引之经，此皆当日通行之今文，足备考证；又次则取马、郑、伪孔，择其善者，以今文为折衷，合于今文者录之，不合于今文者去之，或于疏引而加驳正。至蔡《传》与近儒所著，则于义疏择取其长，两说相同，则取先出；如取蔡不取江是。不合于今文者，概置不取，以免轇轕；惟其说尤足惑人及人所误信者，乃加辨驳，使勿迷眩。后人以此体例，勒成一书，斯为尽善。否则俱收并蓄，未能别黑白以定一尊，古、今杂淆，汉、宋兼采，览者如入五都之市，瞀惑不知所归，只是一部类书，无关一经闳旨，岂得为善本乎？今人王先谦《尚书孔传参正》兼疏今、古文，详明精确，最为善本。

诗　经

一、论《诗》比他经尤难明，其难明者有八

《诗》为人人童而习之之经，而《诗》比他经尤难明。其所以难明者，《诗》本讽谕，非同质言，前人既不质言，后人何从推测？就《诗》而论，有作诗之意，有赋《诗》之意。郑君云："赋者，或造篇，或述古。"故诗有正义，有旁义，有断章取义。以旁义为正义则误，以断章取义为本义尤误。是其义虽并出于古，亦宜审择，难尽遵从。此《诗》之难明者一也。汉初传经，皆止一家，《易》出田何，《书》出伏生。惟《诗》在汉初，已不名一家，申公、辕固生、韩婴，鲁、齐、韩《诗》，并号初祖。故汉十四博士，其先止分五经，《书》惟欧阳，《礼》后，《易》杨，《春秋》公羊，其制最善。后又分出家数，《易》有施、孟、梁丘、京氏，《书》有欧阳、大小夏侯，《礼》大、小戴，《春秋》严、颜，其实皆不必分。惟《诗》三家同为今文，所出各异，当时必应分立，后人不可并为一谈。

而专家久亡，大义茫昧。此《诗》之难明者二也。三家亡而毛《传》孤行，义亦简略，犹申公传《诗》，疑者则阙弗传，未尝字字解释。后儒作疏，必欲求详，毛所不言，多以意测，或毛义与三家不异，而强执以为异。轨途既别，沟合无由。此《诗》之难明者三也。郑君作《笺》，"以毛为主，若有不同，便下己意"。郑改经字，多因鲁、韩。所谓"下己意"者，或本三家，或创新解。郑学杂糅今、古，难尽剖析源流。此《诗》之难明者四也。他经之疏，专主一家，惟《诗》毛、郑并行，南北同尚，唐作《正义》，兼主《传》、《笺》。毛无明文，而孔《疏》云"毛以为"者，大率本于王肃，名为申毛，实则申王。王好与郑立异，或毛意与郑不异，又强执以为异。既分门户，未易折衷。此《诗》之难明者五也。欧阳修《诗本义》，始不专主毛、郑。宋人竞立新说，至朱子集其成，元、明一概尊崇，近人一概抹摋。案：朱子《集传》间本三家，实亦有胜于毛、郑者。而汉、宋强争，今、古莫辨。此《诗》之难明者六也。宋人疑经，至王柏而猖狂已极，妄删《国风》，进退孔子。国初崇尚古学，陈启源等仍主《毛诗》，后有戴震、段玉裁、胡承珙、马瑞辰诸人，陈奂《毛氏传疏》尤备，然毛所不言者，仍不能不补以《笺》、《疏》，或且强韩同毛。乾嘉崇尚今文，《齐诗》久亡，孤学复振，采辑三家《诗》者甚夥，陈乔枞《鲁齐韩诗遗说考》尤备，然止能搜求断简，未能解释全经。毛既简略不详，三家尤丛残难拾，故于毛、郑通其故训，于三家莫证其微言。此《诗》之难明者七也。三家《序》亡，独存毛《序》，然《序》亦不尽出毛公。沈重云:“案郑《诗谱》意,《大序》是子夏作,《小序》是子夏、毛公合作。”郑于《丝衣》又云:“高子之言,非毛公后人著之。”《后汉·儒林传》:卫宏“作《毛诗序》”。后人遂谓《序》首句毛公作,以下卫宏续作,或止用首句而弃其余,或并首句不用。宋王质、郑樵、朱子皆不信毛《序》,近人申毛者以《序》、《传》为一人所作。然《序》实有不可尽信者,与马、郑古文《书序》同。究竟源自西河,抑或出于东海?此《诗》之难明者八也。

二、论《诗》有正义,有旁义,即古义亦未尽可信

说经必宗古义,义愈近古,愈可信据。故唐、宋以后之说,不如汉人之说;东汉以后之说,又不如汉初人之说。至于说出春秋以前,以经证经,尤为颠扑不破。惟说《诗》则不尽然。《汉书·艺文志》曰:“汉兴,鲁申公为《诗》训故,齐辕固、燕韩生皆为之传。或取《春秋》,采杂说,咸非其本义。与不得已,鲁最为近之。”案:《汉书·叙传》班伯“少受《诗》于师丹”,《师丹传》“治《诗》,事匡衡”,是班伯习《齐诗》。固传家学,亦当是习《齐诗》者,而以齐、韩或采杂说,非本义,鲁最为近。是三家虽所传近古,而孰为正义,孰为旁义,已莫能定;以为诗人之意如是,亦莫能明。若《左传》、《国语》、《礼记》、《孟子》、《荀子》诸书所引,又在汉初以前,更近古而可信据矣。而《左氏》襄二十八年传明载卢蒲癸之言,曰“赋《诗》断章”,则《传》载当时君臣之

赋《诗》，皆是断章取义，故杜注皆云“取某句”。《左传》与《毛诗》同出河间博士，故二书每互相援引。《左传》如“卫人所为赋《硕人》”、“许穆夫人赋《载驰》”，既有牵引之疑，而毛《传》解《诗》，亦多误执引《诗》之说，如《卷耳》，执《左传》“周行官人”一语，以为后妃求贤审官，《四牡》“怀和”、“周諏”，误执《国语》为说，皆未免于高叟之固。是以经证经虽最古，而其孰为作诗之义，孰为引《诗》之义，已莫能定；以为诗人之意如是，亦莫能明。朱子曰：“古人之诗，如今之歌曲，虽闾里童稚，皆习闻之而知其说。”盖古以《诗》、《书》、《礼》、《乐》造士，人人皆能诵习，《诗》与《乐》相比附，人人皆能弦歌。宾客燕享，赋《诗》明志，不自陈说，但取讽谕。此为春秋最文明之事，亦惟其在《诗》义大明之日，诗人本旨无不瞭然于心。故赋《诗》断章，无不暗解其意，而引《诗》以证义者，无不如自己出，其为正义、为旁义，无有淆混而歧误也。《诗》三百五篇遭秦而全者，以其讽诵，不独在竹帛，而《诗》义经燔书之后，未必尽传。《史记》载三家，以申培、辕固、韩婴为初祖，而三家传自何人，授受已不能详；三家所以各成一家，异同亦无可考。况今《鲁故》、《齐故》、《韩故》无存于世；存于世者惟《韩诗外传》，而《外传》亦引《诗》之体，而非作诗之义。毛《传》晚出，汉人不信。后世以其与《左氏传》合，信为古义，岂知毛据《左氏》以断章为本义，其可疑者正坐此乎？古义既亡，其仅存于今者，又未必皆《诗》之本义，说《诗》者虽以意逆志，亦苦无征不信，安能起诗人于千载之上而自言其义乎？

此《诗》所以比他经尤难分明。即好学深思,亦止能通其所可通,而不能通其所不可通者。申公传《诗》最早,疑者则阙不传,况在后儒,可不知阙疑之意乎?

三、论《关雎》为刺康王诗,鲁、齐、韩三家同

《诗》开卷有一大疑焉,以《关雎》为周康王时诗是也。《史记·十二诸侯年表序》曰:"周道缺,诗人本之衽席,《关雎》作。"又《儒林传序》曰:"周室衰而《关雎》作。"《淮南·氾论训》曰:"王道缺而《诗》作,周室废、礼义坏而《春秋》作。《诗》、《春秋》,学之美者也,皆衰世之造也。"又《诠言训》曰"《诗》之失僻",高诱注:"《诗》者,衰世之风也。"《汉书·杜钦传》上疏曰:"是以佩玉晏鸣,《关雎》叹之。"刘向《列女传》曰:"周之康王夫人晏出朝,《关雎》豫见,思得淑女以配君子。夫雎鸠之鸟,犹未尝见乘居而匹处也。"扬雄《法言·孝至》篇曰:"周康之时,颂声作乎下,《关雎》作乎上,习治也。故习治则伤始乱也。"王充《论衡·谢短》篇诗家曰:"周衰而《诗》作,盖康王时也。康王德缺于房,大臣刺晏,故《诗》作。"袁宏《后汉纪》杨赐上书曰:"昔周康王承文王之盛,一朝晏起,夫人不鸣璜,宫门不击柝。《关雎》之人,见幾而作。"《后汉书·皇后纪》论曰:"康王晚朝,《关雎》作讽。"《杨赐传》曰:"康王一朝晏起,《关雎》见幾而作。"应劭《风俗通义》曰:"昔周康王一旦晏起,诗人以为深刺。天子当夜寝蚤作,身省万机。"张超《诮

青衣赋》曰:“周渐将衰,康王晏起。毕公喟然,深思古道。感彼《关雎》,德不双侣。愿得周公,配以窈窕。防微消渐,讽谕君父。孔氏大之,列冠篇首。”凡此诸说,后人皆以为《鲁诗》。其解《关雎》,皆以为衰世之诗,康王时作。张超以为毕公所撰,说尤详明。且非独《鲁诗》然也,齐、韩二家亦同。《后汉书·明帝纪》曰:“应门失守,《关雎》刺世。”注引薛君《韩诗章句》:“诗人言雎鸠贞洁慎匹,以声相求,必于河之洲隐蔽无人之处。故人君退朝,入于私宫,后妃御见去留有度,应门击柝,鼓人上堂,退反宴处,体安志明。今时大人内倾于色,贤人见其萌,故咏《关雎》,说淑女,正容仪,以刺时。”《韩诗》之说同于鲁而更详。《齐诗》未见明文,说者疑《齐诗》与鲁、韩异。匡衡,习《齐诗》者也,其上疏戒妃匹曰:“孔子论《诗》,以《关雎》为始,言太上者民之父母,后夫人之行不侔乎天地,则无以奉神灵之统而理万物之宜,故《诗》曰:‘窈窕淑女,君子好仇。’言能致其贞淑,不贰其操,情欲之感无介乎容仪,宴私之意不形乎动静,夫然后可以配至尊而为宗庙主。”则衡所习《齐诗》,亦与鲁、韩义同。“致其贞淑,不贰其操”云云,即张超所云“德不双侣”,刘向所云“未见乘居匹处”,薛君所云“贞洁慎匹”也。“后夫人之行不侔乎天地”云云,即刘向所云“夫人晏起”,杨赐所云“夫人不鸣璜”也。且《齐诗》多同纬说,五际、六情皆出于纬。《春秋纬说题辞》曰:“人主不正,应门失守,故歌《关雎》以感之。”宋均曰:“应门,听政之处也。言不以政事为务,则有宣淫之心。《关雎》乐而不淫，思得贤人与之共化，修应门之政者也。”以纬证经，正与鲁、韩说合。《齐诗》既多同纬说，其不得有异义可知。欧阳修曰：《关雎》，“齐、鲁、韩三家皆以为康王政衰之诗”[①]。晁说之《诗说》谓齐、鲁、韩三家以《关雎》皆为康王诗，其说不误。

四、论《关雎》刺康王晏朝，诗人作诗之义，《关雎》为正《风》之首，孔子定《诗》之义，汉人已明言之

《齐诗》魏代已亡，《鲁诗》不过江东，《韩诗》虽在，无传之者，后卒亡于北宋，仅存《外传》，亦非完帙。于是三家古义尽失，言《诗》者率以《关雎》刺诗为三家诟病，谓误以正诗为刺诗，违诗人之本旨。吕祖谦曰：“《关雎》，正《风》之首，三家者乃以为刺。”其意盖以《关雎》为正《风》之首，不得以刺诗当之也。锡瑞案：以汉人之说考之，三家并非不知《关雎》为正《风》之首者。太史公，习《鲁诗》者也，《外戚世家》曰：“自古受命帝王，及继体守文之君，非独内德茂也，盖亦有外戚之助焉。夏之兴也以涂山，而桀之亡也以妹喜。殷之兴也以有娀，纣之杀也嬖妲己。周之兴也以姜原及大任，而幽王之禽也淫于褒姒。故《诗》始《关雎》。夫妇之际，人道之大伦也。”刘向，习《鲁诗》者也，《列女传》曰：“自古

① “诗”，原误作“时”，据欧阳修《诗本义》卷十四改。

圣王，必正妃匹。妃匹正则兴，不正则乱。夏之兴也以涂山，亡也以妹喜。殷之兴也以有娀，亡也以妲己。周之兴也以太姒，亡也以褒姒。周之康王夫人晏出朝，《关雎》豫见，思得淑女以配君子。夫雎鸠之鸟，犹未尝见乘居而匹处也。夫男女之盛，合之以礼，则父子生焉，君臣成焉，故为万物始。"据此二说，则《关雎》为正《风》之始，习《鲁诗》者非不知也。匡衡，习《齐诗》者也，其上疏云："臣又闻之师曰：'匹配之际，生民之始，万福之原。'婚姻之礼正，然后品物遂而天命全。孔子论《诗》，以《关雎》为始。"荀爽，习《齐诗》者也，其对策曰："夫妇，人伦之始，王化之端。阳尊阴卑，盖乃天性。且《诗》初篇，实首《关雎》，《礼》始《冠》、《婚》，先正夫妇。"据此二说，则《关雎》为正《风》之始，习《齐诗》者亦非不知也。《韩诗外传》："子夏问曰：'《关雎》何以为《国风》始也？'孔子曰：'《关雎》至矣乎！夫《关雎》之人，仰则天，俯则地，幽幽冥冥，德之所藏，纷纷沸沸，道之所行，如神龙变化，斐斐文章。大哉！《关雎》之道也，万物之所繫[①]，群生之所悬命也。河洛出图书，麟凤翔乎郊。不由《关雎》之道，则《关雎》之事，将奚由至矣哉？夫六经之策，皆归论汲汲，盖取之乎《关雎》。《关雎》之事大矣哉！冯冯翊翊，自东自西，自南自北，无思不服。子其勉强之，思服之。天地之间，生民之属，王道之原，不外乎此矣。'子夏喟然叹曰：'大哉，《关雎》！乃天地之基

① "繫"，原误作"繁"，据《韩诗外传》卷五改。

也。《诗》曰：鼓钟乐之。'"案：《韩诗》论《关雎》，义尤闳大，何以又有《关雎》刺时之说，岂自言之而自背之乎？必以三家为误，岂一家误而两家亦从而误乎？《汉志》言"取《春秋》、采杂说，非其本义，鲁最近之"，然则齐、韩有误，鲁不应误，何以《鲁诗》明言《关雎》为衰世之诗，康王时作乎？《诗》有本义，有旁义，如《汉志》说，三家容有采杂说，以旁义为正义者，而开宗明义必不致误。然则以为正《风》之始，又以为刺康王晏朝，二者必皆是正义而非旁义。刺康王晏朝，诗人作诗之义也；为正《风》之始，孔子定《诗》之义也。安见既为刺诗，遂不可以为正《风》而冠全诗乎？张超曰"防微消渐，讽谕君父"，此作诗之义；"孔氏大之，取冠篇首"，此定《诗》之义。据汉人之遗说，不难一以贯之。后人疑其所不当疑，开章第一义已不能通，又何足与言《诗》？

五、论四始是孔子所定，《仪礼》亦孔子所定，解此乃无疑于合乐《关雎》、工歌《鹿鸣》

孔子删定六经，则定《诗》之四始，亦必出于孔子。自汉以后，经义湮废，读孔子之书者，必不许孔子有定六经之事，而以删定六经之功归之周公，于是六经之旨大乱而不能理。《诗》之四始，以《关雎》为《风》始，《鹿鸣》为《小雅》始，《文王》为《大雅》始，《清庙》为《颂》始，自是定论，必不可不遵者也。《关雎》、《鹿鸣》、《文王》、《清庙》，皆歌文王之德,为后世法,亦是定论,必不可不遵者也。然考汉以前古义,惟《文王》、《清庙》是言文王,且是周公称美文王,有明文可据,而《关雎》、《鹿鸣》无明文。《吕氏春秋》曰:"周公作诗云'文王在上,于昭于天。周虽旧邦,其命维新',以绳文王之德。"《汉书·翼奉传》曰:"周公作诗,深戒成王,以恐失天下。曰:'殷之未丧师,克配上帝。'"《世说新语》荀慈明曰:"公旦《文王》之诗,不论尧、舜之德而颂文、武者,亲亲之义也。"是《文王》诗为周公作,古有明文。《尚书大传》曰:"周公升歌《清庙》而弦文、武。"王褒《四子讲德论》曰:"周公咏文王之德而作《清庙》,建为《颂》首。"《刘向传》曰:"文王既没,周公思慕,歌咏文王之德。其诗云:'肃雍显相[①]。济济多士,秉文之德。'"是《清庙》诗为周公作,古有明文。而遍考古书,未有言周公作《关雎》与《鹿鸣》者。惟谢太傅刘夫人以《关雎》为周公诗,见于《世说》。鲁、齐《诗》晋已亡,此非雅言,亦非古义,不可据。太史公曰:"周道缺,诗人本之衽席,《关雎》作。仁义陵迟,《鹿鸣》刺焉。"是《关雎》、《鹿鸣》皆出于衰周,非周公作,亦非周公之所及见。四始之义,至孔子始定。孔子以为《关雎》"贞洁慎匹",如匡衡所谓"情欲之感无介乎容仪"者,惟文王、太姒足以当之。《鹿鸣》、《四牡》、《皇华》,亦惟文王率殷之叛国足以当之。故推《关雎》、《鹿鸣》为《风》与《小雅》之始,以配《文王》、《清庙》而为四。

① "肃雍显相"句上,《汉书·刘向传》本有"于穆清庙"。

四始之义，是孔子所定，非周初所有也。张超曰“孔氏大之，取冠篇首”，此以《关雎》冠篇首出孔氏之明证。张超又曰“愿得周公，配以窈窕”，此尤《关雎》不出周公之明证。若出周公，周公岂得自言？若《关雎》明指文王、太姒，更岂得为此言？“窈窕淑女”属太姒，乃周公之母，而愿得周公配之，非病狂丧心之人，必无此荒谬不通之语。张子并作《诮青衣赋》，以诮蔡伯喈作《青衣赋》为志荡辞淫，若先自居于荒谬不通，不反为伯喈所诮乎？据张超所言，则《关雎》必不作于周公以前，而四始必由于孔子所定矣。或难之曰：《仪礼》，周公之书，而《乡饮酒》合乐《关雎》之三，《燕礼》工歌《鹿鸣》之三，非周公时已有《关雎》、《鹿鸣》之明证乎？曰：以《仪礼》为周公书，亦是后儒之说，古无明文。恤由之丧，哀公使孺悲学士丧礼于孔子，《士丧礼》于是乎书，则《仪礼》十七篇，亦孔子所定也。《列女·太姒传》引《诗》曰“大邦有子”，又曰“太姒嗣徽音”，不引《关雎》，是《鲁诗》不以《关雎》诗属太姒之证。

六、论班固云《关雎》“哀周道而不伤”为“哀而不伤”之确解

子曰：“《关雎》乐而不淫，哀而不伤。”称《关雎》以“哀”、“乐”并言，自来莫得其解。毛《序》衍其说曰：“是以《关雎》乐得淑女，以配君子，忧在进贤，不淫其色。哀窈窕，思贤才，而无伤善之心焉。”其解“乐”、“哀”二字，殊非

孔子之旨，自宋程大昌以后多疑之，谓与夫子之语全不相似，当为卫宏所续，不出毛公。郑《笺》知其不可通也，乃云："哀"当为"衷"，字之误也。然"衷窈窕"仍不可通，且孔子明言"哀"而改为"衷"，与孔子言"哀"不合。朱注《论语》："求之未得，则宜其有寤寐反侧之忧[①]；求而得之，则宜其有琴瑟钟鼓之乐。"孔子言"哀"，不言"忧"。朱以"哀"字太重而改为"忧"，亦与孔子言"哀"不合。近儒刘台拱《论语骈枝》谓"兼《关雎》之三而言之，《关雎》、《葛覃》'乐而不淫'，《卷耳》'哀而不伤'"，引《卷耳》诗"维以不永伤"为据。魏源驳之曰："夫反侧忧劳，岂得谓专乐无哀？既哀矣，可不细其所哀何事乎？文王化行二南之日，太姒归周已数十年，而犹求之不得，寤寐绸缪，何为乎？若谓后妃求贤，则以文王之圣，又得太姒之助，即未更得贤嫔，岂遂反侧堪哀，且哀而恐至于伤乎？岐周国尽于渭，地不至河，而云'在河之洲'，明为陕以东之风，非周国所采，而谓作于宫人、女史，其可通乎？《关雎》房中之乐，后夫人侍御于君，女史歌之以节义序，岂惟有颂美，无讽谕乎？"锡瑞案：魏氏驳刘，知《关雎》为讽谕，又以河洲非属岐周，正可为《关雎》非指文王、太姒之证，而犹必以文王、太姒为说，故仍不得其解。窃尝以意解之，《关雎》一诗实为陈古刺今。"乐而不淫"属陈古言。《韩诗外传》云："人君退朝，入于私宫，后妃御见去留有度。"此之谓"乐而不淫"。

① "则宜"句，朱熹《论语集注》原作"则不能无寤寐反侧之忧"。

"哀而不伤"属刺今言。班固《离骚序》:"《关雎》哀周道而不伤。"冯衍《显志赋》:"美《关雎》之识微兮,愍王道之将崩[①]。""哀"即"哀周道"、"愍王道"之义,"不伤"谓婉而多讽,不伤激切。此之谓"哀而不伤"。班氏于"哀而不伤"中加"周道"二字[②],义极明晰。"乐而不淫",《关雎》诗之义也,可见人君远色之正。"哀而不伤",作《关雎》诗之义也,可见大臣托讽之深。二义本不相蒙,后人并为一谈,又必专属文王、太姒而言,以致处处窒碍。谓君子求淑女,则必以为文王求大姒。夫国君十五而生子。文王生武王,年止十四,有何汲汲至寤寐反侧以求夫人?且"娶妻如之何?必告父母",文王亦非可结婚自由而自求夫人者。此说之必不可通者也。毛云"后妃之德",并未明指太姒,《序》言"忧在进贤",则已有后妃求贤女之意。郑《笺》遂以为后妃寤寐求贤女,其义亦本于三家《诗》。《列女·汤妃有㜪传》引《诗》云:"'窈窕淑女,君子好逑',言贤女能为君子和好众妾。"《诗推度灾》曰:"《关雎》有原,冀得贤妃正八嫔。"是鲁、齐《诗》已与郑《笺》意同,乃郑君之所本。然此亦是旁义,而非正义。盖不妒忌虽为后妃盛德,要不得为王化之原,未足以冠全《诗》。且古诸侯一娶九女,適夫人一姪一娣,左、右媵各一姪一娣,是为九女。贵妾之数早定,不待后妃求之。故止可为旁义,而不得为正义也。论其正义,是诗人求淑女以配君子;论其旁义,是后妃求淑女

① "王",原误作"周",据《后汉书·冯衍传》改。下句"愍王道"同。

② "周",原误作"王",据前引班固文改。

以配君子，皆不指定文王、太姒。朱子知其不可通也，以为“宫中之人，于其始至，见其有幽闲贞静之德”，为作是诗。如其说，不知宫人为何人。以为文王之宫人，不应適夫人未至，而已先有宫妾；以为王季之宫人，尤不应知世子寤寐反侧之隐。且適夫人之得不得，尤非宫人之所能求。是皆求其说而不得，从而为之辞者。

七、论毕公追咏文王、太姒之事以为规谏，范处义说得之，非本有是诗而陈古以讽

范处义《逸斋诗补传》曰：“《关雎》咏太姒之德，为文王风化之始。而韩、齐、鲁三家皆以为康王政衰之诗，故司马迁、刘向、扬雄、范蔚宗并祖其说。近世说《诗》者以《关雎》为毕公作，谓得之张超，或谓得之蔡邕。毕公为康王大臣，册命尊为父师，尽规固其职也，而张超、蔡邕皆汉儒，多见古书，必有所据。然则《关雎》虽作于康王之时，乃毕公追咏文王、太姒之事，以为规谏，故孔子定为一经之首。”锡瑞案：宋以后说《关雎》者，惟范氏此说极通，可谓千古特识。盖作诗以陈古刺今者毕公，删《诗》而定为经首者孔子。在毕公视之为刺诗，在孔子视之为正诗。如此解，乃无疑于刺诗之不可为正诗矣。惟范氏于张、蔡二说尚未能定，王应麟《困学纪闻》亦以为未详所出。张超《诮青衣赋》，见《艺文类聚》三十五卷。《古文苑》云：“蔡伯喈作《青衣赋》，志荡词淫，故张子并作此以规之。”《青衣赋》见

《蔡集》中，无毕公作《关雎》语。是以《关雎》为毕公作，当属张而不属蔡矣。又《诗篇目论》曰："司马迁曰：'仁义陵迟，《鹿鸣》刺焉。'蔡邕亦曰：'《鹿鸣》者，周大臣之所作也。王道衰，大臣知贤者幽隐，故弹弦讽谏。'且《鹿鸣》，文、武治内之政，先圣孔子自卫反鲁，《雅》、《颂》各得其所，不应以刺诗冠《小雅》篇首。就如二人之说，其殆《关雎》之类，虽作于文王之后，实则文王之事也。孔子读《鹿鸣》，见君臣之有礼，则非刺明矣。"案：《关雎》、《鹿鸣》同一刺诗，并见《史记》，皆作于文王之后，而追咏文王之事，故虽是刺诗，而可列于四始。孔子读《鹿鸣》，"见君臣之有礼"；孔子读《关雎》，何尝不以为"生民之属，王道之原"乎？《关雎》刺诗可冠经首，《鹿鸣》刺诗何独不可冠《小雅》篇首乎？范氏明于《关雎》而昧于《鹿鸣》，所见未谛。盖《逸斋补传》专宗毛、郑，故虽称引古义，而仍不能释然于传、笺也。薛士龙《答何商霖书》曰："来教谓《诗》之作，起于教化之衰，所引康王晏朝，将以为据。《鲁诗》所道，可尽信哉！求《诗》名于《礼经》，非后世之作也，又安知《关雎》作刺之说，非赋其诗者乎？"《困学纪闻》曰："《鹿鸣》在《宵雅》之首，马、蔡以为风刺，盖齐、鲁、韩三家之说，犹《关雎》刺时作讽也[1]。原注：吕元钧谓陈古以讽，非谓二诗作于衰周。"案：此皆调停之说也，不欲违背古义，又不能屏除俗说，乃谓周初本有《关雎》、《鹿鸣》之诗，后人陈古以为

---

① "时"，原误作"诗"，据王应麟《困学纪闻》卷三改。

讽刺。据郑君云“赋者，或造篇，或述古”，则以《关雎》为毕公作，谓是述古而非造篇，似亦有可通者，而揆之汉人所引三家《诗》义，则实不然。《史记》两言“《关雎》作”，《法言》云“《关雎》作乎上”，《论衡》云“周衰而《诗》作”，杨赐云“《关雎》见幾而作”，既皆云“作”，必是造篇。且《关雎》若本有是诗，女史歌之房中，康王必已饫闻，毕公虽欲托讽，何能使王感悟？未可以召公之《常棣》，比毕公之《关雎》也。薛以《礼经》为疑，不知《礼经》非必出于周公。但知六经皆孔子所定，则于诸经皆豁然无疑矣。欧阳修曰：“《关雎》，周衰之作也。太史公曰‘周道缺而《关雎》作’，盖思古以刺今之诗也。谓此淑女配于君子，不淫其色，而能与其左右勤其职事，则可以琴瑟、钟鼓友乐之尔，皆所以刺时之不然。先勤其职而后乐，故曰《关雎》‘乐而不淫’；其思古以刺今，而言不迫切，故曰‘哀而不伤’。”朱子以《仪礼》已有《周南》疑之，由不知《礼经》亦孔子所定。

八、论魏源以《关雎》、《鹿鸣》为刺纣王，臆说不可信，三家初无此义

魏源《诗古微·四始义例》篇曰：“《二南》及《小雅》，皆当殷之末季，文王与纣之时，谓谊兼讽刺则可，谓刺康王则不可，并诬三家以正《风》、《雅》为康王时诗，尤大不可。盖吟咏性情以讽其上者，诗人之本谊也；以文王时讽谕王

室之诗施之后王者，国史之旁谊，非诗人之本谊也。考《关雎》之为刺时[①]，《鲁诗》则见于《史记》、《汉书》、刘向、扬雄、张超之著述，《韩诗》则见于《后汉书》明帝之诏、杨赐之传、冯衍之赋。《鹿鸣》之为刺诗，则亦见于《史记》、王符《潜夫论》、蔡邕《琴操》之称引。其间有本义，有旁义，在善学者分别观之。三家既以《关雎》、《鹿鸣》与《文王》、《清庙》同为正始，必非衰周之诗。韩《序》只云'《关雎》，刺时也'，未尝言刺康王，则是思贤妃以佐君子，即为讽时之谊。但在文王国中为正《风》、正《雅》者，在商纣国中视之，则为变《风》、变《雅》。此《关雎》、《鹿鸣》刺时之本谊也。在盛世歌之为正《风》、正《雅》者，在衰世歌之即为变《风》、变《雅》。此毕公刺康王之旁谊也。"又曰："太史公读春秋历谱牒，废书而叹曰：'师挚见之矣！纣为象箸而箕子唏。周道缺，自注："周"当为"商"，蒙上文师挚、纣、箕子而言之。诗人本之衽席，《关雎》作。仁义陵迟，《鹿鸣》刺焉。'西汉今、古文说，皆谓师挚以商纣乐官而归周。《韩诗外传》曰：'有瞽有瞽，在周之庭。'言殷纣之余民也。故师挚作乐之始，甫闻《关雎》之乱。盖以《关雎》乐章作于师挚，洋洋盈耳之日，正靡靡溺音之时。《大雅》首《文王》，而往复于殷命之靡常；《周颂》首《清庙》，而肇禋于多士之骏奔。四始皆致意于殷、周之际，岂独《关雎》、《鹿鸣》而已乎？故曰：'《诗》三百篇，皆仁圣贤人发愤之所为作也。'挚而有别，

① "时"，原误作"诗"，据魏源《诗古微·四始义例篇三》改。

即乐而不淫；寤寐反侧，即哀而不伤。”锡瑞案：以“挚而有别”为“乐而不淫”，“寤寐反侧”为“哀而不伤”，前人解《关雎》诗皆如此说，而“乐”与“哀”属何人说，则无以质言之。三家《诗》并无以《关雎》属文王、太姒之明文，《焦氏易林》云“《关雎》淑女[①]，贤圣配偶”，未尝云是文王、太姒。即《毛诗》亦止云“后妃之德也”，未尝言后妃为何人。则以属文王、太姒者，自是推论之辞，若质言之，动多窒碍。范处义云“作于文王之后，追咏文王之事”，斯为得之。魏源作《诗古微》，意在发明三家，而不知四始定自孔子，非自周公。《关雎》虽属刺诗，孔子不妨以为正《风》，取冠篇首。六经皆孔子手定，并非依傍前人。魏氏惟不知此义，故虽明引三家之说，而与三家全相反对。三家明云周衰时作，魏云必非衰周之诗。三家明云是刺康王，魏云未尝言刺康王，且改其说，以为是刺纣王而美文王。试问魏所引鲁、韩《诗》，有言及纣王一字者乎？魏谓前人诬三家以正《风》、《雅》为康王诗，前人实未尝诬，而魏臆造三家以《关雎》为刺纣王之说，则诬甚矣。太史公明言“周道缺”，魏臆改“周”为“商”，牵引师挚、纣、箕子而并言之。案：三家皆以《关雎》为识微、为豫见，康王晏起，大臣见幾，正与师挚审音、箕子叹象箸相似，非以三事并合为一。至孔子云“师挚之始”，此师挚又非纣时之师挚，必是孔子同时之人，故闻其歌《关雎》而有洋洋盈耳之叹。若是商、周时人，孔

① “关雎”，《焦氏易林》本作“雎鸠”。

子安得闻之而叹之乎？必不可并合为一也。《史记·儒林传序》“周室衰而《关雎》作”，正与“周道缺，《关雎》作”一辙，如魏氏说，将并改“周室”之“周”字为“商”，以就其说乎？刘向、扬雄、王充、杨赐、应劭、张超皆明云刺康王，如魏氏说，亦将一概抹搽之乎？魏以毕公为赋《诗》，非作诗，即宋薛士龙、吕元钧之意；又强牵合师挚与纣，造为刺纣、美文之说，则又宋儒之所未言。不知解经是朴学，不得用巧思；解经须确凭，不得任臆说。魏诬三家而创新解，解《关雎》一诗即大误。恐其惑世，不得不辨。

九、论四始之说当从《史记》所引《鲁诗》，《诗纬》引《齐诗》异义亦有可推得者

毛《序》：“《关雎》，后妃之德也，《风》之始也。风，风也，教也。风以动之，教以化之。雅者，正也，言王政之所由废兴也。政有大小，故有《小雅》焉，有《大雅》焉。颂者，美盛德之形容，以其成功告于神明者也。是谓四始，《诗》之至也。”正义曰：“‘四始’者，郑答张逸云：‘《风》也，《小雅》也，《大雅》也，《颂》也，此四者[①]，人君行之则为兴，废之则为衰。’又笺云：‘始者，王道兴衰之所由。’然则此四者，是人君兴废之始，故谓之四始也。案：《诗纬汎历枢》云：‘《大明》在亥，水始也。《四牡》在寅，木始也。《嘉

① “此四者”，《毛诗正义》本无。

鱼》在巳，火始也。《鸿雁》在申，金始也。'与此不同者，纬文因金、木、水、火有四始之义，以《诗》文托之。又郑作《六艺论》，引《春秋纬演孔图》云'《诗》含五际、六情'者，郑以《汎历枢》云：'午亥之际为革命，卯酉之际为改正。辰在天门出入候听。卯，《天保》也。酉，《祈父》也。午，《采芑》也。亥，《大明》也。然则亥为革命，一际也。亥又为天门出入候听，二际也。卯为阴阳交际，三际也。午为阳谢阴兴，四际也。酉为阴盛阳微，五际也。其六情者，则《春秋》云喜、怒、哀、乐、好、恶是也。'《诗》既含此五际、六情，故郑于《六艺论》言之。"案：孔疏以"四始"为人君兴废之始，义殊不了。陈启源谓《风》、《雅》、《颂》四者即是始，"非更有为《风》、《雅》、《颂》之始者"，则何必言四始？毛《序》又何以《关雎》为《风》之始乎？考《史记》曰"《关雎》之乱以为《风》始，《鹿鸣》为《小雅》始，《文王》为《大雅》始，《清庙》为《颂》始"[①]，义始瞭然。太史公据《鲁诗》，毛以《关雎》为《风》之始，则亦与《鲁诗》不异矣。《诗纬》言四始，乃《齐诗》异义。近儒孔广森推得其说曰："始、际之义，盖生于律。《大明》在亥者，应钟为均也，《四牡》则太簇为均，《天保》夹钟为均，《嘉鱼》仲吕为均，《采芑》蕤宾为均，《鸿雁》夷则为均，《祈父》南吕为均。汉初古乐未湮者如此，故翼奉曰：'《诗》之为学，情性而已。五性不相害，六情更兴废。观性以历，观情以律。'律、历迭相治，与

① "清庙"，原误作"文王"，据《史记·孔子世家》改。

天地稽[1]，三期之变，亦于是可验。古之作乐，每三诗为一终。经传可考者，有升歌《文王》之三，升歌《鹿鸣》之三，间歌《鱼丽》之三。然《采薇》、《出车》、《杕杜》，皆所以劳将士，《常棣》、《伐木》、《天保》，皆所以燕朋友、兄弟，《蓼萧》、《湛露》、《彤弓》，皆所以燕诸侯，亦三篇同奏，确然可信者也。说始、际者，则以与三期相配，如《文王》为亥孟，《大明》为亥仲，《绵》为亥季。其水始独言《大明》，犹三期之先仲、次季而后孟也。故《鹿鸣》、《四牡》、《皇华》同为寅宫，举《四牡》以表之；《鱼丽》、《嘉鱼》、《南山有台》同为巳宫，举《嘉鱼》以表之。卯不言《伐木》而言《天保》，容三家《诗》次不尽与毛同耳。以次推之，《采薇》之三正合辰位，唯《采芑》为午，似《蓼萧》之三，彼倒在《六月》、《采芑》、《车攻》之后而为未也，《吉日》、《鸿雁》、《庭燎》乃申也。《祈父》非酉之中，又篇次之异。且其戌、子、丑为何等篇，不可推测矣。”锡瑞案：《诗纬》在汉后为绝学，孔氏所推甚精，惟《采薇》、《杕杜》、《出车》依三家当为宣王诗，孔仍《毛诗》，次序稍误。魏源更正之，以《蓼萧》、《湛露》、《彤弓》列《鱼丽》之前，为辰，《采薇》、《杕杜》、《出车》列《采芑》之后、《车攻》之前，为午季、未孟、未仲，次序更合。《齐诗》与纬说合，略见翼奉、郎颛二《传》。郎颛曰“四始之缺”，李贤注不引《汎历枢》，而引《关雎》为《国风》之始、《鹿鸣》为《小雅》之始、《文王》为《大雅》之始、《清庙》为

① “与”，原误作“夫”，据孔广森《经学卮言》卷三改。

《颂》之始以解之；应劭注《汉书》，以君臣、父子、兄弟、夫妇、朋友为五际；宋均注《演孔图》，以风、赋、比、兴、雅、颂为六情，皆甚误。而据《匡衡传》曰"孔子论《诗》，以《关雎》为始"，则《齐诗》虽传异义，亦未尝不以《关雎》为始也。翼奉曰"《易》有阴阳，《诗》有五际，《春秋》有灾异"，是《诗》之五际，亦阴阳、灾异之类。《易》之阴阳，《春秋》之灾异，皆是别传而非正传，则《诗》之五际、四始，亦别传而非正传矣。《翼奉传》孟康注引《诗内传》曰："五际，卯、酉、午、戌、亥也。阴阳终始际会之岁，于此则有变改之政也。"《齐诗内传》五际数戌，而《诗疏》不及戌。据《郎𫖮传》注，宋均云"天门，戌、亥之间"，则亥为革命当一际，出入候听应以戌当一际也。迮鹤寿《齐诗翼奉学》、陈乔枞《诗纬集证》发明《齐诗》尤详，以非正传，故不备举。

十、论三家亡而毛《传》孤行，人多信毛疑三家，魏源驳辨明快，可为定论

魏源《齐鲁韩毛异同论》："程大昌曰：'三家不见古《序》，故无以总测篇意。毛惟有古《序》以该括章旨，故训诂所及，会全诗以归一贯。'然考《新唐书·艺文志》，《韩诗》二卷，卜商序、韩婴注。而《水经注》引《韩诗·周南叙》，曰其地在南郡、南阳之间。至诸家所引《韩诗》，如：'《关雎》，刺时也。''《汉广》，说人也。''《汝坟》，辞家也。''《芣苢》，伤夫有恶疾也。''《黍离》，伯封作也。''《蝃蝀》，刺奔女也。''《溱与洧》，说人也。''《鸡鸣》，谗

人也。’‘《夫栘》,燕兄弟也。’‘《伐木》,文王敬故也。’‘《鼓钟》,刺昭王也。’‘《宾之初筵》,卫武公饮酒悔过也。’‘《抑》,卫武公刺王室以自戒也。’‘《假乐》,美宣王之德也。’‘《云汉》,宣王遭乱仰天也。’‘《雨无极》,正大夫刺幽王也。’‘《四月》,叹征役也。’‘《閟宫有侐》,公子奚斯作也。’‘《那》,美襄公也。’皆与《毛诗》首语一例,则《韩诗》有《序》明矣。《齐诗》最残缺,而张揖魏人,习《齐诗》,其《上林赋注》曰“《伐檀》,刺贤者不遇明王也”,其为《齐诗》之《序》明矣。刘向,楚元王孙,世传《鲁诗》,其《列女传》以《芣苢》为蔡人妻作,《汝坟》为周南大夫妻作,《行露》为召南申女作,《邶·柏舟》为卫夫人作,《硕人》为庄姜傅母作,《燕燕》为定姜送妇作,《式微》为黎庄夫人及傅母作,《载驰》为许穆夫人作,视毛《序》之空衍者,尤凿凿不诬。且其《息夫人传》曰“君子故序之于《诗》”,《黎庄夫人传》曰“君子故序之以编《诗》”,而向所自著书亦曰《新序》。是《鲁诗》有《序》明矣。且三家遗说,凡《鲁诗》如此者,韩必同之;《韩诗》如此者,鲁必同之。《齐诗》存什一于千百,而鲁、韩必同之,苟非同出一原,安能重规叠矩?三人占,则从二人之言。谓毛不见三家古《序》则有之,三家乌用见毛《序》为哉?程氏其何说之词?郑樵曰:‘毛公时,《左传》、《孟子》、《国语》、《仪礼》未盛行,而先与之合,世人未知《毛诗》之密,故俱从三家。及诸书出而证之,诸儒得以考其异同得失,长者出而短者自废,故皆舍三家而宗毛。’应之曰:《齐诗》先《采苹》而后《草虫》,与《仪礼》合，《小雅》四始、五际次第与乐章合，鲁、韩《诗》说《硕人》、《二子乘舟》、《载驰》、《黄鸟》与《左氏》合，说《抑》及《昊天有成命》与《国语》合，说《驺虞》乐官备与《射义》合，说《凯风》、《小弁》与《孟子》合，说《出车》、《采薇》非文王伐猃狁与《尚书大传》合，《大武》六章次第与乐章合，其不合诸书者安在？而《毛诗》则动与抵牾，其合诸书者又安在？顾谓西汉诸儒未见诸书，故舍毛而从三家，则太史公本《左氏》、《国语》以作《史记》，何以宗《鲁诗》而不宗毛？贾谊、刘向博极群书，何以《新书》、《说苑》、《列女传》宗鲁而不宗毛？谓东汉诸儒得诸书证合，乃知宗毛而舍三家，则班固评论四家《诗》，何以独许鲁近？《左传》由贾逵得立，服虔作解，而逵撰《齐鲁韩毛异同》，服虔注《左氏》，郑君注《礼》，皆显用《韩诗》。即郑笺毛，亦多阴用韩义。许君《说文叙》自言《诗》称毛氏，皆古文家言，而《说文》引《诗》什九皆三家；《五经异义》论罍制，论《郑风》，论《生民》，亦并从三家说。岂非郑、许之用毛者，特欲专立古文门户，而意实以鲁、韩为胜乎？若云'长者出而短者自废'，则郑、荀、王、韩之《易》贤于施、孟、梁丘，梅赜当作"颐"，下同。之《书》贤于伏生、夏侯、欧阳，《韩诗外传》贤于《韩诗内传》，《左氏》之杜预贤于贾、服[①]，而逸《书》十六篇、逸《礼》七十篇皆亡所当亡耶？至钱氏大昕据《孟子》'劳于王事，不得养父母'，为孟子之用《小序》；《缁衣》篇'长民

① "杜预"下，魏源《诗古微·齐鲁韩毛异同论》本有"注"字。

者衣服不贰，从容有常’，为公孙尼子之用《小序》，则不如据《论语》‘《关雎》乐而不淫，哀而不伤’，为夫子用《小序》之为愈也。梅赜之伪古文《书》，其亦三代经传袭用梅氏耶？郑氏其何说之词？姜氏炳璋曰：‘汉四家《诗》，惟毛公出自子夏，渊源最古。且《鲁颂》传引孟仲子之言，《丝衣序》引高子之言，《北山序》同《孟子》之语，则又出于《孟子》。而大毛公亲为荀卿弟子，故毛《传》多用《荀子》之言，非三家所及。’应之曰：《汉书·楚元王传》言浮丘伯传《鲁诗》于荀卿，则亦出荀子矣。《唐书》载《韩诗》卜商序，则亦出子夏矣。《韩诗外传》高子问《载驰》之诗于孟子，孟子曰：‘有卫女之志则可，无卫女之志则怠。’又载荀卿《非十二子》篇，独去子思、孟子，且《外传》屡引七篇之文，则亦出《孟子》矣。故《汉书》曰：‘又有毛公之学，自言子夏所传。’‘自言’云者，人不取信之词也。至《释文》引徐整三国吴人。云：‘子夏授高行子，高行子授薛仓子，薛仓子授帛妙子，帛妙子授河间人大毛公。毛公为《诗故训传》，以授赵人小毛公。小毛公为河间献王博士。’一云：‘子夏授曾申，申传魏人李克，克传鲁人孟仲子，孟仲子传根牟子，根牟子传赵人孙卿子，孙卿子传鲁人大毛公。’夫同一《毛诗》传授源流，而姓名无一同，且一以为出荀卿，一以为不出荀卿；一以为河间人，一以为鲁人，展转傅会，安所据依？岂非《汉书》‘自言子夏所传’一语已发其覆乎？以视三家源流，孰传信，孰传疑？姜氏其何说之词？”锡瑞案：三家亡，毛《传》孤行，多信毛而疑三家。魏氏辨驳分明，一扫俗儒之陋。

十一、论毛《传》不可信，而明见《汉志》，非马融所作

《史记·儒林传》述汉初经师，《易》止田生一人，《书》止伏生一人，《礼》止高堂生一人，《春秋》有胡毋生、董仲舒二人，而二人皆传《公羊》，故汉初立《公羊》博士，不分胡、董。惟《诗》有三人，于鲁则申培公，于齐则辕固生，于燕则韩太傅。此三人者，生非一处，学非一师，同为今文而实不同，故汉初分立三博士，盖有不得不分别者。《史记》不及毛公。若毛公为六国时人，所著有《毛诗故训传》，史公无缘不知。此毛《传》不可信者一。《汉书·艺文志》虽列《毛诗》与《毛诗故训传》，而云："与不得已，鲁最为近之。三家皆列于学官。又有毛公之学，自谓子夏所传，而河间献王好之，未得立。""自谓"者，人不谓然也。《毛诗》始发见于刘歆，《汉志》多本刘歆《七略》，乃以"鲁最为近"，而于毛有微词，则班氏初不信毛，《汉志》亦非全用《七略》。此毛《传》不可信者二。徐整、陆玑说《毛诗》授受源流，或以为出荀卿，或以为不出荀卿，魏源辨之已详。两汉以前皆无此说。此毛《传》不可信者三。荀卿非十二子，有"子夏之贱儒"，是荀卿之学非出子夏，判然为二。毛公之学"自谓子夏所传"，祖子夏，不应祖荀卿；祖荀卿，不应祖子夏。此毛《传》不可信者四。申公受《诗》于浮丘伯，

浮丘伯又受之荀卿，则《鲁诗》实出荀卿矣。若《毛诗》亦荀卿所传，何以与《鲁诗》不同？此毛《传》不可信者五。《汉志》但云“毛公之学”，不载毛公之名，亦无大、小毛公之分。郑君《诗谱》曰：“鲁人大毛公为《训诂传》于其家，河间献王得而献之，以小毛公为博士。”陆玑曰：“荀卿授鲁国毛亨，毛亨作《诂训传》，以授赵国毛苌。时人谓亨为大毛公，苌为小毛公。”盖郑君始言大、小毛公有二，陆玑始著大、小毛公之名。如其说，则作传者毛亨，非毛苌。故孔《疏》云：“大毛公为其《传》，由小毛公而题‘毛’也。”郑汉末人，不应所闻详于刘、班。陆玑吴人，不应所闻又详于郑。此毛《传》不可信者六。《后汉书·章帝纪》建元八年[①]，诏令群儒选高才生，“受学《左氏》、《穀梁春秋》、古文《尚书》、《毛诗》，以扶微学，广异义焉”。袁宏《后汉纪》遂言“于是古文《尚书》、《毛诗》、《周官》皆置弟子”。案：古文在汉时无置博士弟子者，惟《左氏》立而旋罢。故顾炎武断《后汉·儒林传》“《诗》，齐、鲁、韩、毛”，“毛”字为衍文。《儒林传》云“三家皆立博士。赵人毛苌传《诗》，是为《毛诗》，未得立”，顾氏之说是也。《儒林传》：“马融作《毛诗传》。”何焯曰：“后人据此《传》，云《诗序》之出于宏，不悟毛《传》之出于融，何也？或疑融别有《诗传》，亦非，范氏明与郑《笺》连类言之矣。康成亲受经于季长，以《笺》为致敬亦得。”案：何氏说虽有据，而《汉志》已列《毛诗诂

① “八”，原误作“六”，据《后汉书·章帝纪》改。

训传》，仍当以融别有《诗传》为是。

十二、论以世俗之见解《诗》最谬，《毛诗》亦有不可信者

凡经学愈古愈可信，而愈古人愈不见信。所以愈可信者，以师承有自，去七十子之传不远也。所以愈不信者，去古日远，俗说沉溺，疑古说不近人情也。后世说经有二弊：一以世俗之见测古圣贤，一以民间之事律古天子、诸侯。各经皆有然，而《诗》为尤甚，姑举一二言之。如《关雎》，三家以为诗人求淑女以配君子，毛以为后妃求贤以辅君子，皆不以“寤寐反侧”属文王。俗说以为文王求太姒，至于寤寐反侧。浅人信之，以为其说近人情矣。不知独居求偶，非古圣王所为。且如其说，则《关雎》与《月出》、《株林》相去无几，正是乐而淫、哀而伤，孔子何以称其“不淫”、“不伤”，取之以冠篇首？试深思之，则知俗说不可信矣。《卷耳》，三家无明文。荀子以为“卷耳易采，顷筐易盈也，然而不可以贰周行”，毛以为后妃“佐君子求贤审官”，皆不以采卷耳为实事。俗说以为提筐采卷耳，因怀人而置之大道，引唐人诗“提笼忘采叶，昨夜梦渔阳”为比例，又以二、三章为登山望夫，酌酒销愁。浅人信之，以为其说近人情矣。不知提筐采卷耳，非后妃身分，登山望夫，酌酒销愁，亦非后妃身分，且不似幽闲淑女行为。试深思之，则知俗说不可用矣。其他如疑诗人不应多讽刺，是不知古者

"师箴、瞍赋、蒙诵、百工谏"之义也。疑淫诗不当入国史，是不知古者"男女歌咏，各言其伤"，行人献之太师之义也。疑陈古刺今不可信，是不知"主文谲谏，言之者无罪，闻之者足戒"之义也。疑作《诗》不当始衰世，是不知"王道缺而《诗》作，周室坏而《春秋》作"，皆衰世所造之义也。疑康王不应有刺诗，是不知"颂声作乎下，《关雎》作乎上，习治则伤始乱"之义也。后儒不知诗人作诗之意、圣人编《诗》之旨，每以世俗委巷之见，推测古事，妄议古人。故于近人情而实非者，误信所不当信；不近人情而实是者，误疑所不当疑。见毛、郑之说，已觉龃龉不安，见三家之说，尤为枘凿不入，曲弥高而和弥寡矣。或谓：大毛公六国时人，安见不比三家更古？曰：毛公六国时人，并无明文可征，且毛《传》实有不可信者。"丕显"二字，屡见《诗》、《书》。毛《传》于《文王》"有周不显"，曰"不显，显也"；又于"不显亦世"，曰"不世显德乎"，是其意以"不"字为语词，为反言。不知"不显"即"丕显"也，"不显亦世"即"丕显奕世"也，"不显不时"即"丕显丕承"。《清庙》之"不显不承"，正"丕显丕承"之证也。《卷阿》"伴奂尔游矣"，"伴奂"叠韵，连文为义，与下"优游"一例，即《皇矣》之"畔援"，颜注《汉书》引《诗》正作"畔换"，亦即《闵予小子》之"判换"，所谓美恶不嫌同辞也。毛《传》乃云"广大有文章貌"，是其意分"伴奂"为两义，"伴"训"广大"，"奂"训"有文章"。不知下句"优游"何以解之，毛何不分"优游"为两义乎？《正义》据孔晁引孔子曰："奂乎其有文章，伴乎其无涯际。”孔晁，王肃之徒，其所引即《孔丛》、《家语》之类，王肃伪作，必非圣言。《荡》“曾是彊御”，“彊御”亦二字连文为义。《左氏》昭元年传曰“彊御已甚”，十二年传曰“吾军帅彊御”，皆二字连文。《繁露·必仁且智》篇曰“其强足以覆过，其御足以犯难”，《史记集解》引《牧誓》郑注曰：“彊御，犹彊暴也。”“彊御”即《尔雅·释天》之“彊圉”。《汉石门颂》倒其文曰“绥亿衙彊”。惟其义同，故可倒用。毛《传》乃云“彊梁御善也”，不知二字连文而望文生义，岂六国时人之书乎？

十三、论毛义不及三家，略举典礼数端可证

毛《传》孤行久矣，谓毛不及三家，人必不信，如《关雎》刺晏朝、《芣苢》伤恶疾之类，人必以为传闻各异，事实无征。今以典礼之实有可征者，略举二《南》数事证之。如《韩诗外传》五引《诗》“鼓钟乐之”，与《毛诗》“钟鼓乐之”不同。《外传》一引《诗》作“钟鼓”，盖后人依《毛诗》误改《外传》，言古者天子左五钟、右五钟，而不及鼓。侯包《韩诗翼要》曰“后妃房中乐有钟、磬”，亦不及鼓，是《韩诗》不作“钟鼓”甚明。《周礼·磬师》“教缦乐、燕乐之钟、磬”，郑注：“燕乐，房中之乐，所谓阴声也。二乐皆教其钟、磬。”疏：“云‘燕乐，房中之乐’者，此即《关雎》二《南》也。谓之房中者，房中谓妇人。后妃以风喻君子之诗，故谓之房中之乐。”据此，则古《周礼》说与《韩诗》合，皆谓房中乐有

钟、磬而无鼓。钟、磬清扬，于房中宜。鼓音重浊，于房中不宜。或据《薛君章句》“鼓人上堂”，谓《韩诗》亦当兼言鼓。不知鼓人上堂，不入房中，不与钟、磬并列，仍不当兼言鼓。“鼓钟”之“鼓”训“击”，是虚字，是一物。“钟鼓”之“鼓”是实字，是二物。毛作“钟鼓”，与古礼不合。此毛不及《韩诗》者一。《说文》引《诗》“以晏父母”，与《毛诗》“归宁父母”不同，盖三家之异文。《春秋》庄二十七年“杞伯姬来”，何休《公羊解诂》曰：“诸侯夫人尊重，既嫁，非有大故，不得反。惟自大夫妻，虽无事，岁一归宁[①]。”疏云：“其大故者，奔丧之谓。文九年‘夫人姜氏如齐’，彼注云‘奔父母之丧’是也。自，从也，言从大夫妻以下，即《诗》云‘归宁父母’是也。案：《诗》是后妃之事，而云大夫妻者，何氏不信毛《叙》故也。”案：“归宁父母”是《毛诗》，三家不作“归宁”，亦未必以《葛覃》为大夫妻，疏引《诗》误。《左氏传》曰：“凡诸侯之女归宁曰来，出曰来归。夫人归宁曰如某，出曰归于某。”据此，则今《春秋》公羊说夫人不得归宁，古《春秋》左氏说夫人亦得归宁。案：《诗·竹竿》云“女子有行，远父母兄弟”，故《泉水》、《载驰》、《竹竿》，皆思归而不得。《战国策》左师说赵太后甚爱燕后，饮食必祝曰“必勿使反”。是诸侯女既嫁，不得复反，反即大归。战国时犹知此义，当从今文说不得归宁为正。《毛诗》与《左传》同出河间博士，故此传曰：“宁，安也。父母在，则有时归宁耳。”毛

① “宁”，原误作“宗”，据《春秋公羊传注疏》改。

以父母在得归宁，父母终不得归宁，为调停之说。郑笺《泉水》云“国君夫人父母在归宁”，正本毛传。惠周惕《诗说》谓古无归宁之礼，毛传因《左氏》而误，其说近是。盖郑笺又因毛传而误也。段玉裁亦疑毛传，谓“方嫁不得遽图归宁，此‘归’字作‘以’字为善”，是欲改毛以从三家，不知今、古文说不同。陈奂谓“父母在”九字为郑笺窜入，是欲删毛以归之郑，亦不知今、古文说不同。皆明见毛义之不安，而不敢驳。即如陈氏强释毛义，谓归以安父母，“归宁”不训归家，而截“归”字为一句，殊近不辞，不如三家作“以旻父母”，文义甚明，不与“归宁”相混。此毛不及三家者二。《困学纪闻》引曹粹中《诗说》：“《齐诗》先《采苹》而后《草虫》。”据《仪礼》，合乐歌《周南》，则《关雎》、《葛覃》、《卷耳》三篇同奏；歌《召南》，则《鹊巢》、《采蘩》、《采苹》三篇同奏。古《诗》篇次，以《采苹》列《草虫》之前，三家次第当与毛异。《齐诗》传自辕固，夏侯始昌为辕固弟子，后苍事始昌，通《诗》、《礼》，为博士，二戴皆后苍弟子，则《仪礼》及二《戴礼》中所引《诗》当为《齐诗》。曹氏所言，不为无据，毛失其次，与《仪礼》歌《诗》不合。此毛不及《齐诗》者三。《五经异义》：“今《诗》韩、鲁说：驺虞，天子掌鸟兽官。古《毛诗》说：驺虞，义兽，白虎黑文。”案：贾谊《新书·礼》篇：“驺者，天子之囿也。虞者，囿之司兽者也。”《仪礼·乡射礼》注：“其《诗》有‘一发五豝、五豵，于嗟驺虞’之言，乐得贤者众多，叹思至仁之人以充其官。”《礼记·射义》“《驺虞》者，乐官备也”，注：“乐官备者，谓

《驺虞》曰'壹发五豝',喻得贤者多也,'于嗟乎驺虞',叹仁人也。"皆与韩、鲁《诗》合。《文选·魏都赋》注引《鲁诗传》曰:"古有梁驺。梁驺,天子猎之田也。"韩义盖与鲁同。若《山海经》、《逸周书》、《尚书大传》虽言"驺虞",而未尝明言即《诗》之"驺虞"。汉初大儒如申公、韩太傅、贾太傅,必无不见《山海经》、《逸周书》而不引以解《诗》之"驺虞"者,知彼所言"驺虞",非《诗》之所言"驺虞"也。《毛诗》晚出,见"驺虞"二字偶合,遂据以易三家旧说,撰出"义兽"二字,以配麟之仁兽。《异义》引《毛诗》说:"《周南》终《麟趾》,《召南》终《驺虞》,俱称嗟叹之,皆兽名。"后人多惑其说,不知《麟趾》为《关雎》之应,《驺虞》为《鹊巢》之应,此是毛义,非三家义。且即以毛义论,驺虞与麟亦不相对,《麟之趾序》笺云"有似麟应之时",疏引张逸问云:"致信厚,未致麟。"孔氏引申之曰:"由此言之,不致明矣。"是文王无致麟之事。若驺虞,据《尚书大传》,散宜生取以献纣,是文王实致驺虞矣。一实致,一未致;一本事,一喻言,安得以为相对?至于"于嗟",叹辞,屡见于《诗》,如"于嗟阔兮"、"于嗟洵兮"、"于嗟鸠兮"、"于嗟女兮",皆诗人常言,岂可以两处叹辞偶同,强为牵合?《焦氏易林》云"陈力就列,驺虞悦喜",亦以"驺虞"为官名。陈乔枞以《易林》为《齐诗》,是三家之说同。《尔雅》多同《鲁诗》,故《释兽》无"驺虞"。以"驺虞"为兽名,《毛诗》一家之言,与古义不合。此毛不及三家者四。略举四证,皆二《南》之关于典礼者,学者可以隅反。

十四、论三家《诗》大同小异，《史记·儒林列传》可证

王应麟《诗考·后序》曰："刘向《列女传》谓蔡人妻作《芣苢》，周南大夫妻作《汝坟》，申人女作《行露》，卫宣夫人作《邶·柏舟》，定姜送妇作《燕燕》，黎庄夫人及其傅母作《式微》，庄姜傅母作《硕人》，息夫人作《大车》。《新序》谓伋之傅母作《二子乘舟》，寿闵其兄作忧思之诗，《黍离》是也。楚元王受《诗》于浮丘伯，向乃元王之孙，所述盖《鲁诗》也。"王引之《经义述闻》曰："《列女传·贞顺传》蔡人妻伤夫有恶疾而作《芣苢》，与《文选·辨命论》注所引《韩诗》合。《贤明传》周南大夫妻言仕于乱世者，为父母在故也，乃作诗曰'鲂鱼赪尾'云云，与《后汉书·周磐传》注所引《韩诗章句》合。《贞顺传》召南申女以夫家一物不具，一礼不备，守节持义，必死不往，而作诗曰'虽速我狱'云云，与《韩诗外传》合。《母仪传》卫姑定姜赋《燕燕》之诗，与《坊记》郑注合，郑为《记》注时，多取《韩诗》也。又《上灾异封事》引《诗》'密勿从事'，与《文选·为宋公求加赠刘前军表》注所引《韩诗》'密勿同心'，皆以'密勿'为'黾勉'。然则向所述者，乃《韩诗》也。"锡瑞案：二说皆有据，盖鲁、韩义本同。《史记·儒林列传》曰："韩生推《诗》之意，而为《内外传》数万言。其语颇与齐、鲁间殊，然其归一也。"以《史记》之说推之，可见鲁、齐、韩三家

《诗》大同小异。惟其小异，故须分立三家；若全无异，则立一家已足，而不必分立矣。惟其大同，故可并立三家；若全不同，则如《毛诗》大异而不可并立矣。三家《诗》多不传，今试取其传者论之。如《黍离》一篇，《新序·节士》篇云卫宣公子寿"闵其兄伋之且见害，作忧思之诗"，此刘子政所引《鲁诗》义也。而《韩诗》曰："《黍离》，伯封作也。"陈思王植《令禽恶鸟论》云："昔尹吉甫信后妻之谗而杀孝子伯奇，弟伯封求而不得[①]，作《黍离》之诗。"后汉郅恽理《韩诗》，光武令恽授皇太子《韩诗》，恽说太子曰："吉甫贤臣，放逐孝子。"薛君《韩诗注》曰："诗人求己兄不得。"是《韩诗》以《黍离》为伯封作，与《鲁诗》以为公子寿作者异。《韩诗外传》载赵苍唐为魏文侯子击使于文侯，曰："好《黍离》与《晨风》。"文侯曰："怨乎？"曰："非敢怨也，时思也。"《说苑·奉使》篇略同。子政据《鲁诗》，而与《韩诗》同者，盖论此诗之事，则异国、异人并异时；而论此诗之义，则同一孝子之见害，同一悌弟之思兄。此所以小异而大同，《外传》与《说苑》皆可引为思亲之意也。若其篇次，则《鲁诗》当入《卫风》，与《毛诗》异；《韩诗》当入《王风》，与《毛诗》同。而其说解，则鲁、韩可合，而与《毛诗》全不合。三家大同小异，可以此诗推之。魏源不知此义，乃欲强合鲁、韩为一，谓伯封乃卫寿之字，反以曹植征引为误，则《御览》明引《韩诗》伯封作，岂亦误乎？伯封为卫寿字，又何

① "封"，原误作"到"，据《太平御览》卷九百二十三引《令禽恶鸟论》改。

据乎？凭臆武断，讵可为训？盖误于鲁、韩《诗》从无不同之见，而未考《史记·儒林传》也。

十五、论《诗序》与《书序》同有可信、有不可信，今文可信，古文不可尽信

毛《序》有可信、不可信，为说《诗》者一大疑案。《关雎序》自"《关雎》，后妃之德也"至"《关雎》之义也"，《经典释文》卷第五："旧说云：起此至'用之邦国焉'名《关雎序》[①]，谓之《小序》。自'风，风也'讫末，名为《大序》。沈重云：'案郑《诗谱》意，《大序》是子夏作，《小序》是子夏、毛公合作。卜商意有不尽，毛更足成之。'"朱子作《诗序辨说》，以"诗者，志之所之"至"诗之至也"为《大序》，其余首尾为《关雎》之《小序》。《诗正义》自《关雎》以后，每诗一篇即有一《序》，皆谓之《小序》。此《大序》、《小序》之分也。作《序》之人，自《诗谱》外，王肃以为子夏所序《诗》即今《毛诗序》；范蔚宗以为卫宏受学谢曼卿，作《诗序》；魏征等以为子夏所创，毛公及卫宏又加润益。韩愈议子夏不序《诗》，有三焉："知不及，一也；暴扬中冓之私，《春秋》所不道，二也；诸侯犹世，不敢以云，三也。学者欲显其《传》，因借之子夏。"成伯玙以为"子夏惟裁初句，其下皆是大毛自以诗中之意而系其辞"。王安石以为《序》乃诗

① "此"，原脱，据《经典释文》卷五补。

人所自制。程子以为《小序》国史之旧文,《大序》孔子所作。苏辙以为卫宏所作,非孔氏之旧,止存其首一言,余皆删去。王得臣以为首句孔子所题。曹粹中以为毛《传》初行,尚未有《序》,门人互相传授,各记师说。郑樵、王质以为村野妄人所作。作《序》之人,说者不一。自唐定《正义》以后,惟宋欧阳修撰《毛诗本义》,为论以辨毛、郑之失,犹未甚立异同。迨郑樵专指毛、郑之妄,谓《小序》非子夏所作,尽削去之,而以己意为说。其《诗序辨》曰:"《序》有郑注而无郑笺,其不作于子夏明矣。毛公于《诗》第为之传,其不作《序》又明矣。《小序》出于卫宏,有专取诸书之文至数句者,有杂取诸家之说而辞不坚决者,有委曲婉转附经以成其义者。'情动于中而形于言,言之不足,故嗟叹之',其文全出于《乐记》。'成王未知周公之志,公乃为诗以遗王',其文全出于《金縢》。'自微子至于戴公,其间礼乐废坏',其文全出于《国语》。'古者长民,衣服不贰,从容有常,以齐其民',其文全出于《公孙尼子》。则《诗序》之作,实在于数书既传之后明矣。此所谓取诸书之文有至数句者,此也。案:人多以为毛《序》与古书合,此则以为卫《序》取古书。《关雎》之《序》,既曰'风之始也,所以风天下而正夫妇也',意亦足矣,又曰'风,风也,风以动之,上以风化下,下以风刺上',又曰'一国之事系一人之本,谓之风'。《载驰》之诗,既曰'许穆夫人闵其宗国颠覆而作',又曰'卫懿公为狄所灭'。《丝衣》之诗,既曰'绎宾尸'矣,又曰'灵星之尸也'。此盖众说并传,卫氏得有美辞美意,并录而不忍弃之。此所谓杂诸家之说而辞不坚决者也。《驺虞》之诗，先言‘人伦既正，朝廷既治，天下纯被文王之化’，而后继之‘蒐田以时，仁如驺虞，则王道成’。《行苇》之诗，先言‘国家忠厚[①]，仁及草木’，然后继之以‘内睦九族，外尊事黄耇，养老乞言’[②]。此所谓委曲宛转附经以成其义者，此也。惟宏《序》作于东汉，故汉世文字未有引《诗序》者。案：近人引《汉广序》“德广所及”等语，汉时古书多未见，必是引《序》。惟黄初四年，有‘曹共公远君子，近小人’之语。盖魏后于汉，而宏之《序》至是而始行也。使其果知《诗序》出于卫宏，则风雅正变之说，二《南》分系之说，《羔羊》、《蟋蟀》之说，或郁而不畅，或巧而不合。如《荡》以‘荡荡上帝’发语，而曰‘天下荡荡，无纲纪、文章’；《召旻》以‘旻天疾威’发语，而曰‘闵天下无如召公之为臣’；《雨无正》乃大夫刺幽王也，而曰‘众多如雨，非所以为正’。牵合为文而取讥于世，此不可不辨也。”《文献通考》载石林叶氏说略同。程大昌《考古编》曰：“范传：卫宏‘作《毛诗序》，今传于世’。所序者毛《传》耳，《诗》之古《序》非宏也。古《序》之与宏《序》，今混并无别，然有可考者。凡《诗》发序两语，如‘《关雎》，后妃之德也’，世人之谓《小序》者，古《序》也；两语以外，续而申之，世谓《大序》者，宏语也。”锡瑞案：程氏之分《大序》、《小序》，与《释文》旧说、朱子《辨说》并异。以发序两语为《小序》，两语以外续而申之者为《大序》，《小

① “国”，《毛诗序》本作“周”，《六经奥论》引作“国”。

② “乞”，原误作“之”，据《毛诗正义》及《六经奥论》改。

序》出于国史,为古《序》,《大序》缀于卫宏,非子夏所作。其说本于苏辙,实渊源于成伯玙。近人魏源谓续《序》不得毛《序》之意,正本程说。魏、晋以后,毛《传》孤行,人多遵信《序》说,以为真出子夏。至宋,则疑信参半。朱子作《诗集传》,始亦从《序》,后与吕祖谦争辨,乃改用郑樵说,有《辨说》攻《小序》,而《集传》未及追改,如《缁衣》、《丰年》等篇者。元延祐科举法《诗》用朱子《集传》,而毛《传》几废。国朝人治汉学,始尊毛而攻朱。近人治西汉今文学,又尊三家而攻毛。平心论之,《诗》之《序》,犹《书》之《序》也。《诗序》有今、古文之分,犹《书序》有今、古文之分也。伏生今文《书序》见于《史记》所引者可信,马、郑古文《书序》不可尽信。三家今文《诗序》见于诸书所引者可信,古《毛诗序》不可尽信。郑君论纬说,云“不信亦非,悉信亦非”。窃谓古文《诗》、《书》之《序》,当如郑君之说。若郑樵攻毛《序》而以己意为《序》,则近于妄。魏源《诗古微》主三家,而三家所无者,皆以己意补之为《序》,是郑樵之类也。

十六、论朱子不信毛《序》亦有特见,魏源多本其说

朱子曰:“《诗序》之作,说者不同,或以为孔子,或以为子夏,或以为国史,皆无明文可考。惟《后汉·儒林传》以为卫宏‘作《毛诗序》,今传于世’,则《序》乃宏作明矣。然郑氏又以为诸序本自合为一编,毛公始分以寘诸篇之

首，则是毛公之前其传已久，宏特增广而润色之耳。故近世诸儒多以《序》之首句为毛公所分，而其下推说云云者为后人所益。理或有之，但今考其首句，则已有不得诗人之本意而肆为妄说者矣，况沿袭云云之误哉！然计其初，犹必自谓出于臆度之私，非经本文，故且自为一编列附经后，又以尚有齐、鲁、韩氏之说并传于世，故读者亦有以知其出于后人之手，不尽信也。及至毛公引以入经，乃不缀篇后而超冠篇端，不为注文而直作经字[①]，不为疑辞而遂为决辞。其后三家之传又绝，而毛说孤行，则其抵牾之迹无复可见。故此序者遂若诗人先所命题，而诗文反为因《序》而作。于是读者转相尊信，无敢拟议，至于有所不通，则必为之委曲迁就，穿凿而附合之，宁使经之本文缭戾破碎，不成文理，而终不忍明以《小序》为出于汉儒也。愚之病此久矣，然犹以其所从来也远，其间容或真有传授证验而不可废者。故既颇采以附《传》中，而复并为一编以还其旧，因以论其得失云。"又论《邶·柏舟序》曰："诗之文意、事类，可以思而得，其时世、名氏[②]，则不可以强而推。凡《小序》唯诗文明白，直指其事，如《甘棠》、《定中》、《南山》、《株林》之属，若证验的切，见于书史，如《载驰》、《硕人》、《清人》、《黄鸟》之类，决为可无疑者。其次则词旨大概可知必为某事，而不可知其的为某时某人者，尚多有之。若为《小序》者，姑以其意推寻探索，依约而言，则虽有所不知，

① "文"，原脱，据朱熹《诗序辨说》补。

② "名"，原脱，据朱熹《诗序辨说》补。

亦不害其为不自欺;虽有未当,人亦当恕其所不及。今乃不然,不知其时者,必强以为某王某公之时;不知其人者,必强以为某甲某乙之事。于是傅会书史,依托名谥,凿空妄语,以诳后人。其所以然者,特以耻其所不知,而惟恐人之不见信而已。且如《柏舟》,不知其出于妇人而以为男子,不知其不得于夫而以为不遇于君,此则失矣。马端临引刘向封事以驳朱子。案:《孟子》已引此诗属孔子矣,或断章取义,不必泥看。然有所不及而不自欺,则亦未至于大害理也。今乃断然以为卫顷公之时,则其故为欺罔以误后人之罪不可揜矣。盖其偶见此诗冠于三卫变《风》之首,是以求之春秋之前,而《史记》所书庄、桓以上卫之诸君事皆无可考者,谥亦无甚恶者,独顷公有赂王请命之事,其谥又为甄心动惧之名,如汉诸侯王必其尝以罪谪[①],然后加以此谥,以是意其必有弃贤用佞之失,而遂以此诗予之。若将以衒其多知而必于取信,不知将有明者从旁观之,则适所以暴其真不知而启其深不信也。凡《小序》之失,以此推之,什得八九矣。"锡瑞案:朱子驳毛《序》有特见。古书序皆附末,《毛诗》独冠篇端,诚有如先有此题而后作此诗者。朱子并为一编,以还其旧,是也。伪孔古文《尚书》以《序》冠篇首,亦非古法,即此可证其伪。《序》所云刺某君,多无明文可据。朱子云顷公谥恶,故以《柏舟》为刺顷公。今以朱子之说推之,则《序》所云刺某某者多有可疑。虽未见朱说之必然,亦无以见其必不然也。魏源之驳毛《序》,有朱子已言者。毛有《序》,三家亦

① "侯",原脱,据朱熹《诗序辨说》补。

有《序》,其《序》说多不同。三家亡而毛义孤行,安见三家《序》皆不是而毛《序》独是?故朱子深惜三家之传绝,无以考其抵牾之迹也。

十七、论马端临驳朱申毛,可与朱说参看,且能发明风人之旨

马端临曰:"《书序》可废,而《诗序》不可废。就《诗》而论,《雅》、《颂》之《序》可废,而十五《国风》之《序》不可废。盖《风》之为体,比兴之辞多于叙述,风谕之意浮于指斥,盖有反覆咏叹,联章累句而无一言叙作之之意者,而序者乃一言以蔽之,曰为某事也。苟非其传授之有源,探索之无舛,则孰能臆料当时指意之所归,以示千载乎?而文公深诋之,且于《桑中》、《溱洧》诸篇辨析尤至,以为安有刺人之恶而自为彼人之辞,以陷于所刺之地[①]?其意盖谓诗之辞如彼,而《序》之说如此,则以诗求诗可也,乌有舍明白可见之诗辞,而必欲曲从臆度难信之《序》说乎?然愚以为必若此,则《诗》之难读者多矣,岂直《郑》、《卫》诸篇哉?夫《芣苢》之《序》,以妇人乐有子为后妃之美也,而其诗语不过形容采掇芣苢之情状而已;《黍离》之《序》,以为闵周室宫庙之颠覆也,而其诗语不过慨叹禾黍之苗穗而已。此诗之不言所作,而赖《序》以明者也。若舍《序》以求之,则

① "地"下,马端临《文献通考》本有"而不自知者哉"。

其所以采掇者为何事，而慨叹为何说乎？《叔于田》之二诗，《序》以为刺郑庄公，而其诗语则郑人爱叔段之辞耳；《扬之水》、《椒聊》二诗，《序》以为刺晋昭公，而其诗语则晋人爱桓叔之辞耳。此诗之序其事以讽，初不言刺之之意，而赖《序》以明者也。若舍《序》以求之，则如四诗也，非子云《美新》之赋，则袁宏《九锡》之文耳。《鸨羽》、《陟岵》之诗见于变《风》，《序》以为征役者不堪命而作也；《四牡》、《采薇》之诗见于《正雅》，《序》以为劳使臣、遣戍役而作也。而深味四诗之旨，则叹行役之劳苦，叙饥渴之情状，忧孝养之不遂[1]，悼归休之无期，其辞语一耳。此诗之辞同意异，而赖《序》以明者也。若舍《序》以求之，则文王之臣民亦怨其上，而《四牡》、《采薇》不得为正《雅》矣。《采薇》，三家本不以为文王诗，马氏专据《毛诗》。即是数端而观之，则知《序》之不可废。《序》不可废，则《桑中》、《溱洧》何嫌其为刺奔乎？且夫子尝删《诗》矣，所取于《关雎》，谓其'乐而不淫'，则《诗》之可删，孰有大于淫者？今以文公《诗传》考之，其指以为男女淫泆奔诱而自作诗以序其事者，凡二十有四，如《桑中》、《东门之墠》、《溱洧》、《东方之日》、《东门之池》、《东门之杨》、《月出》，则《序》以为刺淫，而文公以为淫者所自作也；如《静女》、《木瓜》、《采葛》、《丘中有麻》、《将仲子》、《遵大路》、《有女同车》、《山有扶苏》、《萚兮》、《狡童》、《褰裳》、《丰》、《风雨》、《子衿》、

---

① "遂"，原误作"逮"，据马端临《文献通考》卷一百七十八改。

《扬之水》、《出其东门》、《野有蔓草》，则《序》本别指他事，而文公亦以为淫者所自作也。夫以淫昏不检之人，发而为放荡无耻之辞，其多如此，夫子犹存之，不知所删何等一篇也[①]？夫子曰：'思无邪。'如序者之说，则虽诗辞之邪，亦必以正视之，如《桑中》刺奔、《溱洧》刺乱之类是也。如文公之说，则虽诗辞之正者，亦必以邪视之，如不以《木瓜》为美齐桓公，不以《采葛》为惧谗，不以《遵大路》、《风雨》为思君子，不以《褰裳》为思见正，不以《子衿》为刺学校废，不以《扬之水》为闵无臣，而俱指为淫奔谑浪要约赠答之辞是也。且此诸篇者，虽其辞之欠庄重，然首尾无一字及妇人，而谓之淫邪，可乎？《左传》载列国聘享赋《诗》，固多断章取义，然其太不伦者，亦以来讥诮，如郑伯有赋《鹑之奔奔》，楚令尹子围赋《大明》，及穆叔不拜《肆夏》，宁武子不拜《彤弓》之类是也。然郑伯如晋，子展赋《将仲子》；郑伯享赵孟，子太叔赋《野有蔓草》；郑六卿饯韩宣子，子齹赋《野有蔓草》，子太叔赋《褰裳》，子游赋《风雨》，子旗赋《有女同车》，子柳赋《萚兮》。此六诗，皆文公所斥以为淫奔之人所作也，然所赋皆见善于叔向、赵武、韩起[②]，不闻被讥，乃知《郑》、《卫》之诗未尝不施于燕享，而此六诗之旨意训诂，当如序者之说，不当如文公之说也。"锡瑞案：毛《序》不尽可信。《毛诗》与《左氏春秋》同出河间博士，其与《左氏》合者，亦不尽可信。惟三家既亡，《毛

① "一"，原误作"之"，据马端临《文献通考》卷一百七十八改。

② "皆"，原误作"者"，据马端临《文献通考》卷一百七十八改。

诗》犹为近古，与其信后人之臆说，又不如信《毛诗》。朱子以《郑》、《卫》为淫诗，且为淫者自作，不可为训。马驳朱以申毛，能发明风人之旨。

十八、论《乐记》疏引《异义》说《郑》诗非必出于三家，魏源据以为三家《诗》，未可执为确证

解经必遵最初之说，而后起之说不可从，尤必据最古之明文，而疑似之文不可用。《礼记·乐记》疏引《异义》云："今《论》说：郑国之为俗，有溱、洧之水，男女聚会，讴歌相感，故云'郑声淫'。《左传》说：烦手淫声谓之郑声者，言烦手踯躅之声使淫过矣。许君谨案：《郑》诗二十一篇，说妇人者十九矣，故'郑声淫'也。今案《郑》诗，说妇人者唯九篇，《异义》云'十九'者，误也，无'十'字矣。"锡瑞案：许君《异义》引《诗》之例，必云"今韩鲁《诗》说"、"古《毛诗》说"，以为分别。此谨案下无引今《诗》、古《诗》字样，则此说必非出于《诗》家，当是许君自为之说，亦或别有所本。刘宝楠《论语正义》曰："《鲁论》举《溱洧》一诗，以为郑俗多淫之证，非谓《郑》诗皆是如此。许错会此旨，举《郑》诗而悉被以淫名。自后遂以《郑》诗混入郑声，而谓夫子不当取淫诗，又以《序》所云刺时、刺乱者改为刺淫，则皆许君之一言误之矣。"刘氏之说，是以许君为自为之说也。《白帖》引《通义》云："郑国有溱、洧之水，会聚讴歌相感。今《郑》诗二十一篇，说妇人者十九，故'郑声淫'也。"此《通义》未知是刘向

《通义》,或即《白虎通义》,当为许君之所本也,然其说有可疑者。《异义》、《通义》皆云“《郑》诗二十一篇,说妇人者十九”,而《郑》诗实无十九篇说妇人者。孔疏以为今《郑》诗说妇人者唯九篇,则其数已不能合矣。以今考之,《郑》诗说妇人者,《女曰鸡鸣》、《有女同车》、《丰》、《东门之墠》、《出其东门》、《野有蔓草》、《溱洧》,实止七篇。《女曰鸡鸣》,古贤夫妇警戒之词,虽说妇人,不得谓之淫诗。《野有蔓草》,《韩诗外传》与《说苑》皆载孔子遭齐程本子,倾盖而语,孔子引《野有蔓草》之诗。韩、鲁义同,以为邂逅贤士,与毛、朱男女不期而会异。是三家亦不以为淫诗。除去二篇,止有五篇,其数更不能合矣。疑似之文,既不可解,学者姑置之可也。魏源《诗古微》好创新说,引《白虎通》与《汉书·地理志》“郑国山居谷浴,男女错杂,为郑声以相说怿”,为班固《鲁诗》说;又引《异义》许君谨案之说,为三家《诗》。不知许君未明引今韩、鲁《诗》,何以知为三家?《白虎通》与《汉志》皆未明引《诗》说,又何以知为三家?《后汉书》注引《韩诗章句》:“郑国之俗,三月上巳之辰,于溱、洧二水之上,执兰招魂,祓除不祥,故诗人愿与所说者俱往也”。《韩诗》惟以《溱洧》为淫诗有明文,与毛义同,不以《野有蔓草》为淫诗,则与毛义异。韦昭《毛诗答问》云:“草始生而云蔓者,女情急,欲以促时。”江淹《丽色赋》云“感蔓草于《郑》诗”,自是毛义;而江淹《杂诗》云“既伤蔓草别,方知杕杜情”,则同三家遇贤之义。诗人非经学专家,随手掇拾,不为典要。魏乃强为调停之说,谓遇贤而托诸男女,犹《离骚》比君子于美人。舍《韩诗》明文可据者，而强同于毛义，又于三家无明文可据者，而执《异义》疑似之文以解之，皆非实事求是之义。以申侯为"狡童"，以子瑕说《扬之水》，皆无据。

十九、论毛《序》或以为本之子夏，或以为续于卫宏，皆无明文可据，即以为卫宏续作，亦在郑君之前

陈澧曰："《释文》引沈重云：'案郑《诗谱》意，《大序》是子夏作，《小序》是子夏、毛公合作。卜商意有不尽，毛更足成之。'自注：孔《疏》所载《诗谱》不言《序》为谁作，沈重之说，不知所据。澧案：《仪礼·乡饮酒礼》贾疏以'《南陔》，孝子相戒以养也'之类，是子夏《序》文，其下云'有其义而亡其辞'，是毛公续《序》，与沈重足成之说同。今读《小序》，显有续作之迹。如《载驰序》云：'许穆夫人作也。闵其宗国颠覆，自伤不能救也。'此已说其事矣，又云：'卫懿公为狄人所灭，国人分散，露于漕邑。许穆夫人闵卫之亡，伤许之小，力不能救，思归唁其兄，又义不得，故赋是诗也。'此以上文三句简略，故复说其事，显然是续也。《有女同车序》云：'刺忽也。郑人刺忽之不昏于齐。'此已说其事矣，又云：'太子忽尝有功于齐，齐侯请妻之。齐女贤而不取，卒以无大国之助，至于见逐。故国人刺之。'此以上文二句简略，故亦复说其事，显然是续也。郑君虽无说，读之自明耳。郑君非以《小序》皆子夏、毛公合作也。《常棣序》云：'燕兄弟也。闵管、蔡之失

道，故作《常棣》焉。’孔《疏》引《郑志》答张逸云：‘此《序》子夏所为，亲受圣人。’是郑以此《序》三句皆子夏所为，非独‘燕兄弟也’一句矣。《十月之交》、《雨无正》、《小旻》、《小宛》四篇《序》皆云刺幽王，《诗谱》则云刺厉王，‘汉兴之初，师移其第耳’。孔《疏》云：‘《十月之交》笺云《诂训传》时移其篇第，因改之耳，则所云师者，即毛公也。’据此，则郑君以《序》皆毛公所定，虽首句亦有非子夏之旧者也。或谓《序》之首句传自毛公以前，次句以下，毛公后人续作，尤不然也。如《终风序》云：‘卫庄姜伤已也。遭州吁之暴，见侮慢而不能正也。’若毛公时《序》但有首句，而无‘遭州吁之暴’云云，则次章‘莫往莫来’，传云‘人无子道以来事已，已亦不得以母道往加之’，所谓子者谁乎？以母道加谁乎？又如《考槃序》云：‘刺庄公也。不能继先公之业，使贤者退而穷处。’毛传云：‘考，成；槃，乐也。山夹水曰涧。曲陵曰阿。薖，宽大貌。轴，进也。’若毛公时《序》但有首句，则此传但释考、槃、涧、阿、薖、轴六字，不知《序》何以云刺庄公矣。且‘永矢弗告’，传云‘无所告语’，尤不知所谓矣。《郑风·羔裘序》云：‘刺朝也。言古之君子，以风其朝焉。’毛传亦但释字义，不知《序》何以云‘刺朝’矣。”锡瑞案：陈氏引《序》文以证郑义，可谓明切。但如其说，郑既以为子夏、毛公合作，又以《序》为皆出子夏，又以《序》为皆出毛公，是郑君一人之说，已前后歧异。盖本无明据，故游移无定，安见郑说可尽信乎？陈引《载驰》、《有女同车》，以为《序》有续作。陈信《毛诗》者，故以为毛公续子夏。其不信《毛诗》者，不亦可以为卫宏续毛《序》乎？陈引《终风》、《考槃》、《羔裘》，以为作传时不但有首句，足驳卫宏续《序》之说，不知苏辙、程大昌何以解之。而丘光庭《兼明书》举《郑风·出其东门》篇，谓毛传与《序》不符，曹粹中《放斋诗说》亦举《召南·羔羊》、《曹风·鸤鸠》、《卫风·君子偕老》三篇，谓传意、序意不相应，“《序》若出于毛，安得自相违戾”，又不知陈澧何以解之。平心论之，毛《序》本不知出自何人，尊之者推之毛公之前而属之子夏，疑之者抑之毛公之后而属之卫宏，其实皆无明文。三家既亡，无有更古于《毛诗》者，即谓《序》出卫宏，亦在郑君之前，非后人臆说可比，学者当尊崇为古义，不必争论为何人也。《四库提要》“定《序》首二语，为毛苌以前经师所传，以下续申之词，苌以下弟子所附”，斯为定论。

二十、论十五《国风》之次当从郑《谱》，世次、篇次三家亦不尽同于毛

毛义孤行，而《诗》之国次、世次、篇次皆从毛为定本，其实有不然者。十五《国风》之次，古说已不同。孔《疏》于《毛诗·国风》云：“郑《谱》，《王》在《豳》后者，退就《雅》、《颂》，并言王世故耳。诸国之次当是大师所第，孔子删定，或亦改张。襄二十九年《左传》鲁为季札遍歌周乐，《齐》之下即歌《豳》、歌《秦》，然后歌《魏》。杜预云：‘于《诗》，《豳》第十五，《秦》第十一，后仲尼删定，故不同。’杜以为今所第皆孔子之制，孔子之前则如《左传》之

次。郑意或亦然也。”又于《王城谱》云：“《王》诗次在《郑》上，《谱》退《豳》下者，欲近《雅》、《颂》，与王世相次故也。”又于《郑谱》云：“既谱《桧》事，然后谱《郑》。”又于《桧谱》云：“郑灭虢、桧而处之，故《谱》先《桧》而后《郑》。”欧阳修曰：“《周南》、《召南》、《邶》、《鄘》、《卫》、《王》、《郑》、《齐》、《豳》、《秦》、《魏》、《唐》、《陈》、《桧》、《曹》，此孔子未删之前，周太师乐歌之次第也。《周》、《召》、《邶》、《鄘》、《卫》、《王》、《郑》、《齐》、《魏》、《唐》、《秦》、《陈》、《桧》、《曹》、《豳》[①]，此今《诗》次第也。《周》、《召》、《邶》、《鄘》、《卫》、《桧》、《郑》、《齐》、《魏》、《唐》、《秦》、《陈》、《曹》、《豳》、《王》，此郑氏《诗谱》次第也。”魏源曰：“太师旧第，不过以邶、鄘、卫、王东都之地为一类，豳、秦西都之地为一类，郑、齐一类，唐、魏一类，陈、桧、曹小国一类，取其民风相近，初非有大义其间，所谓其文则史者也。夫子挈《豳》于后，先《唐》于《秦》，既皆裁以大义，不事沿袭，则王畿民风乌有仍厕侯国之理？桧为郑并，何独不援魏、唐画一之例，乃有夫子旧第，大即乎人心所同然，日在人耳目而不觉者？其说曰：《王》在《豳》后，《桧》处《郑》先。是说也，郑《诗谱》著之，孔《疏》凡四述之。若非夫子旧第、三家同传，郑安敢冒不韪以更毛次？此必因《毛诗》进《王》退《桧》，徒欲复太师原第而大乖夫子古义，故郑援鲁、韩次第以正之。”锡瑞案：三说当从郑

① “秦”，原脱，据吕祖谦《吕氏家塾读诗记》卷一引欧阳修说补。

《谱》为正，魏氏之说近是。以为"夫子旧第、三家同传"，虽无明文可证，然其说必有所授。孔《疏》臆断以为郑意亦如杜说，"今所第皆孔子之制"，则郑君作《谱》，何敢擅更《毛诗》之次第乎？魏源又谓："《毛诗》篇次，如后《采苹》于《草虫》，后《赉》于《桓》，与乐章不符；增笙诗佚篇于《小雅》，厕宣王《采薇》、《出车》之诗于正《雅》，与三家《诗》不符。"案《困学纪闻》："《诗正义》曰：'《仪礼》歌《召南》三篇，越《草虫》而取《采苹》，盖《采苹》旧在《草虫》之前。'曹氏《诗说》谓《齐诗》先《采苹》而后《草虫》。"今考《齐诗》魏代已亡，曹粹中不知何据，而《仪礼》以《鹊巢》、《采蘩》、《采苹》三篇连奏。《左氏传》云《风》有《采蘩》、《采苹》，则《毛诗》以《草虫》列《采蘩》、《采苹》之间，实紊其次。《左氏传》以《赉》为《大武》之三章，《桓》为《大武》之六章，杜注曰："不合于今《颂》次第，盖楚乐歌之次第。"孔疏曰"今《颂》次第，《桓》八，《赉》九"，则《毛诗》与《左传》不同。六笙诗本不列于《诗》，故《史记》、《汉书》皆云三百五篇，王式云"以三百五篇当谏书"，《乐纬动声仪》、《诗纬含神雾》、《尚书璿玑钤》皆云三百五篇。若加六篇，则三百十一篇，与古说皆不合。盖笙诗本有声无辞，如金奏、下管，皆乐歌而非诗。以金奏《肆夏》、《樊遏》、《渠》为《时迈》、《执竞》、《思文》，下管《新宫》为《斯干》，象为《维清》，皆非是。《豳雅》、《豳颂》，亦不敢强为之说。毛以六笙诗入《诗》非，郑欲改什尤非。《采薇》、《出车》、《杕杜》为宣王诗，见于《汉书·匈奴传》、《后汉书·马融传》、《盐铁论》、《潜夫论》。《古今人表》文王时无南仲，宣王时有南仲，然则《出车》之南仲，即《常武》之南仲也。《出车》云“王命南仲”，即《常武》云“王命卿士，南仲大祖”也。毛以宣王诗列于文王时，尤篇次之误者。若郑《笺》以《十月之交》以下四篇为刺厉王，《疏》以为出《鲁诗》。《鲁诗》以《黍离》为卫公子寿所作，当入《卫风》，不入《王风》。足见汉人所传之《诗》，次序不尽与《毛诗》同。惜三家已亡，末由考见。至于世次，则孔《疏》于《卫风》已云“后人不能尽得其次第”，于《郑风》引“郑答赵商云：《诗》本无文字，后人不能尽录其第，录者直录其义而已。如《志》之言，则作《序》乃始杂乱”。是《毛诗》次第之不可据，郑、孔皆明言之。郑君时三家俱存，惜不引以正《毛诗》之误也。郑《谱》：“《大雅》《生民》下及《卷阿》，《小雅》《南有嘉鱼》下及《菁菁者莪》，周公、成王之诗。”《左氏》襄二十九年传为季札“歌《小雅》”，服虔注云：“自《鹿鸣》至《菁菁者莪》，道文、武，修小政，定大乱，致太平。”是服氏以《小雅》无成王之诗。传又云“为之歌《大雅》”，服虔注云：“陈文王之德、武王之功，自《文王》以下至《凫鹥》，是为正《大雅》。”是服氏以《生民》、《行苇》、《既醉》、《凫鹥》为武王之诗，与郑《谱》不同，略可考见三家《诗》之世次。

二十一、论迹熄《诗》亡说者各异，据三家《诗》，变《风》亦不终于陈灵

《孟子》曰：“王者之迹熄而《诗》亡，《诗》亡然后《春

秋》作。”赵注以“颂声不作”为亡，朱注以“《黍离》降为《国风》而《雅》亡”为亡。郑《诗谱》曰：“于是王室之尊与诸侯无异，其诗不能复《雅》，故贬之，谓之王国之变《风》。”《谱》疏引服虔云：“《风》不称周而称王者，犹尊之，犹《春秋》王人列于诸侯之上，在《风》则已卑矣。”范宁《穀梁集解序》曰：“就大师而正《雅》、《颂》，因鲁史而作《春秋》，列《黍离》于《国风》，齐王德于邦君，所以明其不能复《雅》，政化不足以被群后也。”陆德明谓：“平王东迁，政遂微弱，《诗》不能复《雅》，下列称《风》。”孔颖达谓：“王爵虽在，政教才行于畿内，化之所及，与诸侯相似也。《风》、《雅》系政广狭，王爵虽尊，犹以政狭入《风》。”据此数说，降《王》于《国风》而《雅》亡，其说不始于朱子也。而宋人说《诗》亡，多兼《风》、《雅》言之。苏辙曰：“《诗》止于陈灵，而后孔子作《春秋》。”吕祖谦曰：“《雅》亡而《风》未亡，清议犹懔懔焉。变《风》终于陈灵，而《诗》遂亡。”王应麟曰：“《诗》、《春秋》相表里，《诗》之所刺，《春秋》之所贬也。《小雅》尽废，有宣王焉，《春秋》可以无作也。《王风》不复《雅》，君子绝望于平王矣。然《雅》亡而《风》未亡，清议盖懔懔焉。《击鼓》之诗，以从孙子仲为怨，则乱贼之党犹未盛也；《无衣》之诗，待天子之命然后安，则篡夺之恶犹有惧也。更齐、宋、晋、秦之霸，未尝无诗，礼义之维持人心如此。鲁有《颂》而周益衰，变《风》终于陈灵而《诗》遂亡。夏南之乱，诸侯不讨而楚讨之，中国为无人矣，《春秋》所以作与？”据此数说，是《诗》亡兼变《风》言之，而变

《风》终于陈灵，去《春秋》托始于隐已远，年代殊不相合。魏源曰："王朝变《雅》与王国民风，并亡于平王之末、桓王之初也。何以知之？以《春秋》始平王四十九年知之也。如谓东迁而《雅》降为《风》，则《春秋》胡不始于平王之初年而始于末年？观《抑》诗作于平王三十余年之后，《彼都人士》、《王风》皆作于东迁后、春秋前，故知变《雅》、《王风》一日不亡[①]，则《春秋》一日不作。盖东迁之初，卫武公与晋文侯为王卿士，'修尔车马，弓矢戎兵，用戒戎作，用逷蛮方'，王纲尚未解纽，列国陈诗，庆让之典尚存。及卫武、晋文俱殁，平王晚政益衰，仅以守府虚名于上，王迹荡然不存。故以《春秋》作之年，知《诗》亡之年也。若夫此外列国变《风》下逮陈灵，是霸者之迹，非王者之迹矣。观《齐风》终于襄公，《唐风》终于献公，而桓、文创伯反无一诗，则知桓、文陈其先世之风于王朝，而《卫》终于《木瓜》美齐桓者，亦齐伯所陈，以著其存卫之功。《秦》之《渭阳》，《曹》之《候人》，皆与晋文相涉，而《曹》之《下泉》有思伯之词，《秦》之《驷驖》、《无衣》又有勤王之烈，陈灵《株林》则楚庄存陈之盛举，而郑则二伯所必争，盖亦伯者所代陈矣。虽有伯者陈诗之事，而无王朝巡守、述职、庆让、黜陟之典，陈诗与不陈何异？岂能以伯者虚文，当王者之实政乎？故以《王风》居列国之终，郑《谱》以《王风》居终。示《风》终于平王，与《雅》亡同也。故《春秋》始于《王风》、二《雅》所终之年，明王迹已

① "知"，原脱，据魏源《诗古微·王风义例篇下》补。

熄，不复以列国之变《风》为存亡也。”锡瑞案：魏说近通，但《孟子》云“王迹”，当即“车辙马迹”之“迹”。天子不巡守，太师不陈诗，则虽有诗而若亡矣。魏以霸者之迹与王者之迹对举，似犹未合。以变《风》为伯者所陈，说亦近理。但齐、晋之伯乃天子所命，楚庄之伯非天子所命。楚与周声教隔绝，陈灵《株林》之诗未必为楚所陈，且三家以《燕燕》为卫定姜送妇之诗，《坊记》注：“《释文》曰：此是《鲁诗》。”又在陈灵之后。据《毛诗》，则变《风》终于陈灵。据三家，则当云变《风》终于卫献。而三家之说多不传，或更有后于卫献者，尤未可执变《风》终于陈灵以断之也。

二十二、论《诗》齐、鲁、韩说圣人皆无父感天而生，太史公、褚先生、郑君以为有父又感天，乃调停之说

今、古文多驳异，三家《诗》与《毛诗》尤多驳异，姑举一二大者言之。《生民》、《玄鸟》、《长发》、《閟宫》四诗，三家皆主感生之说。《生民》疏引《异义》：“《诗》齐鲁韩、《春秋》公羊说：圣人皆无父感天而生。”《列女传》曰：“弃母姜嫄者，邰侯之女也。当尧之时，见巨人迹，好而履之。归而有娠，浸以益大。心怪恶之，卜筮禋祀以求无子。终生子，以为不祥，而弃之隘巷，牛羊避而不践。乃送之平林之中，后伐平林者咸荐覆之。乃取置寒冰之上，飞鸟伛翼之。姜嫄以为异，乃收以归，因命曰弃。《诗》云：‘赫赫姜

嫄，其德不回，上帝是依。’此之谓也。”又曰：“契母简狄者，有娀氏之长女也。当尧之时，与其妹娣浴于玄丘之水，有玄鸟衔卵，过而坠之，五色甚好。简狄与其妹娣竞往取之，简狄得而含之，误而吞之，遂生契焉。《诗》云：‘有娀方将，立子生商。’又曰：‘天命玄鸟，降而生商。’此之谓也。”刘向所引盖《鲁诗》。褚少孙补《史记》引《诗传》曰：“汤之先为契，无父而生。契母与姊妹浴于玄丘水，有燕衔卵，堕之。契母得，故含之，误吞之，即生契。契生而贤，尧立为司徒，姓之曰子氏。子者，兹。兹，益大也。诗人美而颂之曰：‘殷社芒芒，天命玄鸟，降而生商。’商质，殷号也。文王之先为后稷，后稷亦无父而生①。后稷母为姜嫄，出见大人迹而履践之，知于身，即生后稷。姜嫄以为无父，贱而弃之道中，牛羊避不践也。抱之山中，山者养之。又捐之大泽，鸟覆席食之。姜嫄怪之，于是知其天子，乃取长之。尧知其贤才，立以为大农，姓之曰姬氏。姬者，本也。诗人美而颂之曰‘厥初生民’，深修益成，而道后稷之始也。”褚少孙事博士王式，由是《鲁诗》有褚氏之学，所引《诗传》乃《鲁诗传》，与《列女传》正同。《索隐》以史所引出《诗纬》。《诗疏》引《河图》云：“姜嫄履大人迹，生后稷。”《中候·稷起》云：“苍耀稷生感迹昌。”《苗兴》云：“稷之迹乳。”《契握》云：“玄鸟翔水遗卵流，娀简吞之，生契封商。”《春秋元命苞》：“姜嫄游閟宫，其地扶桑，履大人迹而生

① “后”，原脱，据《史记·三代世表》补。

稷。”《齐诗》与纬候多合，则亦与《鲁诗》合。董子《繁露·三代改制质文》篇曰：“天将授汤，主天法质而王，祖锡姓为子氏，谓契母吞玄鸟卵生契。天将授文王，主地法文而王，祖锡姓姬氏，谓后稷母姜嫄履天之迹而生后稷。”董子述《公羊春秋》义，故《异义》以为《诗》齐鲁韩、《春秋》公羊说“圣人皆无父感天而生”也。《异义》又引《左氏》说“圣人皆有父”，谨案：“《尧典》‘以亲九族’，即尧母庆都感赤龙而生尧，尧安得九族而亲之？《礼谶》云唐五庙，知不感天而生。”郑君驳曰：“诸言感生，得无父；有父，则不感生。此皆偏见之说也。《商颂》‘天命玄鸟，降而生商’，谓娀简吞鳦子生契。是圣人感生，见于经之明文。刘媪是汉太上皇之妻，感赤龙而生高祖，是非有父感神而生者也？且夫蒲卢之气，妪煦桑虫，成为己子，况乎天气因人之精，就而神之[1]，反不使子贤圣乎？是则然矣，又何多怪？”锡瑞案：今文三家《诗》、《公羊春秋》，圣人皆无父感天而生，为一义。古文《毛诗》、《左氏》，圣人皆有父，不感天而生，为一义。郑君兼取二义，为调停之说，此其说亦有所自来。张夫子问褚先生曰：“《诗》言契、后稷皆无父而生，今案诸传记，咸言有父，父皆黄帝子也，得无与《诗》缪乎？”褚先生曰：“不然。《诗》言契生于卵，后稷人迹，欲见其有天命精诚之意耳。鬼神不能自成，须人而生，奈何无父而生乎？一言有父，一言无父，信以传信，疑以传疑，故两言之。”褚少孙两言之，已与

① “神”，原误作“成”，据《毛诗正义·生民》改。

郑意相似。当时《毛诗》未出，所谓“《诗》言”，即三家《诗》。所谓“传记”，即《五帝德》、《帝系姓》之类。太史公据之作《三代世表》，自云“不离古文者近是”，是以稷、契有父，父皆黄帝子，乃古文说，故与《毛诗》、《左氏》合，与三家《诗》、《公羊春秋》不合。太史公作殷、周《本纪》，用三家今文说，以为简狄吞玄鸟卵，姜嫄践巨人迹，而兼用古文说，云殷契母曰简狄，有娀氏之女，为帝喾次妃，后稷母有邰氏女，曰姜嫄，为帝喾元妃，是亦合今、古文义而两言之，又在褚少孙之先。若三家《诗》义，实不如是。据褚先生所引《诗传》及刘向《列女传》，皆不云简狄、姜嫄有夫，亦不云为帝喾妃。且《列女传》言稷、契之生皆当尧之时，则简狄、姜嫄不得为帝喾妃甚明。此等处当分别观之，不得以《史记》杂采古、今，见其与毛《传》不同，遂执以为三家今文义如是也。

二十三、论《生民》、《玄鸟》、《长发》、《閟宫》四诗当从三家，不当从毛

《毛诗》与《左氏》相表里，故《左氏》说圣人皆有父，《毛诗》亦以为有父。毛传云：“后稷之母配高辛氏帝。‘履帝武敏’，帝，高辛氏之帝也”。此毛以为有父不感天之义。郑笺云：“姜嫄当尧之时，为高辛氏之世妃。‘履帝武敏’，帝，上帝也。”此郑以为有父又感天之义。锡瑞案：以诗义推之，毛传必不可通。帝既弗无子，生子何又弃之，且一弃、再弃、三弃，必欲置之死地？作此诗者乃周人，尊

祖以配天，若非实有神奇，必不自诬其祖。有夫生子，人道之常，何以铺张生育之奇，乃至连篇累牍？孙毓谓："自履其夫帝喾之迹，何足异而神之？"其说甚通。马融知毛义不可通，强为遗腹避嫌之说以解之，王基、马昭已驳之矣。近人又各创为新说。有谓帝为帝挚，诸侯废挚立尧，姜嫄避乱，生子而弃之者。有谓"先生如达"，稷形似羊，如包羲牛首，以其怪异而弃之者。有谓"不坼不副"，"居然生子"，稷初生如卵，古人未知翦胞之法而弃之者。有谓"后稷呱矣"，可见初生不哭，以其不哭而弃之者。纷纷异说，无一可通。即解《生民》诗可强通，而解《玄鸟》、《长发》、《閟宫》三诗皆不可通。《玄鸟》诗云"天命玄鸟，降而生商"，则契生于鳦卵甚明。若但以为玄鸟至而祀禖生契，何言天命？又何言"天命玄鸟"？作此诗者近不辞矣。《长发》诗云"有娀方将，立子生商"，《列女传》、高诱《吕览注》引皆无"帝"字，诗称有娀，不及其夫，自不以为帝喾，则契非帝喾所生甚明。郑解"帝"为黑帝，不如三家本无"帝"字为更明也。若《閟宫》诗义尤昭著，云："赫赫姜嫄，其德不回。上帝是依，无灾无害。弥月不迟，是生后稷。""上帝"必是天帝，人帝未有称上帝者。《生民》之"帝"，可以高辛帝强解之；《閟宫》之"上帝"，不可以高辛帝强解。故毛传云："上帝是依，依其子孙。"此不得已而为之辞，与诗上下文不相承。笺云："依，依其身也，天用是冯依。"其解经甚合。后人乃疑不当侪姜嫄为房后，拟上帝于丹朱。不知周、鲁之人作诗以祀祖宗，叙述神奇，并无隐讳，何以后人少见多怪，必欲曲为掩饰？依古纬说，自华胥生皇羲，以至简狄、姜嫄，皆有感生之事。许君《异义》早成，《说文》晚定。《异义》从古文说，《说文》仍从今文，云："古之神圣母感天而生子，故称天子。"盖帝王之生皆有神异，岂可偏执一理，以为必无其事？且据诗而论，无论事之有无，而诗人所言明以为有，如必断为理之所无，则当起周、鲁与宋《商颂》宋人作，见后。作诗之人，责以诬祖之罪，不当谓三家说诗为误，责以诬古之罪也。古文说圣人皆有父，以姜嫄、简狄皆帝喾之妃。如其说，则殷、周追尊，自当妣、祖并重，何以周立先妣姜嫄之庙，不祀帝喾，《生民》等诗专颂姜嫄、有娀之德，不及帝喾？《仪礼》曰："禽兽知母而不知父。"如古文说，稷、契皆有父，而作诗者但知颂稷、契之母而不及其父，得毋皆禽兽乎？戴震曰："《帝系》曰帝喾上妃姜嫄，本失实之词，徒以傅会周人禘喾为其祖之所自出。使喾为周家祖之所自出，何《雅》、《颂》中言姜嫄，言后稷，竟无一语上溯及喾？且姜嫄有庙，而喾无庙。若曰履迹感生不得属之喾，则喾明明非其祖所自出。"古文似正而非，今文似奇而是。学者试取诗文，平心而熟玩之，知此四诗断然当从三家，而不当从毛《传》。郑《笺》以毛为主，而解四诗从三家，不从毛。朱子曰："履巨迹之事有此理，且如契之生，诗中亦云'天命玄鸟，降而生商'。盖以为稷、契皆天生之尔，非有人道之感，不可以常理论也。汉高祖之生亦类此。"故其解《生民》亦从郑，不从毛。郑君、朱子皆大儒，其读书精审，知不如此解诗不能通也。《论衡·奇怪》篇云："儒者称圣人之生，不因人气，更禀精于天。禹母吞薏苡而生禹，故夏姓曰姒。卨母吞燕卵而生卨，故殷姓曰子。后稷母履大人迹而生后稷，故周姓曰姬。夫薏苡，草也；燕卵，鸟也；大人迹，土也。三者皆形，非气也。燕之身不过五寸，薏苡之茎不过数尺，二女吞其卵、实，安能成七尺之形乎？今谓大人天神，故其迹巨。使大人施气于姜嫄，姜嫄之身小，安能尽得其精？不能得其精，则后稷不能成人。苍颉作书，与事相连。姜嫄履大人迹，迹者基也，姓当为'其'下'土'，乃为'女'旁'叵'，非'基'迹之字，不合本事，疑非实也。以周'姬'况夏、殷，亦知'子'之与'姒'，非燕子、薏苡也。或时禹、卨、后稷之母适欲怀妊，遭吞薏苡、燕卵、履大人迹也。"案：仲任引儒者之言，乃汉时通行今文说，仲任不信奇怪，故加驳诘。其驳诘之语，正所谓痴人前说不得梦。锡瑞尝谓后世说经之弊，在以世俗之见律古圣贤，以民间之事拟古天子。仲任生于东汉，已有此等习见。即如其说，亦当以为诗人之误，不当以为儒者说诗之误也。

二十四、论《鲁颂》为奚斯作，《商颂》当从三家，不当从毛

三家与毛又有大驳异处，如以《鲁颂》为公子奚斯作，以《商颂》为正考父作是也。扬子《法言》曰："正考甫尝晞尹吉甫矣，公子奚斯晞正考甫矣。"《后汉书·曹褒传》曰："昔奚斯赞鲁，考父咏殷。"班固《两都赋序》曰："故皋陶歌虞，奚斯颂鲁。"王延寿《鲁灵光赋》曰："故奚斯颂僖，歌其

路寝。"曹植《承露盘铭序》曰:"奚斯鲁颂。"《荡阴令张君表颂》曰:"奚斯赞鲁,考父颂殷。"《梁相费汎碑》曰:"感奚斯之德。"《太尉杨震碑》曰:"故感慕奚斯之追述。"《沛相杨统碑》曰:"庶考斯之颂仪。"《郃阳令曹全碑》曰:"嘉慕奚斯、考父之美。"《巴郡太守张纳碑》曰[①]:"庶慕奚斯,缺二字。之义。"《荆州刺史度尚碑》曰:"于是故吏感《清庙》之颂,叹斯父之诗。"《绥民校尉熊君碑》曰:"昔周文公作颂,宋成考父、公子奚斯追羡遗迹,纪述前勋。"宋洪适《隶释》[②],及近人武亿《群经义证》、王昶《金石萃编》,皆以汉碑为误。锡瑞案:《曹褒传》注引薛君《韩诗章句》曰:"奚斯,鲁公子也。言其新庙奕奕然盛,是诗公子奚斯所作也。正考父,孔子之先也,作《商颂》十二篇。"是奚斯作《鲁颂》,考父作《商颂》,义出《韩诗》,而《史记》用《鲁诗》,班固用《齐诗》,三家义同,乌得偏据《毛诗》以驳之乎?孔广森曰:"三家谓诗为奚斯作者,是也。此与'吉甫作颂,其诗孔硕'文义正同。曼,长也。诗之章句未有长如此篇者,故以'曼'言之。毛传谓奚斯作庙,则'孔硕且硕',词意窘复矣[③]。"孔氏以三家为是,是矣,而未尽也。《駉》毛《序》曰:"季孙行父请命于周,而史克作是颂。"郑《诗谱》曰:"僖复鲁旧制,未遍而薨。国人美其功,季孙行父请命于周而作其颂。"寻毛、郑之意,盖谓《鲁颂》皆史克作,作于僖公薨

① "郡",原误作"纳",据《张纳碑》名改。

② "适",原误作"迈",据文义改。

③ "词",原脱,据孔广森《经学卮言》补。

后。故解“奚斯所作”为作庙，不为作《颂》。今案《閟宫》诗多祝寿之语，且云“令妻寿母”，意必僖公在位，其母成风、其妻声姜皆在，乃宜为此颂祷之辞。若在僖公薨后，世无其人已死，犹为之追祝寿，且并颂其母与妻者。如毛、郑之说可谓一大笑话。史克，见《左氏》文十八年传，宣公时尚存，见《国语》，其年辈在后。奚斯，见《左氏》闵二年传，其年辈在前。则奚斯作《颂》于僖公之时，时代正合。故当从三家，以为奚斯所作。汉人引《诗》各处相合，以为误，必无各处皆误之理。若毛、郑之说则诚误，不必为之曲讳。段玉裁订《毛诗故训传》，乃强改“作是庙也”之“庙”字为“诗”字，以傅合汉人所引三家《诗》义。陈奂疏毛氏《传》亦从段说，岂非“童牛角马，不今不古”者乎？

二十五、论正考父与宋襄公年代可以相及，郑君《六艺论》从三家《诗》，笺毛亦兼采三家

《史记·宋世家》曰：“宋襄公之时，修仁行义，欲为盟主。其大夫正考父美之，故追道契、汤、高宗殷所以兴，作《商颂》。”史公用《鲁诗》说。裴骃集解曰：“《韩诗·商颂》亦美襄公[①]。”盖三家说同。后人不信三家，以“考父颂殷”为误，谓考父与宋襄年代远不相及。锡瑞案：史公去古未远，从孔安国问故，何至于孔子先世之事懵然不知？

① “颂”下，《史记集解》本有“章句”二字。

《孔子世家》既载孟釐子言正考父佐戴、武、宣矣,《十二诸侯年表》戴、襄相距百有一十六年,则史公非不知考父之年必百三四十岁而后能相及也。百龄以上之寿,古多有之,窦公、张苍即其明证。或又疑其子见杀,其父不应尚存,则春秋时明有其人,亦即宋国之人。《左氏》文十六年传曰:初,公子荡卒,公孙寿辞司城,请使意诸为之。意诸死昭公之难,历文十七、十八两年,宣十八年,成八年,凡二十八年。宋公使公孙寿来纳币,明见于经。荡意诸见杀,其父公孙寿可来纳币,何独孔父见杀,其父正考父不可作《颂》乎?今、古文多驳异,《异义》以齐鲁韩《诗》、《公羊春秋》为一说,《毛诗》、《左氏》为一说。《公羊》称宋襄为文王不过此,故三家以《商颂》为美宋襄。《左氏》于宋襄多贬辞,河间博士治《毛诗》者以为宋襄无足颂美,故别创一说,此其踪迹之可寻者。后人乃据《左氏》殇公即位,君子引《商颂》,以驳三家。无论古文说不足难今文,即如《左氏》之言,左氏作传在春秋末,距春秋初二百余年,所引君子曰或事后追论,岂必殇公同时之人哉?宋襄与鲁僖同时,故《商颂》与《鲁颂》文体相似。若是商时人作,商质而周文,不应《周颂》简,《商颂》反繁,且铺张有太过之处。王夫之尝摘"昆吾、夏桀"为失辞矣。魏源《诗古微》列十三证,证《商颂》为宋诗,可谓深切著明。考《诗序》疏引郑君《六艺论》曰:"文王创基,至于鲁僖,则《商颂》不在数矣。"罗泌《路史·后纪》注曰:"《商颂》,宋颂也,宋襄公之诗耳。叙诗者以为正考父所得商诗，中言汤孙，而毛、郑遂以为太甲、中宗之诗[①]，妄也。夫言'奋伐荆楚'，襄公事也；'《万》舞有奕'，非商乐也。盖宋有商王之庙，而诗为宋祀之诗[②]，此常理尔。故韩婴、马迁亦以为美襄公，然迁以为考父作，则缪矣。考父佐戴、武、宣，非襄公时，盖因而误之。此宋也，而谓之商，不忘本也。引《六艺论》云：文王创基，至鲁僖间，《商颂》不在数矣。孔子删《诗》时，录此五章，岂无意哉？'商邑翼翼，四方之极'，'我有嘉客，亦不夷怿'，岂能忘哉？景山，商坟墓之所在也。商邑之大，岂无贤才哉？'松柏丸丸'，在于斫而迁之，方斫而敬承之，以用之尔。松柏小材，有梴而整布；众楹大材，有闲而静别。既各得施，则寝成而孔安矣。拱成群材，而任以成国，则人君高拱仰成矣。是'绸缪牖户'之义也。"案：罗氏以《商颂》为宋颂，是也，引《六艺论》甚详，可以推见郑君之意。子曰"《诗》三百"，自《周南》至《鲁颂》，适得三百之数。郑君以为《商颂》不在数，孔子删《诗》录此五篇，以寓怀旧之感，其说必有所受。以景山为商之坟墓，松柏喻商之贤材，且以松柏喻小材，众楹喻大材，"寝成孔安"喻任群材成国，皆为喻言，不为实事，与笺《诗》以陟景山、抡材木为实事者不同，是郑君作《论》时从三家之明证。郑笺《殷武》诗云"时楚僭号王位"，亦兼用三家义，以为宋诗。若商世，不闻楚有僭王之事。孔《疏》驳马昭曰："名曰《商颂》，是商世之颂，非宋人之诗，安得

① "诗"，原误作"时"，据罗泌《路史》卷十九改。

② "祀"，原误作"礼"，据罗泌《路史》卷十九改。

曰'宋郊,配契'也?马昭虽出郑门,其言非郑意也。"孔颖达但知郑《笺》从毛,不知兼采三家,马昭既出郑门,其言当得郑意。罗氏"荆楚"、"《万》舞"二证,足明三家之义。而以考父非襄公时为疑,则犹未知其年代可以相及也。

二十六、论郑《谱》、郑《笺》之义知声音之道与政通

郑《诗谱序》曰:"勤民恤功,昭事上帝,则受颂声,弘福如彼;若违而弗用,则被劫杀,大祸如此。吉凶之所由,忧娱之萌渐,昭昭在斯,足作后王之鉴[1],于是止矣。"正义曰:"此言孔子录《诗》唯取三百之意。'弘福如彼',谓如文、武、成王世修其德,致太平也。'大祸如此',谓如厉、幽、陈灵恶加于民,被放弑也。'违而不用',谓不用《诗》义,则'勤民恤功,昭事上帝'是用《诗》义也,互言之也。用《诗》则吉,不用则凶,'吉凶之所由',谓由《诗》也。《诗》之规谏,皆防萌杜渐。用《诗》则乐,不用则忧,是为'忧娱之萌渐'也。"陈澧案:"《大序》云'国史明乎得失之迹',《小序》每篇言美某王、美某公[2]。郑君本此意以作《谱》,而于《谱序》大放厥辞。此乃三百篇之大义也,此《诗》学所以大有功于世也。郑《笺》有感伤时事之语。《桑扈》'不戢不难,受福不那',笺云:'王者位至尊,天所

① "作",原脱,据《毛诗正义》补。

② "某公","某"原脱,据陈澧《东塾读书记》卷补。陈氏原文作"美某王某公,刺某王某公"。

子也，然而不自敛以先王之法，不自难以亡国之戒，则其受福禄亦不多也。'此盖叹息痛恨于桓、灵也。《小宛》'螟蛉有子，蜾蠃负之'，笺云：'喻有万民不能治，则能治者将得之。'此盖痛汉室将亡而曹氏将得之也。又'战战兢兢，如履薄冰'，笺云：'衰乱之世，贤人君子虽无罪，犹恐惧。'此盖伤党锢之祸也。《雨无正》'维曰于仕，孔棘且殆'，笺云：'居今衰乱之世，云往仕乎，甚急迮且危。'此郑君所以屡被征而不仕乎？郑君居衰乱之世，其感伤之语有自然流露者，但笺注之体谨严，不溢出于经文之外耳。"锡瑞案：郑君作《谱序》，深知孔子录《诗》之意。陈氏引郑《笺》，深知郑君笺《诗》之意。在心为志，发言为诗，言为心声，非可勉强，声音之道，与政相通。故曰："治世之音安以乐，其政和。乱世之音怨以怒，其政乖。亡国之音哀以思，其民困。"《诗》之世次难以尽知，何楷《世本古义》臆断某诗为某人某事作，《提要》以为大惑不解。即毛《序》某诗刺某君，朱子亦不深信。然今即以诗辞而论，有不待笺释而知其时之为盛为衰，不必主名而见其政之为治为乱者，如：《鱼丽》美万物众多，而《苕华》云"人可以食，鲜可以饱"，则其民之贫富可知；《天保》云"群黎百姓，遍为尔德"，而《兔爰》云"尚寐无吪"，《苕华》云"不如无生"，则其民之忧乐可知。是即不明言为何王之诗，而盛衰治乱之象宛然在目，其君之应受弘福与受大祸，亦瞭然于前矣。朱子曰："周之初兴时，'周原膴膴，堇荼如饴'，苦底物亦甜；及其衰也，'牂羊坟首，三星在溜。人可以食，鲜可以饱'，直恁地萧索。"正得此意。

二十七、论先鲁、后殷、新周、故宋见《乐纬》，三《颂》有《春秋》存三统之义

孔子所定六经，皆有微言大义。自东汉专讲章句、训诂，而微言大义置不论。今文十四博士师传中绝，圣经宗旨闇忽不章，犹有遗文散见于古书者。《文选》潘安仁《笙赋》注引《乐纬动声仪》曰："先鲁，后殷，新周，故宋。"此《诗》三《颂》有通三统之义，与《春秋》存三统大义相通，三家《诗》之遗说不传而散见于纬书者也。"先鲁，后殷"，谓《鲁颂》在先，《商颂》在后。所以录《商颂》于后者，即《春秋》"新周、故宋"之义。三家《诗》以《商颂》为正考父美宋襄公，当云《宋颂》，而谓为《商颂》者，宋本商后，春秋时称宋为商。《左氏传》司马子鱼曰"天之弃商久矣"，史龟曰"利以伐姜，不利子商"，宗人衅夏曰"孝、惠娶于商"，皆称宋为商之明证。或云鲁定公讳宋，当时改宋为商，似未尽然。《乐记》师乙曰："肆直而慈爱者宜歌《商》，温良而能断者宜歌《齐》。"《大戴礼记》："七篇《商》、《齐》，可歌也。"“《商》、《齐》”即师乙所谓《商》、《齐》，《商》与《齐》对举，非谓商一代，谓宋一国也。《毛诗》与《国语》皆古文，故据《国语》云"正考父校商之名《颂》十二篇于周太师"，以《商颂》为正考父所校，不以《宋颂》为正考父所作，与三家《诗》以《商颂》为美宋襄者判然不合。《毛诗》既据《国语》，又据《左传》，于宋襄多诋斥之词故也。自《毛

诗》、《左传》单行，人不信三家《诗》，更不知《诗》有“先鲁，后殷，新周，故宋”之微言，与《春秋》三统之义相通，而孔子删《诗》，如徐陵之选《玉台新咏》、王安石之选《唐百家诗》，不过编辑成书，并无义例之可言矣。三家《诗》所传微言必多，惜皆不传于世，仅存《乐纬》八字犹略可考。其余与《春秋》相通者，《春秋》“元年春王正月”，“王”谓文王，《诗》之四始皆称文王。其相通者一。《春秋》尊王，褒美桓、文，《诗·风》终于《豳》，称周公，《雅》终于《召旻》，言召公，《匪风》思王，《下泉》思伯。其相通者二。孟子云“《诗》亡然后《春秋》作”，必更有微言大义相合者，惜今文说亡佚，多不可考耳。顾炎武曰：“《诗》之次序，犹《春秋》之年月，夫子因其旧文，述而不作也。颂者，美盛德之形容，以告宗庙。鲁之《颂》，颂其君而已，而列之《周颂》之后者，鲁人谓之《颂》也。世儒谓夫子尊鲁而进之为《颂》，是不然。鲁人谓之《颂》，夫子安得不谓之《颂》乎？为下不倍也。《春秋》书公、书郊禘，亦同此义。孟子曰其文则史，不独《春秋》也，虽六经皆然。今人以为圣人作书，必有惊世绝俗之见，此是以私心待圣人。”锡瑞案：顾氏此说，非独不知《诗》，并不知《春秋》。孟子曰“其文则史”，不尝引孔子曰“其义，则某窃取之”乎？义不独《春秋》，六经皆有之。孟子称孔子作《春秋》功继群圣，安得无“惊世绝俗之见”，而谓“以私心待圣人”乎？信顾氏说，必不信孟子而后可。“世儒谓夫子尊鲁而进之为《颂》”，正是“先鲁，后殷”之义。《宋颂》亦谓之《颂》，正是“新周，故宋”之义。《诗》之次序,《春秋》之年月,皆夫子手定,必有微言大义,而非专袭旧文。“述而不作”是夫子谦辞,若必信以为真,则夫子手定六经并无大义微言,《诗》、《书》止编辑一过,《春秋》止抄录一过,所谓万世师表者安在?成伯玙《毛诗指说》以《鲁颂》为变《颂》,陈鹏飞《诗解》不解殷、鲁二《颂》,以为《商颂》当阙而《鲁颂》可废,皆不知三《颂》有通三统之义也。阮元曰:“颂”本“容皃”之“容”,“容”、“养”、“漾”一声之转。“周颂”、“鲁颂”、“商颂”,犹云周之样子、鲁之样子、商之样子耳。“风”、“雅”惟歌而已,惟“颂”有舞,以象成功,如今之演剧,据孔子与宾牟贾论乐可见。

二十八、论《左氏传》所歌诗皆传家据已定录之,非孔子之前已有此义

子曰:“吾自卫反鲁,然后乐正,《雅》、《颂》各得其所。”然则夫子未正乐之前,《雅》、《颂》必多失次可知。而《左氏传》载季札观乐在夫子未正乐之前,十五《国风》、《雅》、《颂》皆秩然不紊,学者多以为疑。此在汉人已明解之。《周礼·春官·大师》疏引郑众《左氏春秋注》云:“孔子自卫反鲁,在哀公十一年。当此时,《雅》、《颂》未定,而云为歌大小《雅》、《颂》者,传家据已定录之,言季札之于乐与圣人同。”又《诗谱序》疏引襄二十九年《左传》服虔注云:“哀公十一年,孔子自卫反鲁,然后乐正,《雅》、《颂》各得其所,距此六十二岁。当时《雅》、《颂》未定,而云为之歌《小雅》、《大雅》、《颂》者,传家据已定录之。”李贻德曰:

"是时孔子尚幼,未得正乐,歌者未必秩然如是,传者从后序其事,则据孔子定之次追录之,故得同正乐后之次第也。"《诗》孔疏以服说为非,引郑司农《春官》注,"与郑同以为《风》、《雅》先定,非孔子为之"。不知《春官》贾疏引郑司农《左氏》、《周官》两处之注明有两解,服虔以为"传家据已定录之",正本司农《左氏》之注。是司农虽据《周官》,而解《左氏》知其说不可通,故注《周官》用《周官》义,注《左氏》用《左氏》义。《周官》、《左氏》皆古文,注者皆郑司农,而不能专持一义解之,以孔子反鲁正乐有明文,不敢背其说也。凡古人注经前后不合者,皆于经义有疑,未能决定,意在矜慎,并非矛盾。疏家不明此旨,但主一说而尽弃其余;即一人之说前后不符,亦专取其一。举先儒之疑而未定者,臆定以为决辞,而反相驳难,或且去取乖缪,舍其是者而取其不是者。于是先儒矜慎之意全失,虽有异义,无从考见。其或于他处散见一二,皆学者所宜标出以备参考者也。康成注多歧异,其答弟子明见《郑志》,孔《疏》驳《郑志》,专取一书之注,非康成之意。郑司农在东汉之初,服子慎在东汉之末,二人之说递相祖述,皆以传家据孔子所定《雅》、《颂》,"言季札之于乐与圣人同"。盖当时古文虽盛行,犹未敢以《左氏》、《周官》显违《论语》之义,不若唐以后人之悍,专主一经而尽废群经也。《左传疏》曰:"此为季札歌《诗》,《风》有十五国,其名皆与《诗》同,唯其次第异耳,则仲尼以前,篇目先具,其所删削,盖亦无多,记传引《诗》[1],亡逸甚少,知本先不多也。《史记·

① "引",原误作"与",据《春秋左传正义》改。

孔子世家》云‘古者诗三千余篇，孔子去其重，取三百五篇’，盖马迁之谬耳。”案：孔《疏》据季札所歌，以驳删《诗》之说，犹之可也；若据季札所歌，而疑孔子以前《诗》与今同，并无定《诗》正乐之事，则断乎不可。据郑、服两说，足见《左氏》一书多以阙里之绪论，为当时之实事。季札歌《诗》既从后定，其余诸大夫之断章取义，其义或亦出于孔子之后，而非出于孔子之前，未可尽以春秋之断章，为诗人之本旨也。《左氏》引《易》、《礼》、《论语》，皆当作如是观。《国语》楚子引《曹》诗“不遂其媾”，乃当时刺曹共公诗。或谓《候人》即为晋公子作，何以遽传至楚而楚子引之？殊不可信。俞正燮强护《国语》，谓晋公子从者挟其诗以示人，尤为臆说无据。

二十九、论赋、比、兴、豳雅、豳颂皆出《周礼》，古文异说不必深究

《诗》有风、雅、颂，人人所知也，而《周礼·大师》“教六诗，曰风，曰赋，曰比，曰兴，曰雅，曰颂”，毛《序》据其说，谓《诗》有六义，于是风、雅、颂之外，有赋、比、兴。而传专言兴，不言比、赋，孔疏曰：“毛传特言兴也，为其理隐故也。”又曰：“风、雅、颂者，诗篇之异体；赋、比、兴者，诗文之异辞耳。大小不同，而得并为六义者，赋、比、兴是诗之所用，风、雅、颂是诗之成形。用彼三事，成此三事，是故同称为义，非别有篇卷也。《郑志》：张逸问：‘何诗近于比、赋、兴？’答曰：‘比、赋、兴，吴札观诗已不歌也。孔子录《诗》，已合《风》、《雅》、《颂》中，难复摘别。篇中义多兴。’”据

此，则比、赋、兴难以摘别，与风、雅、颂大小不同，郑、孔亦明知之，特以毛义不敢驳。毛又本于《周礼》，是古文异说，今文三家《诗》无是说也。十五《国风》有《豳风》，人人所知也，而《周礼·籥章》“掌土鼓、豳籥，龡豳诗、龡豳雅、龡豳颂”，郑注：“豳诗，《豳风·七月》也。豳雅，亦《七月》也。《七月》又有‘于耜’、‘举趾’、‘馌彼南亩’之事，是亦歌其类。谓之雅者，以其言男女之正。豳颂，亦《七月》也。《七月》又有‘获稻’、‘作酒’、‘跻彼公堂，称彼兕觥，万寿无疆’之事，是亦歌其类也。谓之颂者，以其言岁终人功之成[①]。”郑笺《诗》，则以“殆及公子同归”以上是谓豳风，“以介眉寿”以上是谓豳雅，“万寿无疆”以上是谓豳颂，孔疏云：“《籥章》之注，与此小殊。彼又观《籥章》之文而为说也。以其歌豳诗以迎寒迎暑，故取寒暑之事以当之。吹豳雅以乐田畯，故取耕田之事以当之。吹豳颂以息老物，故取养老之事以当之。就彼为说，故作两解也。诸诗未有一篇之内备有风、雅、颂，而此篇独有三体。”据此，则分《七月》诗为风、雅、颂本无定说，一篇不应分三体，郑、孔亦明知之，特欲引据《周礼》，不得不强傅会。是古文异说，今文三家《诗》亦无是说也。至宋以后，异说尤多。朱子《诗传》以兴、比、赋分而为三，摘毛《传》不合于兴者四十九条[②]，且曰：“《关雎》，兴诗也，而兼于比。《绿衣》，比诗也，而兼于兴。《頍弁》一诗，兴、比、赋兼之。”愈求精，愈游移

① “言”，原误作“年”，据《周礼注疏》改。

② “九”，王应麟《困学纪闻》卷三等引述均作“八”。

无定，究不知比、兴如何分别。胡致堂引李仲蒙说，“叙物以言情谓之赋，索物以托情谓之比，触物以起情谓之兴”，亦属空言。王质驳郑《笺》，谓：“一诗如何分为三？《籥章》所谓豳诗，以鼓、钟、瑟、琴四器之声合籥也。礼，笙师龡竽、笙、埙、籥、箫、篪、篴、管、舂、牍、应、雅，凡十二器，以雅器之声合籥也。礼，眂瞭播鼗，击颂磬、笙磬，凡四器，以颂器之声合籥也”。朱子有三说：“一说豳诗吹之，其调可风、可雅、可颂；一说《楚茨》诸诗是豳之雅，《噫嘻》诸诗是豳之颂；一说王介甫谓豳自有雅、颂，今皆亡矣”。黄震谓：“《楚茨》诸诗于今为刺幽王之诗，《噫嘻》诸诗于今为成周郊社之诗，未易遽指以为豳。若如介甫谓豳诗别自有雅、颂，则豳乃先公方自奋于戎狄之地，此时安得有天子之雅、颂耶[①]？惟前一说得之，以王质考订为精详”。锡瑞案：王质之说尤谬。“舂牍”，先郑以为一器，后郑以为牍、应、雅教其舂，则笙师所教止十一器，而无十二。“颂磬、笙磬”，郑注：“在东方曰笙。笙，生也。在西方曰颂。颂或作庸。庸，功也。”引《大射礼》为据，甚确，则颂磬非颂器之声。王质引《周礼》，又不用《周礼》之义，改乱古注，以就其说。宋人习气，固无足怪，而《周礼》亦不可为据。汉人古说自《周礼》外，无言豳雅、豳颂者。自《周礼》、毛《传》外，无言赋、比、兴者。郑《注》、孔《疏》强为傅会，而心不能无疑，宋人又不信注疏而各自为说，实则皆如孔

① “时”，原误作“诗”，据黄震《黄氏日抄》卷四改。

广森之论《尚书》“孔、蔡谬悠，议瓜骊山，良无一是”者也。《周礼》一书与诸经本不相通，后人信之，反乱经义。如孔子所定之《易》，《周易》是也。《周礼·太卜》有《连山》、《归藏》、《周易》，为三《易》。后人不求明《易》，而争论《连山》、《归藏》，于是有伪《连山》、《归藏》。孔子所定之《书》，《尚书》是也。《周礼·外史》有三皇五帝之书[①]，后人不求明《书》，而争论三皇五帝之书，于是有伪《三坟》书。孔子所定之《诗》，《风》、《雅》、《颂》是也。《周礼》有赋、比、兴、豳雅、颂，后人不求明《诗》，而争论赋、比、兴、豳雅、颂。此等皆无裨经义，其真其伪，其是其非，可以不论。治经者先扫除一切单文孤证疑似之文，则心力不分而经义易晰矣。

三十、论《南陔》六诗与金奏三《夏》不在三百五篇之内

洪迈《容斋续笔》曰：“《南陔》、《白华》、《华黍》、《由庚》、《崇丘》、《由仪》六诗，毛公为《诗诂训传》，各置其名，述其义，而亡其辞。《乡饮酒》、《燕礼》云：‘笙入堂下，磬南，北面立，乐奏《南陔》、《白华》、《华黍》。乃间歌《鱼丽》，笙《由庚》；歌《南有嘉鱼》，笙《崇丘》；歌《南山有台》，笙《由仪》。乃合乐《周南·关雎》《葛覃》《卷耳》、

① “周礼”，原误作“周易”，据《周礼注疏》改。

《召南·鹊巢》《采苹》《采蘩》。'切详文意,所谓歌者,有其辞,所以可歌,如《鱼丽》、《嘉鱼》、《关雎》以下是也;亡其辞者不可歌,故以笙吹之,《南陔》至于《由仪》是也。有其义者,谓'孝子相戒以养'、'万物得由其道'之义。亡其辞者,元未尝有辞也,郑康成始以为'及秦之世而亡之',又引《燕礼》'升歌《鹿鸣》[①],下管《新宫》'为比,谓《新宫》之诗亦亡。按:《左传》宋公享叔孙昭子,赋《新宫》,杜注为逸《诗》,则亦有辞,非诸篇比也。陆德明《音义》云:'此六篇[②],盖武王之诗,周公制礼,用为乐章,吹笙以播其曲。孔子删定,在三百一十一篇内,及秦而亡。'盖祖郑说耳。且古诗经删及逸不存者多矣,何独列此六名于《大序》中乎?束皙《补亡》六篇,不可作也。《左传》叔孙豹如晋,晋侯享之,金奏《肆夏》、《韶夏》、《纳夏》,工歌《文王》、《大明》、《绵》、《鹿鸣》、《四牡》、《皇皇者华》。三《夏》者,乐曲名,击钟而奏,亦以乐曲无辞,故以金奏之。若六诗,则工歌之矣,尤可证也。"锡瑞案:洪说是也。汉初史迁、王式诸人,皆云《诗》三百五篇,无有云三百十一篇者,是不数六笙诗甚明。《毛诗故训传》不以六笙诗列什数,则《序》云"有其义而亡其辞","亡"字当读"有无"之"无",郑君以为"亡逸"之"亡",笺云:"孔子论《诗》,《雅》、《颂》各得其所,时俱在耳。篇第当在于此,遭战国及秦而亡之,其义则与众篇之义合编,故存。至毛公为《诂训传》,乃分众篇之义,各

---

① "鸣",原误作"歌",据《仪礼·燕礼》改。

② "六",陆德明《经典释文》本作"三",洪迈引误作"六"。

置于其篇端，云又阙其亡者，以见在为数，故推改什首，遂通耳，而下非孔子之旧。”自郑君为此说，陆德明、孔颖达、成伯玙皆以为《诗》三百十一篇，与汉初人云三百五篇不合矣。杜子春《周礼·钟师》注引《春秋传》“金奏《肆夏》之三”，云：“《肆夏》与《文王》、《鹿鸣》俱称三，谓其三章也。以此知《肆夏》，《诗》也。《国语》曰：‘金奏《肆夏》、《繁遏》、《渠》，天子所以享元侯。’《肆夏》、《繁遏》、《渠》，所谓三《夏》矣。吕叔玉云：《肆夏》、《繁遏》、《渠》，皆《周颂》也。《肆夏》，《时迈》也。《繁遏》，《执傹》也。《渠》，《思文》也。肆，遂也；夏，大也。言遂于大位，谓王位也，故《时迈》曰‘肆于时夏，允王保之’。繁，多也；遏，止也。言福禄止于周之多也，故《执傹》曰‘降福穰穰’，‘降福简简’，‘福禄来反’。渠，大也。言以后稷配天，王道之大也，故《思文》曰‘思文后稷，克配彼天’。”郑谓：“以《文王》、《鹿鸣》言之，则《九夏》皆《诗》篇名，《颂》之族类也。此歌之大者，载在乐章，乐崩亦从而亡，是以《颂》不能具。”案：吕说盖以《时迈》、《思文》皆有“时夏”之文，而《执竞》一篇在其间，故据以当三《夏》。其说近傅会，郑君不从，是也，特以为《颂》之族类，乐崩亦从而亡，则犹未知金奏与工歌不同，本不在三百五篇中，非《颂》不能具也。

三十一、论《诗》无不入乐,《史》、《汉》与《左氏传》可证

《史记》曰:“三百五篇,孔子皆弦歌之,以求合《韶》、《武》、《雅》、《颂》之音。”则孔子之时,《诗》无不入乐矣。《汉书》曰:“行人振木铎徇于路以采诗,献之大师,比其音律。”则孔子之前,《诗》无不入乐矣。《墨子》曰:“诵《诗》三百,弦《诗》三百,歌《诗》三百,舞《诗》三百。”则孔子之后,《诗》无不入乐矣。《诗》之入乐,有一定者,有无定者。如《乡饮酒礼》:“间歌《鱼丽》,笙《由庚》;歌《南有嘉鱼》,笙《崇丘》;歌《南山有台》,笙《由仪》;合乐《周南·关雎》《葛覃》《卷耳》、《召南·鹊巢》《采蘩》《采苹》。”《乡射礼》合乐同。《燕礼》间歌歌乡乐,与《乡饮酒礼》同。《大射》歌《鹿鸣》三终。《左氏传》云:《湛露》,王所以宴乐诸侯也;《彤弓》,王所以燕献功诸侯也;《文王》,两君相见之乐也;亦升歌《清庙》。《鹿鸣》、《四牡》、《皇华》,嘉邻国君、劳使臣也。此《诗》之入乐有一定者也。三《夏》,依郑说,不取吕叔玉说为《肆夏》、《执竞》、《思文》。《乡饮酒礼》正歌备后有“无算乐”,注引《春秋》襄二十九年“吴公子札来聘,请观于周乐。此国君之无算”,然则《左氏传》载列国君卿赋《诗》言志,变《风》、变《雅》皆当在无算乐之中。此《诗》之入乐无一定者也。若惟正《风》、正《雅》入乐,而变《风》、变《雅》不入乐,吴札焉得而观之,列国君卿焉得而歌之乎?至宋

儒,乃有《诗》不入乐之说。程大昌曰:"《南》、《雅》、《颂》,乐名也,若今乐曲之在某宫者也[1]。邶、鄘、卫十三国者,诗皆可采,而声不入乐,则直以徒诗著之本土。"朱子曰:"二《南》正《风》,房中之乐也,乡乐也。二《雅》之正《雅》,朝廷之乐也。商、周之《颂》,宗庙之乐也。至变《雅》,则衰周卿士之作,以言时政之得失。而《邶》、《鄘》以下,则太师所陈以观民风者耳,非宗庙燕享之所用也。"顾炎武用其说,曰:"夫二《南》也,《豳》之《七月》也,《小雅》正十六篇,《大雅》正十八篇,《颂》也,《诗》之入乐者也。《邶》以下十二国之附于二《南》之后,而谓之《风》,《鸱鸮》以下六篇之附于《豳》,而亦谓之《豳》,《六月》以下五十八篇之附于《小雅》,《民劳》以下十三篇之附于《大雅》,而谓之变《雅》,《诗》之不入乐者也。"锡瑞案:谓《诗》不入乐,与《史》、《汉》皆不合,亦无解于《左氏》之文。古者诗教通行,必无徒诗不入乐者。唐人重诗,伶人所歌皆当时绝句。宋人重词,伶人所歌皆当时之词。元人重曲,伶人所歌亦皆当时之曲,有朝脱稿而夕被管弦者。宋歌词,不歌诗,于是宋之诗为徒诗。元歌曲,不歌词,于是元之词为徒词。明以后歌南曲,不歌北曲,于是北曲亦为徒曲。今并南曲亦失其传,虽按谱而填,鲜有能按节而歌者。如《古乐府》辞皆入乐,后人拟乐府,则名焉而已。周时诗方通行,必不如是。宋人与顾氏之说,窃未敢谓然

① "某宫",原误作"其官",据程大昌《考古编》卷一改。

也。笙入、金奏本非三百五篇之诗，而说者必强以为《诗》；三百五篇本无不入乐之诗，而说者又谓有徒诗，皆不可据。

三十二、论《诗》至晋后而尽亡，开元遗声不可信

《困学纪闻》曰："《大戴礼·投壶》云：'凡《雅》二十六篇，其八篇可歌，歌《鹿鸣》、《貍首》、《鹊巢》、《采蘩》、《采苹》、《伐檀》、《白驹》、《驺虞》；八篇废，不可歌；七篇《商》、《齐》，可歌也；三篇间歌。'《上林赋》'掩群雅'，张揖注云：'《诗·小雅》之材七十四人，《大雅》之材三十一人。'愚谓八篇可歌者，唯《鹿鸣》、《白驹》在《小雅》，《貍首》今亡，郑氏以为《射义》所引曾孙侯氏之诗，余皆《风》也，而亦谓之《雅》，岂《风》亦有《雅》欤？刘氏《小传》：'或曰：《貍首》，《鹊巢》也，篆文似之。'此有《貍首》，又有《鹊巢》，则或说非矣。张揖言二雅之材[①]，未知所出。"阎若璩按："《小雅》除笙诗，自《鹿鸣》至《何草不黄》，凡七十四篇，《大雅》自《文王》至《召旻》，凡三十一篇，故曰《小雅》之材七十四人，《大雅》之材三十一人，以篇数言也。"屠继序按："文当云'八篇废，不可歌，《史辟》、《史义》、《史见》、《史童》、《史谤》、《史宾》、《拾声》、《叡挟》[②]；七篇《商》、《齐》，可歌也；三篇，间歌也'，合二十六篇之数。"又按："《伐檀》即《小雅·伐木》也，意三家必有作'伐檀丁

---

① "二"，原误作"大"，据王应麟《困学纪闻》卷三改。

② "宾"，原误作"赞"，据《大戴礼记·投壶》改。

丁'者,杜夔传《琴操》仍其异文耳。"《困学纪闻》又曰:"汉太乐食举十三曲,一曰《鹿鸣》。杜夔传旧《雅乐》四曲,一曰《鹿鸣》,二曰《驺虞》,三曰《伐檀》,四曰《文王》,皆古声辞。《琴操》曰:'古琴有诗歌五曲,曰《鹿鸣》、《伐檀》、《驺虞》、《鹊巢》、《白驹》。'"朱子《仪礼经传通解》十四"诗乐"十二《诗谱》,《雅》诗六:《鹿鸣》、《四牡》、《皇华》、《鱼丽》、《嘉鱼》、《南山有台》,"黄钟清宫,俗呼正宫";《风》诗六:《关雎》、《葛覃》、《卷耳》、《鹊巢》、《采蘩》、《采苹》,"无射清商,俗呼越调"。朱子曰:"今按:《大戴礼》颇有阙误,其篇目、都数皆不可考。至汉末年,止存三篇,而加《文王》,又不知其何自来也。其后改作新辞,旧曲遂废[①]。至唐开元乡饮酒礼,其所奏乐乃有此十二篇之目,而其声今亦莫得闻矣。此谱乃赵彦肃所传,曰即开元遗声也。古声亡灭已久,不知当时工师何所考而为此也。窃疑古乐有唱有叹,唱者发歌句也,和者继其声也,诗词之外,应更有叠字散声以叹发其趣。故汉、晋之间,旧曲既失其传,则其辞虽存而世莫能补,为此故也。若但如此谱直以一声叶一字,则古诗篇篇可歌,无复乐崩之叹矣。夫岂然哉!又其以清声为调,似亦非古法。然古声既不可考,则姑存此,以见声歌之仿佛,俟知乐者考其得失云[②]。"锡瑞案:汉食举奏《鹿鸣》,则《鹿鸣》犹通行。明帝二年幸辟雍,诏曰"升歌《鹿鸣》,下管《新宫》",《新宫》乃逸《诗》,

① "曲",原误作"典",据《仪礼经传通解》卷十四改。

② "乐",原误作"音",据《仪礼经传通解》卷十四改。

不知何从得之。杜夔传四曲有《文王》，亦不知何从得之。《伐檀》变《风》，诚非伦次。屠氏以为《伐木》，则非是。《上林赋》云“悲《伐檀》，乐乐胥”，《伐檀》云悲，当同毛《序》“贤者不遇明王”之义。若是《伐木》，何悲之有？夔传四曲，皆古声辞。及太和中左延年改夔《驺虞》、《伐檀》、《文王》，更自作声节，其名虽存，而声实异。唯因夔《鹿鸣》全不改易，每正旦大会，东厢雅乐常作者是也。至泰始五年，荀勖乃除《鹿鸣》旧歌，更作行礼诗，于是《鹿鸣》亦亡。若开元所奏赵彦肃所传十二篇，皆不知所自来。朱子疑之，以一声叶一字为非，可谓至论，而《通解》仍载十二《诗谱》，不得已而存饩羊之义耳。今学宫歌诗，正以一声叶一字者。

三十三、论《诗》教温柔敦厚在婉曲不直言，《楚辞》及唐诗、宋词犹得其旨

《论语》言六经，惟《诗》最详，可见圣人删《诗》之旨，而不得其解，则反致轇轕。如言“《关雎》乐而不淫，哀而不伤”，毛《序》已纠缠不清，郑《笺》改“哀”为“衷”，朱注《论语》又以“忧”易“哀”，后人更各为臆说矣。言“《诗》三百，一言以蔽之，曰‘思无邪’”，《诗》本托讽，圣人恐人误会，故以“无邪”正之。毛、郑解《诗》，于此义已不尽合，朱子以《郑》、《卫》诗为淫人自言，王柏乃议删《郑》、《卫》矣。惟言“小子何莫学夫《诗》”一章，兴观群怨，事父事

君，多识鸟兽草木之名，本末兼该，巨细毕举，得《诗》教之全，而人亦易解。其大者尤在温柔敦厚，长于风谕。《困学纪闻》曰：“子击好《晨风》、《黍离》，而慈父感悟。见《韩诗外传》。《韩诗》以《黍离》为伯奇之弟伯封作，言孝子之事，故能感悟慈父，与《毛诗》以为闵周者不同。周磐诵《汝坟》卒章，而为亲从仕。王裒诵《蓼莪》，而三复流涕。裴安祖讲《鹿鸣》，而兄弟同食。可谓兴于《诗》矣。”焦循《毛诗补疏序》曰：“夫《诗》，温柔敦厚者也，不质直言之，而比兴言之，不言理而言情，不务胜人而务感人。自理道之说起，人各挟其是非，以逞其血气。激浊扬清，本非谬戾，而言不本于性情，则听者厌倦，至于倾轧之不已，而忿毒之相寻。以同为党，即以比为争，甚而假宫闱、庙祀、储贰之名，动辄千百人哭于朝门，自鸣忠孝，以激其君之怒，害及其身，祸于其国，全戾乎所以事君父之道。余读《明史》，每叹《诗》教之亡，莫此为甚。夫圣人以一言蔽三百，曰：‘思无邪。’圣人以《诗》设教，其去邪归正奚待言？所教在思。思者，容也。思则情得，情得则两相感而不疑。故示之于民，则民从；施之于僚友，则僚友协；诵之于君父，则君父怡然释。不以理胜，不以气矜，而上下相安于正。无邪以思致，思则以嗟叹永歌、手舞足蹈而致。《管子》曰：‘止怒莫如《诗》。’刘向曰：‘夫《诗》，思然后积，积然后流，流然后发。’《诗》发于思，思以胜怒，以思相感，则情深而气平矣。此《诗》之所以为教欤？”又《补疏》曰：“循按：《兼葭》、《考槃》，皆遁世高隐之辞，而《序》则云：《考槃》，刺庄公；《兼葭》，刺襄公。此说者所以疑《序》也。尝观《序》之言刺，如《氓》、《静女》刺时，《简兮》刺不用贤，《芄兰》刺惠公，《匏有苦叶》、《雄雉》刺卫宣公，《君子于役》刺平王，《叔于田》、《太叔于田》刺庄公，《羔裘》刺时，《还》刺荒，《著》刺时不亲迎，《葛屦》刺褊，《汾沮洳》刺俭，《十亩之间》刺时，《伐檀》刺贪，《蟋蟀》刺晋僖公，《山有枢》、《椒聊》刺晋昭公，《有杕之杜》刺晋武公，《葛生》、《采苓》刺晋献公，《宛丘》刺陈幽公，《蜉蝣》刺奢，《鸤鸠》刺不壹，《祈父》、《白驹》、《黄鸟》刺宣王，《宾之初筵》卫武公刺时，《鱼藻》、《采菽》、《黍苗》、《隰桑》、《匏叶》刺幽王，《抑》卫武公刺厉王。求之诗文，不见刺意。惟其为刺诗，而诗中不见有刺意，此三百篇所以温柔敦厚，可以兴，可以观，可以群，可以怨也。后世之刺人，一本于私，虽君父，不难于指斥，以自鸣其直。学《诗》三百，于《序》既知其为刺某某之诗矣，而讽味其诗文，则婉曲而不直言，寄托而多隐语，故其言足以感人，而不以自祸。即如《节南山》、《雨无正》、《小弁》等作，亦恻怛缠绵，不伤于直，所以为千古事父、事君之法也。若使所刺在此诗中，即明白言之，不待读《序》，即知其为刺某人之作，则何以为'主文谲谏而不讦，温柔敦厚而不愚'？二语，李行修说。'民之多辟，无自立辟'，泄冶所以见非于圣人也。宋、明之人不知《诗》教，士大夫以理自持，以倖直抵触其君，相习成风，性情全失，而疑《小序》者遂相率而起。余谓《小序》之有裨于《诗》，至切至要，特详论于此。"锡瑞案：《诗》婉曲不直言，故能感人。焦氏所言，甚得其旨。三百篇后，得《风》、《雅》之旨者，惟屈子《楚辞》。太史公云："《国风》好色而不淫，《小雅》怨诽而不乱。若《离骚》者，可谓兼之。"而《楚辞》未尝引经，亦未道及孔子，宋玉始引《诗》"素餐"之语，或据以为当时孔教未行于楚之证。案：楚庄王、左史倚相、观射父、白公子张诸人，在春秋时已引经，不应六国时犹未闻孔教，《楚辞》盖偶未道及，而实兼有《国风》、《小雅》之遗。其后唐之诗人犹通比兴，至宋乃渐失其旨，然失之于诗而得之于词，犹《诗》教之遗也。

三十四、论三百篇为全经，不可增删改窜

《汉书·艺文志》曰："《诗》三百篇，遭秦而全者，以其讽诵，不独在竹帛故也。"班氏据汉博士之说，《诗》遭秦为全经，汉时所传之三百篇，即圣人所谓《诗》三百，非有不完不备、待后人补缀者。汉时今《尚书》家以二十九篇为备，古《尚书》家以为有百篇，二说不同。而《诗》则三家与毛，今、古文皆以为全经，无不同也。王柏乃疑"今日之三百五篇，岂果为圣人之三百五篇？秦法严密，《诗》无独全之理。窃意夫子已删去之《诗》，容有存于闾巷浮薄者之口。盖雅奥难识，淫俚易传。汉儒病其亡逸，妄取而撺杂，以足三百篇之数"。柏此说与《汉志》相反，柏以前无为此说者，果何所据而云然乎？吴师道引刘歆言"《诗》始出时，一人不能独尽其经，或为《雅》，或为《颂》，相合而成"，以证王氏之说。案：刘歆但云《雅》、《颂》相合，未云撺杂足数。且

班固既著此语于《歆传》，而《艺文志》以《诗》为全经，是班氏未尝以歆所云，疑《诗》为不全也。王氏因朱子以《郑》、《卫》为淫诗，毅然删去三十二篇，且于二《南》删去《野有死麕》一篇，而退《何彼秾矣》、《甘棠》于《王风》。圣人手定之经，敢加删改。后人以其渊源于朱子而莫敢议，金履祥、许谦从而和之。不知朱子之说，证以《左氏》，已难据信。朱子曰："今若以桑中濮上为雅乐，当以荐何等鬼神，接何等宾客？"案：《桑中》诗虽未见古人施用，而郑、卫《风》三十二篇，朱子所指为淫诗、王氏所毅然删去者，如《将仲子》、《褰裳》、《风雨》、《有女同车》、《萚兮》、《野有蔓草》六诗，明见于《左氏传》，用以宴享宾客。《左氏传》虽难尽信，然必非出于汉以后。朱子之说已未可信，王氏所疑岂可信乎？自汉以后，学者不知圣人作经，非后人所敢拟议。王通《续诗》有"四名五志"，或云伪作。朱子曰：王通欲取曹、刘、沈、谢之诗为《续诗》，曹、刘、沈、谢"又那得一篇如《鹿鸣》、《四牡》、《大明》、《文王》、《关雎》、《鹊巢》"？刘迅取《房中歌》至《后庭斗百草》、《临春乐》、《少年子》之类，凡一百四十二篇，以拟《雅》章，又取《巴渝歌》、《白头吟》、《折杨柳》至《谈容娘》，以比《国风》之流，亦属僭。丘光庭《兼明书》曰："大中年中，《毛诗》博士沈朗《进新添〈毛诗〉四篇表》云：'《关雎》后妃之德，不可为三百篇之首，盖先儒编次不当耳。今别撰二篇为尧、舜诗，取《虞人之箴》为禹诗[1]，取《大雅·文王》之篇为文王诗。请以此四诗置《关雎》之前[2]，所以先帝王而后后妃，尊卑之义也。'朝廷嘉之。明曰：沈朗论《诗》，一何狂谬！不知沈朗自谓新添四篇，为《风》乎？为《雅》乎？为《风》也，不宜歌帝王之道；为《雅》也，则不可置《关雎》之前。非唯首尾乖张，实谓自相矛盾。其为妄作，无乃甚乎！"案：沈朗妄添《诗》，罪在刘迅之上；王柏妄删《诗》，罪亦不在沈朗之下。《四库提要》斥之曰："柏何人斯，敢奋笔以进退孔子哉！"程敏政、茅坤信王柏，二人非经师，毛奇龄已辨之。阎若璩深于《书》而浅于《诗》，亦误信王柏，皆不足据。

三十五、论风人多托意男女，不可以文害辞

《汉书·食货志》曰："男女有不得其所者，因相与歌咏，各言其伤。师古曰：怨刺之诗也。孟春之月[3]，群居者将散，行人振木铎徇于路以采诗，献之大师，比其音律，以闻于天子。"何休《公羊解诂》曰："男女有所怨恨，相从而歌。饥者歌其食，劳者歌其事。男年六十、女年五十无子者，官衣食之，使之民间求诗。乡移于邑，邑移于国，国以闻于天子。"据此二说，则《风》诗实有民间男女之作。然作者为民间男女，而其怨刺者，不必皆男女淫邪之事。朱子乃以

---

① "诗"，原误作"时"，据丘光庭《兼明书》卷二改。

② "此"，原脱，据丘光庭《兼明书》卷二补。

③ "孟春"，原误作"春秋"，据《汉书·食货志》改。

词意不庄、近于亵狎者皆为淫诗，且为淫人所自作。陈傅良谓“以彤管为淫奔之具，城阙为偷期之所，窃所未安[①]”，藏其说，不与朱子辨。朱子谓：“陈君举两年在家中解《诗》，未曾得见。近有人来说君举解《诗》，凡《诗》中所说男女事，不是说男女，皆是说君臣。未可如此一律，今人解经，先执偏见，类如此。”锡瑞案：陈止斋《诗说》，今不可得见。据朱子谓其以说男女者为说君臣，则风人之义，实当有作如是解者。朱子《楚词集注》曰：“楚人之词，其寓情草木，托意男女，以极游观之适者，变《风》之流也；其叙事陈情，感今怀古，以不忘乎君臣之义者，变《雅》之类也；其语祀神歌舞之盛，则几乎《颂》。而其变也，又有甚焉。其为赋，则如《骚经》首章之云也；比则香草、恶物之类也；兴则托物兴词[②]，初不取义，如《九歌》沅芷澧兰以兴思公子而未敢言之属也。”朱子以《诗》之六义说《楚词》，以托意男女为变《风》之流，沅芷澧兰思公子而未敢言为兴。其于《楚词》之托男女、近于亵狎而不庄者，未尝以男女淫邪解之，何独于《风》诗之托男女、近于亵狎而不庄者，必尽以男女淫邪解之乎？后世诗人得风人之遗者，非止《楚词》。汉、唐诸家近于比兴者，陈沆《诗比兴笺》已发明之。初唐四子托于男女者，何景明《明月篇序》已显白之。古诗如傅毅《孤竹》、张衡《同声》、繁钦《定情》、曹植《美女》，虽未知其于君臣、朋友何所寄托，要之必非实言男女。唐诗如

① “安”，原误作“妥”，据叶绍翁《四朝闻见录》卷一甲集改。

② “物”，原误作“兴”，据朱熹《楚辞集注序》改。

张籍“君知妾有夫”一篇，乃在幕中却李师道聘作，托于节妇而非节妇；朱庆余“洞房昨夜停红烛”一篇，乃登第后谢荐举作，托于新嫁娘而非新嫁娘，皆不待笺释而明者。即如李商隐之《无题》、韩偓之《香奁》，解者亦以为感慨身世，非言闺房。以及唐宋诗余，温飞卿之《菩萨蛮》感士不遇，韦庄之《菩萨蛮》留蜀思唐，冯延巳之《蝶恋花》忠爱缠绵，欧阳修之《蝶恋花》为韩、范作，张惠言《词选》已明释之。此皆词近闺房，实非男女，言在此而意在彼，可谓之接迹风人者。不疑此而反疑风人，岂非不知类乎？孟子曰：“故说《诗》者不以文害辞，不以辞害志。以意逆志，是为得之。”以托意男女而据为实言，正以文害辞、以辞害志而不知以意逆志者也。

三十六、论鸟兽草木之名当考毛《传》、《尔雅》、陆《疏》，而参以图说、目验

鸟兽草木之名，虽属《诗》之绪余，亦足以资多识。三家既亡，详见毛《传》。毛公之学，自谓子夏所传。张揖《进〈广雅〉表》云：“周公著《尔雅》一篇。今俗所传三篇，或言仲尼所增，或言子夏所益，或言叔孙通所补，或言沛郡梁文所考。”据此，则毛《传》与《尔雅》同渊源于子夏，故《尔雅》之释草、释木、释鸟、释兽与毛《传》略同。曹粹中《放斋诗说》以为《尔雅》成书在毛公以后。戴震曰：“传、注莫先《毛诗》，其为书又出《尔雅》后。《尔雅》

'杜,甘棠','梨,山樆'[①],'榆,白枌',立文少变。杜涩,棠甘,而名类可互见。'杜,赤棠。白者棠',以棠见杜。'杜,甘棠',以杜见棠。《毛诗》'甘棠,杜也'误,'枌,白榆也'不误。杜,甘曰棠。梨,山生曰樆。榆,白曰枌。朱子《诗集传》于《陈·东门之枌》云'枌,白榆也',本《毛诗》;于《唐·山有蓲》云'榆,白枌也',殆稽《尔雅》而失其读。其他《毛诗》误用《尔雅》者甚多。先儒言《尔雅》往往取诸《毛诗》,非也。"钱大昕曰:"毛公所见《尔雅》胜于今本,如草木虫鱼增加偏旁,多出于汉以后经师,而毛犹多存古。夫不、秸鞠、脊令、卑居之属[②],皆当依毛本改正者也。"陈奂曰:"大毛公生于六国,其作《诗故训传》,传义有具于《尔雅》,有不具于《尔雅》。用依《尔雅》,编作义类。"案:诸家说皆以《尔雅》先于《毛诗》,与曹氏说不同。考鸟兽草木者,二书之外,陆玑《草木鸟兽虫鱼疏》为最近古。成伯玙《毛诗指说》曰:"陆玑作《草木疏》二卷,亦论虫鱼鸟兽,然土物所生,耳目不及,相承迷悮[③],明体乖殊,十得六七而已。"据此,则唐人于陆《疏》已不尽信。然十得六七,犹胜后人臆说。宋蔡卞《毛诗名物解》、许谦《集传名物抄》、陆佃《尔雅新义》、罗愿《尔雅翼》,自矜创获,求异先儒。而蔡卞、陆佃皆王

① "樆",原误作"檎",据戴震《答江慎修先生论小学书》及《尔雅》改。下"山生曰樆"同。

② "秸",原误作"桔",据《毛诗正义》改。

③ "悮",原误作"悟",据成伯玙《毛诗指说·传受第三》改。

安石新学。安石《诗经新义》"八月剥枣"不用《毛诗》"剥,扑"之训,以为剥其皮以养老。后罢政居钟山,闻田家扑枣之言,乃悟杜诗"东家扑枣任西邻"及"枣熟从人打",知毛传"剥,扑"之训不误,奏请删去《诗义》。宋人新说之不可信如此,所说名物安可据乎?古今名物不同,未易折衷壹是,然不知雎鸠为何鸟,则不能辨"挚而有别"言"挚至"与言"鸷猛"之孰优;不知芣苢为何草,则不能定毛与三家"乐有子"与"伤恶疾"之孰是。多识草木鸟兽,乃足以证《诗》义。动、植物学,今方讲明,宜考毛《传》、《尔雅》、陆《疏》,证以图说,参以目验,审定古之何物为今之何物,非但取明经义,亦深有裨实用,未可以其琐而忽之也。

三十七、论郑《笺》、朱《传》间用三家,其书皆未尽善

自汉以后,经学宗郑,说《诗》者莫不主郑《笺》;自宋以后,经学宗朱,说《诗》者莫不从朱《传》。郑《笺》,宗毛者也,而间用三家说;朱《传》,不宗毛者也,亦间用三家说。惠栋《九经古义》曰:"王伯厚谓郑康成先通《韩诗》,故注三《礼》与笺《诗》异。案《郑志》答炅模云:'为记注时就卢君,先师亦然。后乃得毛公传记,古书义又且然,记注已行,不复改之。'卢君,谓卢子幹也。先师,谓张恭祖也。《续汉书》卢植与郑玄俱事马融,同门相友。玄本传云'又从东郡张恭祖受《韩诗》',故记注多依韩说。《六艺论》

云:‘注《诗》宗毛为主,毛义若隐略,则更表明;如有不同,即下己意。’案:郑《笺》宗毛,然亦间有从韩、鲁说者。如《唐风》‘素衣朱襮’,以‘绣黼’为‘绡黼’;《十月之交》为厉王时[①];《皇矣》‘侵阮徂共’为三国名,皆从《鲁诗》。《衡门》‘可以樂饥’,以‘樂’为‘療’,《十月之交》‘抑此皇父’,“抑”读为‘意’,《思齐》‘古之人无斁’,‘斁’作‘擇’,《泮水》‘狄彼东南’,‘狄’作‘鬄’,皆《韩诗》说也。”详见《毛诗稽古编》、《经义杂记》。此郑《笺》间用三家之证也。王应麟《诗考序》曰:“贾逵撰《齐鲁韩与毛诗异同》,崔灵恩采三家本为《集注》,今唯毛《传》、郑《笺》孤行。独朱文公闳意眇指,卓然千载之上。言《关雎》,则取康衡;宋人讳“匡”字,改为“康”。《柏舟》,妇人之诗,则取刘向;笙诗有声无辞,则取《仪礼》;‘上天甚神’,则取《战国策》;‘何以恤我’,则取《左氏传》;《抑》戒自儆,《昊天有成命》道成王之德,则取《国语》;‘陟降庭止’,则取《汉书注》;《宾之初筵》饮酒悔过,则取《韩诗序》;‘不可休思’,‘是用不就’,‘彼岨者岐’,皆从《韩诗》;‘禹敷下土方’,又证诸《楚辞》,一洗末师专己守残之陋。”此朱《传》间用三家之证也。锡瑞案:郑《笺》所以间用三家者,当时三家通行,毛不通行,故郑君注《礼》时,尚未得见毛《传》。盖郑见毛《传》后,以为孤学,恐致亡佚,故作笺以表明,有不惬于心者,间采三家,裨补其义。不明称三家说者,正以三家通

① “时”,原误作“诗”,据惠栋《九经古义》卷六改。

行，人人皆知之故。郑樵曰："当郑氏笺《诗》，三家俱存，故郑氏虽解释经文，不明言改字之由，亦以学者既习《诗》，则三家之《诗》不容不知也。后世三家既亡，学者惟见其改字，而不见《诗》学之所由异。此郑氏之所以获讥也。"其后郑《笺》既行，而齐、鲁、韩三家遂废。《经典释文》之说。此郑君所不及料者。郑精三《礼》，以礼解《诗》，颇多纡曲，不得诗人之旨。魏源尝摘其失，如："'亦既觏止'，引男女之构精；'言从之迈'，殉古人于泉壤。《菀柳》相戒，言王者不可朝事；《四月》怨役，斥先祖为非人。除《墙茨》之淫昏，反违礼而害国；颂《椒聊》之桓叔，能均平不偏党。'瞻乌爰止'，则教民以贰上；昊天为政，望更姓而改物。成王省耕，王后与世子偕行；阎妻厉妃，童角乃皇后之斥。取子毁室，诛周公之党与；屦五緌双，数姜襄之姆傅。"此郑《笺》之未尽善也。朱《传》所以间用三家者，亦以毛、郑不惬于心，间采三家，裨补其义。据王应麟《诗考序》云"扶微学，广异义，亦文公之意"，则其采辑三家，实由朱子《集传》启之。后来范家相、马国翰更加摭拾，至陈乔枞益详，未始非朱子先路之导。攻朱者不顾朱义有本，并其本于三家者亦攻驳之，过矣。朱子作《白鹿洞赋》，用"青衿伤学校"语，门人问之，曰："古《序》亦不可废。"是朱子作《集传》，不过自成一家之说。后人尊朱，遂废注疏，亦朱子所不及料者。郑《笺》之失，在以礼解《诗》；朱《传》之失，则在以理解《诗》。其失不同，皆不得诗人之旨。黄震谓"晦庵先生尽去美刺，探求古始，虽东莱先生不能无疑"，陈傅良谓"窃所未安"。是朱《传》在当时，人已疑之。元延祐科举条制《诗》用朱《传》，明胡广等窃刘瑾之书，作

《诗经大全》，著为令典，于是专宗朱《传》，汉学遂亡。本《提要》。近陈启源等乃驳朱申毛，疏证详明，一一有本。本《提要》。此朱《传》之未尽善也。然则学者治《诗》，以何书为主乎？曰：三家既亡，毛又简略，治《诗》者不得不以唐人《正义》为本。其书以刘焯《毛诗义疏》、刘炫《毛诗述义》为稿本，故能融贯群言，包罗古义。本《提要》。虽或过于护郑，且有强毛合郑之处，而名物、训诂极其该洽，远胜《周易》《尚书疏》之空疏。朱子《集传》名物、训诂亦多本于孔《疏》，学者能通其说，不仅为治《毛诗》之用，且可以通群经。至于近人之书，则以陈奂《诗毛氏传疏》能专为毛氏一家之学，在陈启源、马瑞辰、胡承珙之上；陈《疏》惟合明堂、路寝为一，非是，钟文烝尝诋为新奇缪戾。陈乔枞《鲁诗遗说考》、《齐诗遗说考》、《韩诗遗说考》能兼考鲁、齐、韩三家之遗，比王应麟、范家相、马国翰为详。学者先观二书，可以得古《诗》之大义矣。陈氏于三家少发明。魏源发明三家，未能笃守古义，且多武断。

三十八、论孔子删《诗》是去其重，三百五篇已难尽通，不必更求三百五篇之外

《史记·孔子世家》曰："古者诗三千余篇，及至孔子，去其重，取可施于礼义，上采契、后稷，中述殷、周之盛，至幽、厉之缺，始于衽席，故曰：'《关雎》之乱以为《风》始，《鹿鸣》为《小雅》始，《文王》为《大雅》始，《清庙》为《颂》始。'三百五篇，孔子皆弦歌之，以求合《韶》、《武》、《雅》、

《颂》之音。”案：史公说本《鲁诗》，为西汉最初之义。云“始于衽席”，正与“读春秋历谱牒，曰‘周道缺，诗人本之衽席，《关雎》作’”相合，可知《关雎》实是刺诗，而无妨于列正《风》，冠篇首矣。云“《关雎》之乱以为《风》始”，可知四始实孔子所定，而非周公所定，且并非周初所有矣。云“三百五篇”，可知孔子所定之《诗》止有此数，不得如毛、郑增入笙诗六篇，而陆、孔遂以为三百十一篇矣。云“皆弦歌之，以求合《韶》、《武》、《雅》、《颂》”，可知三百五篇无淫邪之诗在内，不得如朱子以为淫人自作，而王柏妄删《郑》、《卫》矣。孔子删《诗》之说，孔颖达已疑之，谓：“案书传所引之诗，见在者多，亡逸者少，则夫子所录者，不容十分去九，马迁之言未可信”。惟欧阳修以迁说为然，以图推之，“有更十君而取其一篇者，又有二十余君而取其一篇者，由是言之，何啻乎三千”？近人朱彝尊、赵翼、崔述、李惇皆力辩删《诗》之非，惟赵坦用史公之说，曰：“删《诗》之旨可述乎？曰：去其重复焉尔。今试举群经、诸子所引诗不见于三百篇者一证之。如《大戴礼·用兵》篇引诗云：‘鱼在在藻，厥志在饵。鲜民之生矣，不如死之久矣。校德不塞，嗣武于孙子[1]。’今《小雅》之《鱼藻》、《蓼莪》，《商颂》之《玄鸟》等篇，辞句有相似者。《左传》襄八年引诗云：‘兆云询多，职竞作罗。’今《小雅》之《小旻》篇句有相似者。《荀子·臣道》篇引诗云：

① “于”，原误作“丁”，据《大戴礼记》改。

‘国有大命，不可以告人，妨其躬身。’与今《唐风·扬之水》篇亦相似。凡若此类，复见叠出，疑皆为孔子所删也。若夫《河水》即《沔水》，《新宫》即《斯干》，昔人论说有足取者。然则史迁所云‘去其重，取可施于礼义’者，直千古不易之论。”王崧亦为之说曰：“《史记》之书缪误固多，皆有因而然，从无凿空妄说者。考《汉书·食货志》‘孟春之月，行人振木铎徇于路以采诗，献之太师，比其音律，以闻于天子’云云，《史记》所谓古诗三千余篇者，盖太师所采之数，迨比其音律闻于天子，不过三百余篇。何以知之？采诗非徒存其辞，乃用以为乐章也。音律之不协者弃之，即协者尚多，而此三百余篇于用已足，其余但存之太史，以备所用之或阙。‘《诗》三百’，‘诵《诗》三百’，皆孔子之言，前此未有综计其数者。盖古诗不止三百五篇，东迁以后，礼坏乐崩，诗或有句而不成章、有章而不成篇者，无与于弦歌之用。孔子自卫反鲁而正乐，厘订汰黜，定为此数，以教门人，于是授受不绝。设无孔子，则此三百五篇亦胥归泯灭矣。故世所传之逸《诗》，有太师比音律时所弃者，有孔子正乐时所削者。所采既多，其原作流传诵习，后人得以引之。是则古诗三千余篇，去其重，取其可施于礼义，乃太师所为。司马迁传闻孔子正乐时，于诗尝有所删除，而遂以归之孔子。此其属辞之未密，或文字有脱误耳。然谓‘孔子皆弦歌之，以求合《韶》、《武》、《雅》、《颂》之音’，可知非独取其辞意已。”魏源又引三家异文证之曰：“今所奉为正经章句者，《毛诗》耳，而孔《疏》谓《毛诗》经文与三家异者动以百数。故崔灵恩载《般》颂末三家有'于绎思'一语,而毛无之。后汉陈忠疏引《诗》云'以雅以南,韎任朱离',注谓出齐、鲁《诗》,而毛无之。《韩诗》北宋尚存,见于《御览》,乃刘安世述《雨无正》,篇首有'雨无其极,伤我稼穑'二语,而毛无之。至《选注》引《韩诗》经文,有'万人颙颙,仰天告愬'二语,郑司农《周礼注》述三家《诗》云'敕尔瞽,率尔众工,奏尔悲诵',则今并不得其何篇,使不知为三家经文,必谓夫子笔削之遗无疑矣。至若《缁衣》、《左传》引《都人士》首章,而郑君、服虔之注并以为逸《诗》,孔疏谓《韩诗》见存,实无首章。然贾谊《新书·等齐》篇引《诗》曰'狐裘黄裳','万民之望',是《鲁诗》有《都人士》首章,而韩逸之也。《左传》引《诗》'何以恤我,我其收之',明是《周颂》之异文,而杜注以为逸《诗》。是皆但据《毛诗》之蔽也。夫毛以三家所有为逸,犹韩以毛所有为逸,果孰为夫子所删之本耶?是逸《诗》之不尽为逸,有如斯者。推之《韩诗》《常棣》作《夫栘》,《齐诗》《还》作《营》,韦昭谓《鸠飞》即《小宛》,《河水》即《沔水》,是逸篇不尽逸,有如斯者。再推之,则《左传》澶渊之会引《诗》云'淑慎尔止,无载尔伪',乃《抑》篇之歧句。《荀子·臣道》篇引《诗》云'国有大命,不可以告人,妨其躬身',《坊记》引《诗》云'相彼盍旦,尚犹患之',《缁衣》引《诗》云'谁能秉国成,不自为政,卒劳百姓',《汉书》引《诗》云'四牡翼翼,以征不服',乌知匪《扬之水》、《小弁》、《节南山》、《六月》之文，而谓皆删章、删句、删字之余耶？"魏说主不删《诗》，而可证《史记》"去其重"之义，故节取之。案：《诗》三百五篇已不能尽通其义，更何暇求三百五篇之外？删《诗》之说，逸《诗》之名，学者宜姑置之，但求通其所能通者可也。

三　礼

一、论汉初无三《礼》之名，《仪礼》在当时但称《礼经》，今注疏本《仪礼》大题非郑君自名其学

三《礼》之名，起于汉末，在汉初但曰《礼》而已。汉所谓《礼》，即今十七篇之《仪礼》，而汉不名《仪礼》，专主经言，则曰"礼经"；合记而言，则曰"礼记"。许慎、卢植所称"礼记"，皆即《仪礼》与篇中之《记》，非今四十九篇之《礼记》也。其后"礼记"之名为四十九篇之《记》所夺，乃以十七篇之《礼经》别称《仪礼》，又以《周官经》为《周礼》，合称三《礼》。盖以郑君并注三书，后世盛行郑《注》，于是三书有三《礼》之名，非汉初之所有也。《史记·儒林传》曰："诸学者多言《礼》，而鲁高堂生最。《礼》固自孔子时，而其经不具。及至秦焚书，书散亡益多。于今独有《士礼》，高堂生能言之。"据《史记》，高堂生所传《士礼》，即今十七篇之《仪礼》。是史公所云《礼》止数《仪礼》，不及《周礼》

与《礼记》也。《汉书·艺文志》:"《礼》古经五十六卷。经七十篇,原注:后氏、戴氏。刘敞曰:"七十"当作"十七"。《记》百三十一篇。《明堂阴阳》三十三篇。《王史氏》二十一篇。《曲台后仓》九篇。《中庸说》二篇。《明堂阴阳说》五篇[①]。《周官经》六篇。"据《汉书》,经十七篇即今十七篇之《仪礼》。古经五十六篇,则合逸《礼》言之。《记》百三十一篇,今四十九篇之《礼记》在内;《明堂阴阳》,今《明堂位》、《月令》在内;《中庸说》,即今《礼记》之《中庸》,而《志》皆不称经。《周官经》别附于后。是班氏所云经,止数《仪礼》,不及《周礼》与《礼记》也。《志》曰:"帝王质文,世有损益。至周,曲为之防,事为之制,故曰:'礼经三百,威仪三千。'及周之衰,诸侯将踰法度,恶其害己,皆灭去其籍。自孔子时而不具,至秦大坏。汉兴,鲁高堂生传《士礼》十七篇。讫孝宣世,后仓最明。戴德、戴圣、庆普皆其弟子,三家立于学官。《礼》古经者,出于鲁淹中及孔氏,学七十篇文相似,多三十九篇。及《明堂阴阳》、《王史氏记》,多天子、诸侯、卿、大夫之制,虽不能备,犹瘉仓等推《士礼》而致于天子之说。"刘敞曰:"读当云'《礼》古经者,出于鲁淹中及孔氏',孔氏,则安国所得壁中书也;'学七十篇'当作'与十七篇文相似',五十六卷除十七,正多三十九也。"《礼记·奔丧》正义曰:"郑云逸《礼》者,《汉书·艺文志》云:'汉兴,始于鲁淹中得古《礼》五十七篇,其十七篇与今

① "五",原误作"二",据《汉书·艺文志》改。

《仪礼》正同，其余四十篇藏在秘府，谓之逸《礼》。其《投壶礼》，亦此类也。'又《六艺论》云：'汉兴，高堂生得《礼》十七篇。后孔子壁中得古文《礼》五十七篇，其十七篇与前同，而字多异。'"孔疏引《汉志》云十七篇，可证今本之误，与刘氏说正合。而云古文《礼》五十七篇，其余四十篇，则又误多一篇，与《汉志》云五十六卷、多三十九篇之数不合。古云篇、卷，有同有异。此则五十六卷即五十六篇，盖篇、卷相同者。《礼记正义序》引《六艺论》，作"古文《礼》凡五十六篇"，不误，下云"其十七篇与高堂生所传同，而字多异，其十七篇外，则逸《礼》是也"，说尤详明。下又云"《周礼》为本，则圣人体之；《仪礼》为末，贤人履之"，盖孔颖达推论之辞，诸家辑本皆不以为郑君之论。丁晏《仪礼释注叙》据此，以为《仪礼》大题疑郑君自名其学，非也。

二、论郑君分别今之《仪礼》及《大戴礼》《小戴礼记》甚明，无小戴删大戴之说

《礼记正义序》又引《六艺论》云："'案《汉书·艺文志》、《儒林传》云：传《礼》者十三家，唯高堂生及五传弟子戴德、戴圣名在也。'五传弟子者，熊氏云：'则高堂生、萧奋、孟卿、后仓及戴德、戴圣为五也。'"又引《六艺论》云："今《礼》行于世者，戴德、戴圣之学也。又云：'戴德传《记》八十五篇'，则《大戴礼》是也；'戴圣传《记》四十九篇'，则此《礼记》是也。"郑君分别今之《仪礼》及《大戴

礼》《小戴礼记》甚明。近人推阐郑义者，陈寿祺《左海经辨》为最晰。其说曰："寿祺案：二戴所传《记》，《汉志》不别出，以其具于百三十一篇《记》中也。《乐记》正义引《别录》有《礼记》四十九篇，此即小戴所传，则大戴之八十五篇亦必存其目，盖《别录》兼载诸家之本，视《汉志》为详矣。《经典释文·序录》引陈邵晋司空长史。《周礼论序》云：'戴德删古《礼》二百四篇为八十五篇，谓之《大戴礼》。戴圣删《大戴礼》为四十九篇，是为《小戴礼》。后汉马融、卢植考诸家同异，附戴圣篇章，去其繁重及所叙略而行于世，即今之《礼记》是也。'邵言微误。《隋书·经籍志》因傅会，谓戴圣删大戴之书为四十六篇，马融足《月令》、《明堂位》、《乐记》为四十九篇。休宁戴东原辨之曰：'孔颖达义疏于《乐记》云：按《别录》，《礼记》四十九篇。《后汉书·桥玄传》：七世祖仁，著《礼记章句》四十九篇，号曰桥君学。仁即班固所说小戴授梁人桥仁季卿者也。刘、桥所见篇数已为四十有九，不待融足三篇甚明。康成受学于融，其《六艺论》亦但曰戴圣传《记》四十九篇。作《隋书》者徒谓大戴阙篇即小戴所录，而尚多三篇，遂聊归之融耳。'寿祺案：桥仁师小戴，《后汉书》谓'从同郡戴德学'，亦误。又《曹褒传》：父充持《庆氏礼》，褒又传《礼记》四十九篇，教授诸生千余人，庆氏学遂行于世。然则褒所受于庆普之《礼记》，亦四十九篇也。二戴、庆氏皆后仓弟子，恶得谓小戴删大戴之书耶？《释文·序录》云'刘向《别录》有四十九篇，其篇次与今《礼记》同'，然则谓马融足三篇者，妄矣。”又曰：“钱詹事大昕《汉书考异》云：‘《小戴记》四十九篇，《曲礼》、《檀弓》、《杂记》皆以简策重多，分为上下，实止四十六篇，合《大戴》之八十五篇，正协百三十一篇之数。’寿祺案：今二《戴记》有《投壶》、《哀公问》两篇篇名同，大戴之《曾子大孝》篇见小戴《祭义》，《诸侯衅庙》篇见小戴《杂记》，《朝事》篇自‘聘礼’至‘诸侯务焉’见小戴《聘义》，《本命》篇自‘有恩有义’至‘圣人因杀以制节’见小戴《丧服四制》[①]，其它篇目尚多同者。《汉书·王式传》称《骊驹之歌》在《曲礼》，服虔注云在《大戴礼》。《五经异义》引《大戴·礼器》，《毛诗·豳谱》正义引《大戴礼·文王世子》，唐皮日休有《补〈大戴礼·祭法〉》，又《汉书·韦玄成传》引《祭义》，《白虎通·畊桑》篇引《祭义》、《曾子问》，《情性》篇引《间传》，《崩薨》篇引《檀弓》、《王制》，蔡邕《明堂月令论》引《檀弓》，其文往往为《小戴记》所无，安知非出《大戴》亡篇中，如《投壶》、《衅庙》之互存而各有详略乎？《大戴礼》亡篇四十七，唐人所见已然。《白虎通》引《礼·谥法》、《王度记》、《三正记》、《别名记》、《亲属记》、《五帝记》，《少牢馈食礼》注引《禘于太庙礼》，疏云《大戴礼》文。《周礼注》引《王霸记》，《明堂月令论》引《佋穆》篇，《风俗通》引《号谥记》，《论衡》引《瑞命》篇，皆《大戴》逸篇。其他与《小戴》出入者略可举数，岂能彼此相足？窃谓二戴于百三十一篇之《记》，各以意断取，异同参差，不必

① “命”，原误作“事”，据《大戴礼记》改。

此之所弃，即彼之所录也。”

三、论三《礼》之分自郑君始，郑于《仪礼》十七篇自序皆依刘向《别录》，《礼记》四十九篇皆引《别录》，已有《月令》、《明堂位》、《乐记》三篇，非马融所增甚明

《后汉书·儒林传》：“中兴，郑众传《周官经》，后马融作《周官传》，授郑玄，玄作《周官注》。玄本习小戴《礼》，谓今《仪礼》。后以古经校之，取其义长者顺故为郑氏学。玄又注小戴所传《礼记》四十九篇，通为三《礼》焉。”案：据此，则《礼》分为三，实自郑君始。《周官》古别为一书，故《艺文志》附列于后。贾《疏》谓其书“既出于山岩屋壁，复入秘府，五家之儒，莫得见焉”。五家即高堂、萧、孟、后、二戴，是西汉礼家无传《周官》者。二戴所传《礼记》亦附经，不别行。自郑兼注三书，通为三《礼》，于是《周官》之分经别出者，与《礼》合为一途；《礼记》之附经不别出者，与经歧为二轨。郑君三《礼》之学，其闳通在此，其杂糅亦在此。自此以后，阮谌之《三礼图》、王肃之《三礼音》、崔灵恩之《三礼义宗》，莫不以三《礼》为定名矣。郑注诸经，惟三《礼》有《目录》。《周礼》六篇，依六官次序无异。《仪礼》十七篇，则皆依《别录》。《仪礼疏》曰：“其刘向《别录》，即此十七篇之次是也，皆尊卑吉凶次第伦叙，故郑用之。至于大戴，即以《士丧》为第四，《既夕》为第五，《士虞》为第

六,《特牲》为第七,《少牢》为第八,《有司彻》为第九,《乡饮酒》第十,《乡射》第十一,《燕礼》第十二,《大射》第十三,《聘礼》第十四,《公食》第十五,《觐礼》第十六,《丧服》第十七。小戴于《乡饮》、《乡射》、《燕礼》、《大射》四篇,亦依此《别录》次第,而以《士虞》为第八,《丧服》为第九,《特牲》为第十,《少牢》为第十一,《有司彻》为第十二,《士丧》为第十三,《既夕》为第十四,《聘礼》为第十五,《公食》为第十六,《觐礼》为第十七。皆尊卑吉凶杂乱,故郑玄皆不从之矣。"《礼记》四十九篇,郑《目录》皆引《别录》,曰此于《别录》属某门。《月令目录》曰:"此于《别录》属《明堂阴阳记》。"《明堂位目录》曰:"此于《别录》属《明堂阴阳记》。"《乐记目录》曰:"此于《别录》属《乐记》。盖十一篇合为一篇[①]。"据郑所引刘向《别录》,已有《月令》、《明堂位》、《乐记》三篇。刘与戴圣年辈相近,远在马融之前,四十九篇必是小戴原书,而非马融增入可知。且《六艺论》明云"戴圣传《记》四十九篇",郑受学于马融,使三篇为融所增,郑必不得统同言之,而尽以属之戴圣矣。郑《奔丧目录》曰:"实逸《曲礼》之正篇也。"《投壶目录》曰:"实逸《曲礼》之正篇也。"郑云《曲礼》,即今《仪礼》。郑以此二篇当为逸《礼》之正经,而不当入之《礼记》。当时尚无《仪礼》之称,故云《曲礼》。《仪礼》本经礼,而谓之"曲礼",郑说稍误。

① "合",原误作"今",据《礼记正义》改。

四、论郑注《礼器》以《周礼》为“经礼”、《仪礼》为“曲礼”有误，臣瓒注《汉志》不误

自郑君以《周礼》为“经礼”，《仪礼》为“曲礼”，于是汉代所尊为《礼经》者反列于后，而《周官》附于《礼经》者反居于前。《礼记正义序》曰：“其《周礼》见于经籍，其名异者见有七处。案：《孝经说》云‘礼经三百’，一也。《礼器》云‘经礼三百’，二也。《中庸》云‘礼仪三百’，三也。《春秋说》云‘礼经三百’，四也。《礼说》云‘有正经三百’，五也。《周官》外题谓为《周礼》，六也。《汉书·艺文志》云‘《周官经》六篇’，七也。七者皆云三百，故知俱是《周官》。《周官》三百六十，举其大数而云三百也。其《仪礼》之别，亦有七处，而有五名。一则《孝经说》、《春秋》及《中庸》并云‘威仪三千’，二则《礼器》云‘曲礼三千’，三则《礼说》云‘动仪三千’，四则谓为《仪礼》，五则《汉书·艺文志》谓《仪礼》为古《礼经》。凡此七处、五名，称谓并承三百之下，故知即《仪礼》也。所以三千者，其履行《周官》五礼之别，其事委曲，条数繁广，故有三千也。非谓篇有三千，但事之殊别有三千条耳。或一篇一卷，则有数条之事。今行于世者，唯十七篇而已。”锡瑞案：《礼器》、《中庸》诸书所言三百、三千，当时必能实指其数，后世则无以实指之。郑君以《周官》三百六十与三百之数偶合，遂断以《周官》为“经礼”，而强坐《仪礼》为“曲礼”。此由郑君尊

崇《周官》太过，而后人尊崇郑义又太过，一轩一轾，竟成铁案。如孔《疏》所列《周官》七名、《仪礼》五名，除所引《汉·艺文志》外，皆不可据。以《周官》为“经礼三百”，不过仍以其数偶合。以《仪礼》为“曲礼三千”，则以所引在“经礼三百”下，而强坐为“曲礼”。据其说，三千条止存十七篇，即篇有数条，亦比十七篇几增加百倍。十七篇计五万余言，加百倍当有数百万言，当时如何通行？学者如何诵习？且古书用简策，必不能如此繁多。此不待辨而知其不然者。《汉志》明以今之《仪礼》为经，而《周官经》附后，乃强夺经名归之《周官》，而十七篇不为经而为曲，与《汉志》尤不合。《汉志》引“礼经三百，威仪三千”，韦昭曰：“周礼三百六十官也。三百，举成数也。”臣瓒曰：“礼经三百，谓冠、婚、吉、凶。周礼三百，是官名也。”师古曰：“礼经三百，韦说是也。威仪三千，乃谓冠、婚、吉、凶，盖《仪礼》是也。”韦以《周官》为“礼经”，颜以《仪礼》为“威仪”，是主郑说。臣瓒以“礼经”为《仪礼》，非《周官》，是不主郑说。经礼乃礼之纲，曲礼乃礼之目。《周官》言官制，不专言礼，不得为《仪礼》之纲。《仪礼》专言礼，古称《礼经》，不当为《周官》之目。自郑注《礼器》有误，六朝、唐人皆沿其误。瓒说独不主郑，而师古反是韦说，以当时皆从郑义也。今若改正三《礼》之名，当正名《仪礼》为《礼经》，以《大戴礼记》、《小戴礼记》附之，而别出《周官》自为一书，庶经学易分明，而礼家少聚讼矣。

五、论郑注三《礼》有功于圣经甚大，注极简妙，并不失之于繁

《史记·儒林传》"言《礼》，自鲁高堂生"，索隐："谢承云'秦世季代有鲁人高堂伯'，则伯是其字。云生者，自汉以来儒者皆号生，亦先生者省字呼之耳。"《后汉书》注"高堂生，名隆"，不知何据，疑涉魏高堂隆而误。《史记正义》引阮孝绪《七录》，谓"博士侍其生得十七篇"，侍其生不知何时人，或在高堂之后。汉初立博士，《礼》主后仓，见《汉·艺文志》论。《志》云："讫孝宣世，后仓最明。戴德、戴圣、庆普皆其弟子，三家立于学官。"盖三家分立，而后氏不立，犹《书》分立欧阳、夏侯，而伏氏不立也。《志》列《曲台后仓》九篇，如淳曰："行礼射于曲台，后仓为记，故名曰《曲台记》。"今九篇皆不传。《志》又列《议奏》三十八篇，原注云："石渠。"《隋书·经籍志》："《石渠礼论》四卷，戴圣撰。"即《汉志》之《议奏》，中列萧望之、韦玄成、闻人通汉、尹更始、刘更生诸人，而题戴圣撰者，盖小戴所撰集也。今略见于《诗》《礼》疏、杜佑《通典》，共得二十余条。大戴《丧服变除》一卷，见《唐书·艺文志》，今略见于《礼记》郑注及疏、杜佑《通典》，共得十余条。玉函山房皆有辑本，二戴之学犹可考见。汉《礼经》通行，有师授而无注释。马融但注《丧服》经、传，郑君始全注十七篇。郑于礼学最精，而有功于《礼经》最大。向微郑君之注，则高堂传《礼》十七篇

将若存若亡而索解不得矣。《周官》晚出，有杜子春之注，郑兴、郑众、贾逵之解诂，马融之传。郑注《周礼》，多引杜子春、郑大夫、郑司农，前有所承，尚易为力；而十七篇前无所承，比注《周礼》六篇为更难矣。大、小《戴记》亦无注释。郑注《小戴礼记》四十九篇前无所承，亦独为其难者。向微郑君之注，则小戴传《记》四十九篇，亦若存若亡而索解不得矣。郑君著书百余万言，精力实不可及。《传》云："质于辞训，通人颇讥其繁。"锡瑞案：郑注《书》、笺《诗》间有过繁之处，而注《礼》文简义明，实不见其过繁。即如《少牢馈食礼》经二千九百七十九字，注二千七百八十七字，《有司彻》经四千七百九十字，注三千四百五十六字，《学记》、《乐记》二篇经六千四百九十五字，注五千五百三十二字，《祭法》、《祭义》、《祭统》三篇经七千四百六十字，注五千五百二十三字，皆注少于经。又《檀弓》："司寇惠子之丧，子游为之麻衰、牡麻绖"，注云："惠子废適立庶，为之重服以讥之。""文子辞曰：'子辱与弥牟之弟游，又辱为之服，敢辞。'子游曰：'礼也。'文子退反哭"，注云："子游名习礼，文子亦以为当然，未觉其所讥。""子游趋而就诸臣之位"，注云："深讥之。大夫之家臣，位在宾后。""文子退，扶適子南面而立，曰：'子辱与弥牟之弟游，又辱为之服，又辱临其丧，虎也敢不复位'"，注："觉所讥也。虎，適子名。文子亲扶而辞，敬子游也。""子游趋而就客位"，注云："所讥行。"此一节记文，若无郑君之注，读者必不解所谓。郑注止数十字，而连用五"讥"字，使当时情事历历如绘，其文法如此简妙，岂后人所能及哉！《月令》、《明堂位》、《杂记》疏皆云："《礼》是郑学。"两《汉书·儒林传》以《易》、《书》、《诗》、《春秋》名家者多，而《礼》家独少。惟马融注《周官礼》、《丧服经传》，隋、唐《志》皆著录，而无《礼记》。《东汉会要》载有融《礼记注》，玉函山房辑本得十六条。卢植注《礼记》二十卷，隋、唐《志》皆著录，《东汉会要》作《礼记解诂》，玉函山房辑本一卷。孔《疏》云"郑附卢植之本而为之注"，郑《礼记注》或亦有本于卢、马者，而注中未尝质言之，如《周礼》称引杜、郑，则亦未见其必有所本也。

六、论汉立二戴博士是《仪礼》，非《礼记》，后世说者多误，毛奇龄始辨正之

汉立十四博士，《礼》大、小戴。此所谓《礼》，是大、小戴所受于后仓之《礼》十七篇，非谓《大戴礼记》八十五篇与《小戴礼记》四十九篇。后世误以大、小戴《礼》为大、小戴《礼记》，并误以后仓《曲台记》为即今之《礼记》。近儒辨之，已家喻户晓矣。而在国初，毛奇龄《经问》早辨其误曰："戴圣受《仪礼》，立戴氏一学，且立一戴氏博士，而于《礼记》似无与焉。今世但知《礼记》为《曲台礼》，《容台礼》为《戴记》，而并不知《曲台》、《容台》与《戴记》之为《仪礼》。间尝考《曲台》、《容台》所由名[1]。汉初，鲁高堂生传《士礼》

① "容台"，原误植在下句"传"下，据毛奇龄《经问》卷三移正。

十七篇，即《仪礼》也。是时东海孟卿传《仪礼》之学，以授后仓。而后仓受《礼》，居于未央宫前之曲台殿，校书著记，约数万言，因名其书为《后氏曲台记》。至孝文时，鲁有徐生，善为颂。颂者，容也。不能通经，只以容仪行礼，为礼官大夫，因又名习礼之处为容台。此皆以《仪礼》为名字者。若其学，则后仓授之梁人戴德及德从兄子圣与沛人庆普三人。至孝宣时，立大小戴、庆氏《礼》。故旧称《仪礼》为《庆氏礼》，为大、小《戴礼》，以是也。宋郑樵为《三礼辨》，有云：'鲁高堂生所传《士礼》一十七篇，今之《仪礼》是也。后仓《曲台记》数万言，今之《礼记》是也。'按前、后《汉志》及《儒林传》，皆以高堂所传十七篇，瑕丘萧奋即以授后仓，作《曲台记》。是时两汉俱并无《礼记》一书，故孝宣立二戴及庆氏学，皆《仪礼》之学，源流不同。郑樵著《通志》[①]，而六经源流尚未能晰，况其他乎？若《礼记》，则前《志》只云'《记》百三十一篇'，当是《礼记》未成书时底本，然并不名《礼记》，亦并无二戴传《礼记》之说。惟《后汉·儒林》有郑玄所注四十九篇之目，则与今《礼记》篇数相合。故郑玄作《六艺论》云：'今《礼》行于世者，戴德、戴圣之学也。'此《仪礼》也。又云：'戴德传《记》八十五篇，则今《大戴礼》是也；戴圣传《礼》四十九篇，则《礼记》是也。'然其说究无所考。及观《隋·经籍志》，则明云：'汉初，河间献王得仲尼弟子所记一百三十一篇。至刘向校经籍，检得一百三十篇，因第而叙

① "志"，毛奇龄《经问》卷三原误作"考"，据郑樵书名改。

之。又得《明堂阴阳记》凡五种,共二百十四篇。戴德删其繁重,合而记之,为八十五篇,谓之《大戴礼》。戴圣又删大戴之书为四十六篇,谓之《小戴记》'。则二戴为武、宣时人,岂能删哀、平间向、歆所校之书?荒唐甚矣!且二戴何人,以向、歆所校定二百十四篇,骤删去一百三十五篇,世无是理。况《前汉·儒林》并不载删《礼》之文,而《东汉·儒林》又无其事,则哀、平无几,陡值莽变,安从删之?又且《大戴》见在,并非与今《礼记》为一书者。且戴圣所删止四十六篇,相传三篇为马融增入,则与《后汉·儒林》所称四十九篇之目又复不合。凡此皆当阙疑,以俟后此之论定者。"锡瑞案:毛氏云《士礼》称《仪礼》不知始于何时,然在汉时即有《容礼》之称,《容礼》即《仪礼》也。其说颇涉傅会,而分别《仪礼》、《礼记》,辨郑樵之误及《隋志》之误,则极精确。郑注四十九篇,即今《礼记》。戴圣传《礼》四十九篇,不待马融增入。至今说已大著,毛氏犹为疑辞。盖在当时,经义榛芜,未能一旦廓清。而据其所辨明,已可谓卓识矣。

七、论段玉裁谓汉称《礼》不称《仪礼》甚确,而回护郑注未免强辞

段玉裁《〈礼〉十七篇标题汉无"仪"字说》曰:"郑注《仪礼》十七卷,贾公彦为疏者,每卷标题首云'《士冠礼》第一',次云'《仪礼》',次云'郑氏注'。陆德明《经典释文·叙录》亦云:'郑某注《仪礼》十七卷,《仪礼》之名古

矣。'今按:郑君本书但云'礼',无'仪'字,可考而知也。《礼器》曰:'经礼三百,曲礼三千。'注云:'经礼,谓《周礼》,其官有三百六十。曲,犹事也。事礼,谓今《礼》也。《礼》篇多亡,本数未闻,其中事仪三千。'按:云'今《礼》'者,谓当汉时所存《礼》十七篇也。不云《礼》,云'今《礼》'者,恐读者不了,故加'今'字,便易了也。云'本数未闻'者,对上《周礼》六篇其官三百六十言,汉时经十七篇及《记》百三十一篇乃残逸之所余耳。其未残逸时,具载事仪有三千也。原注:贾《疏》、师古《汉书注》皆云"威仪三千"即今《仪礼》,其说未是。《中庸》曰:'礼仪三百,威仪三千。'易'经礼'为'礼仪',易'曲礼'为'威仪'者,凡礼皆仪[①]。故总其纲曰经礼,亦曰礼仪;详其目曰曲礼,亦曰威仪,《艺文志》亦曰'礼经三百,威仪三千'是也。《礼器》注'今礼'二字,可证郑本不称'仪礼'。凡郑《诗笺》、《三礼注》引用十七篇,多云《士冠礼》、《乡饮酒礼》、《聘礼》、《燕礼》,每举篇名,未尝称《仪礼》。考《艺文志》曰:'《礼》古经五十六卷,经十七篇。《礼》古经者,出于鲁淹中及孔氏,与十七篇文相似。'《景十三王传》'《周官》[②]、《尚书》、《礼》、《礼记》、《孟子》、《老子》之属',师古注云:'《礼》者,《礼经》也。《礼记》者,诸儒记《礼》之说也。'《说文序》曰:'其称《礼》《周官》。'按:《礼》谓十七篇及《记》百三十一篇也,《周官》即《周礼》也。《说文》全书如'觯'下引《乡饮酒礼》,

① "礼皆",原倒,据段玉裁《经韵楼集》卷二乙正。

② "周"上,原衍"礼",据《汉书·景十三王传》及段玉裁文删。

'节'下引《公食大夫礼》,'哲'下引《士冠礼》,'堋'下引《士丧礼》,'铉'下'《礼》谓之鼏',皆曰《礼》,无'仪'字。《景十三王传》《周官》、《礼》、《礼记》并言,则为三,《说文序》但言《礼》、《周官》,则'礼'字实包《礼》、《礼记》。刘子玄《孝经老子注易传议》据郑自序云:'遭党锢之事,逃难注《礼》。'此'礼'字实包三《礼》。《后汉书·儒林传》曰:'马融作《周官传》,授郑某,某作《周官注》。某本习小戴《礼》,后以古经校之,取其义长者顺故为郑氏学。'原注:顺故,犹训诂也。按:此小戴《礼》,谓小戴之十七篇,郑《目录》云大戴第几、小戴第几是也。郑以古经校之,谓以古经五十六篇校十七篇也。下文云'某又注小戴所传《礼记》四十九篇,为三《礼》焉',则'某本习小戴《礼》'之为十七篇无疑。凡汉人于十七篇称《礼》,不称《仪礼》,甚著。"锡瑞案:段氏谓汉称《礼》,不称《仪礼》,极确,而回护郑君,以贾疏、颜注为未是,不思贾疏、颜注正本郑君之说。段解"事仪三千"明有经十七篇在内,与贾疏、颜注岂有异乎?段又明以"经礼"为纲,"曲礼"为目,《周礼》岂得为《仪礼》之纲乎?后世之称《仪礼》,正以郑君误解"威仪"、"曲礼"为即十七篇之《礼》也。晋元帝时,荀崧请置郑《仪礼》博士,是《仪礼》之名已著于晋时。段以为梁、陈以后乃为此称,说亦未谛。

八、论礼所以复性节情,经十七篇于人心世道大有关系

《汉书·礼乐志》曰:"六经之道同归,而礼乐之用为

急。治身者斯须忘礼，则暴嫚入之矣；为国者一朝失礼，则荒乱及之矣。人函天地阴阳之气，有喜怒哀乐之情。天禀其性而不能节也，圣人能为之节而不能绝也，故象天地而制礼乐，所以通神明，立人伦，正情性，节万事者也。人性有男女之情，妒忌之别，为制婚姻之礼；有交接长幼之序，为制乡饮之礼；有哀死思远之情，为制丧祭之礼；有尊尊敬上之心，为制朝觐之礼。哀有哭踊之节，乐有歌舞之容，正人足以副其诚，邪人足以防其失。”凌廷堪本之，作《复礼》篇曰：“夫人之所受于天者，性也；性之所固有者，善也。所以复其善者，学也；所以贯其学者，礼也。是故圣人之道，一礼而已矣。《孟子》曰：‘契为司徒，教以人伦，父子有亲，君臣有义，夫妇有别，长幼有序，朋友有信。’此五者，皆吾性之所固有者也。圣人知其然也，因父子之道，而制为士冠之礼；以君臣之道，而制为聘觐之礼；因夫妇之道，而制为士昏之礼；因长幼之道，而制为乡饮酒之礼；因朋友之道，而制为士相见之礼。自元士以至于庶人，少而习焉，长而安焉。礼之外，别无所谓学也。夫性具于生初，而情则缘性而有者也。性本至中，而情则不能无过不及之偏，非礼以节之，则何以复其性焉？父子当亲也，君臣当义也，夫妇当别也，长幼当序也，朋友当信也。五者，根于性者，所谓人伦也。而其所以亲之、义之、别之、序之、信之，则必由于情以达焉者也。非礼以节之，则过者或溢于情，不及者或漠焉遇之。是故知父子之当亲也，则为醴醮祝字之文以达焉；其礼非《士冠》可赅也，而于《士冠》焉始之。知君臣之当义也，则为堂廉拜稽之文以达焉；其礼非《聘》、《觐》可赅也，而于《聘》、《觐》焉始之。知夫妇之当别也，则为笄次帨鞶之文以达焉；其礼非《士昏》可赅也，而于《士昏》焉始之。知长幼之当序也，则为盥洗酬酢之文以达焉；其礼非《乡饮酒》可赅也，而于《乡饮酒》焉始之。知朋友之当信也，则为雉腒奠授之文以达焉；其礼非《士相见》可赅也，而于《士相见》焉始之。《记》曰：'礼仪三百，威仪三千。'其事盖不仅父子、君臣、夫妇、长幼、朋友也，即其大者而推之，而百行举不外乎是矣。其篇亦不仅《士冠》、《聘》、《觐》、《士昏》、《乡饮酒》、《士相见》也，即其存者而推之，而五礼举不外乎是矣。"锡瑞案：凌氏作《礼经释例》，于十七篇用功至深，故能知十七篇足以赅括一切礼文，即有不备，可以推致，与邵懿辰之说相近。凌氏年辈在前，当为邵所自出，而其实皆本于《汉书》。其论礼所以节情复性，于人心世道尤有关系。据此，可见古之圣人制为礼仪，先以洒扫、应对、进退之节，非故以此为束缚天下之具，盖使人循循于规矩，习惯而成自然，嚣陵放肆之气，潜消于不觉。凡所以涵养其德、范围其才者，皆在乎此。后世不明此旨，以为细微末节可以不拘，其贤者失所遵循，或启妨贵凌长之渐；不肖者无所检束，遂成犯上作乱之风。其先由小节之不修，其后乃至大闲之踰越，为人心世道之大害。试观两汉取士必由经明行修，所用皆谨守礼法之人，风俗纯厚，最为近古。晋人高语《庄》、《老》，谓礼岂为我辈设，酣放嫚易，以子字父，遂有五胡乱华之祸，足见细微末节，所关甚巨。女叔侯谓礼所以保国，晏平仲谓礼可以已乱，洵非迂论。汉、晋之往事，万世之明鉴也。汉以十七篇立学，灼见本原。后人以《周礼》为本、《仪礼》为末，本末倒乱。朱子已驳正其失矣，又引陈振叔说《仪礼》云："此乃仪，更有礼书。《仪礼》只载行礼之威仪，所谓'威仪三千'是也。礼书如云天子七庙之类①，说大经处。这是礼，须自有个文字②。"则犹未知《礼经》关系之重，更在制度之上也。《仪礼经传通解》有《王朝礼》，即是说大经之文字，制度虽不可略，然不如冠、昏、丧、祭之礼可以通行。

九、论《礼》十七篇为孔子所定，邵懿辰之说最通，订正《礼运》"射御"之误当作"射乡"尤为精确

《周礼》、《仪礼》，说者以为并出周公。案：以《周礼》为周公作，固非，以《仪礼》为周公作，亦未是也。《礼》十七篇盖孔子所定。《檀弓》云："恤由之丧，哀公使孺悲学士丧礼于孔子，《士丧礼》于是乎书。"据此，则《士丧》出于孔子，其余篇亦出于孔子可知。汉以十七篇立学，尊为经，以其为孔子所定也。近人邵懿辰《礼经通论》曰："汉初鲁高堂生传《礼经》十七篇，五传至戴德、戴圣，分为大戴、小戴之学，皆不言其有阙也。言仅存十七篇者，后人据《汉·艺文志》及刘歆《七略》，因多逸《礼》三十九而言耳。夫高

① "云"，原脱，据《朱子语类》卷八十五补。

② "自"，原误作"更"，据《朱子语类》卷八十五改。

堂、后苍、二戴、庆普不以十七篇为不全者，非专己而守残也，彼有所取证，证之所附之《记》焉耳。《冠义》、《昏义》诸记，本以释经，为《仪礼》之传，先儒无异说。观《昏义》曰：‘夫礼，始于冠，本于昏，重于丧、祭，尊于朝、聘，和于乡、射。’故有《冠义》以释《士冠》，有《昏义》以释《昏礼》，有《问丧》以释《士丧》，有《祭义》、《祭统》以释《特牲》、《少牢》、《有司彻》，有《乡饮酒义》以释《乡饮》，有《射义》以释《乡射》、《大射》，有《燕义》以释《燕》、《食》，有《聘义》以释《聘礼》，有《朝事》以释《觐礼》，有《四制》以释《丧服》，而无一篇之义出于十七篇之外者。是冠、昏、丧、祭、朝、聘、乡、射八者，约十七篇而言之也。更证之《礼运》。《礼运》尝两举八者以语子游，皆孔子之言也，特‘射乡’讹为‘射御’耳。一则曰‘达于丧、祭、射、乡、今本作“御”。冠、昏、朝、聘’，再则曰‘其行之以货、力、辞、让、饮、食、冠、昏、丧、祭、射、乡、今本作“御”。朝、聘’。货、力、辞、让、饮、食六者，礼之纬也。非货财强力，不能举其事；非文辞揖让，不能达其情；非酒醴牢羞，不能隆其养。冠、昏、丧、祭、射、乡、朝、聘八者，礼之经也。冠以明成人，昏以合男女，丧以仁父子，祭以严鬼神，乡饮以合乡里，燕射以成宾主，聘食以睦邦交，朝觐以辨上下。天下之人，尽于此矣；天下之事，亦尽于此矣。而其证之尤为明确而可指者，适合于《大戴》十七篇之次序。《大戴》：《士冠礼》一，《昏礼》二，《士相见礼》三，《士丧礼》四，《既夕》五，《士虞礼》六，《特牲馈食礼》七，《少牢馈食礼》八，《有司彻》九，《乡饮酒》

十,《乡射礼》十一,《燕礼》十二,《大射仪》十三,《聘礼》十四,《公食大夫礼》十五,《觐礼》十六,《丧服》十七。是一、二、三篇,冠、昏也;四、五、六、七、八、九篇,丧、祭也;十、十一、十二、十三篇,射、乡也;十四、十五、十六篇,朝、聘也,而《丧服》之通乎上下者附焉。《小戴》次序最为杂乱,《冠》、《昏》、《相见》而后,继以《乡》、《射》四篇,忽继以《士虞》与《丧服》,又继以《特牲》、《少牢》、《有司彻》,复继以《士丧》、《既夕》,而后以《聘礼》、《公食》、《觐礼》终焉。今郑、贾注疏所用刘向《别录》次序,则以丧、祭六篇居末,而《丧服》一篇移在《士丧》之前,似依吉凶人神为次。盖向见《记》云'吉凶异道,不得相干'、《荀子》云'吉事尚尊,丧事尚亲',遂以昏、冠、射、乡、朝、聘十篇为吉礼,居先,而丧、祭七篇为凶礼,居后焉,较《小戴》稍有条理,而要不若《大戴》之次合乎《礼运》。疑自高堂生、后苍以来,而圣门相传篇序固已如此也。夫'经礼三百,曲礼三千'。《仪礼》,所谓'经礼'也,周公所制,本有三百之多。至孔子时,即礼文废阙,必不止此十七篇,亦必不止如《汉志》所云五十六篇而已也。而孔子所为定《礼》、《乐》者,独取此十七篇以为教,配六艺而垂万世,则正以冠、昏、丧、祭、射、乡、朝、聘八者为天下之达礼耳。"锡瑞案:邵氏此说,犁然有当于人心。以十七篇为孔子所定,足正后世疑《仪礼》为阙略不全之误。以《仪礼》为"经礼",足正后世以《周礼》为"经礼"、《仪礼》为"曲礼"之误。订正《礼运》两处"射御"当为"射乡",尤为一字千金,真乃二千年儒先未发之覆。学者治《礼》，当知此义，先于冠、昏、丧、祭、射、乡、朝、聘八者求之。

十、论邵懿辰以逸《礼》为伪，与伪古文《书》同，十七篇并非残阙不完，能发前人之所未发

刘歆《移太常博士》云：鲁共王坏孔子宅，得古文逸《礼》，有三十九篇。《汉·艺文志》"《礼》古经五十六卷"，合十七篇与三十九篇言之。三十九篇无师说，遂致亡佚。朱子曰："古《礼》五十六篇，班固时其书尚在，郑康成亦及见之，注疏中多援引，不知何时失之，甚可惜也。"王应麟曰："逸《礼》三十九，其篇名颇见于他书。若《天子巡狩礼》见《周官·内宰》注，《朝贡礼》见《聘礼》注，《烝尝礼》见《射人》疏，《中霤礼》见《月令》注及《诗·泉水》疏，《王居明堂礼》见《月令》、《礼器》注，《古大明堂礼》见蔡邕《论》。又《奔丧》疏引逸《礼》、《王制》疏引逸《礼》云'皆升合于太祖'，《文选注》引逸《礼》云'三皇禅云云，五帝禅亭亭'。《论衡》：'宣帝时，河内女子坏老屋，又得佚《礼》一篇，合五十七。'断珪碎璧，皆可宝也。"吴澄曰："三十九篇唐初犹存，诸儒曾不以为意，遂至于亡，惜哉！"邵懿辰曰："先儒以三百、三千之语，惜古礼散亡，而因惜三十九篇逸《礼》之亡；因三十九篇之亡，遂视十七篇为残阙不完之书，而失圣人定《礼》之本意。宋、明以来，直废此经，不以设科取士，则皆刘歆之奸

且妄,有以淆其耳目而塞其聪明也。夫即后人所引《禘于太庙礼》、《王居明堂礼》、《烝尝礼》、《中霤礼》、《天子巡狩礼》、《朝贡礼》,及吴氏所辑《奔丧》、《投壶》、《迁庙》、《衅庙》、《公冠》之类,厕于十七篇之间,不相比附而连合也。何也?皆非当世通行之礼,常与变不相入,偏与正不相袭也。况其逸文之存,如《太平御览》引《巡狩礼》,文辞不古,及'三皇禅云云,五帝禅亭亭',既诞而不足信矣。而《月令》注及《皇览》引《王居明堂礼》数条,皆在《尚书大传》第三卷《洪范五行传》之中。吴氏不知其有全文,而仅引《礼注》,合为一篇。然观其文意,实与伏生《五行传》前后相协,必非古《王居明堂礼》。而伏生全引入于《大传》也,则为刘歆剽取《大传》,以为《王居明堂礼》明矣。即此一端,而其他可知。亦犹十六篇逸《书》,即伪《武成》之剽《世俘解》,见其他皆作伪也。就令非伪,亦孔子定十七篇时删弃之余,康成不为之注,与十六篇伪古文《书》同。大抵秃屑丛残,无关理要。"丁晏曰:"位西此论,谓逸《礼》不足信,过矣。当依草庐吴氏,别存逸经为允。至斥逸《礼》为刘歆诬伪,颇嫌肊断。且逸《礼》古经,汉初鲁共王得于孔壁,河间献王得于淹中,《朝事仪》见于《大戴礼》,《学礼》见于贾谊书,皆远在刘歆以前,未可指为歆赝作也。"锡瑞案:逸《礼》即非歆赝作,亦不得与十七篇并列。邵氏云"就令非伪,亦孔子定十七篇时删弃之余","大抵秃屑丛残,无关理要",其说最为确当。逸《礼》三十九篇,犹逸《书》十六篇也,皆传授不明，又无师说，其真其赝，可以勿论。学者于二十九篇《书》、十七篇《礼》未能发明，而偏好于逸《书》、逸《礼》，拾其残剩，岂可谓知所先务乎？邵氏据诸书所引而斥其不足信，又谓《王居明堂礼》出于伏《传》，比于《武成》出于《世俘》，可谓卓识。丁氏能证古文《尚书》之伪，而必信逸《礼》为真，何也？

十一、论古礼情义兼尽，即不能复，而礼不可废

圣人制礼，情义兼尽。专主情，则亲而不尊，必将流于亵慢；专主义，则尊而不亲，必至失于疏阔。惟古礼能兼尽而不偏重。论君臣之义，《觐礼》："侯氏入门右，坐奠圭，再拜稽首。"注云："入门右，执臣道，不敢由宾客位也。卑者见尊，贽奠而不授。"又曰："侯氏再拜稽首。以马出，授人，九马随之。乃右肉袒于庙门之东，乃入门右，北面立。"注云："王不使人受马者，至于享，王之尊益君，侯氏之卑益臣。肉袒者，刑宜施于右也。入更从右者，臣益纯也。"盖古天子、诸侯分土而治，故必严君臣之分。侯氏稽首，天子不答，而天子负斧依立，亦不坐受其拜。臣尽臣之敬，君不恃君之尊，且燕飨仍迎送献酬，待以宾客之礼。诸侯与大夫燕礼，使宰夫为献主，臣莫敢与君抗礼也。其他皆如宾客。《诗·鹿鸣》、《彤弓》皆曰"我有嘉宾"。臣有疾，君问之；臣死，君亲临其丧。情义兼尽者，此其一。论父子之义，《曲礼》："凡为人子者，冬温而夏凊，昏定而晨省。"《内则》子事父

母之礼尤详，子之孝敬父母如此。《冠礼》见于母，母拜之，以成人而与为礼。《特牲馈食礼》："嗣举奠，主人西面，再拜。"以先祖有功德，子孙当嗣之，父母之重其子如此。情义兼尽者，又其一。论夫妇之义，《昏义》："是以昏礼纳采、问名、纳吉、纳征、请期，皆主人筵几于庙，所以敬慎重、正昏礼也。父亲醮子而命之迎，男先于女也。婿执雁入，揖让升堂，再拜奠雁，盖亲受之于父母也。妇至，婿揖妇以入，共牢而食，合卺而酳，所以合体同尊卑，以亲之也。"敬慎重正，而后亲之，礼之大体，所以成男女之别，而立夫妇之义也。情义兼尽者，又其一。论长幼之义，"乡饮酒之礼，六十者坐，五十者立侍，以听政役，所以明尊长也；六十者三豆，七十者四豆，八十者五豆，九十者六豆，所以明养老也。民知尊长养老，而后乃能入孝弟。民入孝弟，出尊长养老，而后成教，成教而后国可安也。"其余事先生长者之礼，见于《曲礼》、《少仪》甚详。情义兼尽者，又其一。论朋友之义，《士相见礼》：奉挚，曰"某子以命，命某见"，主人对曰："请吾子之就家也，某将走见。"宾请终赐见，主人对"某将走见"。宾固请，主人辞挚，宾对"不以挚，不敢见"。主人固辞，宾又固请。主人出迎于门外，再拜。宾答再拜。主人揖，入门右。宾奉挚，入门左。主人再拜受。宾再拜，送挚，出。一见，如此其敬让也。其余凡与客入及坐席、饮食，见于《曲礼》、《少仪》亦详。情义兼尽者，又其一。夫父子、夫妇、长幼、朋友，皆情得于义，必有礼以节情。惟君臣则义重于情，当有礼以达情。自秦尊君卑臣，汉虽未能复古，其君于将相大臣，犹有在坐为起、在舆为下之礼。后世此礼渐废，至宋并废坐论之礼，故苏轼有“礼节繁多，君臣义薄”之言。后世拜跪之礼过繁，诚与古制不合，而矫其弊者，欲尽去拜跪而灭等威，则无以辨上下、定民志矣。父子、夫妇、长幼、朋友之礼，虽不及君臣之严，亦非可以不修而听其废坠者。

十二、论礼虽繁而不可省，即昏、丧二礼可证

《礼器》：“君子曰：甘受和，白受采，忠信之人可以学礼。苟无忠信之人，则礼不虚道。是以得其人之为贵也。”而《老子》则曰：“礼者，忠信之薄而乱之首也。”与礼家之言正相反。《曾子问》孔子引老聃之说有四，守礼如此谨严，其自著书则诋毁礼甚至。故或以为老子是老莱子，非孔子问礼之老聃。或又以为老子讲礼厌烦，而遁入于空虚，正与六朝人讲《丧服》厌烦，乃变而谈《庄》、《老》，同一相激相反之意。二说未知孰是。老子，高言上古者也。上古纯朴，本无礼文，即以昏、丧二事证之。古者配偶无定，人知有母而不知有父。古者不葬其亲，其亲死，则举而委之于壑。伏羲以后，始渐制礼，至周而后大备，郁郁文盛，仪节繁多，如：一献之礼，宾主百拜；一见之礼，宾主五请。执挚必先固让，执玉必先固辞。入门必每曲揖，洗爵必下堂阶。自常情视之，似乎繁而可省。见则竟见之矣，何必三让？受则竟受之矣，何必三辞？故《老子》以为近作伪而

非忠信之道。不知《礼》已明言之矣。《聘义》曰:“上公七介。介绍而传命,君子于其所尊弗敢质,敬之至也。”《礼器》曰:“是故七介以相见也,不然则已悫;三辞三让而至,不然则已蹙。”夫两君相见,即须介绍,何必七介?而礼以为不然则已悫。其他三辞三让之礼,可以类推。《檀弓》曰:“夫礼,为可传也,为可继也,故哭踊有节。”又曰:“辟踊,哀之至也[①]。有算,为之节文也。”又:“有子曰:‘予壹不知夫丧之踊也,予欲去之久矣。’子游曰:‘礼有微情者,有以故兴物者,有直情而径行者,戎狄之道也。礼道则不然。’”夫亲死,哀痛迫切,似不必言节文,而礼哭踊有节,以无节为戎狄之道。其他不若丧礼之迫切者,更可以类推。故常情所见为可省者,皆先王制礼不敢不至者也。今使直情径行,而欲尽废繁文缛节,即以昏、丧二礼证之。昏礼尽去六礼之文,纳采、问名、纳吉、纳征、请期、亲迎一切不用,则将不待父母之命、媒妁之言,钻穴隙相窥,踰墙相从矣,可乎?不可乎?丧礼尽去附身、附棺、小敛、大敛之文,卜兆、封圹一切不用,则将举而委之于壑,狐狸食之,蝇蚋姑嘬之矣,可乎?不可乎?古无束帛俪皮之仪,有持弓驱禽之吊。配偶无定,不葬其亲。皇初榛狉,盖非得已。由今观之,非直近于野蛮,亦且比于禽兽。《礼》曰“戎狄之道”,戎狄即今所谓野蛮。《曲礼》曰:“是故圣人作,为礼以教人,使人以有礼,知自别于禽兽。”夫知有母,不知有

① “至”,原误作“变”,据《礼记·檀弓下》改。

父,亲死委之狐狸、蝇蚋,非禽兽而何?在古人特限于不知,后世圣人已作为礼,而别于禽兽矣。伏羲渐近文明,及周,为文明之极。至文明已极,礼节不得不繁。若厌其太繁而矫枉过正,违文明之正轨,从野蛮之陋风,非惟于势有所不行,亦必于心有所不忍,乃知古礼有繁而不可省者。文明之异于野蛮者在此,人之异于禽兽者亦在此也。古礼在今日,不过略存饩羊之遗,而昏姻之六礼、丧葬之大事,犹多合于古者,盖天理、人情之至,皆知其不可废。若欲举此而尽废之,不将为野蛮、为禽兽乎?

十三、论古冠昏丧祭之礼,士以上有同有异

有王朝之礼,有民间通行之礼。论定礼之制,则民间通行之礼小,而王朝之礼大;论行礼之处,则民间通行之礼广,而王朝之礼狭。十七篇古称《士礼》,其实不皆士礼。纯乎士礼者,惟《冠》、《昏》、《丧》、《相见》。若祭礼,则《少牢馈食》、《有司彻》为大夫礼;《乡饮》、《射》,士、大夫所通行;《燕礼》、《大射》、《聘礼》、《公食大夫》,为诸侯礼;《觐礼》,为诸侯见天子礼,并非专为士设。其通称《士礼》者,盖以《士冠》列首,遂并其下通称为士而不复分别耳。若士以上冠、昏、丧、祭之礼,与士或同或异,不见于十七篇而见于《记》与他书者,亦略可以考见。《士冠礼·记》曰:"无大夫冠礼,而有其昏礼。古者五十而后爵,何大夫冠礼之有?公侯之有冠礼也,夏之末造也。天子之元子

犹士，天下无生而贵者也。”据此，则天子之子冠，亦用士礼，其后乃别有诸侯之冠礼。《左氏传》云“君冠，必以祼享之礼行之，以金石之乐节之”，正后起之礼。冠礼，三加为度，天子、诸侯冠用四加，亦后起之礼也。昏礼，大夫与士异，盖五十以后或有续娶。其可考者：士当夕成昏，大夫以上三月庙祭而后礼成。士不外娶，无留车反马；大夫或外娶，有留车反马。士必亲迎至妇家，天子、诸侯亲迎于馆。士纳征俪皮、束帛，天子、诸侯加以玉。此礼之稍异者。丧礼，《中庸》曰：“三年之丧，达乎天子。父母之丧，无贵贱一也。”曾子曰：“哭泣之哀，齐斩之情，饘粥之食，自天子达。”孟子曰：“三年之丧，齐疏之服，饘粥之食，自天子达于庶人。”“高宗谅阴”，郑君读为“梁闇”，是天子亦居倚庐。而春秋后礼已不行，故子张疑而问，滕人谓鲁先君莫之行。又其后，则大夫与士亦有异。《杂记》曰“端衰、丧车皆无等”，是上下本同；又曰“大夫为其父母兄弟之未为大夫者之丧[①]，服如士服”，是大夫、士有异。郑注：“今大夫丧服礼逸，与士异者，未得而备闻也。《春秋传》曰：齐晏桓子卒，晏婴粗衰斩，苴绖带，杖，菅屦，食粥，居倚庐，寝苫，枕草。其老曰：‘非大夫之礼也。’曰：‘惟卿为大夫。’此平仲之谦也。”王肃曰：“春秋之时，尊者尚轻简，丧服礼制遂坏。”张融曰：“士与大夫异者，皆是乱世尚轻凉，非王者之达礼。”孔疏曰：“如融之说，是周公制礼之时则上下

① “丧”，原脱，据《礼记·杂记》补。

同，当丧制无等，至后世以来，士与大夫有异。”据此，则大夫以上丧礼之异于士者，皆后起之礼也。祭礼，则庙祧、坛墠之数，禘祫、时祭之名，尊彝、酒齐之分，冠服、牲牢之异，有见于三《礼》明文者，有注疏家所推得者，难于备举。盖天子、诸侯之祭礼，与《特牲》、《少牢》本不同，非若丧礼之异，为后来之变也。

十四、论后仓等推《士礼》以致于天子，乃礼家之通例，郑《注》、孔《疏》是其明证

《史记·儒林传》曰：“《礼》固自孔子时，而其经不具。”孟子曰：“诸侯之礼，吾未之学也。”然则天子、诸侯之礼，在孔、孟时已不能备。孔子既不得位，又生当礼坏乐崩之后，虽适周而问老聃、苌弘，入太庙而每事问，委曲详细，必不尽知。所谓“吾学周礼，今用之”者，盖即冠、昏、丧、祭、射、乡，当时民间通用之礼。观孔子射于矍相之圃，有“观于乡而知王道易易”之言，汉初鲁儒犹乡饮、射于孔子家，则当时民间犹行古礼可知。孔子周流四方，参互考证，晚而定《礼》，约之为十七篇，以为学者守此，已足以明君臣、父子、兄弟、夫妇、朋友之伦，虽不能备，亦略具矣。礼由义起，在好学深思、心知其意者，即无明文可据，皆可以意推补。古者“五刑之属三千”，见于《尚书·吕刑》；“威仪三千”、“曲礼三千”，见于《中庸》、《礼器》。其数皆三千者，出乎礼者入于刑，故取其数相准。数至三千，不为不

多，然而事理之变无穷，法制之文有限，必欲事事而为之制，虽三千有所不能尽。如今之《大清律》远本汉、唐，繁简得中，纤悉备具，而律不能尽者，必求之例，甚至例亦不能尽，更须临时酌议。《大清通礼》、《礼部则例》虽极明备，而承袭之异、服制之殊，亦有不能全载，上烦部议，取决临时者。以今准古，何独不然？是即周时三千之礼具在，其不能尽具者，亦须临时推补，况在诸侯去籍、始皇焚书之后哉！后仓等推《士礼》以致于天子，乃不得不然之势。其实是礼家之通例，莫不皆然者也。《汉志》尊崇逸《礼》，谓"虽不能备，犹瘉仓等推《士礼》以致于天子"之说，其意以为博考逸《礼》，则天子之礼略备，可以无烦推致。郑君固亲见三十九篇之《礼》者也，其注三《礼》，于逸《礼》中之《天子巡狩礼》、《朝贡礼》、《烝尝礼》、《禘于太庙礼》、《王居明堂礼》引用甚鲜，且于古大典礼、后儒所聚讼者，未尝引逸《礼》以为断，仍不能不用仓等推致之意。如《周礼·内司服》"缘衣"，注曰："此'缘衣'者，实作'褖衣'也。男子之褖衣黑，则是亦黑也，以下推次其色，则阙狄赤，揄狄青，袆衣玄。"此郑君自云"推次"者。《司尊彝》注曰："王酳尸用玉爵，而再献者用璧角、璧散，可知也。"贾疏云："以《明堂位》云'爵用玉琖，加用璧角、璧散'差之，推次可知也。"《弁师》注曰："庶人吊者素委貌，一命之大夫冕而无旒，士变冕为爵弁。"贾疏云："郑云此者，以有大夫已上，因言庶人，且欲从下向上，因推出士变冕为爵弁之意也。"《掌客》"上公铏四十有二，侯、伯铏二十有八，子、男铏十有八”,注曰:“非衮差也。二十八,书或为二十四,亦非也。其于衮,公又当三十,于言又为无施。礼之大数,铏少于豆,推其衮,公铏四十二宜为三十八,盖近之矣。”郑以推差订正经文,尤为精密,而《鲁礼禘祫义》曰:“儒家之说禘祫也,通俗不同,或云岁祫终禘,或云三年一祫,五年再禘。学者竞传其闻,是用讻讻争论,从数百年来矣。窃念《春秋》者,书天子、诸侯中失之事,得礼则善,违礼则讥,可以发起是非,故据而述焉。从其禘祫之先后,考其疏数之所由,而粗记注焉。鲁礼,三年之丧毕,则祫于太祖,明年春禘于群庙。僖也,宣也,八年皆有禘。祫祭,则《公羊传》所云‘五年而再殷祭’,祫在六年明矣。《明堂位》曰‘鲁,王礼也’,以相准况,可知也。”夫禘祫乃古大典礼、后儒所聚讼者,郑君明言讻讻争论,而于逸《礼》《禘于太庙》之类,何不引以为据,反据《春秋》以相准况?于此足见古文逸《礼》大都单辞碎义,实无关于宏旨。故郑不为之注,亦不多引用。郑之所谓“准况”,即仓等所谓“推致”也。其后孔、贾之疏经、注,亦用推致之法。孔引皇、熊两家之疏,如《玉藻》疏云:“熊氏更说卿、大夫以下日食及朔食牲牢及敦数多少、上下差别,并无明据。”《郊特牲》疏引皇氏说圜丘之祭燔柴、牲、玉之类,与宗庙祫同;其祭感生之帝,则当与宗庙禘祭同;其五时迎气,与宗庙时祭同。孔疏云:“皇氏于此经之首,广解天地百神用乐委曲及诸杂礼制,繁而不要,非此经所须。又随事曲解,无所凭据。”此则推致太过而有得有失者,要皆礼家之通例也。

十五、论《仪礼》为经，《礼记》为传，当从朱子采用臣瓒之说，《仪礼经传通解》分节尤明

自逸《礼》之书出，而十七篇有不全不备之疑；自三《礼》之名出，而十七篇有非经非传之疑。以《周礼》为“经礼”，《仪礼》为“曲礼”，是《周礼》为经，而《仪礼》为传矣；谓《仪礼》为“经礼”，《礼记》为“曲礼”，是《仪礼》为经，而《礼记》为传矣。朱子曰：“今按：‘礼经’、‘威仪’[①]，刘向作‘经礼’、‘曲礼’[②]，而《中庸》以‘礼经’为《仪礼》。郑玄等皆曰‘经礼’即《周礼》，‘曲礼’即今《仪礼》。臣瓒曰：周礼三百，特官名耳；‘经礼’，谓冠、昏、吉、凶。盖以《仪礼》为‘经礼’也。而近世括苍叶梦得曰：‘经礼，制之凡也；曲礼，文之目也。先王之世，二者盖皆有书藏于有司，祭祀、朝觐、会同，则太史执之以涖事，小史读之以喻众。而乡大夫受之以教万民，保氏掌之以教国子者，亦此书也。’愚意《礼》篇三名，《礼器》为胜，诸儒之说，瓒、叶为长。盖《周礼》乃制治立法、设官分职之书，而非专为礼设也。至于《仪礼》，则其中冠、昏、丧、祭、燕、射、朝、聘，自为‘经礼’大目，亦不容专以‘曲礼’名之也。又尝考之，‘经礼’固今之《仪礼》，其存者十七

① “礼经”，《礼记集说》、《五礼通考》等引朱子说，均作“经礼”，是。下句“《中庸》以礼经”同应作“经礼”。皮氏此处实据《经义考》卷一百三十。

② “经礼”，原倒，据《经义考》卷一百三十乙正。又“刘向”，《礼记集说》等均作“《礼器》”。

篇，而其逸见于他书者，犹有《投壶》、《奔丧》、《迁庙》等篇，其不可见者，又有古经增多三十九篇，而《明堂阴阳》、《王史氏记》数十篇，及河间献王所辑礼乐古事，多至五百余篇。倘或犹有逸在其间者，大率且以春官所领五礼之目约之，则其初固当有三百余篇亡疑矣。所谓曲礼则皆礼之微文小节，如今《曲礼》、《少仪》、《内则》、《玉藻》、《弟子职》篇，所记事亲、事长、起居、饮食、容貌、辞气之法，制器、备物、宗庙、宫室、衣冠、车旂之等，凡所以行乎经礼之中者，其篇之全数虽不可知，然条而析之，亦应不下三千有余矣。"锡瑞案：分别经、传，当从朱子之说。朱子既有此分别，遂欲合经、传为一书。《答李季章书》云："累年欲修《仪礼》一书，厘析章句而附以传说。"《答潘恭叔书》云："《礼记》须与《仪礼》参，通修作一书，乃可观。"《乞修三礼劄子》云："以《仪礼》为经，而取《礼记》及诸经史杂书所载有及于礼者，皆以附于本经之下，具列注、疏、诸儒之说。"劄子竟不果上，晚年乃本此意修《仪礼经传通解》。其书厘析章句，朱子已明言之。其失在厘析《仪礼》诸篇多非旧次，如《士冠礼》三屦本在辞后，乃移入前"陈器服章"，戒宾、加冠等辞本总记在后[①]，乃分入前各章之下之类，未免宋儒割裂经文之习。其功在章句分明，每一节截断，后一行题云右某事，比贾《疏》分节尤简明。《答应仁仲书》云："前贤常患《仪礼》难读，以今观之，只是经不分章，记不随经，而注、疏各为一书，故使

① "宾"，原误作"宿"，据《仪礼》改。

读者不能遽晓。今定此本，尽去此诸弊，恨不得令韩文公见之也。”近马骕《绎史》载《仪礼》、张尔岐《仪礼郑注句读》、吴廷华《仪礼章句》、江永《礼书纲目》、徐乾学《读礼通考》、秦蕙田《五礼通考》，分节皆用朱子之法。

十六、论言理不如言礼之可据，朱子以此推服郑君，而郑君之说亦由推致而得

汉儒多言礼，宋儒多言理。《仲尼燕居》：“子曰：礼也者，理也。”《乐记》：“礼者，理之不可易者也。”礼与理本一贯。然礼必证诸实，合于礼者是，不合于礼者非，是非有定，人人共信者也；理常凭于虚，彼亦一是非，此亦一是非，是非无定，不能人人共信者也。今举一事明之。《宋史》朱熹《乞讨论丧服劄子》曰[①]：“臣闻三年之丧，齐疏之服，馆粥之食，自天子达于庶人，无贵贱之殊。而礼经敕令子为父、適孙承重为祖父，皆斩衰三年。盖適子当为父后，以承大宗之重，而不能袭位以执丧，则適孙继统而代之执丧，义当然也。间者遗诰初颁，太上皇帝偶违康豫，不能躬就丧次，陛下实以世適之重，仰承大统，则所谓承重之服，著在礼律，所宜一遵寿皇已行之法，易月之外，且以布衣布冠视朝听政，以代太上皇帝躬执三年之丧。”《建炎以来朝野杂记》曰：“方文公上议时，门人有疑者，文公未有以折之。后读《礼记正义·丧服小记》‘为祖后者’条，

① 按，下引文字至“一字不可增损也”，实引自徐乾学《读礼通考》卷二十一。

因自识于本议之末，其略云：准五服年月格，斩衰三年，適孙为祖，法意甚明，而《礼经》无文，但传云父没而为祖后者服斩，然而不见本经，未详何据。但《小记》云'祖父没而为祖母后者三年'，可以旁照。至'为祖后者'条下，疏中所引《郑志》，乃有'诸侯父有废疾，不任国政，不任丧事'之问，而郑答以'天子、诸侯之服皆斩'之文，方见父在而承国于祖之服。向来上此文字时，无文字可检，又无朋友可问，故大约且以礼律言之。亦有疑父在不当承重者，时无明白证验，但以礼律、人情大意答之。心常不安，归来稽考，始见此说，方得无疑，乃知学之不讲，其害如此。而《礼经》之文，诚有阙略，不无待于后人。向使无郑康成[①]，则此事终未有断决。不可直谓古经定制，一字不可增损也。"锡瑞案：朱子以此推服郑君，而郑君此条实由推致而得。可见礼为人伦之至，而以推致言礼，为一定之法，必惜逸经之不具而疑推致为无凭，非知礼者也。后儒空言理而不讲礼，谓"礼，吾知敬而已；丧，吾知哀而已"，一遇国家有大疑议，则幽冥而莫知其原。宋濮议，明大礼议，举朝争论，皆无一是，激成朋党，贻误国家，尤非知礼者也。即如宋之宁宗，以祖父没而父病不能执丧，代父而立，自应承重，无可疑者。而或疑父在不应承重，亦未尝不有一偏之理，所谓"彼亦一是非，此亦一是非"也。徒以律法、人情为说，即以朱子之贤，犹不能折服群疑，必得《郑志》明文，然后可以自信。此朱子所以服郑而并欲修礼，晚年所以有《通

① "使"，原误作"始"，据徐乾学《读礼通考》卷二十一改。

解》之作而直以郑注补经也。

十七、论郑樵辨《仪礼》皆误，毛奇龄驳郑樵，而攻《仪礼》之说多本郑樵

郑樵《仪礼辨》曰："古人造士，以《礼》、《乐》、《诗》、《书》并言之者，《仪礼》是也。古人六经[①]，以《礼》、《乐》、《诗》、《书》、《春秋》与《易》并言者，《仪礼》是也。《仪礼》一书，当成王太平之日，周公损益三代之制，作为冠、婚、丧、祭之仪，朝、聘、射、飨之礼，行于朝廷、乡党之间，名曰《仪礼》，而《乐》寓焉，正如后世《礼乐》《舆服志》之类。汉兴，传《仪礼》者出于高堂生《士礼》十七篇，而鲁徐生善为容，文帝时以容为礼大夫。后礼之古经出于鲁淹中[②]，河间献王得之，凡五十六篇，并威仪之事。其十七篇与高堂生所传《士礼》同，而字尤多略，今三十九篇乃逸《礼》。案班固九流，刘歆《七略》，并不注《仪礼》，往往汉儒见高堂生所传十七篇，遂摸效《礼经》而作之。而范氏作《后汉书》云《礼》古经与《周官经》，前世传其书，未有名家者，中兴以后，郑众、马融等为《周官》作传，并不及《仪礼》，则《仪礼》一书，盖晚出无疑者。故《聘礼》一篇所记宾介饔饩之物，禾米薪刍之数，笾豆簠簋之实，铏壶鼎甕之列，考于《周官·掌客》之礼，皆不相合。《丧服》一篇，凡发'传

① "六"，原误作"大"，据《六经奥论》卷五改。

② "礼"，原误作"世"，据《六经奥论》卷五改。

曰’以释其义者十有三,又有‘问者曰’、‘何以’、‘何也’之辞,盖出于讲师,设为问难以相解释。此皆后儒之所增益明矣。《仪礼》之书作于周公,春秋以来,礼典之书不存,礼经之意已失。三家僭鲁,六卿擅晋,礼之大者已不存矣,士大夫略于礼而详于仪。故殽烝之宴,武子不能识;彝器之荐,籍谈不能对。郊劳赠贿,鲁昭公非不知礼,而女叔齐以为‘仪也,非礼也’。揖逊周旋之问,赵简子非不知礼,而子太叔以为‘仪也,非礼也’。而古人礼意,未有能名者,传至后世,《汉旧仪》有二郎[①],为此容貌、威仪事。徐氏、张氏不知经,但能盘辟为礼容。天下郡国有容史[②],皆诣鲁学之[③],则天下所学《仪礼》者,仅容貌、威仪之末尔。今《仪礼》十七篇,郑康成、王肃等为之注。唐贞观中,孔颖达撰《五经正义》,疑《周礼》、《仪礼》非周公书,其后贾公彦始为《仪礼疏》。”锡瑞案:乐史论《仪礼》有可疑者五,郑氏所说多同乐史之论。其所以误疑《仪礼》者,一则不知《仪礼》之名始于何时,以为周公时已名《仪礼》,而汉人未尝称道《仪礼》,则今之《仪礼》必晚出,当是汉儒摸效而作。不知《礼》十七篇原于周公,定于孔子。周公、孔子时但名《礼》,汉以立学,名为《礼经》。班《志》本于刘歆《七略》,其云“经十七篇”讹为“七十篇”者,刘敞已订正矣,郑氏或未见。即今《仪礼》。刘、班时无《仪礼》之名,非别有《仪礼》而

① “郎”,《六经奥论》原误作“即”,据《汉书·儒林传》苏林注改。
② “史”,《六经奥论》原误作“吏”,据《汉书·儒林传》苏林注改。
③ “鲁”,《六经奥论》原误作“学”,据《汉书·儒林传》苏林注改。

《志》不及也。郑君以前，虽无注《仪礼》者，而马融已注《丧服》，其非后儒增益明矣。一则误执《左氏》之说，分仪与礼为二，且重礼而轻仪。不知《左氏》极重威仪。北宫文子见令尹围之仪，古本无"威"字，见《经义述闻》。谓其不可以终。于其时君、大夫视下言徐、其容俯仰之类，皆断其将死亡，何尝以威仪为末节？若女叔齐谓鲁侯习仪，焉知礼，盖以借讽晋君；子太叔谓是仪非礼，盖以此进简子。言非一端，不必过泥。武子不识殽烝，鲁人不辨羔雁，此孔子时经不具之明证。若周公成书具在，列国无缘不知。《聘礼》与《掌客》不同，又《仪礼》、《周礼》不出周公之明证。若二书一手所作，何至彼此歧异？汉虽重徐氏之礼容，当时习《礼经》者并非专习容礼。十七篇后称《仪礼》，盖以其中或称仪、《大射》一名《大射仪》。或称礼而名之，非取容礼为名，《礼》十七篇亦非仅容貌、威仪之末也。云孔颖达疑《周礼》、《仪礼》非周公书，孔《疏》中无明文。盖因不疏二书，遂以为疑之耳。毛奇龄攻《仪礼》多本其说，故具论之。

十八、论熊朋来于三《礼》独推重《仪礼》，其说甚通

熊朋来曰："《仪礼》是经，《礼记》是传，儒者恒言之，以《冠义》、《昏义》、《乡饮酒义》、《射义》、《燕义》、《聘义》与《仪礼·士冠》、《士昏》、《乡饮酒》、《射》、《燕》、《聘》之礼相为经传也。刘氏又补《士相见》、《公食大夫》二义，以为二经之传。及读《仪礼》，则《士冠礼》自'记：冠义'以

后，即《冠礼》之记矣；《士昏礼》自‘记：士昏礼凡行事’以后，即《昏礼》之记矣；《乡饮酒》自‘记：乡朝服谋宾介’以后，即《乡饮》之记矣；《乡射礼》自‘记：大夫与公士为宾’以后，即《乡射》之记矣；《燕礼》自‘记：燕朝服于寝’以后，即《燕礼》之记矣；《聘礼》自‘记：久无事则聘’以后，即《聘礼》之记矣；《公食大夫礼》自‘记：不宿戒’以后，即《公食大夫》之记矣；《觐礼》自‘记：几俟于东厢’以后，即《觐礼》之记矣；《士虞礼》自‘记：虞沐浴不栉’以后，即《士虞礼》之记矣；《特牲馈食礼》自‘记：特牲’以后，即《特牲》之记矣；《士丧礼》则‘士处适寝’以后附在《既夕》者，即《士丧礼》之记矣；《既夕礼》则‘启之昕’以后，即《既夕》之记矣。汉儒称《既夕礼》即《士丧礼》下篇，故二记合为一也。《丧服》一篇，每章有子夏作传，而‘记：公子为其母’以后，又别为《丧服》之记，其记文亦有传，是子夏以前有此记矣。十七篇惟《士相见》、《大射》、《少牢馈食》、《有司彻》四篇不言记，其有记者十有三篇。然《冠礼》之记有‘孔子曰’，其文与《郊特牲》所记冠义正同。其余诸篇，惟《既夕》之记略见于《丧大记》之首章，《丧服》之传与《大传》中数与疑“处”字误。相似，余记自与小戴冠、昏等六义不同，何二戴不以《礼经》所有之记而传之也？十三篇之后各有记，必出于孔子之后、子夏之前，盖孔子定礼而门人记之。故子夏为作《丧服传》，而并其记亦作传焉。三《礼》之中，如《周礼》大纲虽正，其间职掌繁密，恐传之者不皆周公之旧。《左传》所引‘周公制《周礼》曰’，殊与今《周礼》不相似。

大、小戴所记固多格言，而讹伪亦不免。惟《仪礼》为《礼经》之稍完者，先儒谓其文物彬彬，乃周公制作之廑存者。后之君子有志于礼乐，勿以其难读而不加意也。”锡瑞案：熊氏于三《礼》中推重《仪礼》，以为孔子所定、周公制作之廑存，自是确论。十七篇为周公之遗，孔子所定，或本成周之遗制，或参阙里之绪言，久远难明，而汉称为《礼经》，则已定为孔子之书矣。韩文公苦《仪礼》难读，又云于今无所用之，盖慨当时《仪礼》不行，非谓《仪礼》真无所用。南北朝《儒林传》兼通三《礼》犹不乏人，贾公彦《疏》实本齐黄庆、隋李孟悊。至唐，而习此经者殆绝。见李元瓘上奏。举行冠礼，人皆快郑尹而笑孙子。见柳宗元书。唐加母丧三年，并加外亲服，褚无量叹曰：“俗情肤浅，一紊其制，谁能正之？”故韩公有慨于此。至宋，有张淳《仪礼辨误》，李如圭《仪礼集释》并《释宫》，世传《释宫》为朱子作。朱子尝与如圭订《礼》，或取其书入集中。朱子《仪礼经传通解》，黄幹、杨复补《丧》、《祭》二礼，复又作《仪礼图》。元吴澄纂次八经十传；敖继公《仪礼集说》疏解颇畅，惟诋郑注，疵多醇少，近儒褚寅亮、钱大昕、俞正燮已驳正之。熊氏于《仪礼》虽非专家，而所论甚确，由朱子极尊《仪礼》，故宋、元诸儒犹知留意此经也。

十九、论《聘礼》与《乡党》文合，可证《礼经》为孔子作

熊朋来曰：“《聘礼》篇末‘执圭如重’、‘入门鞠躬’、

'私觌愉愉'等语[①]，未知《乡党》用《聘礼》语，抑《聘礼》用《乡党》语？大抵《礼经》多出于七十子之徒所传。按：朱子《乡党集注》引晁氏曰：'定公九年，孔子仕鲁，至十三年适齐，其间无朝聘之事，疑使摈、执圭二条，但孔子尝言其礼如此。'又引苏氏曰：'孔子遗书，杂记曲礼，非必孔子事也，见得古有《仪礼》之书，圣门因记其语。'"锡瑞案：此正可征《仪礼》为孔子作。《乡党》之文与《仪礼》多合，盖有孔子所尝行者，有孔子未尝行而尝言之者。熊氏谓"未知《乡党》用《聘礼》语，抑《聘礼》用《乡党》语"，盖未知《乡党》、《聘礼》皆孔子之书，而谓"《礼经》多出于七十子之徒所传"，则已明知《礼经》出自孔子，而非出自周公矣。晁氏云"孔子尝言其礼"，则亦略见及之。苏氏云"古有《仪礼》之书，圣门因记其语"，则但知有《仪礼》作于周公之说，而不知为孔子所作。夫《乡党》所言礼，既非孔子之事，又非孔子所言，圣门何必记其礼乎？《左氏》襄二十七年传[②]："仲尼使举是礼也，以为多文辞"，孔疏曰："服虔云：'以其多文辞，故特举而用之，后世谓之孔氏聘辞，以孔氏有其辞，故《传》不复载也。'所言孔氏聘辞，不知事何所出，实享礼而谓之为聘，举旧辞而目以孔氏，事亦不必然也。"案：孔氏聘辞，今无可考。服子慎在东汉末，说必有据。《乡党》文与《聘礼》合者，当即孔氏聘辞之文。服以为"孔氏有其辞，故《传》不复载"，则孔氏聘辞文必繁，不

① "愉愉"，原误作"愉如"，据熊朋来《经说》卷五改。

② "二十七"，原误作"三十八"，据《左传》改。

止如《乡党》篇中所载之略，此亦可为《聘礼》传自孔氏之证。后世必以《仪礼》为周公所作，于是此等文皆失其解。孔疏正以《仪礼》为周公作者，故于服氏之说，既不知何所出，遂谓事不必然，而古义尽湮矣。季札观乐，与今《风》、《雅》、《颂》次序合，服氏以为“传者据已定录之”，则《左氏》所载当时诸侯、大夫行礼与《礼经》合者，或亦据孔子所定之《礼》录之。顾栋高《〈左氏〉引经不及〈周官〉〈仪礼〉论》谓“《周礼》为汉儒傅会，即《仪礼》亦未敢信为周公之本文”。俞正燮《〈仪礼〉行于春秋时义》驳顾氏说，谓“时行其仪，故不复引其文”，据臧孙为季孙立悼子，为《仪礼》宾为苟敬及嗣举奠法；齐侯饮昭公酒，使宰为主人而请安，为《仪礼》请安法；“郏庄公与夷射姑饮酒，私出，阍乞肉焉”，为《仪礼》取荐脯法。虽其礼相吻合，未可据之以《仪礼》为周公所作，真出孔子之前也。

二十、论读《仪礼》重在释例，尤重在绘图，合以分节，三者备则不苦其难

《春秋》有凡例，《礼经》亦有凡例。读《春秋》而不明凡例则乱，读《礼经》而不明凡例，则苦其纷繁。陈澧曰：“《仪礼》有凡例，作记者已发之矣。《乡饮酒礼·记》云：‘以爵拜者不徒作。坐卒爵者拜既爵，立卒爵者不拜既爵。凡奠者于左，将举于右。’此记文之发凡者也。郑注发凡者数十条。《士冠礼》注云：‘凡奠爵，将举者于右，不举者于

左。'' 凡醴事[1],质者用糟,文者用清。'' 凡荐,出自东房。' '凡牲,皆用左胖。'其余诸篇,注皆有之。若抄出之,即可为《仪礼凡例》矣。有郑注发凡,而贾疏辨其同异者。有郑注不发凡,而贾疏发凡者。有经是变例,郑注发凡,而疏申明之者。又有经是变例,注不发凡,而疏发凡者。有贾疏不云凡,而无异发凡者。文多不载,见《东塾读书记》。综而论之,郑、贾熟于《礼经》之例,乃能作注作疏。注精而简,疏则详而密,分析常例、变例,究其因由,且经有不具者,亦可以例补之。朱子云:'《仪礼》虽难读,然却多是重复,伦类若通,则其先后、彼此展转参照,足以互相发明。'此所谓伦类,即凡例也。近时则凌氏《礼经释例》,善承郑、贾之学,大有助于读此经者矣。"案:陈氏引注、疏甚明,初学犹苦其分散难考,先观《礼经释例》,则一目瞭然矣。陈澧又曰:"郑、贾作注作疏时,皆必先绘图。今读注、疏,触处皆见其踪迹。如《士冠礼》'筮人许诺,右还,即席坐',注云:'东面受命,右还北行就席。'疏云:'郑知东面受命者,以其上文有司在西方东面,主人在门东西面,今从门西东面主人之宰命之,故东面受命可知也。知右还北行就席者,以其主人在门外之东南,席在门中,故知右还北行乃得西面就席坐也。'如此之类,乃显而易见者。又如《燕礼》'主人盥,洗象觚',注云:'取象觚者东面。'疏云:'以膳篚南有臣之篚,不得北面取,又不得南面背君取,从西阶来,不得

① "事",原误作"士",据《仪礼注疏》及陈澧《东塾读书记》卷八改。

篚东、西面取，以是知取象觚者东面也。'此必郑有图，故知东面取；贾有图，故知不得北面、南面、西面而必东面也。以下文多不载。杨信斋作《仪礼图》，厥功甚伟，惜朱子不及见也。《通志堂经解》刻此图，然其书巨帙，不易得，故信斋此图罕有称述者。张皋文所绘图更加详密，盛行于世，然信斋创始之功不可没也。阮文达公为张皋文《仪礼图》序云：'昔汉儒习《仪礼》者必为容，故高堂生传《礼》十七篇，而徐生善为颂，礼家为颂皆宗之。颂即容也。予尝以为读《礼》者当先为颂。昔叔孙通为绵蕝以习仪，他日亦欲使家塾子弟画地以肄礼，庶于治经之道事半而功倍也。然则编修之书，非即徐生之颂乎？'澧案：画地之法，澧尝试为之，真事半而功倍，恨未得卒业耳。若夫宫室、器服之图，则当合三《礼》为之。此自古有之，今存于世者，惟聂崇义之图。至国朝，诸儒所绘益精。若取《皇清经解》内诸图与聂氏图，考定其是非，而别为《三礼图》，则善矣。"锡瑞案：聂氏《三礼图》，朱子讥其丑怪不经，非古制。今观其冠制多怪诞，必非三代法物。而据窦俨《序》，称其"博采旧图，凡得六本"，则实原于郑君及阮谌、梁正、夏侯伏明、张镒诸家，特非尽出郑君。而郑注《仪礼》、贾疏《仪礼》有图，则自陈氏始发之。杨复图世罕传。惟张惠言《仪礼图》通行，比杨氏更精密。韩文公苦《仪礼》难读。读《仪礼》有三法：一曰分节，二曰释例，三曰绘图。得此三法，则不复苦其难。分节，可先观张尔岐、吴廷华之书；释例，凌廷堪最详；绘图，张惠言最密。若胡培翚《仪礼正义》，虽详而太繁；杨大堉所补多违古义，与原书不合，不便学者诵习，姑置之。

二十一、论宋儒掊击郑学实本王肃，而袭为己说，以别异于注疏

三《礼》繁难，一人精力难于通贯。汉以十七篇立学，后仓《曲台记》后，并无解义。杜、贾、二郑止解《周官》。马融解《周官》与《礼记》，而十七篇止注《丧服》。惟郑君遍注三《礼》，至今奉为圭臬，诚可谓宏览博物，精力绝人者矣。其后礼书之宏富者，有宋何承天删并《礼论》八百卷为三百卷，梁孔子袪又续何承天《礼论》一百五十卷，隋《江都集礼》一百二十卷，牛弘撰《仪礼》百卷，今皆不传。惟崔灵恩《三礼义宗》四十七卷，犹存其略。宋陈祥道《礼书》一百五十卷，晁公武、陈振孙并称其精博。《四库提要》曰："其中多掊击郑学，如论庙制，引《周官》、《家语》、《荀子》、《穀梁传》，谓天子皆七庙，与康成天子五庙之说异；论禘祫，谓圜丘自圜丘，禘自禘，力破康成禘即圜丘之说；论禘大于祫，并祭及亲庙，攻康成禘小祫大、祭不及亲庙之说；辨上帝及五帝引《掌次》文，辟康成上帝即五帝之说。盖祥道与陆佃亦皆王安石客，安石说经既创造新义，务异先儒，故祥道与陆佃亦皆排斥旧说。"锡瑞案：祥道之书，博则有之，精则未也。其自矜为新义，实多原本王肃。汉时礼家聚讼，古、今文说不同。郑君择善而从，立说皆有所据，如说庙制，以为天子五庙，周合文、武二祧为七，本

《丧服小记》"王者立四庙",《礼纬稽命征》"唐、虞五庙;夏四庙,至子孙五;殷五庙,至子孙六;周尊后稷、文、武,则七"。王肃乃数高祖之父、高祖之祖,与文、武而九,不知古无天子九庙之说。而肃说二祧,亦与《祭法》不合也。郑说圜丘是禘喾配天,圜丘本《周官》,周人禘喾本《国语》、《祭法》。王肃乃谓郊、丘是一,引董仲舒、刘向为据。不知董、刘皆未见《周官》,不知有圜丘,但言郊而不言禘,不足以难郑也。郑说三年祫,五年禘,祫大禘小,本于《春秋公羊》经书"有事"为禘,各于其庙,"大事"为祫,群庙主悉升于太祖。而肃引《禘于太庙》逸礼"昭尸、穆尸皆升合于太祖",孔《疏》已驳之曰:"郑以《公羊传》为正,逸《礼》不可用也。"逸《礼》不足信,即此可见,故郑不用,亦不为之注。郑说五帝为五天帝,本《周官·司服》"祀昊天上帝,则服大裘而冕。祀五帝,亦如之"。五帝配南郊,祭用夏正月,故服大裘;若五人帝,则迎夏、迎秋,不得服裘。又先郑注《掌次》云"五帝,五色之帝",陈祥道据《掌次》驳郑,即此可证其误。是郑义本先郑。王肃以为五人帝分主五行,然则大皞、炎、黄之先无司五行者乎?此与肃驳郑义,以为社稷专祀句龙、后稷,不祀土、谷之神者,同一谬妄也。王肃所据之书,郑君无缘不知,其所以不用者,当时去取必自有说。肃乃取郑所不用者,转以难郑。郑据今文,则以古文驳之,如据逸《礼》以驳《公羊》是也;郑据古文,则以今文驳之,如据董、刘以驳《周官》是也。其时马昭、张融,下至孔颖达《疏》,已为细加分别。宋人寡学,不尽知二家之说所自出,取王说之浅近，疑郑义之博深；又以其时好立新说，郑《注》立学已久，人多知之，王说时所不行，乃袭取之以为己说。陈氏《礼书》大率如是，皆上诬前贤，下误后学。后人不当承其误，凡此等书可屏勿观。朱子曰："王肃议礼，必反郑玄。"朱子于礼用功深，故能知"郑康成考礼名数大有功"。

二十二、论王肃有意难郑，近儒辨正已详，《五礼通考》舍郑从王，俞正燮讥之甚是

合今、古文说《礼》，使不分明，始于郑君，而成于王肃。郑君以前，界限甚严。何休解《公羊传》，据逸《礼》而不据《周官》，以逸《礼》虽属古文，不若《周官》之显然立异也。杜、贾、二郑解《周官》，皆不引博士说。郑司农注《大司徒》五等封地，皆即本经立说，不牵涉《王制》，惟注"诸男方百里"一条云："诸男食者四之一，适方五十里，独此与五经家说合耳。""五经家说"，即《王制》"子、男五十里"之说也。郑君疏通三《礼》，极具苦心，于其分明者，则分之为周礼，为夏、殷礼；不分明者，未免含混说之，或且改易文字，展转求通。专门家法，至此一变。王肃有意攻郑，正当返求家法，分别今、古，方可制胜。乃肃不惟不知分别，反将今、古文说别异不同之处任意牵合。如《王制》庙制，今说，《祭法》庙制，古说，此万不能合者。而肃伪撰《家语》、《孔丛子》，所言庙制，合二书为一说。郑君以为《祭法》周礼，《王制》夏、殷礼，尚有踪迹可寻。至肃，乃尽抉其藩篱，荡

然无复门户，使学者愈以迷乱，不复能知古礼之异。尤可笑者，《家语》、《孔丛》举礼家聚讼莫决者，尽托于孔子之言以为折衷。不知礼家所以聚讼，正以去圣久远，无明文可据，是以石渠、虎观，至烦天子称制临决。若孔子之言如此彰灼，群言淆乱折诸圣，尚何庸龂龂争辨乎？古人作注，发明大义而已。肃注《家语》如五帝、七庙、郊丘之类，处处牵引攻郑之语，殊乖注书之体，而自发其作伪之覆。肃又作《圣证论》以讥短郑，据唐《元行冲传》云六十八条，今约存三十条。礼之大者，即五帝、七庙、郊丘、禘祫、社稷之属，其余或文句小异，不关大义。肃之所谓圣证，即取证于《家语》、《孔丛》，以为郑君名高，非托于圣言，不足以夺其席。而郑学之徒马昭已灼知《家语》为王肃伪作，斯可谓心劳日拙矣。晋武帝，王肃外孙，郊庙典礼皆从肃说。其时郑、王之徒争辨不已，久而论定。六朝南、北学三《礼》皆遵郑氏，至唐而孔疏《礼记》，贾疏《周礼》、《仪礼》，发明郑义尤详。宋以后，乃舍郑从王，排斥注、疏。国朝昌明郑学，于王肃之伪撰《家语》、伪撰古文《尚书》经传，攻之不遗余力。肃之私窜《毛诗》以难郑者，亦深窥其症结。《圣证论》中所说郊庙大典，惠栋、孙星衍辨正尤详。惟秦蕙田《五礼通考》多蹈陈祥道《礼书》舍郑从王之失，似即以《礼书》为蓝本。《四库提要》曰："较陈祥道等所作，有过之无不及。"仅以为过祥道，似亦有微辞焉。俞正燮《癸巳存稿》云："《五礼通考》所采汉以后事皆是，惟周时书籍，广搜魏、晋以后议论附于后，本康庄也，而荆棘榛芒之，可谓宋、元人平话经义与帖括经义，日课陋稿，令人憎恶，不可谓之礼书也。据魏、晋以后礼制，多本王肃、皇甫谧，其说不可不采，然宜附所引史志后，不宜附经后。引经止存汉传注本义，魏、晋以后野文皆削之。宋、元人平话、帖括两体文，尤不当载。而制度则案年次之，通考之体应如此，此书体例非也。"锡瑞案：《五礼通考》网罗浩博，自属一大著作，而其大书旁注，低格附载，体例诚多未善，有如俞氏所讥。舍郑从王，是宋非汉，尤为颠倒之见，恐误后学，不得不辨。秦氏之作《通考》，以徐乾学《读礼通考》惟详丧葬，而推广为五礼。徐氏专讲丧礼，条理不繁，故详审，无可议。秦氏兼及五礼，过于繁博，故体例有未善，足见三《礼》非一人之力所能及。自郑君并注三《礼》后，孔氏止疏《礼记》，且原本于皇、熊，贾氏疏《仪礼》，本黄庆、李孟悊，《周礼》不著所出，亦必有所承。朱子《仪礼经传通解》，至殁尚未卒业。若陈氏《礼书》、秦氏《通考》，未免举鼎绝膑之弊。近人林昌彝《三礼通释》有编次而少折衷，林乔荫《三礼陈数求义》有折衷而欠精确。惟江永《礼书纲目》本于朱子，足以补正朱子之书。治三《礼》者，可由此入门，而《五礼通考》姑置之可也。毛鸿宾序《三礼通释》云："《五礼通考》所据者，皆宋、元、明以下之说，多向壁虚造，而汉、魏、六朝经师之遗言大义鲜及之。"可谓知言。

二十三、论古人行礼有一定之例，九拜分别，不厌其繁

古人行礼有一定之例，如：主人敬宾，取爵，降洗，宾

降，辞洗。主人卒洗，揖让，升，宾拜洗。主人拜，降盥，宾降。主人卒盥，揖让，升。主人实爵，献宾，宾拜，受爵，主人拜送。宾啐酒，拜，告旨，主人答拜。宾卒爵，拜，主人答拜。宾酢主人略同，不告旨，注云："酒，己物也。"主人酬宾略同，酬酒不举，注云："君子不尽人之欢。"献、酢、酬共为一献，所谓一献之礼。宾主百拜，在今人视之，必以为繁文缛节，而古人乡饮、乡射、燕礼、大射皆行之。惟燕礼、大射使宰夫为献主，臣莫敢与君抗礼也。古人之拜与今异，皆一人先拜，拜毕而后，一人答拜。《曲礼》曰："主人敬客，则先拜客；客敬主人，则先拜主人。凡非吊丧、非见国君，无不答拜者。"解此，可无疑于《士冠礼》之母答拜、《昏礼》之舅姑答拜矣。古无二人并拜之礼。故《昏礼》夫妇不交拜，以婿虽为主人，妇不自居于客。夫妇敌体，不便一人先拜，一人答拜，故不拜。此古礼之与今异者。古臣朝君不拜，以行礼必在堂，而朝在路门外，无堂，不便行礼。朝礼止打一照面，与今属员站、上司出班相似。且古无无事而拜者，及有事而拜，必拜于堂下。君辞之，乃升，成拜，故曰："拜，下礼也。"《周礼》九拜，杜子春、郑兴、郑众、郑康成、贾公彦、孔颖达、陈祥道、顾炎武、阎若璩、毛奇龄、惠栋、江永、方苞、秦蕙田、段玉裁，言人人殊；凌廷堪与陈寿祺、乔枞父子后出，为最核。寿祺云："九拜皆主祭祀而言。稽首、顿首、空首三者，皆吉礼祭祀之拜也。振动、吉拜、凶拜三者，皆丧礼祭祀之拜也。奇拜、褒拜、肃拜，礼之杀也。一曰稽首，郑注：'头至地也。'贾疏云：'稽留之字，头至地多时，则为稽首也。'稽首，臣拜君法。二曰顿首，《檀弓》疏引'郑曰：头叩地，不停留也。此平敌以下拜也。'三曰空首，郑注：'空首，拜头至手，所谓拜手也。'贾疏云：'空首拜者，君答臣下拜。'四曰振动，杜子春云：'动，读为哀恸之恸。'寿祺按：此即拜稽颡，成踊也。五曰吉拜，六曰凶拜，惠氏云：'皆丧拜也。丧有吉凶，拜亦如之。'有两说：一小功以下为吉，大功以上为凶，其拜也，以吉凶分左右。一齐衰、不杖以下为吉，齐衰以上为凶，其拜也，皆稽颡，以吉凶分先后。七曰奇拜，郑大夫云：'奇拜，谓一拜也。'八曰褒拜，郑大夫云：'褒，读为报。'报拜，谓再拜也。九曰肃拜，先郑司农云：'肃拜，但俯下手，今时揎是也。'"锡瑞案：古人一拜之礼，而分别如此其繁，非故为是琐琐也。凡人之情，简则易，易则慢心生；反是则严，严则畏心生。礼制之行，以文治，亦以已乱；以诱贤，亦以范不肖。故曰："出于礼者入于刑，纳诸轨物，然后礼明而刑措。"若谓委曲繁重之数，皆戕贼桎梏之具，率天下而趋于苟且便利，将上下无等而大乱。昔汉高帝去秦苛仪，群臣饮酒争功，拔剑妄呼。高帝患之，用叔孙通为绵蕞起朝仪而后定。"礼乐不可斯须去身"，岂不信乎！

二十四、论古礼多不近人情，后儒以俗情疑古礼，所见皆谬

《礼器》："礼之近人情者，非其至者也。"古人制礼坊

民，不以谐俗为务。故礼文之精意，自俗情视之，多不相近。又古今异制，年代愈邈，则隔阂愈甚。汉人去古未远，疑经尚少。唐、宋以后，去古渐远，而疑经更多矣。今举数事证之。如《士冠礼》："北面坐取脯，降自西阶，适东壁，北面见于母。母拜受，子拜送，母又拜。"郑注："妇人于丈夫，虽其子犹侠拜。"《冠义》："见于母，母拜之，成人而与为礼也。"是母之拜子，一为受脯，一为成人而与为礼，犹嗣举奠以父拜子，所以重宗嗣。凡此等皆有深义存焉。杜佑《通典》乃以为渎乱人伦，以古礼不近人情也。《昏礼》女家告庙，婿家无告庙之文。《白虎通》明解之曰："娶妻不告庙者，示不必安也。"盖古有出妻之事，故恐其不安，不先告庙。后人乃引《曲礼》"齐戒以告鬼神"，《文王世子》"五庙之孙，祖庙未毁，虽为庶人，冠、娶妻必告"，《左氏传》"先配而后祖"及"围布几筵，告于庄、共之庙而来"等语，以证告庙。不知"齐戒告鬼神"，不云告祖祢，当即卜日、卜吉之类。"冠、娶妻必告"，郑注明云"告于君也"，五庙乃天子、诸侯之制，岂有疏族士庶得自告天子、诸侯庙者？楚公子围因聘而娶，大夫出聘本应告庙，并非专为娶妻。"先配后祖"当从贾、服，以祖为庙见，大夫以上三月庙见，乃始成昏，讥先配也。昏礼是士礼，当夕成昏，郑谓大夫以上皆然，不如贾、服之合古礼。夫娶不告庙，又大夫以上三月庙见乃成昏，皆不近人情之甚者。《丧服》父在为母期，以父丧妻，止于期也。嫂、叔之无服也，盖推而远之也。妇为舅姑期，传曰："何以期也？从服也。"女子子不适人者为其父母期，传曰："何以期也？妇人不贰斩也。"然则妇为舅姑期，亦不贰斩之义。自唐以后，母与舅姑服加至三年，嫂、叔亦有服，正褚无量所谓"俗情肤浅"者，盖疑古礼制服不近情也。古祭礼必有尸，自天子至于士，皆有筮尸、宿尸之礼。杜佑《理道要诀》谓："周、隋《蛮夷传》巴、梁间为尸以祭，今郴道州人祭祀，迎同姓伴神以享，则立尸之遗法，乃本夷狄风俗，至周未改耳。"杜不知外裔犹存古法，反以古法未离夷狄，是疑立尸不近情也。古士、大夫无主，以不禘祫，无须分别。《少牢馈食》束帛依神，《特牲馈食》结茅为蕝，即以代主。许君、郑君同义，孔疏、贾疏谓"大夫、士无木主，以币主其神"，徐邈、元怿乃引《公羊》"大夫闻君之丧，摄主而往"。不知何休解诂明云"宗人摄行主事而往"，不谓木主。又引逸《礼》馈食设主，不知逸《礼》不可据，故郑不用，亦不为注。舍许、郑之明说，从疑似之误文，是疑无主不近情也。古不祭墓，惟奔丧、去国哭于墓。祭是吉礼，必行于庙。故辛有见被发野祭，叹其将为戎。后人乃引《周官·冢人》"祭墓为尸"，曾子曰"椎牛祭墓"，《孟子》曰"卒之东郭墦间之祭者"，及鲁诸儒岁时上孔子冢，以为古已祭墓。不知《冢人》"为尸"，后郑以为"或祷祈焉"，先郑以为始窆时祭以告后土，与墓祭无涉。赵岐注《孟子》以"卒之东郭墦间"为句，亦非墓祭。曾子语见《韩诗外传》，汉初之书。鲁人上孔子冢，亦在秦、汉之间。疑当其时世卿宗法既亡，大夫不皆有庙，乃渐移庙祭为墓祭，不得为古祭墓之证。而毛奇龄、阎若璩皆曲徇俗说，是以不祭墓为不近情也。古今异情若此甚夥，今欲反古，势所难行，然古有明文，非可诬罔。若沉溺俗说，是今人而非古人，不可也；或更傅会误文，强古人以从今人，更不可也。

二十五、论古礼最重丧服，六朝人尤精此学，为后世所莫逮

古礼最重丧服。《礼经》十七篇，有子夏《丧服传》一篇在内。《小戴礼记》四十九篇，有《曾子问》、《丧服小记》、《杂记》上下、《丧大记》、《丧服大记》、《奔丧》、《问丧》、《服问》、《间传》、《三年问》、《丧服四制》十一篇，《别录》皆属丧服。《檀弓》亦多言丧礼："大功废业，或曰：'大功诵可也。'"疏云："录记之人，必当明礼应事无疑，使后世作法。今检《礼记》，多有不定之辞。仲尼门徒亲承圣旨，子游裼裘而吊，曾子袭裘而吊。又小敛之奠，或云东方，或云西方。同母异父昆弟，鲁人或云为之齐衰，或云大功。其作记之人，多云'盖'，多云'或曰'，皆无指的，并设疑辞者，以周公制礼，永世作法，时经幽、厉之乱，又遇齐、晋之强，国异家殊，乐崩礼坏，诸侯奢僭，典法讹舛，是以普天率土，不闲禮教[1]。故子思，圣人之胤，不丧出母；随武子，晋之贤相，不识殽烝。作记之人随后撰录，善恶兼载，得失备书。但初制礼之时，文已不具，略其细事，举其大

① "禮"，原误作"異"，据《礼记正义》改。

纲。况乃时经离乱，日月县远，数百年后，何能晓达？记人所以不定，止为失礼者多，推此而论，未为怪也。”锡瑞案：孔疏所言，极其通达。记文所以不定者，一则制礼之初，细数不能备具；一则乱离之后，故籍复不尽存。丧服更纠纷难明，故后儒尤多聚讼。汉人礼书最早而略传于今者，有《大戴·丧服变除》。十七篇《礼经》，马融独于《丧服》有注，郑君亦有《丧服变除》。其后则有王肃《丧服经传注》《丧服要记》、射慈《丧服变除图》、杜预《丧服要集》、袁准《丧服经传注》、孔伦《集注丧服经传》、陈铨《丧服经传注》、刘智《丧服释疑》、蔡谟《丧服谱》、贺循《丧服要记》、谢徽《丧服要记注》、葛洪《丧服变除》、裴松之《集注丧服经传》、雷次宗《略注丧服经传》、崔凯《丧服难问》、周续之《丧服注》、王俭《丧服古今集记》、王逡之《丧服世行要记》，见玉函山房辑本。《释文·叙录》有蔡超、田僊之、刘道拔，皆不传。自汉、魏至六朝，诸儒多讲礼服，《通典》所载，辨析同异，穷极深微。朱子谓“六朝人多精于《礼》，当时专门名家有此学，朝廷有礼事，用此等人议之”。顾炎武《日知录》云：“唐《开元四部书目》，《丧服传》义疏有二十三部。昔之大儒，有专以丧服名家者。故萧望之为太傅，以《礼服》、《论语》授皇太子。宋元嘉末，征隐士雷次宗诣京邑，筑室于钟山西岩下，为皇太子、诸王讲《丧服》经。齐初，何佟之为国子助教，为诸王讲《丧服》。陈后主在东宫，引王元规为学士，亲授《礼记》、《左传》、《丧服》等义。魏孝文帝亲为群臣讲《丧服》于清徽堂。而《梁书》言始兴王憯薨，昭明太子命诸臣共议，从明山宾、朱异之言，以慕悼之辞宜终服月。夫以至尊在御，不废讲求丧礼，异于李义府之言不豫凶事而去国恤一篇者矣。”案：六朝尚清言、习浮华之世，讲论服制，如此谨严。所以其时期功去官，犹遵古礼；除服宴客，致挂弹章。足见江左立国，犹知明伦理、重本原，故能以东南一隅，抗衡中原百余年也。

二十六、论王朝之礼与古异者可以变通，民间通行之礼宜定画一之制

冠、昏、丧、祭之礼，古时民间通行，后世已不尽通行矣。若夫王朝之礼，古今异制，后世尤不能行。即如禘、郊、祖宗，据郑君《祭法》注，祖文宗武于明堂，周之受命祖也；郊稷于南郊，周之始封祖，有功烈于民者也；禘喾于圜丘，周之远祖，有圣德，帝天下者也。惟皆有功德，故可配天而无惭；惟诚为其祖，故应崇祀而非妄。后世有天下者，与古大异。秦虽无道，其先犹为诸侯，有始封祖。若汉高崛起，其先并无功德，亦无始封。在汉，惟当以高祖受命，配天南郊，而圜丘、明堂无人可配。自汉以后，犹夫汉也，若欲仿古典礼，必至如汉之祖尧、魏之祖舜、唐之祖李耳，援引不可考之遥遥华胄，将有“神不歆非类”之诮。故宋神宗罢禘天之祭，诚以无其人也。此则禘、郊、祖、宗，古礼虽有明文，而难以仿效者也。庙制本于服制，服止五，庙亦止五。天子有其人，则增至七。《礼纬》：“夏四庙，至子孙

五；殷五庙，至子孙六；周六庙，至子孙七。”是古时已稍有通变。诸侯五庙，鲁有周公大庙、鲁公世室，与四亲庙而六，《明堂位》有武公世室，则僭天子七庙之制。正与周制相仿，虽稍增，而不过七也，过七则应祧迁。如每帝一庙而不祧，商、周数百年，庙将无地以容。汉翼奉、贡禹、韦玄成始建祧迁之议，而议久不决，刘歆复以“宗无数”之妄言乱之。庙所以敬祖先，非所以报功德，有功德即称宗，不祧。为天子者，谁肯谓其祖无功德？如此，则无可祧之祖，故东汉遂变为同堂异室之制。夫庙不二主，若一庙数人，正是祧庙之制。是同堂异室名为不祧，而早已祧。王者欲尊其祖，必一代之祖各为一庙，而亲尽即祧。诚以尊祖之义，古今一也。此则七庙祧迁，古礼本有明文，而可以仿效者也。古人祭天，一岁凡九：圜丘、南郊、明堂、大雩、五时迎气。祭祖，一岁凡四：禴、禘、尝、烝。又有三年祫，五年禘。后世车驾难以数动，经费又恐过繁，于是天地合祭，禘祫不行。明知非古，不免徇时，甚或傅会古制，以为当然。其实古制不如是，而典礼不可废。惟圜丘、明堂既无配天之祖，不必强立。此又古礼有明文，而可以斟酌变通者也。其他一切典礼以及度数仪文之末，皆可因时制宜。后世于王朝之礼考订颇详，民间通行之礼颁行反略，国异政，家殊俗，听其自为风气，多有鄙俚悖谬之处。官吏既不之禁，士大夫亦相习成风。宜命儒臣定为画一之制，原本《仪礼》，参以《司马书仪》、《朱子家礼》。冠礼、乡饮，古制宜复，并非难行。昏礼、丧礼，今亦有与古合者。惟祭礼全异，立尸、交爵之类，后世诚不可行，其他亦有可仿效者。古礼多行于庙，今士大夫不皆有庙，有庙亦与所居隔越，故宜变而通之，期不失夫礼意而已。朱轼《仪礼节略》，抚浙时尝试行之，未能通行，为可惜也。

二十七、论明堂、辟雍、封禅当从阮元之言为定论

古礼有聚讼千年至今日而始明者，明堂、辟雍、封禅是也。阮元曰："辟雍与封禅，是洪荒以前之大典礼，最古不可废者。窃以上古未有衣冠，惟用物遮膝前，后有衣冠之制，不肯废古制，仍留此以为韨，与冕并重。此即明堂、辟雍之例也。上古未有宫室，圣人制为栋宇，以蔽风雨。帝王有之，民间未必即有。故其制如今之蒙古包帐房，而又周以外水，如今邨居之必有沟绕宅也。古人无多宫室，故祭天、祭祖、军礼、学礼、布月令、行政、朝诸侯、望星象，皆在乎是。故明堂、太庙、太学、灵台、灵沼，皆同一地，就事殊名。三代后制度大备，王居在城内，有前朝、后市、左祖、右社之分，又有大学等，皆在城内，而别建明堂于郊外，以存古制，如衣冠之有韨也。郑康成解为太学、太庙等各异处，而不知城外原有明堂，泰山下亦有之。蔡伯喈知明堂、太庙等同处，而不知此不过城外别建之处，其实祭祀等事仍在城中。此虽凭虚臆断，然博综群书，究其实之如此也。此明堂之说也。封禅者，亦最古之礼，自汉、唐、宋以来，皆为腐儒说坏。元以为：封者，即南郊祭天也；禅者，即北郊

祭地也。泰山者，古中国之中也。主此事者，天子也。刻石纪号者，如今之修史也。何以言之？古帝王七十二代，荒远无文，其间如蚩尤、共工等亦皆创霸，大约其威力、功德能服诸侯者，即为天子。正天子之号，必至泰山下，诸侯皆来朝，同祭天地后定天位，然后刻石于泰巅，以纪其号，如夏、商、周之类。其必须刻石者，古结绳而治，非如后世有漆书竹册，可以藏之柱下也，故必须刻石始可知。此管夷吾之所由记忆者。其必在泰山何？古中国地小，以今之齐国为天下之中。故《尔雅》曰：'齐，中也。'又曰：'中有岱岳，与其五谷鱼盐生焉。'《列子》曰：'不知斯离也。齐中也。国几千万里。'皆其证也。夏、商、周以来，礼文大修，诸侯有朝聘之仪，天地有郊泽之祀，太史有国事之书，无须祭泰山刻石矣，故六经不言封禅。《尧典》舜巡四岳，即封禅之礼。禹会诸侯，如之。"锡瑞案：六经不言封禅，惟《礼器》言"因名山升中于天"，即封禅也。阮以舜巡四岳为封禅之礼，说甚通达。颍容、卢植、蔡邕以明堂与太庙、太学、辟雍、灵台为一，而汉立明堂、辟雍，不在一处。《后汉纪》注引《汉官仪》曰："辟雍去明堂三百步。"郑君习于时王之制，以为古制亦然。袁准以郑义驳蔡邕，其实古制当如蔡说，特蔡未能别白其时代，故不免启后儒之疑。阮云"自汉以来，儒者惟蔡邕、卢植实知异名同地之制，尚昧上古、中古之分"，辨析极精，特以为太学在城内，与《王制》不合耳。刘歆讥汉儒"若立辟雍、封禅、巡狩之仪，则幽冥而莫知其原"。今得阮氏之通识，可以破前儒之幽冥矣。阮元说见《阅〈问字堂集〉赠言》[1]。

二十八、论古制不明由于说者多误，小学、大学皆不知在何处

古制存于三《礼》，而说《礼》者多误，古制遂以不明。即以学校一事言之。《王制》云："小学在公宫南之左，大学在郊。"此自古以来天子、诸侯之通制也。自郑君以后，说者皆误，由于不知古人立学竟在何处。锡瑞案：古学皆在门堂之塾。《学记》曰："古之学者，家有塾。"《尚书大传》曰："大夫、士七十而致仕，老于乡里，大夫为父师，士为少师。"郑注："古者仕焉而已者，归教于闾里。"又曰："上老平明坐于右塾，庶老坐于左塾。"郑注："上老，父师也。庶老，少师也。"《汉书·食货志》、《白虎通》、《公羊解诂》皆与《大传》文略相合。此乡学在塾之证也。而小学、大学亦在塾。知小学在塾者，"小学在公宫南之左"，古者左宗庙，右社稷。公宫南之左乃宗庙之地，安得于此立学？《周礼·师氏》："以三德教国子，居虎门之左，掌国中失之事，以教国之子弟，凡国之贵游子弟学焉。"《保氏》："养国子以道，教以六艺、六仪。"据此，则公宫南之左即是虎门之左，乃路门之左塾也。保氏当居右塾，不言者，省文。师氏尊于保氏，《记》以师氏统保氏，故言左不言右，实则左、右塾皆有学，当如《大传》云上老坐右塾、庶老坐左塾也。《大

---

① "阅"，原脱，据孙星衍《问字堂集》卷首补。

传》言出学，就出言，故尊右。此《记》言入学，就入言，故尊左。国子小学，与乡人小学制度相同。蔡邕《明堂月令论》曰："《周官》有门闱之学，师氏教以三德，守王门；保氏教以六艺，守王闱。"然则师氏居东门、南门，保氏居西门、北门也。此师氏居左塾、保氏居右塾之证。蔡氏以此证明堂、大学则误，以证路门左、右小学，则正合矣。小学必在路门左、右塾者，王太子、王子八岁入小学，必离宫中不远，当是古之通制。若如郑注"王者相变，小学或在郊"，八岁太子远入郊学，殊非人情，必不然矣。知大学亦在塾者，蔡邕《明堂月令论》曰："取其四门之学，则曰大学。引《易传·太初》篇曰：'太子旦入东学，昼入南学，莫入西学。当作"晡入西学，莫入北学"二句。在中央曰太学，天子之所自学也。'《礼记·保傅》篇曰：'帝入东学，上亲而贵仁；入西学，上贤而贵德；入南学，上齿而贵信；入北学，上贵而尊爵；入太学，承师而问道。'与《易传》同。魏文侯《孝经传》曰：'太学者，中学明堂之位也。'"据蔡说，则东、西、南、北四学，即在明堂东、西、南、北四门。四学各有异名，《玉海》引《礼象》曰："辟雍居中，其南为成均，北为上庠，东为东序，西为瞽宗。"据此，则太学中学即辟雍，在明堂中。明堂为五经之文所藏处，故宜承师问道，为天子所自学。古称四学，亦曰五学，其实皆在一处。故《记》文以上下、东西、左右相对言之。若谓一在国，一在郊，相去甚远，岂得遥遥相对？两汉诸儒孔牢、马宫、卢植、颍容，皆谓明堂、辟雍、太学同处，与蔡邕同。《异义》引《韩诗》说："辟雍者，天子之学，圆如璧，雍之以水，示圆，所以教天下。春射，秋飨，尊事三老、五更。在南方七里之内，立明堂于中，五经之文所藏处。”此说与《孝经援神契》言“明堂在国之阳七里之内”正合，乃明堂、大学同处之确证。四学在四门，即四门之塾，与各乡小学、虎门小学不异，此亦当是通制。若如郑注“王者相变，大学或在国”，古者国中地狭，大学人众，必不能容。《记》曰：“王太子，王子，群后之太子，卿、大夫、元士之適子，国之俊秀，皆造焉。”是王子、国子由虎门小学，凡民俊秀由各乡小学，学成之后，皆入大学，非国中所能容，故必在郊，郊即南方七里之内也。人知乡学在塾，不知小学、大学皆在塾。《考工记》“门堂三之一”，则塾之地不狭。明堂四门，门有两塾，学者虽众，足以容之。学制所以不明者，由于不信大学在明堂。所以不信大学在明堂者，由于不知四学在明堂四门之塾。袁准驳蔡，正由昧此。孙志祖、段玉裁、顾广圻、朱大韶互相争辩，其说卒不能定，亦由昧此故耳。

二十九、论三《礼》皆周时之礼，不必聚讼，当观其通

孔子谓殷因夏礼，周因殷礼，皆有损益。《乐记》云：“三王异世，不相袭礼。”是一代之制度，必不尽袭前代。改制度，易服色，殊徽号，《礼》有明征。而非特后代之兴，必变易前代也，即一代之制度，亦历久而必变。周享国最久，必无历八百年而制度全无变易者。三《礼》所载，皆周礼

也。《礼经》十七篇为孔子所定，其余盖出孔子之后，学者各记所闻，而亦必当时实有此制度，非能凭空撰造。《仪礼》、《周礼》言聘觐之礼，不尽合。《礼记·檀弓》言东方、西方之奠，齐衰、大功之丧，亦不尽合。《王制》、《祭法》言庙制、祭礼，尤不相符。说者推而上之，则以为兼有夏、殷，郑君云"《王制》，夏、殷杂"是也；抑而下之，则以为杂出秦、汉，郑君以《月令》为秦制，卢植以《王制》为汉法是也。考其实，皆不然，三《礼》皆周人之书，所记皆周时之礼。《礼记》所载或有夏、殷礼，而既经周因与损益，则亦即周礼矣。秦、汉之礼，又多本之于周。其所以参差抵牾者，由于历代久远，渐次变易，传闻各异，纪载不同，非必上兼夏、殷而下杂秦、汉也。请以汉、唐之礼证之。汉初用叔孙通所定之礼，后汉又使曹褒撰次新礼。既加更定，必与前不尽同。今使因其不同，而谓叔孙所定者为汉礼，曹褒所定者非汉礼，可乎？唐初用《贞观》《显庆礼》，玄宗又作《开元礼》，而五礼始备。既经改作，必与前不尽同。今使因其不同，而谓贞观、显庆作者为唐礼，开元所作者非唐礼，可乎？疑三《礼》之参差抵牾，而谓一是周礼，一非周礼，何以异于是乎？若谓周时变礼无明文可征，请以官制一事证之。制度以设官为最重，执政又为官之最尊。周初成、康之时，周公、召公以冢宰执政，故《周官》首《天官·冢宰》。《左氏传》曰"郑武公、庄公为平王卿士"，又曰"郑伯为王左卿士"，又曰"虢公忌父始作卿士于周"，则东迁以后，执政者称卿士。《诗·十月之交》曰"皇甫卿士，番维司徒"，以卿士列司徒之前，是幽王时已称执政者为卿士，又不自东迁始。以此推之，官制可改，安见其余不可改乎？西周之末，必稍变于成、康以前。东迁之后，又渐变于西周之末。当时既有改易，后世何能折衷？学者惟宜分别异同，以待人之审择。若必坚持一说，据为一定之制，则《礼》自孔子时而其经不具，又安得有一书可为定制乎？周公制作，《洛诰》、《立政》所载不详。《周官》，伪古文，不可据。郑众未见伪古文，以为《周官》六篇即《尚书·周官》篇。卷帙太多，文法不类，其说亦不可信。周一代典礼，无成书可稽，试举大者论之。《礼纬》云："周六庙，至子孙七。"盖周初以后稷为始封祖、文王为受命祖，合四亲庙为六；其后武王亲尽，以为受命祖，不可祧，增武世室，为七。此当在共、懿之世，《礼》无明文。东都有明堂，无宗庙，"王入太室祼"，即明堂太室。西周亡，宗庙为禾黍。东迁当更立庙，《礼》无明文。敬王居成周，别立庙与否，亦无明文。孝王以叔父继兄子，桓王以孙继祖，定王、显王以弟继兄，如何序昭穆，亦无明文。大典如此，其他可知。更以鲁事证之。郊则既耕而卜，禘则未应吉禘而禘，庙则立武宫、立炀宫，桓、僖不毁，甚至公庙立于私家，三家《雍》彻，季氏八佾，朝服以缟，妇人髽而吊，皆变礼之大者。《明堂位》谓"礼乐、政俗未尝相变"，且以武公庙比武世室。凡此等，以为礼，则实非礼；以为非礼，则当时实有是事。鲁事详而周事略，以鲁推周，则其礼之是非淆乱，记载参差，亦必当时实有是事，而非兼存前朝、误入后代可知。理本易明，特读者忽而不察耳。

三十、论《周官》改称《周礼》始于刘歆，武帝尽罢诸儒，即其不信《周官》之证

《仪礼》非古名，《周礼》亦非古名。汉初名为《周官》，始见于《史记·封禅书》，曰“群儒采封禅《尚书》、《周官》、《王制》之望祀射牛事”。贾公彦《疏序》谓：“《周官》，孝武之时始出，秘而不传。《周礼》后出者，以其始皇独恶之故也。是以马融《传》云：‘秦自孝公以下，用商君之法，其政酷烈，与《周官》相反。故始皇禁挟书，特疾恶，欲绝灭之，搜求焚烧之独悉，是以隐藏百年。孝武帝始除挟书之律，开献书之路，既出于山岩屋壁，复入于秘府，五家之儒莫得见焉。至孝成皇帝，达才通人刘向、子歆校理秘书，始得列序，著于《录》、《略》。然亡其《冬官》一篇，以《考工记》足之。时众儒并出共排，以为非是。唯歆独识，其年尚幼，务在广览博观，又多锐精于《春秋》，末年乃知其周公致太平之迹，迹具在斯。奈遭天下仓卒，兵革并起，疾疫丧荒，弟子死丧。徒有里人河南缑氏杜子春尚在，永平之初，年且九十，家于南山，能通其读，颇识其说，郑众、贾逵往受业焉。众、逵洪雅博闻，又以经书记转相证明为解。逵解行于世，众解不行。兼揽二家，为备多所遗阙。目瞑意倦，自力补之，谓之《周官传》也。’郑玄《序》云：‘世祖以来，通人达士大中大夫郑少赣名兴，及子大司农仲师名众、故议郎卫次仲、侍中贾君景伯、南郡

太守马季长，皆作《周礼解诂》。二郑者，同宗之大儒，明理于典籍，粗识皇祖大经《周官》之义，存古字，发疑正读，亦信多善，徒寡且约，用不显传于世。今赞而辨之，庶成此家世所训也。'"贾公彦曰："然则《周礼》起于成帝刘歆，而成于郑玄，附离之者大半。故林孝存以为武帝知《周官》末世渎乱不验之书，故作《十论》、《七难》以排弃之，何休亦以为六国阴谋之书。唯有郑玄遍览群经，知《周礼》者乃周公致太平之迹，故能答林硕之论难，使《周礼》义得条通。故《郑氏传》曰：玄以'括囊大典，网罗众家'，是以《周礼》大行。"锡瑞案：《周礼》源流，贾氏叙述颇详，以为始皇焚书特恶《周礼》，说本马融，融说亦不知何据。惠帝已除挟书之律，非始武帝，融盖以《周官》武帝时出而为此说。刘歆典秘书在哀帝时，亦非成帝，贾公彦已辨之。当时众儒共排，以为非是，其说惜不可考。《周官》改称《周礼》，盖即始于刘歆。荀悦《汉纪》曰"刘歆奏请《周官》六篇列之于经，为《周礼》"，陆德明《序录》曰"刘歆始建立《周官经》，以为《周礼》"，是其明证。武亿曰："班氏于王莽一《传》之中，凡莽及臣下施于诏议章奏，自号曰《周礼》，必大书之，而自为史文，乃更端见例，复仍其本名曰《周官》。《食货志》'莽乃下诏曰：夫《周礼》有赊贷'，及后云'又以《周官》税民'，是亦一《志》而两见，由其意观之，固未有著明于此也。《郊祀志》莽改南北郊祭祀，犹称《周官》，时未居摄，不敢紊易。《莽传》征天下通艺及张纯等奏之称《周官》，亦皆在未居摄之时。是则《周官》之易名《周礼》，其在居摄之后可知矣。荀悦之言，洵不诬也。”案：《周礼》名始歆、莽，武氏说尤分明。自是之后，《周官》、《周礼》互见错出。《后汉·儒林传》言马融作《周官传》，郑玄作《周官注》，盖以马、郑自序原称《周官》。或据以为其时尚无《周礼》之名，又谓《周礼》名始郑君，皆考之未审。郑自序已称《周礼》，其注《仪礼》、《礼记》，引《周礼》甚多。《后汉·卢植传》亦有《周礼》之称。是其名非起于汉末，特在汉初本名为《周官》耳。班《志》正名《周官》，不从歆、莽之制。或谓班《志》皆本刘歆《七略》，据其称《周官》、不称《周礼》，与“又有毛公之学，自谓子夏所传”等语，皆与刘歆尊信《毛诗》、《周礼》不同，似《志》非尽本于《七略》。林孝存谓武帝知《周官》渎乱不验，或据《封禅书》驳之，谓“武帝知不验，群儒何敢采用”。不知《封禅书》下文明言“群儒拘牵古文，上尽罢诸儒不用”，此正武帝知《周官》不验之证，孝存之说必有据也。

三十一、论《周官》当从何休之说出于六国时人，非必出于周公，亦非刘歆伪作

《周官》与《左氏》皆晚出，在汉时已疑信参半。后之尊《周官》者以为周公手订，似书出太早；抑之者以为刘歆伪作，似书出太迟。何休以为出于六国时人，当得其实。毛奇龄《周礼问》曰：“《周礼》自非圣经，不特非周公所作，

且并非孔、孟以前之书。此与《仪礼》、《礼记》皆同时杂出于周、秦之间,此在稍有识者皆能言之。若实指某作,则自坐诬妄,又何足以论此书矣?”又曰:“歆能伪作《周礼》,不能造为《周礼》出处踪迹,以欺当世。假使河间献王不献《周礼》,成帝不诏向校理《周礼》,此马融之说,贾《疏》已辨之。歆可造此诸事,以欺同朝诸儒臣乎?且《景十三王传》云:献王所献‘皆古文先秦旧书,《周官》、《尚书》、《礼记》、《孟子》、《老子》之属,皆经传说记’。言有经,即有传与说记也,此必非歆可预造其语者。乃考之《艺文》所志,在当时所有之书,则实有《周官经》六篇、《周官传》四篇。此班氏所目睹也,此必非袭刘歆语也。使歆既为经,又复为传,此万无之事。借曰有之,则伟哉刘歆,东、西二汉,亦安有两?将所谓博而笃者,必不止论庙一篇书矣[1]。且读书当有究竟。《艺文志》于《乐经》云‘六国之君,魏文侯最为好古。孝文时,得其乐人窦公上献其书,乃《周官·大宗伯》之《大司乐》章也’,则在六国魏文侯时已有此书,其为春秋、战国间人所作无疑,而谓是歆作,可乎?且武帝好乐,亦尝以《周官》经定乐章矣。《艺文志》于窦公献乐章后,即云‘武帝时,河间献王好儒,与毛生等共采《周官》及诸子言乐事者,以作《乐记》。内史丞王定传之,以授常山王禹。禹成帝时为谒者,献其书,有二十四卷[2]。刘向校书,得《乐记》二十三篇,与禹不同’,则在武帝朝,且有采《周

---

① “止”,原误作“在”,据毛奇龄《周礼问》卷一改。

② “献其书,有二十四卷”,《汉书·艺文志》本作“献二十四卷《记》”。

官经》而为《乐记》者,此不止窦公献一篇,且必非歆行伪,于《周官经》六篇外,又作此二十四卷,断可知也。且《周官》之出,在东汉人即有诟其非《周礼》者,林孝存也。孝存以为武帝知《周官》为末世渎乱不验之书,摈斥不行,因作《十论》、《七难》以排弃之。是辟此书者亦且明明云汉武时早有此书,而效尤而兴者反昧所从来,是攻膏肓而不解墨守曳兵之卒也。若夫《周礼》一书出自战国,断断非周公所作,予岂不晓?然周制全亡,所赖以略见大意,只此《周礼》、《仪礼》、《礼记》三经,以其所见者虽不无参臆,而其为周制,则尚居十七。此在有心古学,方护卫不暇,而欲迸绝之,则饩羊尽亡矣。"锡瑞案:毛氏以《周官》为战国时书,不信为周公所作,又力辨非刘歆之伪,而谓周制全亡,赖有《周礼》、《仪礼》、《礼记》三经,有心古学宜加护卫,最为持平之论。

三十二、论毛奇龄谓《周官》不出周公,并谓《仪礼》不出周公,而不知《仪礼》十七篇乃孔子所定,不可诋毁

《周礼问》又曰[①]:"《书》、《诗》、《易》三经,则《礼记》多引之。《周礼》、《仪礼》、《礼记》三经[②],则《诗》、《书》三经并未道及[③]。即孔、孟二书,其论经多矣,然未有论及三

① "周礼问",原误作"经问",据毛奇龄书改。

② "记",原脱,据毛奇龄《周礼问》卷二补。

③ 按,据文义,"书"下当有"易"字,但毛奇龄原书如此。

《礼》只字者，何也？答曰：此予之所以疑此书为战国人书也。然此书为战国人书，而其礼则多是周礼。尝读《大戴记·朝事》一篇，其中所载大宗伯、典命、典瑞、大行人、职方、射人诸职，全是《周礼》原文，所差不过一二字。考是时三《礼》未出，大、小二戴于《仪礼》则直受后仓《曲台记》，立二戴之学；于《礼记》，则尚未有定，当时见于西汉书府者，犹有二百余篇；而《周官》一经，则未之见也。乃大戴所录，则俨然有《朝事》诸文。在周人言周礼者与今《周礼》相同，此岂大戴见《周礼》而附会之，抑岂李氏上《周官经》时，窃取此《朝事》诸文而增入之也？然则《周礼》果周制，其为周末言礼者所通见，当不止《朝事》篇矣。是以《内则》一篇，亦有'凡食齐[①]，视春时'，'凡和，春多酸'，及'牛宜稌，羊宜黍'一十四句，又有'春行羔、豚，膳膏香'，及'牛夜鸣则庮'十句，与《周礼》文全同，所差不过古、今文一二字。此必当时言礼家所习言习用，故彼此并出，全文不易，断非一人一意可撰造者。"锡瑞案：汪中《周官征文》共得六事，于毛氏引乐人窦公、《大戴·朝事》、《礼记·内则》之外，增入《逸周书·职方》、《礼记·燕义》、《诗·生民》传三事。陈澧又考得《杂记》郑注、《郊特牲》孔疏、《考工记》贾疏、《大司马》注疏四条。然此诸说，亦但可以证《周官》非刘歆作伪，而无以见其必为周公所定。后人必以为周公作，又以《仪礼》亦周公作，然则二书何以不符？又

① "齐"，毛奇龄书原脱，据《礼记·内则》补。

何以不见于孔、孟书及春秋时人所称引，使人反疑不信？惟从毛氏之说，以为战国人作，方足以解两家之纷。毛氏云："乡、遂之官迥异朝庙，其所设诸属，往往有不必计禄食者。《周官》一书总以'官不必备'四字统概全经，虽设官多名[①]，而备实无几。"其说可以解官多而禄不给之疑。又云："三等分国，固有常制，然不无特设，以待非常之典。假若有新封者必需赐国，有大功者必需益地，则不能限以百里，而就其特设，约为之限，大约公不过五，侯不踰四，伯与子、男以渐而杀。"又云："五等分国，本造为设法之例，以统校地数，故曰可以周知天下，非谓一州之中必四公、六侯、十一伯、二十五子、百男也。"其说可以解国多而地不足之疑。毛氏说经多武断，惟解《周官》心极细，论亦极平。而知《仪礼》不出周公，不知实出孔子，谓《仪礼》亦战国人作，因《朱子家礼》尊信《仪礼》，乃作《昏礼辨正》、《丧礼吾说篇》、《祭礼通俗谱》，诋斥《仪礼》，而自作礼文，致阎若璩有"毛大可私造典礼"之诮，则由不晓《礼经》传于孔氏，非《周礼》、《礼记》之比也。

三十三、论《周礼》为古说，《戴礼》有古有今，当分别观之，不可合并为一

汉今文立学，古文不立学，沿习日久，遂以早出立学者

① "官"，原脱，据毛奇龄《周礼问》卷二补。

为今文，晚出不立学者为古文。许慎《五经异义》有古《周礼》说、今《礼》戴说，或云今《大戴礼》说，或云《戴礼》、戴说。其中亦有大、小戴所传十七篇《礼经》之说，非尽《大戴礼记》、《小戴礼记》也。十七篇《礼》之说，不尽今文。近人分别十七篇经是古文说，经中之记是今文说，而十七篇经文又有今、古文之分。郑君《传》云："玄本习小戴《礼》，后以古经校之。"是小戴所传十七篇《礼》当时通行，字皆今文，郑以古经之字校之，取其义长者从之。故郑注十七篇，或经从今，则注云古文某为某；或经从古，则注云今文某为某。详见胡承珙《仪礼古今文疏义》。此特即其古、今文字传本不同者言之，非必义说之全异也。许君以《戴礼》为今说，则对《周礼》为古说言之耳。至若《小戴礼记》，本非一手所成，或同今文，或同古文。《王制》多同《公羊》、《穀梁》，为今文说；《祭法》出于《国语》，为古文说，其言祭礼、庙制不同，此显有可证者。近人又分别二《戴记》，以《王制》为今学之祖，取《祭统》、《千乘》、《虞戴德》、《冠义》、《昏义》、《射义》、《聘义》、《乡饮酒义》、《燕义》等篇注之，取《祭法》为古《国语》说，又取《玉藻》、《盛德》、《朝事》等篇为古《周礼》说，又以《曲礼》、《檀弓》、《杂记》为古《春秋》左氏说，虽未必尽可据，而《王制》为今文大宗，《周礼》为古文大宗，则显有可证者。即以官制言之。《异义》："今《尚书》夏侯、欧阳说：天子三公，一曰司徒、二曰司马、三曰司空，九卿，二十七大夫，八十一元士，凡百二十。古《周礼》说：天子立三公，曰太师、太傅、太保，无官属，与王同职，故曰‘坐而论道，谓之三公’。又立三少以为之副，曰少师、少傅、少保，是为三孤。冢宰、司徒、宗伯、司马、司寇、司空，是为六卿之属。大夫、士、庶人在官者，凡万二千。谨案：周公为傅，召公为保，太公为师，无为司徒、司空文，知师、保、傅三公，官名也。五帝、三王不同物，此周之制也。”郑驳无考，而据郑注《王制》“天子三公、九卿、二十七大夫、八十一元士”曰：“此夏制也。《明堂位》曰‘夏后氏之官百’，举成数也。”郑以《王制》今文说为夏制，必以《周礼》说为周制，其于许君无驳可知。三公、九卿，盖夏、殷至周初皆同，据《牧誓》、《立政》止有司徒、司马、司空三公可证。六卿，则周成王以后之制，《甘誓》六卿，六军之将。据《顾命》“乃同召太保奭、芮伯、彤伯、毕公、卫侯、毛公”，六卿兼三公可证。汉主今文，故三公、九卿。宇文周行《周礼》，故分设六部。其后沿宇文之制，既设六部，又立九卿，官制复重，议者多云可以裁并。不知《周官》、《王制》古、今文说必不相合，乃兼用两说，多设冗官，皆由经义不明，故官制不善也。

三十四、论郑君和同古、今文，于《周官》古文、《王制》今文力求疏通，有得有失

郑君兼注三《礼》，调和古、今文两家说，即万不能合者，亦必勉强求通，论家法固不相宜，而苦心要不可没也。《周官》“公五百里，侯四百里”，《王制》“公、侯田方百

里”，言封国大小迥异，此万不能合者，惟郑君能疏通证明之。其注《王制》曰：“周武王初定天下，犹因殷之地，以九州之界尚狭也。周公摄政致太平，斥大九州之界，制礼成武王之意，封王者之后为公及有功之诸侯，大者地方五百里，其次侯四百里，其次伯三百里，其次子二百里，其次男百里。所因殷之诸侯，亦以功黜陟之。其不合者，皆益之地，为百里焉。”锡瑞案：郑注《王制》而引《周官》，能和同古、今文，皆不背其说。或以郑为牵合无据，亦非尽无据也，即以齐、鲁二国言之。二国始封，在武王时。《史记·周本纪》曰：武王“封功臣谋士，而师尚父为首。封尚父于营丘，曰齐。封弟周公旦于曲阜，曰鲁。”其时封地盖仍殷制，《孟子》所谓“为方百里”是也。鲁至成王时益封，《明堂位》曰“地方七百里”，《鲁颂谱》疏引《明堂位》以证曰：“‘大启尔宇’，鲁之封疆于是始定。”或疑七百里太大，然必不止百里，如仍百里旧封，何云“大启尔宇”？《史记·汉兴以来诸侯王表》曰“封伯禽、康叔于鲁、卫，地各四百里”，与《周官》“侯四百里”合，盖得其实。七百里，或兼山川、附庸言之。齐之益封，与鲁同时。《史记》又曰：“太公于齐，兼五侯地。”郑《诗谱》曰：“周武王伐纣，封太师吕望于齐，地方百里，都营丘。周公致太平，敷定九畿，复夏禹之旧制。成王用周公之法，制广大邦国之境，而齐受上公之地，更方五百里。”《王制》公、侯皆方百里。五百里，正与“兼五侯地”合。是齐、鲁实有益地之事。如郑说，《周官》、《王制》皆可通矣。而郑亦有偶不照者。注《王制》

"三年一大聘，五年一朝"曰："此大聘与朝，晋文霸时所制也。虞、夏之制，诸侯岁朝。周之制，侯、甸、男、采、卫、要服六者，各以其服数来朝。"疏引郑《驳异义》云："《公羊》说'比年一小聘，三年一大聘，五年一朝'，以为文、襄之制。录《王制》者记文、襄之制耳[①]，非虞、夏及殷法也。"又引《异义》云："《公羊》说：诸侯比年一小聘，三年一大聘，五年一朝天子。《左氏》说：十二年之间，八聘、四朝、再会、一盟。许慎谨案：《公羊》说，虞、夏制；《左氏》说，周礼。《传》曰'三代不同物'，明古今异说。郑驳之云：三年聘，五年朝，文、襄之霸制。《周礼·大行人》诸侯各以服数来朝。其诸侯岁聘、间朝之属，说无所出。晋文公，强盛诸侯耳，非所谓三代异物也。"案：郑注据《周官》而疑《王制》，以为文、襄霸制，盖据《左氏》昭三年传郑子太叔之言，然《公羊》必不用《左氏传》文。《王制》之作，郑以为在赧王之后，其时《左氏》未出，非必引以为证。《左氏》又有岁聘、间朝之说，与昭三年传文不合，郑以为不知何代之礼，故不从。许案以《左氏》为周礼，遂并不从，许案以《公羊》为虞、夏制也。《王制》与《公羊》合，当是古礼有之。即文、襄创霸，亦必托于古礼。其后晋法变而益密，故又有岁聘、间朝之属。然则《王制》与《周官》不合，当从许君，以为前代之制；郑以为晋霸之制，似未必然。惟岁聘、间朝之属，郑以为说无所出，可断以为晋霸之制耳。

---

① "耳"，原误作"者"，据《礼记正义》改。

三十五、论郑君以《周礼》为经、《礼记》为记，其别异处皆以《周礼》为正，而《周礼》自相矛盾者仍不能弥缝

郑《驳异义》曰："《周礼》是周公之制，《王制》是孔子之后大贤所记先王之事。"是郑君虽不以《王制》为汉博士作，而视《周礼》则显分轩轾。故或据《周官》以疑《王制》，未尝引《王制》以驳《周官》。所云"先王之事"，即指夏、殷之礼，而于朝聘直以为晋文霸制，并不以为夏、殷之礼矣。《郑志》："赵商问：《膳夫》云'王日一举，鼎十有二，物皆有俎'，有三牲备。商案《玉藻》天子之食，'日少牢，朔月太牢'，礼数不同，请问其说。答云：《礼记》，后人所集，据时而言，或诸侯同天子，或天子与诸侯等，所施不同，故难据。《王制》之法与周异者多，当以经为正。"又曰："《尔雅》之文杂，非一家之注，不可尽据以难《周礼》。"又："赵商问：周朝而遂葬，则是殡于宫，葬乃朝庙。按《春秋》晋文公卒，殡于曲沃，是为去绛就祖殡，与《礼记》义异，未通其说。答曰：葬乃朝庙，当周之正礼也。其末世诸侯国，何能同也？传合不合，当解传耳，不得难经。"又："赵商问：《祭法》云：'大夫立三庙，曰考庙，曰皇考庙。'注'非别子'，故知祖考无庙。商按《王制》：'大夫三庙，一昭一穆，与大祖之庙而三。'注云：'大祖，别子始爵者。虽非别子，始爵者亦然。'二者不知所定。答云：《祭法》，周礼。《王制》之云，或以

夏、殷杂，不合周制。”锡瑞案：郑君答问，可以见其进退诸经之大旨，折衷三《礼》之苦心。郑以《周礼》对《礼记》言之，则《周礼》为经，《礼记》为记；以《礼记》对《左传》言，则《礼记》为经，《左传》为传。经可以正传、记，传、记不得难经。而以《礼记·祭法》对《王制》言之，则《祭法》为周礼，《王制》为夏、殷礼。礼家之纠纷难明者，据郑所分析，已略有明据矣。惟郑以《周礼》是周公之制，似未必然。《周官》一书亦自有矛盾之处，郑君虽极力弥缝之，学者不能无疑。赵商问：“《巾车职》曰‘建大麾以田’，注云：‘田，四时田猎。’商按《大司马职》曰四时皆建大常，今又云‘建大麾以田’何？”答曰：“麾，夏之正色。虽习战，春夏尚生，其时宜入兵，夏本不以兵得天下，故建其正色，以春夏田。至秋冬出兵之时，乃建大常。”案：《巾车》“建大麾”，《大司马》“建大常”，两处之文矛盾，万无可通之理。郑既以《周官》为周公所作，不能加以驳难，故不得不为之弥缝，其答赵商皆强词也。秋冬田建大常，明与《巾车》注“四时田”不合，以麾为夏之正色，建之以春夏田，亦未有据。《王制》：“天子杀则下大绥，诸侯杀则下小绥。”注云：“绥，当为‘緌’。緌，有虞氏之旌旗也。”《明堂位》：“有虞氏之旂，夏后氏之绥。”注云：“有虞氏当言緌。緌，谓注旄牛尾于杠首，所谓大麾。《周礼》‘建大麾以田’也。”郑于此数处之文互相证明，自圆其说，以《礼记》之“绥”即《周官》之“麾”。郑云《王制》多杂夏、殷，故于解《周官》亦谓大麾是用夏制。如此，则《周官》、《王制》古、今文两不相背，而

《周官》两处之矛盾，仍未能泯其迹也。惠士奇、金榜又不从郑，而各别为说，尤傅会不可信。

三十六、论《周礼》在周时初未举行，亦难行于后世

汉今文家张禹、包咸、周生烈、何休、林硕，不信《周礼》者也；贾《疏》云张、包、周、何、林不信《周礼》为周公所作。古文家刘歆、杜子春、郑兴、郑众、卫宏、贾逵、许慎、马融、郑玄，尊信《周礼》者也。自汉至今，于《周礼》一书，疑信各半。《周礼》体大物博，即非周公手笔，而能作此书者自是大才，亦必掇拾成周典礼之遗，非尽凭空撰造，其中即或有刘歆增窜，亦非歆所能独办也。惟其书是一家之学，似是战国时有志之士据周旧典，参以己意，定为一代之制，以俟后王举行之者，盖即《春秋》素王改制之旨。故其封国之大，设官之多，与各经不相通，所以张、包、周、何、林皆不信。古文家即尊信《周礼》，亦但可以《周礼》解《周礼》，不可以《周礼》解各经，而马、郑注《尚书》官制、服制，皆引《周礼》为证。即如其说，以《周礼》为周公手定，亦不得强虞、夏以从周，况《周礼》未必出于周公，岂可据之以易旧说乎？《礼记》，七十子之后所作，未知与作《周礼》者孰先孰后，其说礼与《周礼》或异，当各从其说以解之。郑以《周礼》为经，《礼记》为记，一切据《周礼》为正，未免有武断之失。《周礼》晚出，本无师授，文字奇古，人多不识。郑注所引故书，乃其原本。杜、郑诸儒始为正音读，明通假。郑君所云“二

三君子所变易，灼然如晦之见明"，使山岩屋壁之书，得以昭见于世，其有功于《周礼》甚大，而因尊信《周礼》太过，一经明而各经皆乱，则诸儒亦不能无过矣。《周礼》郑注、贾疏之外，王安石、王昭禹、王与之、易祓之说，皆有可采。近人沈彤《周官禄田考》、王鸣盛《周礼军赋说》，皆能自成一家之说，但未能疏全书，治此经者仍以注、疏为主。《考工记》，据"胡无弓车"之类，亦属战国人作，文字奥美，在《周官》上，可考古人制器尚象之遗。宋林希逸《鬳斋考工记解》，于古器制度未详核。近人戴震《考工记图》、程瑶田《考工创物小记》、阮元《车制图考》、郑珍《轮舆私笺》皆有发明，惟详于车，而他物尚略。陈澧云："《记》以轮为首，有旨哉！古人以轮行地，今外国竟以轮行水，且西洋人《奇器图说》所载诸器多以轮为用。算法之割圜，亦轮之象也。"予谓《易·既济》、《未济》皆水火，而爻辞皆云"曳其轮"，亦有微旨。今当振兴工艺之日，学者能远求《考工》之法，必当大著成效。《周礼》自王莽、苏绰、王安石试行不验，后人引以为戒。王莽篡弑之贼，本非能行《官礼》之人，其所致亡，亦非因行《周礼》。苏绰于宇文泰时行《周礼》，颇有效，隋、唐法制多本宇文。王安石创新法，非必原本《周礼》，赊贷、市易特其一端，实因宋人耻言富强，不得不上引周公，以箝服异议。后人谓安石以《周礼》乱天下，是为安石所欺。安石尝云："法先王之政者，法其意而已。"此言极其通达，故知其所行法，非事事摹周也。《周礼》在周时初未举行，如王畿居中、封公五百里之类。何能行于后世？古之治天下至纤至悉，后世尚简而戒烦苛，无论赊贷、市易必不可行，即饮射、读法亦将大扰。然则法《周礼》者，亦但可如安石所云“法其意而已”矣。

三十七、论《周官》之法不可行于后世，马端临《文献通考》言之最晰

马端临曰：“按：《周礼》一书，先儒信者半，疑者半。其所以疑之者，特不过病其官冗事多，琐碎而繁扰耳。然愚尝论之，经制至周而详，文物至周而备，有一事必有一官，无足怪者，有如阉阍卜祝各设命官，衣膳泉货俱有司属。自汉以来，其规模之琐碎，经制之烦密，亦复如此，特官名不袭六典之旧耳，固未见其为行《周礼》，而亦未见其异于《周礼》也。独与百姓交涉之事，则后世惟以简易阔略为便，而以《周礼》之法行之，必至于厉民而阶乱，王莽之王田、市易，介甫之青苗、均输是也。后之儒者见其效验如此，于是疑其为歆、莽之伪书而不可行，或以为无《关雎》、《麟趾》之意则不能行。愚俱以为未然。盖《周礼》者，三代之法也。三代之时，则非直周公之圣可行，虽一凡夫亦能行；三代而后，则非直王莽之矫诈、介甫之执愎不可行，而虽贤哲亦不能行。其故何也？盖三代之时，寰宇悉以封建，天子所治不过千里，公、侯则自百里以至五十里，而卿、大夫又各有世食禄邑，分土而治，家传世守。民之服食日用，悉仰给于公上，而上之人所以治其民者，不啻如祖父之于其子孙，家主之于其臧获。田土则少而授，老而收，于是乎有乡、遂之官，又从而视其田业之肥瘠、食指之众寡，而

为之斟酌区画，俾之均平。货财则盈而敛，乏而散，于是乎有泉府之官，又从而补其不足[①]，助其不给，或赊或贷，而俾之足用。所以养之者如此。司徒之任，则自乡大夫、州长以至闾胥、比长，自遂大夫、县正以至里宰、邻长，岁终正岁，四时孟月，皆征召其民，考其德艺，纠其过恶而加以劝惩。司马之任，则军有将，师有帅，卒有长，四时仲月，则有振旅治兵、茇舍大阅之法，以旗致民，行其禁令而加以诛赏。所以教之者如此。上下盖弊弊焉，察察焉，几无宁日矣。然其事虽似烦扰，而不见其为法之弊者，盖以私土子民，痛痒常相关，脉络常相属。虽其时所谓诸侯、卿、大夫者未必皆贤，然既世守其地，世抚其民，则自不容不视为一体。既为一体，则奸弊无由生，而良法可以世守矣。自封建变而为郡县，为人君者宰制六合，穹然于其上，而所以治其民者，则诿之百官、有司、郡守、县令。为守令者率三岁而终更，虽有龚、黄之慈良，王、赵之明敏，其始至也，茫然如入异境，积日累月，方能谙其土俗而施以政令，往往期月之后，其善政方可纪，才再期而已及瓜矣。其有疲愞贪鄙之人，则视其官如逆旅传舍，视其民如飞鸿土梗，发政施令，不过授成于吏手。既授成于吏手，而欲以《周官》行之，则事烦而政必扰，政扰而民必病，教养之恩未孚，而追呼之苛娆已亟矣。是以后之言善政者，必曰事简。夫以《周礼》一书观之，成周之制未尝简也。自土不分胙，官不世守，为

① “又”，原误作“而”，据马端临《文献通考》卷一百八十改。

吏者不过年除岁迁，多为便文自营之计。于是国家之法度，率以简易为便，慎无扰狱市之说，治道去大甚之说，遂为经国庇民之远猷。所以临乎其民者，未尝有以养之也，苟使之自无失其养，斯可矣；未尝有以教之也，苟使之自无失其教，斯可矣。盖壤地既广，则志虑有所不能周；长吏数易，则设施有所不及竟。于是法立而奸生，令下而诈起，处以简靖，犹或庶幾，稍涉繁夥，则不胜其渎乱矣。《周礼》所载，凡法制之琐碎烦密者，可行之于封建之时，而不可行之于郡县之后。必知时适变者，而后可以语通经学古之说也。"锡瑞案：马氏谓《周礼》可行于封建，不可行于郡县，以壤地既广、长吏数易之故，最为通论。今壤地之广过于南宋，长吏数易亦甚于南宋。彼时守吏犹必三岁而更，今且一岁而数易矣，使与百姓交涉，能至纤至悉乎？外国之法所以纤悉备举者，以去封建未远，日本与德意志，皆初合侯国为一者。壤地不大，官制不同之故。今人作《泰西采风记》、《周礼政要》，谓西法与《周礼》暗合。

三十八、论郑樵解释《周礼》疑义，未可信为确据

郑樵曰："《周礼》所以难通者有五：一曰《职方》之说万里，与《禹贡》五千里之制不同。二曰封国公五百里，与《孟子》、《王制》公百里之制不同。三曰《载师》田税用十二，与三代什一之制不同。四曰《遂人》沟洫之数，与《匠人》多寡之制不同。五曰比闾族党之读法，无乃重扰吾民

乎？今案经文分析，合而一之，以释五者之疑。《禹贡》有五服，各五百里，是禹之时地方五千里。《职方》有九服，亦各五百里，并王畿千里，则周之时地方万里矣。禹之五服各五百里，自其一面而数之。《职方》九服各五百里①，自其两面而数之也。周畿千里，不在九服之内，王畿即禹之甸服，侯、甸即禹之侯服，男、采即禹之绥服，卫、蛮即禹之要服，镇、夷即禹之荒服，大率二畿当一服。而周人镇服之外，又有五百里藩服，去王城二千五百里，乃九州之外，地增于《禹贡》五百里而已。诸侯之地，当如《孟子》所言；至开方之，则如《王制》所说。薛常州开方法：百里之国开方得百里之国四，是谓侯四百里。七十里之国开方得七十里之国四，是谓伯三百里。四七二十八，二百八十里，举成数曰三百里。五十里之国开方得五十里之国四，是谓子二百里。什一，天下之中，正《孟子》所谓多则桀，寡则貉。《周礼·载师之职》曰：'凡任地，国宅无征，园廛二十而一，近郊十一，远郊二十而三，甸、稍、县、都皆无过十二，惟其漆林之征二十而五。'康成注《匠人》亦引此，谓田税轻近重远之失。周公制法，不当于十一之外，又有二十而税三、二十而税五者。今案：《载师》文曰'凡任地'，谓之地，则非田矣。又曰'园廛'，谓之园廛，则亦非田矣。又曰'漆林'，则漆林又非田之所植矣。岂得谓之田税？盖园者不种五谷，其种杂物，所出不赀。廛者工商杂处，百货所聚，

① "职"上，原衍"周"，据《六经奥论》卷六删。

其得必厚。圣人抑末之意,以为在国之园廛可轻之而为二十而一,如自郊以往,每增之不过十二,若以其地植漆林,则非二十而五不可也。《遂人》云:十夫有沟,百夫有洫,千夫有浍,万夫有川。若案文读,则一同之地有九万夫,当得九川,而川、浍、沟、洫不几太多欤?《匠人》云:井间有沟,成间有洫,同间有浍。若案文读,则一同之地惟有一浍,不几太少欤?郑氏求其说而不得,注《遂人》则曰:此乡、遂法,以千夫、万夫为制。注《匠人》则曰:此畿内之采地制,井田异于乡、遂及公邑。考寻郑意,以二处不同,故谓乡、遂制田不用井画,惟以夫地为沟洫法,采地制田则以田画而为井田法。是以《遂人》、《匠人》制田之法,分而为二矣。《匠人》之制,举大概而言;《遂人》之制,举一端而言。一成之地九百夫。一孔一井,井中有一沟,直。一列凡九井,计九个沟,横。通一洫。直。是十夫之地有一沟,百夫之地有一洫。九百夫之地有九洫,而为一成之地。若一同之地,有百成、九万夫。一孔为一成,中有九洫,直。横一列凡有十成,计九十洫,直。通一大浍。横。九浍而两川周其外,是谓九万夫之地。合而言之,成间有洫,是一成有九洫;同间有浍,是一同有九浍。《匠人》、《遂人》之制,无不相合。周家井田之法,通行于天下,未尝有乡、遂、采地之异。但《遂人》以一直言之,故曰'以达于畿';《匠人》以四方言之,故止一同耳。《周礼》五家为比,五比为闾,四闾为族,五族为党,五党为州,五州为乡。州长每岁属民读法者四,党正读法者七,族师读法者十四,闾胥读法者无数。或者以为是日读法，即于州长，又于党正，又于闾胥、族师，且将奔命而不暇。予谓此法亦易晓：如正月之吉读法，州长、党正、族师咸预焉。至四孟吉日读法，则族师、党正预焉，州长不预。到每月读法，惟族师职焉。此注所谓'弥亲民者，其教亦弥数'。正如今之劝农，守倅令佐皆预焉，其职各带劝农二字，不必谓之更来迭往也。"锡瑞案：郑氏弥缝牵合，具见苦心。惟《周官》一书与诸经多不相通，如九服、公五百里之类是，《考工记》亦与《周官》不相通，如《匠人》、《遂人》之类是，欲强合之为一，虽其说近理，未可信为确据。

三十九、论《周官》并非周公未行之书，宋、元人强补《周官》更不足辨

《尚书大传》曰："周公摄政，六年制礼作乐，七年致政成王。"又曰："周公将作礼乐，优游之，三年不能作。君子耻其言而不见从，耻其行而不见随，将大作，恐天下莫我知也；将小作，恐不能扬父祖功业德泽。然后营洛，以观天下之心。于是四方诸侯率其群党，各攻位于其庭。周公曰：'示之以力役，且犹至，况导之以礼乐乎！'然后敢作礼乐。"《白虎通·礼乐》篇曰："太平乃制礼作乐何？夫礼乐，所以防奢淫。天下人民饥寒，何乐之乎？功成作乐，治定制礼。王者始起，何用正民？以为且用先代之礼乐，天下太平乃更制作焉。《书》曰：'肇修称殷礼，祀新邑。'此言太平去殷礼。必复更制者，示不相袭也。"《书·洛诰》

疏引郑注云："'王者未制礼乐，恒用先王之礼乐。'伐纣以来，皆用殷之礼乐，非始成王用之也。周公制礼乐既成，不使成王即用周礼，仍令用殷礼者，欲待明年即政，告神受职，然后班行周礼，班讫始得用周礼，故告神且用殷礼也。"锡瑞案：据此，则周公制礼极其慎重，既已优游三年，乃敢制作；又待营洛之后，乃始班行。所以不能不慎重者，观后世如汉贾谊、董仲舒、王吉、刘向皆请制礼而未能定，曹褒定礼而未能行，唐《显庆》《开元礼》、宋《政和礼》，其书具在，迄未行用。周公盖虑及此，故必慎之于始。其始既如此慎重，其后必实见施行。今之《周官》与周时制度多不符，则是当时并未实行，其非周公之书可知。孔子所谓"吾学周礼"，亦非《周官》之书。北宫锜问周室班爵禄，《周官》言班爵禄极详，孟子乃云"其详不可得闻"，而所谓"尝闻其略"者，又不同《周官》，而同《王制》。若《周官》为周公手定，必无孔、孟皆未见之理，其书盖出孔、孟后也。后人知《周官》与周时制度不合，乃以为未成之书，又以为未行之书。《困学纪闻》引九峰蔡氏云："周公方条治事之官，而未及师、保之职。《冬官》亦阙，首尾未备，周公未成之书也。"《黄氏日抄》引孙处之说曰："《周礼》之作，周公居摄之后，书成归丰，而实未尝行。惟其未行，故建都之制不与《召诰》、《洛诰》合，封国之制不与《武成》、《孟子》合，设官之制不与《周官》合，《武成》、《周官》皆伪书，可不引。九畿之制不与《禹贡》合。凡此皆豫为之也，而未尝行也。"许宗彦本其说，谓："武王既有天下，其命官或由商旧，或仍周初侯国之制。其时未有《周礼》，而官名、职掌固已皆定。及夫《周礼》之成，周公盖将举其不合者徐徐更之，以为有周一代之定制。然而周公则已老矣，传《尚书》者谓周公居摄六年制礼，七年致政成王，其间才一年耳，《周礼》之不能遂行，时则然也。故谓《周礼》为周代未行之书，可矣；必以一二事疑之，谓非周公所作，不亦过乎？"案：此欲以《周官》强归周公，乃以后世苟简之法例周公。伏《传》云制礼方致政，正是制礼必行之证，何得反据伏《传》，以为不能遂行？显庆、开元作礼书饰太平，而不能实行，后世苟简之法则然，岂有周公制礼亦如是者？孙处引显庆、开元为比，见郑樵《周礼辨》引，故驳之。虽欲强为傅会，要无解于孔、孟未见也。若《考工记》，本别为一书，河间献王以《周官》阙《冬官》一篇，购以千金不得，取《考工记》合成六篇，奏之。宋俞廷椿作《复古篇》，谓司空之属分寄于五官。王与之又作《周官补遗》。邱葵本俞、王之说，取五官所属归于《冬官》，六属各得六十，著为《周礼定本》。吴澄《周礼叙录》："以《尚书·周官》考之，冬官司空掌邦土，而杂于地官司徒掌邦教之中。今取其掌邦土之官，列于司空之后，庶乎《冬官》不亡。而《考工记》别为一卷，附之经后。"又与俞、王稍异。要皆宋、元人窜易经文之陋习，不足辨。吴氏不信伪古文，此又执伪《周官》为说，更不可解。

四十、论《礼记》始撰于叔孙通

《周礼》出于山岩屋壁，五家之儒莫见，其授受不明，故为众儒所排。《仪礼》传自高堂生，有五传弟子，其授受最明，故得立于学官。《礼记》删定，由于二戴，其前授受亦莫能详，魏张揖以为叔孙通撰辑。揖去汉不远，其说当有所受。陈寿祺曰："《汉书·艺文志》礼家'《记》百三十一篇'，班固本注：'七十子后学者所记。'《景十三王传》曰：'河间献王所得书，皆古文先秦旧书，《周官》、《尚书》、《礼》、《礼记》、《孟子》、《老子》之属[①]，皆经传说记，七十子之徒所论。'又曰：'鲁恭王坏孔子宅，而得古文《尚书》及《礼记》、《论语》、《孝经》，凡数十篇，皆古字也。'《经典释文·序录》引郑君《六艺论》云：'后得孔氏壁中、河间献王古文《礼》五十六篇，《记》百三十一篇，《周礼》六篇。'又引刘向《别录》云'古文《记》二百四篇'。寿祺案：孔壁所得书，《鲁恭王传》仅言数十篇，知非全书。《艺文志》依《七略》著录《记》百三十一篇，盖河间献王所得者，故《六艺论》兼举之。百三十一篇之《记》，合《明堂阴阳》三十三篇、《王史氏》二十一篇、《乐记》二十三篇、《孔子三朝记》七篇，凡二百十五篇，并见《艺文志》。而《别录》言二百四篇，未知所除何篇，疑《乐记》二十三篇，其十一篇已具百三十一篇《记》中，除之，故为二百四篇。《孔子三朝记》亦重出，不除者，篇名不同故也。《大戴礼记》所载七篇，为《千乘》、《四代》、《虞戴德》、《诰志》、《小辨》、《用兵》、《少间》，不著《孔子三朝记》之名。《隋志》言刘向考校经籍，检得一百三十篇，向因第而叙之，

① "礼礼记"，原脱一"礼"字，据《汉书·景十三传》及陈寿祺《左海经辨》卷上《大小戴记考》补。

又得《明堂阴阳记》、《孔子三朝记》、《王氏》《史氏记》、《乐记》五种,合二百十四篇,减少一篇,与《别录》、《艺文志》不符,失之。然百三十一篇之《记》,第之者刘向,得之者献王,而辑之者盖叔孙通也。魏张揖《上〈广雅〉表》曰:'周公著《尔雅》一篇。爰暨帝刘,鲁人叔孙通撰置《礼记》,文不违古。'通撰辑《礼记》,此其显证。稚让之言,必有所据。《尔雅》为通所采,当在《大戴礼》中。武进臧庸曰:《白虎通·三纲六纪》篇引《礼·亲属记》,见《尔雅·释亲》;《孟子》"帝馆甥于贰室",赵岐注引《礼记》,亦《释亲》文;《风俗通·声音》引《礼·乐记》,乃《释乐》文;《公羊》宣十二年注引《礼》,乃《释水》文,则《礼记》中有《尔雅》之文矣。通本秦博士,亲见古籍,尝作《汉仪》十二篇及《汉礼器制度》。而《礼记》乃先秦旧书,圣人及七十子微言大义,赖通以不坠,功亚河间。《汉志》礼家阙其书,且没其名,何也?"锡瑞案:《礼记》为叔孙通所撰,说始见于张揖,揖以前无此说。近始发明于陈寿祺,寿祺以前亦无此说。寿祺引臧庸说以证《礼记》中有《尔雅》,尤为精确。郑以孔氏壁中、河间献王两事并举者,孔壁所得书无《周礼》。许氏《说文序》曰"壁中书者,鲁恭王坏孔子宅,而得《礼》、《记》、《尚书》、《春秋》、《论语》、《孝经》",不云有《周礼》。献王得《周官》,见《汉书》本传。郑君不析言之,故并举之。

四十一、论《王制》、《月令》、《乐记》非秦汉之书

陈寿祺曰:"儒者每言《王制》汉博士作,《月令》吕不

韦作，或又疑《乐记》出河间献王，皆非事实也。《礼记·王制》正义引卢植云：'汉孝文皇帝令博士诸生作此书。'《经典释文》引同。考卢氏说出《史记·封禅书》。《封禅书》曰：'文帝召鲁人公孙臣，拜为博士，与诸生草改历服色事。明年，使博士诸生刺六经作《王制》，谋议巡守、封禅事。'然今《王制》无一语及封禅，言巡守者特一端耳。司马贞《史记索隐》引刘向《别录》云：'文帝所造书，有《本制》、《兵制》、《服制》篇。'以今《王制》参检，绝不相合。郑君《三礼目录》云："名曰'王制'者，以其记先王班爵、授禄、祭祀、养老之法度。"此则博士所作《王制》，或在《艺文志》礼家《古封禅群祀》二十二篇中，非《礼记》之《王制》也。《月令》正义引郑《目录》云：'《月令》者，本《吕氏春秋·十二月纪》之首章，以礼家好事抄合之，后人因题之，名曰《礼记》，言周公所作。'寿祺案：正义云：'贾逵、马融之徒，皆云《月令》周公所作，故王肃用焉。'《后汉书·鲁恭传》恭议曰：'《月令》，周世所作，而所据皆夏之时也。'蔡邕《明堂月令论》曰：'《周书》七十一篇，而《月令》第五十三。秦相吕不韦著书，取《月令》为纪号。淮南王安亦取以为第四篇，改名曰《时则》。故偏见之徒，或云《月令》吕不韦作，或云淮南，皆非也。'《隋书·牛弘传》：'今《明堂月令》者，蔡邕、王肃云周公所作，《周书》内有《月令》第五十三即此。'《魏郑公谏录》：'《月令》起于上古。吕不韦止是修古《月令》，未必始起秦代也。'此则《礼记·月令》非吕不韦著审矣。《唐书》大衍历议云：'七十二候原于周公《时训》,《月令》虽颇有增益,然先后之次则同。'僧一行亲见《周书·月令》有七十二候,则与《礼记·月令》无异,益信蔡邕之言不妄也。郑君以为礼家抄合,殆失之。又郑君谓三王官无太尉,秦官则有,以此断《月令》为吕氏书。案《月令》'命太尉',《吕览》'尉'作'封',然则《礼记》亦当作'命大封',即《易通卦验》所谓'夏至景风至,拜大将,封有功'之义。见《太平御览》引。其作'太尉'者,《淮南·时则》依汉制改,而礼家从之,非其旧也。《乐记》者,《艺文志》云:河间献王'与毛生等共采《周官》及诸子言乐事,以作《乐记》。其内史丞王定传之,以授常山王禹。禹成帝时为谒者,献二十四卷《记》。刘向校书,得《乐记》二十三篇,与禹不同。'而班《志》两载其书,曰《乐记》二十三篇、《王禹记》二十四篇。案:《汉书·食货志》王莽下诏曰'《乐语》有五均',邓展注曰:'《乐语》[1],《乐元语》,河间献王所传,道五均事。'臣瓒曰:'其文云:天子取诸侯之土,以立五均,则市无二价,四民常均[2],强者不得困弱,富者不得要贫,则公家有余,恩及小民矣。'《白虎通·礼乐》篇亦屡引《乐元语》,此即献王所传《乐记》二十四篇之一篇也。《三礼目录》于《礼记·乐记》云'此于《别录》属《乐记》',谓属二十三篇之《乐记》也。《礼记正义》云:'盖十一篇合为一篇,谓有《乐本》,有《乐论》,有《乐施》,有《乐言》,有《乐礼》,有《乐

① "语",陈寿祺引已误作"记",据《汉书集解》改。

② "四",陈寿祺引已误作"而",据《汉书集解》改。

情》，有《乐化》，有《乐象》，有《宾牟贾》，有《师乙》，有《魏文侯》。刘向所校二十三篇，著于《别录》。今《乐记》断取十一篇，余有十二篇，其名犹在。案《别录》十一篇，余次《奏乐》第十二、《乐器》第十三、《乐作》第十四、《意始》第十五、《乐穆》第十六、《说律》第十七、《季札》第十八、《乐道》第十九、《乐义》第二十、《昭本》第二十一、《昭颂》第二十二、《窦公》第二十三是也。按《别录》，《礼记》四十九篇，《乐记》第十九，则《乐记》十一篇入《礼记》，在刘向前矣。'正义言如此，则今《礼记》中之《乐记》，非王禹《乐记》甚审。《史记正义》云：'《乐记》者，公孙尼子次撰也。'此言必本之《别录》、《七略》。《乐记》出公孙尼子，而有《窦公》篇者，窦公本魏文侯乐人，年百八十岁，至汉文帝时犹存，此篇或载其在文侯时论乐事也。《别录》于二百四篇，称为古文《记》。《汉书·河间献王传》《鲁恭王传》两称《礼记》，皆统以古文。《鲁恭王传》又特明之曰'皆古字也'，《河间献王传》且明言'七十子之徒所论'，是恶得有秦、汉作者之文厕其间邪？后儒动訾《礼记》杂出汉儒，不考甚矣。"

四十二、论《王制》为今文大宗，即《春秋》素王之制

《礼记》非杂出汉儒，陈氏之辨晰矣。而《王制》为今文大宗，与《周礼》为古文大宗，两相对峙。朱子曰《周礼》、《王制》是制度之书，已以两书对举。一是周时旧法，一是孔子《春秋》

所立新法。后人于《周礼》尊之太过，以为周公手定，于《王制》抑之太过，以为汉博士作，于是两汉今、古文家法大乱。此在东汉已不甚晰，至近日而始明者也。郑君《驳异义》曰："《王制》是孔子之后大贤所记先王之事。"又答临硕曰："孟子在赧王之际，《王制》之作，复在其后。"推郑君意，似以《王制》为孟子之徒所作，以开卷说班爵禄略同《孟子》文也。《王制》非特合于《孟子》，亦多合于《公羊》，姑举数事明之。《公羊》桓十一年传："郑忽出奔卫。忽何以名？《春秋》伯、子、男一也，辞无所贬。"解诂云："《春秋》改周之文，从殷之质，合伯、子、男为一。"《王制》曰："公、侯田方百里，伯七十里，子、男五十里。"郑注云："此地，殷所因夏爵三等之制也。《春秋》变周之文，从殷之质，合伯、子、男以为一，则殷爵三等者，公、侯、伯也。"正义曰："何休之意，合伯、子、男为一，皆称从子。郑意合伯、子、男为一，皆称伯也"。郑、何说虽稍异，而《春秋》三等，《王制》亦三等。其相合者一。《公羊》桓四年传："春，公狩于郎。狩者何？田狩也。春曰苗，秋曰蒐，冬曰狩。"《穀梁传》则"春曰田，夏曰苗，秋曰蒐，冬曰狩"。何休《废疾》引《运斗枢》曰："夏不田。《穀梁》有夏田，于义为短。"郑释之云："孔子虽有圣德，不敢显然改先王之法，以教授于世；若其所欲改，其阴书于纬，藏之以传后王。《穀梁》四时田者，近孔子故也。《公羊》正当六国之亡，谶纬见，读而传为三时田。"据郑说，则三时田乃孔子《春秋》制。《王制》曰："天子、诸侯无事，则岁三田。"其相合者二。其他建国之制曰:“凡四海之内九州,州方千里。”又曰:“二百一十国以为州,州有伯。”立学之制曰:“小学在公宫南之左,大学在郊。”取民之制曰:“古者公田藉而不税。”郑注皆以殷制改之,正与《春秋》变周之文、从殷之质相合。特郑君未知即素王之制,故见其与《周礼》不合,而疑为夏、殷礼。孔《疏》申郑虽极详晰,亦未能释此疑,同异纷纭,莫衷一是。其《王制第五》篇题下疏曰:“案郑《目录》云:名曰‘王制’者,以其记先王班爵、授禄、祭祀、养老之法度。此于《别录》属制度。《王制》之作,盖在秦、汉之际。知者,案下文云有‘正听之’,郑云‘汉有正平承,秦所置’,又有‘古者以周尺’之言、‘今以周尺”之语,则知是周亡之后也。秦昭王亡周,故郑答临硕云:‘孟子当赧王之际,《王制》之作,复在其后。’卢植云:‘汉孝文皇帝令博士诸生作此《王制》之书。’”锡瑞案:卢氏说,近人已驳正,孔与郑说并引而不能辨,以“正”为秦、汉官制,亦未必然。“正”、“长”义同,《尚书·冏命序》已有“周太仆正”,《周礼》有“宫正”,《左氏传》有“隧正”、“乡正”、“校正”、“工正”,又云“师不陵正”,注云“正,军将命卿”,安知古刑官无正?“周尺”之语,或出周、秦之间耳。治经者当先看《礼记注疏》,《礼记》中先看《王制注疏》,注疏中纠缠《周礼》者可姑置之,但以今文家说解经,则经义瞭然矣。《王制》一书,体大物博,非汉博士所能作,必出孔门无疑。近人俞樾说:“《王制》者,孔氏之遗书,七十子后学者所记也。王者孰谓?谓素王也。孔子将作《春秋》,先修王法,斟酌损益,具有规条，门弟子与闻绪论，私相纂辑而成此篇。后儒见其与周制不合而疑之，不知此固素王之法也。”俞氏以《王制》为素王之制，发前人所未发，虽无汉儒明文可据，证以《公羊》、《穀梁》二传及《尚书大传》、《春秋繁露》、《说苑》、《白虎通》诸书所说，制度多相符合，似是圣门学者原本圣人之说，定为一代之制，其制损益殷、周，而不尽同殷、周，故与《春秋》说颇相同，而于《周礼》反不相合。必知此为素王改制，《礼》与《春秋》二经始有可通之机，《王制》与《周官》二书亦无纠纷之患。治经者能得此要诀，可事半功倍也。《王制》，据郑君说，出在赧王之后。《周官》，据何劭公说，亦出战国之时。是其出书先后略同，而为说不同，皆由圣门各据所闻，著为成书，以待后世之施行者。《王制》简便易行，不比《周官》繁重难举，学者诚能考定其法，仿用其意，以治今之天下，不必井田、封建，已可以甄殷陶周矣。孔《疏》解“制，三公一命卷”云“制，谓王者制度”，又云“此篇之作，皆是王者之制”，则孔颖达已知《王制》名篇之义，特未知为素王之制，故仍说为夏、殷。

四十三、论《礼记》所说之义，古今可以通行

朱子曰：“《仪礼》是经，《礼记》是解《仪礼》。且如《仪礼》有《冠礼》，《礼记》便有《冠义》；《仪礼》有《昏礼》，《礼记》便有《昏义》；以至燕、射之礼，莫不皆然。”此朱子所以分别《仪礼》为经，《礼记》为传，而有《仪礼经传通解》之作也。《郊特牲》“冠义”一节，孔疏云：“以《仪礼》有

《士冠礼》正篇，此说其义。下篇有《燕义》、《昏义》，与此同。”《乡饮酒义》孔疏云：“《仪礼》有其事，此《记》释其义。”《聘义》孔疏云[①]：“此篇总明聘义，各显《聘礼》之经于上，以义释之于下。”据此，则孔颖达已明言诸《义》是解《仪礼》，非始于朱子矣。《冠义》自为一篇，《郊特牲》复有“冠义”一节，盖由解此义者不止一家。“天地合，而后万物生焉”一节，又是“昏义”。此二节之间有一节云：“礼之所尊，尊其义也。失其义，陈其数，祝史之事也。故其数可陈也，其义难知也。知其义而敬守之，天子之所以治天下者也。”此记者明言礼以义为重，乃冠、昏、饮、射、燕、聘、祭义之发凡。治《礼经》者，虽重礼之节文，而义理亦不可少。圣人所定之礼，非有记者发明其义，则精意闳旨，未必人人能解。且节文时有变通，而义理古今不易。十七篇虽圣人所定，后世不尽可行，得其义而通之，酌古准今，期不失乎礼意，则古礼犹可以稍复。后世用《礼记》取士，而不用《仪礼》，诚不免弃经任传之失，而《礼记》网罗浩博，与十七篇亦当并行。焦循《礼记郑注补疏序》曰：“《周官》、《仪礼》，一代之书也。《礼记》曰：‘礼，时为大。’此一言也，以蔽万世制礼之法可矣。夫《周官》、《仪礼》固作于圣人，乃亦惟周之时用之。设令周公生宇文周，断不为苏绰、卢辩之建官；设令周公生赵宋，必不为王安石之理财。何也？时为大也。且夫所谓

① “聘义”，原误作“聘礼”，据《礼记正义》改。

时者，岂一代为一时哉！开国之君，审其时之所宜而损之益之，以成一代之典章度数。而所以维持此典章度数者，犹必时时变化之，以掖民之偏而息民之诈。夫上古之世，民苦于不知，其害在愚；中古以来，民不患不知，而其害转在智。伏羲、神农之时[1]，道在折民之愚[2]。故通其神明，使知夫妇、父子、君臣之伦；开其谋虑，使知树艺、贸易之事。生羲、农之后者，知识既启，诈伪百出，其黠者往往窥长上之好恶以行其奸，假军国之禁令以济其贼，惟聪明睿智有以鼓舞而消息之。故黄帝、尧、舜氏作，通其变，使民不倦，神而化之，使民宜之。吾于《礼运》、《礼器》、《中庸》、《大学》等篇，得其微焉。"锡瑞案：焦氏于三《礼》轩轾太过，谓民患在智，近于老氏之旨，与世界进化之理不符；惟发明"礼，时为大"之义甚通，言礼者必知此，乃不至于拘碍难行。《抱朴子·省烦》篇云："冠、昏、饮、射，何烦碎之甚耶？好古官长，时或修之，至乃讲试累月，犹有过误，而欲以此为生民之常事，至难行也。余以为可命精学洽闻之士，使删定三《礼》，割弃不要，次其源流，总合其事，类集以相从，务令约俭，无令小碎，条牒各别，令易案用。"《朱子语录》云："古礼于今，实是难行。后世有大圣人者作，与他整理一过，令人苏醒，必不一一如古人之繁，但放古人大意，简而易行耳。"此正得其义而通之，期不失乎礼意之说也。毛奇龄谓"《礼记》，旧谓孔子诏七十子共撰

① "神农"，原脱，据焦循《礼记郑注补疏序》补。

② "愚"，原误作"患"，据焦循《礼记郑注补疏序》补。

所闻以为记,《仪礼》则显然战国人所为,《仪礼》逊《礼记》远矣”,务反朱子之说,亦轩轾太过。

四十四、论《礼记》记文多不次[①],若以类从,尤便学者,惜孙炎、魏征之书不传

《礼记》四十九篇,众手撰集,本非出自一人;一篇之中,杂采成书,亦非专言一事。即如《曲礼》曰:“若夫坐如尸,立如齐。”郑注云:“若夫,言欲为丈夫也。《春秋传》:‘是谓我非夫。’”其说似近迂曲。刘敞《七经小传》曰:“案:曾子曰:‘孝子唯巧变,故父母安之。若夫坐如尸,立如齐,弗讯不言,言必齐色,此成人之善者也,未得为人子之道也。’此两‘若夫’之文同,疑《曲礼》本取曾子之言而误留‘若夫’。不然,则全脱一简,失‘弗讯’以下十五字。”朱子《答潘恭叔》曰:“《曲礼》杂取诸书精要之语,集以成编,虽大意相似,而文不连属。如首章四句,乃《曲礼》古经之言。‘敖不可长’以下四句,不知是何书语,又自为一节,皆禁戒之辞也。‘贤者’以下六句,又当别是一书。‘临财毋苟得’以下六句,又是一书,亦禁戒之辞。‘若夫坐如尸,立如齐’,刘原父以为此乃《大戴记·曾子事父母》篇之辞,‘若夫’二句失于删去,郑氏乃谓此二句为丈夫之事,其说误矣。此说得之。‘礼从宜,使从俗’,当又是一书。”锡瑞案:刘氏与朱子之说是也。《礼记》他篇亦多类此,故郑

① “论”,原脱,据上下文例补。

君门人孙炎已有《类抄》，而书不传。魏征因之以作《类礼》，而书亦不传。王应麟《困学纪闻》云："《魏征传》曰：'以《小戴礼》综汇不伦，更作《类礼》二十篇，数年而成。太宗美其书，录寘内府。'《艺文志》云'《次礼记》二十卷'，旧史谓'采先儒训注，择善从之'。《谏录》载诏曰：'以类相从，别为篇第，并更注解，文义粲然。'《会要》云：'为五十篇，合二十卷。'《元行冲传》：开元中，魏光乘请用《类礼》列于经，命行冲与诸儒集义作疏，将立之学，乃采获刊缀，为五十篇。张说言：'戴圣所录，向已千载，与经并立，不可罢。魏孙炎始因旧书，擿类相比，有如抄掇，诸儒共非之。至征的更加整次，乃为训注，恐不可用。'帝然之，书留中不出。行冲著《释疑》曰：'郑学有孙炎，虽扶郑义，乃易前编，条例支分，箴石间起。马伷增革，向踰百篇；叶遵删修，仅全十二。魏氏采众说之精简，刊正芟礬。'朱文公惜征书之不复见。此张说文人不通经之过也。行冲谓：'章句之士，疑于知新，果于仍故。比及百年，当有明哲君子，恨不与吾同世者。'观文公之书，则行冲之论信矣。"锡瑞案：《戴记》不废，张说有存古之功；《类礼》不传，说亦有泥古之失。当时若新旧并行，未为不可。朱子惜《类礼》不复见，是以有《仪礼经传通解》之作。吴澄作《礼记纂言》，更易次序，各以类从。近人惩于宋儒之割裂圣经，痛诋吴澄，并疑《通解》之杂合经传。平心而论，《礼记》非圣人手定，与《易》、《书》、《诗》、《春秋》不同。且《礼经》十七篇已有附记，《礼记》文多不次，初学苦其难通，《曲礼》一篇即其明证，若加分别部居，自可事半功倍。据《隋志》"《礼记》三十卷，魏孙炎注"，则其书唐初尚存。炎学出郑门，必有依据。魏征因之，更加整比，若书尚在，当远胜于《经传通解》、《礼记纂言》，而大有益于初学矣。陈澧云："孔《疏》每篇引郑《目录》云此于《别录》属某某，《礼记》之分类，不始于孙炎、魏征矣。今读《礼记》，当略仿《别录》之法，分类读之，则用志不纷，易得其门径。"

四十五、论郑注引汉事、引谶纬皆不得不然，习《礼记》者当熟玩注疏，其余可缓

马端临《文献通考》曰："三代之礼亡于秦。继秦者汉，汉之礼书，则前有叔孙通，后有曹褒。然通之礼杂秦仪，褒之礼杂谶纬，先儒所以议其不纯也。然自古礼既亡，今传于世者，惟《周官》、《仪礼》、《戴记》，而其说未备。郑康成于三书皆有注，后世之欲明《礼》者，每稽之郑注，以求经之意。而郑注亦多杂谶纬及秦、汉之礼以为说，则亦必本于通、褒之书矣。此二书者，汉、隋、唐三史《艺文志》俱无其卷帙，则其书久亡，故后世无述焉。然魏、晋而后所用之礼，必祖述此者。"锡瑞案：马氏之说甚通。《礼》自孔子时而经不具，后世所谓三《礼》，由孔子及七十子后学者撰集，虽未必与古礼尽合，而欲考古礼者，舍三书无征焉。通为秦博士，习秦仪。秦之与古异者，惟尊君、卑臣为太过，其他去古未远，必有所受。观秦二世时议庙制，引古七庙之文可见。通所定礼，不见于《汉·艺文志》，盖犹萧何之律、韩信之军法，其书各有主者，不在向、歆所校中秘书内。

许氏《异义》间引通说，则郑君注《礼》亦必采用之矣。褒本习《庆氏礼》，乃高堂生、后仓所授，其引谶纬，东汉风气实然。纬书多先儒说经之文，观《礼纬含文嘉》可见。郑注《礼》间引谶纬，如耀魄宝、灵威仰之类，或亦本之于褒。古礼失亡，通定礼采秦仪，郑注《礼》用汉事，褒与郑又引及谶纬，皆不得不然者。后人习用郑说，而于通杂秦仪、褒杂谶纬则议之，是知二五而不知十也。或且并诋郑君，如陈傅良谓郑注《周礼》之误有三，"汉官制皆袭秦，今以比《周官》"。王应麟引徐筠《微言》，亦同此说。欧阳修请删注疏中所引谶纬，张璁且以引谶纬为郑君罪案而罢其从祀。如其说，则汉以后之说《礼》者，不亡于秦火，而亡于宋、明诸人矣。朱子曰："《礼记》有说宗庙、朝廷说得远，复杂乱不切于日用。若欲观礼，须将《礼记》节出切于日用常行者，如《玉藻》、《内则》、《曲礼》、《少仪》看。"又曰："郑康成考《礼》名数大有功。"又或问："《礼记》古注外，无以加否？"曰："郑注自好[①]，看注看疏自可了。"朱子推重《礼记注疏》，此至当之论也。孔颖达于三《礼》惟疏《礼记》，实贯串三《礼》及诸经，有因《记》一二语而作疏至数千言者。如《王制》"制，三公一命卷"云云，疏四千余字；"比年一小聘"云云，疏二千余字；《月令》、《郊特牲》篇题，疏皆三千余字。其余一千余字者尤多。元元本本，殚见洽闻，又非好为繁博也。既于此一经下详说此事，以后此事再见，则

① "好"下，原衍"看"，据《朱子语类》卷八十七删。

不复说，亦犹郑注，似繁而不繁也。学者熟玩《礼记注疏》，非止能通《礼记》，且可兼通群经。若卫湜《礼记集说》一百六十卷，空衍义理者多。杭世骏《续礼记集说》一百卷，亦未免于炫博。陆元辅《陈氏集说补正》，足匡陈澔之失。王夫之《礼记章句》、朱彬《礼记训纂》、孙希旦《礼记集解》虽有可采，皆不及孔《疏》之详博，亦不尽合古义，此等书皆可缓。郑注《礼记》，因卢、马之本而加校正，其所改字，必有精意。宋陆佃、方悫、马晞孟等以郑改读为非，而强如本字读之，解多迂曲。又或以后世之见，疑古礼之不近人情，不但疑注疏，而并至疑经，足以迷误后学。陈澔《集说》尤陋，学者仍求之注疏可也。

四十六、论宋、明人疑经之失，明人又甚于宋人

宋、明人疑注疏而并疑经，今略引其说辨之。宋郑樵曰："三《礼》之学，其所以讹异者，大端有四：有出于前人之所行，而后人更之者，如：墨始于晋，髽始于鲁，庙有二主始于齐桓，朝服以缟始于季康。以至古者麻冕，今也纯俭[①]；古者冠缩缝，今也衡缝。同为一代，而异制如此。幸而遗说尚存，得以推考因革之故。设其不存，则或同或异，无乃滋后人疑乎？有出于圣人之门，而传之各异者，如：曾子袭裘而吊，子游裼裘而吊。小敛之奠，曾子曰于

① "俭"，原脱，据《六经奥论》卷五补。

西方，子游曰于东方[1]；异父之服，子游曰为之大功，子夏曰为之齐衰。同师而异说如此，况复传之群弟子之门人，则其失又远也。从而信之，则矛盾可疑；从而疑之，则其说有师承。此文义不能无乖异也。有后世诸儒损益前代，而自为一代之典者，如：吕不韦作《月令》，盖欲为秦典，故祭祀、官名不纯于周；汉博士欲为汉制，故封爵不纯于古。案：二说皆非是，前已引陈寿祺说驳之。后世明知二书出于秦、汉，犹且曰《月令》为周制，《王制》为商制。况三《礼》之书，所成者非一人，所作者非一时，又乌能使之无乖异也？有专门之学欲自名家，而妄以臆见为先代之训者，如：春秋之末执羔、执雁，鲁人已不自知，则礼之所存，盖无几也，案：此孔子时经不具之证。延乎秦世，灰灭殆尽。汉世不爱高爵以延儒生，宁弃黄金以酬断简。诸儒各述所闻，杂以臆见，而实未见古人全书。故其说以霍山为南岳，案：此说甚是。以太尉为尧官，案：此见纬书，《礼》无明文。以商之诸侯为千八百国，以周之封域为千里者四十九，案：此见《王制》，乃《春秋》素王之法，非必商、周。以分陕处内为三公，案：此《公羊》说，古制当是如此，乃无一国三公之弊。以太宰、太宗、太卜、太士等为六官。案：此见《曲礼》，郑以为殷制。当时信其为古书而无疑，后世以其传久远而不敢辨，又焉能使之无乖异乎？《礼》学之讹以此。后世议明堂，或以为五室，或以为九室，或以为十二室；案：焦循、陈澧辨之以明。议太学，或

① “西”、“东”，原误植，据《礼记・檀弓上》及《六经奥论》卷五改正。

以为五学，或以为当如辟雍，或以为当如胶庠，或以为当如成均、瞽宗。案：太学即辟雍，而胶庠、成均、瞽宗又其异名，五学本同一处。夫明堂一也，而制有三；太学一也，而名有六，此何以使后世无疑哉！"明郝敬曰："凡礼不可常行者，非礼之经。用于古，不宜于今，而犹著之于篇者，非圣人立经之意。即四十九篇中所载，如俎豆席地、袒衣行礼、书名用方策、人死三日敛之类，古人用之，今未宜。案：此等古今异宜，可以通变。父在为母期，出母无服，师丧无服，此等虽古，近薄。父母为子斩衰，妻与母同服，此等失伦。案：古圣制服，各有精意，俗情肤浅，岂可妄讥古人？官士不得庙事祖，支子不祭，此等非人情。案：庙制、祭礼分尊卑，辨適庶，亦不可妄议。杖、不杖视尊卑贵贱，哭死为位于外，熬谷与鱼腊置柩旁，此等近迂阔[①]。案：杖、不杖非止视尊卑。为位于外，所以别嫌疑。熬则小节，可变通。国君飨宾，夫人出交爵，命妇入公宫养子，国君夫人入臣子家吊丧，此等犯嫌疑。案：古人避嫌，未若后人之甚。交爵则因阳侯事，已废矣。祭祀用子弟为尸，使父兄罗拜，若祫祭，则诸孙济济一堂为鬼，此等近戏谑。案：立尸是事死如事生，且古人行礼与今不同，非有尸答拜，不能成礼。人死含珠玉以诲盗，圹中藏甕甒筲衡等器，岁久腐败，陷为坑谷，此等无益有害。案：此小事，可变通。古人每事不忘本，酒尚玄，冠服用皮，食则祭。至于宗族姓氏，则随便改易，如司徒、司空，韩氏、赵氏，惟官惟地，数世之后，迷其祖姓，又何其无重本之思也？

① "此等"句，原脱，据郝敬《礼记通解》卷首《读礼记》补。

案：古氏族改，姓不改，男子称氏，女子称姓，安有改姓、迷姓之事？庙制，天子至士庶有定数，皆有堂有寝，有室有门[①]。大邑巨家，父子世官，兄弟同朝，将庙不多于民居乎[②]？如云皆设于宗子家，则宗子家无地可容。如父为大夫，子为士庶，则庙又当改毁，倏兴倏废，祖考席不暇煖。案：古惟宗子有庙，无父子兄弟分立之礼。庙在居室之左，何患无地可居？天子、诸侯亦有祧迁，何独士庶不可兴废？适子继体，分固当尊，至于抑庶之法，亦似太偏；丧服有等，不得不杀，至于三殇之辨，亦觉太琐；衰麻有数，不得不异，至于麻葛之易，亦觉太烦。案：古重宗法，故严適庶；重本源，故分别丧服，不嫌烦琐。天子选士观德用射，射中得为诸侯，不中不得为诸侯。案：此犹后世以文字取士。如此之类，虽古礼乎，乌可用也？故凡礼非一世一端可尽，古帝王不相沿袭。圣人言礼，不及器数，惟曰义以为质，有以也。此四十九篇，大都先贤传闻，后儒补辑，非尽先圣之旧。而郑康成信以为仲尼手泽，案：郑无以《礼记》为孔子所作之语。遇文义难通，则称竹简烂脱，颠倒其序；根据无实，则推殷、夏异世，逃遁其说。盖郑以记为经，既不敢矫记之非，世儒又以郑为知礼，不敢议郑之失，千余年来所以卒贸贸然耳[③]。"锡瑞案：郑樵、郝敬，皆勇于疑经者。郑犹以为诡异，郝乃直攻经传，足见明人之悍而不学，又甚于宋。兹逐条辨之，以释后儒之疑。

---

① "寝"、"室"，原误植，据郝敬原文乙正。

② "将庙"，原脱，据郝敬原文补。

③ "然"，原脱，据郝敬《礼记通解》卷首《读礼记》补。

四十七、论古宫室、衣冠、饮食不与今同，习礼者宜先考其大略，焦循《习礼格》最善

古之宫室，不与今同也。古之衣服、饮食，不与今同也。惟其不与今同，故俗儒多疑古礼不近人情，即有志于古者，亦苦其扞格不相入。考古礼者，宜先于古之宫室、衣服、饮食等类考其大略，乃有从入之处。古宫室皆南向，外为大门。门侧左、右皆有堂室，谓之塾。内为寝门，中为庭，再上为阶，有东阶、即阼阶。西阶。升堂为东、西堂，有东、西荣，即檐。有东、西序，即墙。有两楹，即柱，有栋，有楣。上为户牖间，其后为室，两旁为东、西房。古之室即今之房，有壁。古之房，今过路屋，无壁。东房后有北堂。宫室之左为庙，有闱门相通。庙制与宫室略同。观李如圭《仪礼释宫》、江永《释宫注》、张惠言《仪礼图》，得大略矣。古祭服用丝，朝服用布；祭服用冕，朝服用弁或玄冠。古冠小，如今道士之冠，非若后世之帽。冕服、朝服、玄端，皆上衣下裳。惟深衣连上下，无裳，似今之长衫，惟方领对襟，缘以缋，或青或素为异；用细白布为之。丧服用布则粗，又各以轻重分精粗。观任大椿《弁服释例》，得大略矣。古食用黍、稷，加则有稻、粱。黍、稷、稻、粱为四簋。常食有羹、胾、葱、湆、醢、酱、脯、羞。饮有酒、有浆。齐则用糟，醴亦有糟。荐用脯、醢，脯以干牛肉，加姜、桂锻治者为脩，细锉脯加盐酒为醢。皆生物。酒新酿，冷饮。豕、鱼、腊为三鼎，加羊与肠胃为

五鼎，腊，士用兔，大夫用麋。肠胃用牛、羊，不用豕。加牛与肤、豕肉。鲜鱼、鲜腊为九鼎，加膷、臐、膮牛、羊、豕肉。为十二鼎。笾盛干物，豆盛濡物。俎以骨为主。若今之排骨。骨分前足为肩、臂、臑共六，长胁、代胁、短胁共六，正脊、挺脊、横脊共三，后足髀、肫、胳共六，二十一体。髀近窍，贱，不升。乡饮、燕、射，则牲用狗。燕食有蜩、即蝉。范、即蜂。蚳醢，蚁子。今人所不食者。考饮食无专书，亦可得大略也。得其大略，再取张惠言《仪礼图》，如阮元说，画地以习之，不患古礼不明。若用焦循《习礼格》，尤为事半功倍。焦氏《自序》曰："于《仪礼》十七篇，去《丧服》、《士丧礼》、《既夕》、《士虞礼》四篇，余十三篇，为格以习之。纸方尺五寸，如弈枰，作朝庙图一、庠图一、大夫朝庙图一，若门，若曲，若阶，若堂，若室，若房，若夹室，若东、西堂，若东、西荣，若坫，若墙、墉、屏、宁、户、牖，无不备。削木或石为棋，若主人，若宾，若介，若僎，若主妇，若宰夫、司马、乐工之属，刻之，或以丹墨书。削木或石为棋，小于前，于诸器物，若聘之圭、璋、皮、马、锦、币，若祭之簠、簋、鼎、俎，燕之爵、洗，食之羹、酱，乐工之瑟、笙，射之弓、矢、楅、乏、旌、中、侯、正、丰、觯，冠、昏之冠服，刻之，或以丹墨书。削木或石为棋，前以圆，此以椭，书若揖，若拜，若再拜，若兴，若坐，若立，若饮，若祭之类于上，或用刻。以十三篇为之谱。习时各任一人，或兼之，按谱而行之，若东、西、左、右、升、降之度，不容紊也，一揖一让，不容遗也。否则为负，负者罚。子弟、门人或用心于博弈，思有以易之，为此格。演之者必先读经，经熟其文，熟其节。可多人演之，可少人演之，可一人演之。格有定，不容争也，不容诈也。虽戏也，而不诡于正。后之学《礼》者，或有好焉。”

四十八、论《礼记》义之精者本可单行，《王制》与《礼运》亦可分篇别出

《礼记》非一人所撰，义之精者可以单行。《汉·艺文志》于《礼记》百三十篇外，已别出《中庸》二篇。梁武帝作《礼记大义》十卷，又作《中庸讲疏》一卷。宋仁宗以《大学》赐及第者。表章《中庸》、《大学》，不始朱子。蔡邕作《月令章句》及《问答》。宋太宗令以《儒行》篇刻于版，印赐近臣及新第举人。司马光《书仪》云：“《学记》、《大学》、《中庸》、《乐记》，为《礼记》之精要。”黄道周作《月令明义》、《表记》《坊记》《缁衣》《儒行集传》。黄宗羲作《深衣考》。江永作《深衣考误》。邵泰衢作《檀弓疑问》。焦循谓于《礼运》、《礼器》、《中庸》、《大学》得其微。是皆于四十九篇之中，分篇别出者。锡瑞谓：《王制》为今文大宗，用其说可以治天下，其书应分篇别出；《礼运》说《礼》极精，应亦分篇别出。《黄氏日抄》云：“《礼运》记五帝三王相变易、阴阳转移之道，故以运名。虽思太古而悲后世，其主意微近于《老子》，而终篇混混为一，极多精语。如论造化，谓‘天秉阳，垂日星；地秉阴，窍于山川’。如论治，谓‘圣人耐以天下为一家，中国为一人’。如论人，则谓‘人者，天地

之心’，谓‘天地之德，阴阳之交，鬼神之会，五行之秀气’。如论礼，则谓礼者‘固人肌肤之会[①]，筋骸之束’。皆千万世名言。”《困学纪闻》云：“《礼运》，致堂胡氏云子游作。吕成公谓：蜡宾之叹，前辈疑之，以为非孔子语。‘不独亲其亲，子其子’，而以尧、舜、禹、汤为小康，是老聃、墨氏之论。朱文公谓：程子论尧、舜事业，非圣人不能，三王之事，大贤可为，恐亦微有此意。但《记》中分裂太甚，几以帝王为有二道，则有病。”邵懿辰曰：“《礼运》一篇，先儒每叹其言之精而不甚表章者，以不知首章有错简，而疑其发端近乎老氏之意也。今以‘禹、汤、文、武、成王、周公，由此其选也，此六君子者，未有不谨于礼者也’二十六字，移置‘不必为己’之下、‘是故谋闭而不兴’之上，则文顺而意亦无病矣。就本篇有六证焉。先儒泥一‘与’字，以‘大道之行’属大同，‘三代之英’属小康。不知‘大道之行’概指治功之盛，‘三代之英’切指其治世之人。‘与’字止一意，无两意。而下句‘有志未逮’，正谓徒想望焉，而莫能躬逢其盛也。否则，‘有志未逮’当作何解？证一也。‘今大道既隐’，以周为今犹可，以夏、商为今，可乎？既曰未逮，又曰今，自相矛盾。证二也。礼为忠信之薄，则子游宜举大道为问，而曰‘如此乎礼之急也’，不承大同而偏重小康，则文义不属。证三也。‘讲信修睦’后文三见，皆指圣人、先王，而非远古。果有重五帝、薄三王之意，后文何无一言相应

① “肤”，原误作“时”，据《礼记·礼运》及《黄氏日抄》卷十八改。

乎？证四也。五帝官天下，三王家天下，本战国时道家之说，而汉人重黄老者述之，实则五帝不皆与贤，尧、舜以前皆与子也。‘天下为公’，即后文所谓‘以天下为一家，中国为一人’者。‘不独亲其亲，子其子’，谓‘老吾老，以及人之老，幼吾幼，以及人之幼’。‘老有所终’以下六句，皆人情之所欲，即‘人情以为田’，而大同即大顺也。‘天下为家’，则指东迁以后，政教号令不行于天下，国异政而家殊俗，并无与子、与贤之意。‘选贤与能’，对世及而言。世及者，若《春秋》讥世卿，虽有圣人，无自进身，异于周初‘建官惟贤，位事惟能’耳。证五也。‘我欲观夏道’，‘我欲观殷道’，‘我观周道’，三‘道’字正承‘大道’而言。果大道既隐，又何观焉？后文‘大柄’、‘大端’、‘大窦’，即大道也。证六也。”锡瑞案：移易经文，动言错简，乃宋、明人习气，不可为训。而邵氏说极有理，证据亦明。明乎此，可以释前人之疑，知《礼运》一篇皆无疵，而其精义益著。故备举其说，以为《礼运》可以单行之证。

四十九、论六经之义礼为尤重，其所关系为尤切要

六经之文，皆有礼在其中；六经之义，亦以礼为尤重。于何征之？于《经解》一篇征之。《经解》首节泛言六经，其后乃专归重于礼。郑《目录》云：“名曰‘经解’者，以其记六义政教之得失也。此于《别录》属通论。”孔疏曰：“《经解》一篇，总是孔子之言，记者录之以为《经解》者，皇

氏云：'解者，分析之名。此篇分析六经体教不同，故名曰《经解》也。六经其教虽异，总以礼为本，故记者录入于《礼》。'"陈澧曰："记文引孔子曰：'安上治民，莫善于礼。'此篇当录入于《礼》，其义已明矣。"锡瑞案：陈氏之说未尽，此篇自"礼之于正国也"，至引"孔子曰安上治民"云云，皆是说礼。孔疏曰："从篇首'孔子曰：入其国，其教可知也'至此'长幼有序'，事相连接，皆是孔子之辞，记者录之而为记。其理既尽，记者乃引孔子所作《孝经》之辞以结之，故云'此之谓也'，言孔子所云者，正此经之谓。"据此，则孔子说六经毕，已特举礼之重以教人矣。孔疏又曰："'此之谓也'以后，则是记者广明'安上治民'之义，非复孔子之言也。"案：记者之文亦极精，能发明《礼经》十七篇之义，曰："故朝觐之礼，所以明君臣之义也；聘问之礼，所以使诸侯相尊敬也；丧祭之礼，所以明臣子之恩也；乡饮酒之礼，所以明长幼之序也；昏姻之礼，所以明男女之别也。夫礼禁乱之所由生，犹坊止水之所自来也。故以旧坊为无所用而坏之者，必有水败；以旧礼为无所用而去之者，必有乱患。故昏姻之礼废，则夫妇之道苦，而淫辟之罪多矣；乡饮酒之礼废，则长幼之序失，而争斗之狱繁矣；丧祭之礼废，则臣子之恩薄，而倍死忘生据《汉书》，作"先"。者众矣；聘觐之礼废，则君臣之位失，诸侯之行恶，而倍畔侵陵之败起矣。故礼之教化也微，其止邪也于未形，使人日徙善远罪而不自知也。是以先王隆之也。""先王隆之"承上孔子所云"隆礼、由礼"言之；朝觐、聘问承上"以入朝廷，则贵贱有位"言之；丧祭之礼，承上"以奉宗庙，则敬"言之；乡饮酒之礼，承上"以处乡里，则长幼有序"言之；昏姻之礼，承上"以处室家，则父子亲，兄弟和"言之，而皆不出《礼经》十七篇外。乡饮以饮该射，昏姻以昏统冠，观此乃知圣人制礼，非故为是繁文缛节，实所以禁乱止邪。谓礼犹坊，与《坊记》之义相通。《坊记》曰："君子之道，辟则坊与？坊民之所不足者也。大为之坊，民犹踰之，故君子礼以坊德。礼者，因人之情而为之节文，以为民坊者也。"使民贫而好乐，富而好礼，"觞酒豆肉，让而受恶"，而斗辨之狱息矣，则乡饮酒之礼明也。"夫礼者，章疑别微，以为民坊者也。"故贵贱有等，朝廷有位，示民有君臣之别，而弑狱不作矣，则聘觐之礼明也。教民追孝，示民不争、不贰、不疑，以有上下，而不孝之狱罕矣，则丧祭之礼明也。"夫礼，坊民所淫，章民之别，使民无嫌，以为民纪者也。"教民无以色厚于德，而淫乱之狱绝矣，则昏姻之礼明也。《大戴礼·盛德》篇亦云："凡不孝生于不仁爱，不仁爱生于丧祭之礼不明。丧祭之礼，所以教仁爱也。致爱，故能致丧祭。死且思慕馈食[①]，况于生而存乎？故丧祭之礼明，则民孝矣。故有不孝之狱，则饰丧祭之礼。凡弑上生于义不明。义者，所以等贵贱，明尊卑。贵贱有序，民尊上敬长，而弑者未有也[②]。朝聘之礼，所以明义也。故有弑狱，则饰朝聘之礼。凡斗

① "食"，《大戴礼记》本作"养"。

② "未有"，《大戴礼记》本作"寡有之"。

辨生于相侵陵[1],相侵陵生于长幼无序,乡教以敬让也[2]。故有斗辨之狱,则饰乡饮酒之礼。凡淫乱生于男女无别,夫妇无义。昏礼,所以别男女,明夫妇之义也。故有淫乱之狱,则饰昏礼。”其说与《经解》正合,丧祭、朝聘、乡饮、昏礼亦不出十七篇外。观此诸篇,乃知古礼所存大有关系,较之各经尤为切要。若必荡弃礼法,溃决隄防,正所谓“坏国、丧家、亡人必先去其礼”,与孟子所谓“上无礼,下无学,贼民兴,丧无日矣”,可不儆惧乎!

五十、论《大戴礼记》

郑君《六艺论》曰:“‘戴德传《记》八十五篇’,则《大戴礼》是也。”郑注《小戴》,不注《大戴》,故《小戴礼》合《周礼》、《仪礼》至今称为三《礼》,而《大戴礼》渐至亡佚。八十五篇,《隋志》所录已佚其四十七篇,卢辩《注》亦仅存八卷。《四库提要》:“司马贞曰:‘《大戴礼》合八十五篇,其四十七篇亡,存三十八篇。’盖《夏小正》一篇多别行。隋、唐间录《大戴礼》者或阙其篇,是以司马贞云然。原书不别出《夏小正》篇,实阙四十六篇,存者宜为三十九篇。《中兴书目》乃言存四十篇,则窜入《明堂》篇题,自宋人始矣。书中《夏小正》篇最古,其《诸侯迁庙》、《诸侯衅庙》、《投壶》、《公冠》,皆《礼》古经遗文。又《艺文志》《曾子》

① “辨”,原误作“辦”,据《大戴礼记》改。

② “乡”,《大戴礼记》作“而”。

十八篇久逸，是书犹存其十篇，自《立事》至《天圆》，篇题中悉冠以‘曾子’者是也。”阮元《揅经室集·王实斋〈大戴礼记解诂〉序》曰：“南城王君实斋聘珍，著《大戴礼记解诂》十三卷，《目录》一卷。其言曰：‘大戴与小戴同受业于后仓，各取孔壁古文《记》，非小戴删大戴，马融足小戴也。《礼察》、《保傅》语及秦亡，乃孔襄等所合藏，是贾谊有取于古《记》，非古《记》采及《新书》也。《三朝记》、《曾子》乃刘氏分属九流，非大戴所裒集也。’其校经文也，专守古本为家法，有惩于近日诸儒妄据他书径改经文之失。其为解诂也，义精语洁，恪守汉法，多所发明，为孔㧑约诸家所未及。能使二千年孔壁古文无隐滞之义，无虚造之文，用力勤而为功巨矣。”又《孔检讨广森〈大戴礼记补注〉序》曰：“今学者皆治十三经，至兼举十四经之目，则《大戴礼记》宜急治矣。《夏小正》为夏时书，《禹贡》惟言地理。兹则言天象与《尧典》合；《公冠》、《诸侯迁庙》、《衅庙》、《朝事》等篇足补《仪礼》十七篇之遗；《盛德》、《明堂》之制为《考工记》所未备；《孔子三朝记》，《论语》之外，兹为极重；《曾子》十篇，儒言纯粹，在《孟子》之上；《投壶》仪节较《小戴》为详，《哀公问》字句较《小戴》为确。然则此经宜急治，审矣。顾自汉至今，惟北周卢仆射为之注，且未能精备。自是以来，章句溷淆，古字更舛，良可慨叹。近时戴东原庶常、卢绍弓学士相继校订，蹊迳渐辟。曲阜孔编修巽轩乃博稽群书，参会众说，为《注》十三卷，使二千年古经传复明于世，用力勤而为功巨矣。”锡瑞案：《大戴礼记》合十三经为十四经，见于史绳祖《学斋占毕》，是宋时常立学。以注者为北周卢辩，见王应麟《困学纪闻》。近人注此书者，乃有孔广森、王聘珍二家，阮文达皆以“用力勤、为功巨”许之。序王聘珍书，以为孔㧑约所未及，其称许又在孔书之上。而《皇清经解》有孔书而无王书，或王书之出差后。《续经解》亦未收，或王书之传未广欤？凡考据之书后出者胜，王书之胜孔书，宜也。《大戴》书与三《礼》多相出入，不可不知其义，故略言之。

五十一、论经学纠缠不明，由专据《左传》、《周礼》二书，轻疑妄驳

经学之纠缠不明者，其故有二：一则古之事实不明。《左氏》一书所载事实，与《公羊》、《穀梁》、《国语》、《史记》、《新序》、《说苑》、《列女传》多不合。《公羊》、《穀梁》今文说，与《左氏》古文不同。《国语》与《左氏》皆古文，而不尽同。《史记》、《新序》、《说苑》、《列女传》皆从今文，故亦不同。后人谓左氏亲见国史，于其不同者，以为诸家事实皆误，惟《左氏》不误。案：《左氏》不可尽信，如“君氏卒”、“暨齐平”、“卫宣烝夷姜”之类，皆失实，说已见前，其余刘敞《春秋权衡》辨之尤详。太史公、刘子政博极群书，未必不见《左传》，而其书多与《左传》不合，《史记》又多前后不符，非故为是参差也。古人信则传信，疑则传疑。汉初古书尚多，传闻不同，各据所闻记之，意以扶微广异。后

人不明此义，又不晓今、古文之别，专据《左氏》以驳群书，于是事实不备，且多淆乱。此事实不明者一也。二则古之典礼不明。《周官》一书，与《孟子》、《王制》全异，与《仪礼》、《礼记》、《大戴礼》、《春秋》三传及汉人说礼亦多不合。后人谓《周官》为周公手定，于其不合者，以为诸家典礼皆误，惟《周官》不误。郑君注三《礼》，于礼与《周官》有异者，或以为夏、殷礼，或以为晋文、襄之制，似惟《周官》为周制可信矣，而郑注《职方》"其浸波溠"、"其浸卢维"亦驳其误，岂有周公作书而有误者？是郑亦未敢深信也。故自汉及唐、宋，多疑非周公作，或谓文王治岐之政，或谓成周理财之书，或谓战国阴谋之书，或谓汉儒附会之说。郑樵为之解曰："《周礼》一书有阙文，《军司马》、《舆司马》之类。有省文，《遂人》、《匠人》之类。有兼官，三公、三孤不必备，教官无府史胥徒，皆兼官。有豫设，凡千里封公四、封侯六、伯十一之类。有不常制，《夏采》、《方相氏》之类。有举其大纲者，"四两为卒"之类。有副相、副贰者，自卿至下士同①，各随才高下而同治此事，司马司上下爵禄事食②。有常行者，六官分职，各率其属，正月之吉，垂法象魏之类是也。有不常行者。二至祀方泽，大裘祀上帝，合民询国迁，珠盘盟诸侯之类是也。注云圜丘服大裘，方泽之祀，经无其服。周无迁国事，至平王东迁，盟诅不及三王。以上事皆豫为之，而未经行也。今观诸经，其措置规模，不徒于弼亮天地，和洽人神，而盟诅雠伐，凡所以待衰世者，无不及也。"郑氏所说，前数条犹可通，惟以盟诅雠伐为待衰世，则

① "同"，原脱，据《六经奥论》卷六补。

② 下"司"字，原脱，据《六经奥论》卷六补。

其说殊谬。孔子作《春秋》，欲由拨乱、升平，驯致太平。周公作书，曰“子孙永保”，曰“万邦咸休”，惟欲至千万年为长治久安之计，岂有圣人作书以待衰世，不期世之盛而期世之衰者？盟诅不及三王，而《周官》有盟诸侯之文。故汉人以为末世渎乱不验之书，又以为战国人作，正指此类而言。郑氏强为之辞，犹杜预以《春秋》凡例为出周公，而有灭入围取之例，为柳宗元、陆淳所驳。此皆傅会无理，必不可通者也。汉立十四博士，皆今文说，虽有小异，无害大同。其时经义分明，无所用其弥缝牵合。及古文说出，渐至淆杂，后人又偏执其说，如《庄子》所谓“暖暖姝姝，守一先生之言”、李斯所用“别黑白以定一尊”之法。以左氏为亲见国史，《周官》为真出周公，举一废百，轻疑妄驳，以致《春秋》事实、周时典礼皆不分明，学者遂以治经为极难之事。窃谓《春秋》事实当兼采三《传》及《国语》、《史记》、《新序》、《说苑》、《列女传》诸书，不必专据《左氏》；周时典礼当兼采《仪礼》、《礼记》、《大戴礼》、《春秋》三传及汉人遗说，不必专据《周官》，能折衷者加以折衷，不能折衷者任其各自为说，斯可以省枝节而去葛藤矣。

五十二、论《礼经》止于十七篇，并及群经当求简明有用，不当繁杂无用

邵懿辰曰：“人之心量无穷，而记诵限于其气质，约而易操，则立心尤固。是故《春秋》万七千言，《易》二万四千

余言,《书》二万五千余言,《诗》三万九千余言,十七篇之《礼经》五万六千余言,合十六万余言,势不可以再多,多则不能常存而不灭也。故礼在当时,道器尚不相离,至于后世,文字存焉耳。然则独其道存焉耳,有所以为冠、昏、丧、祭、射、乡、朝、聘,而道岂有遗焉者乎?而尚存乎见少乎?此圣人定十七篇为《礼经》之意也。若夫《周官》太宰、宗伯之所掌,太史、小史之所执所读,小行人之所籍,方策之多,可想而知。虽秉礼之宗国,有不能备。司铎火,子服景伯命出礼书。而哀公使孺悲学士丧礼于孔子,则鲁初无《士丧礼》。执羔、执雁尚不能知,则鲁无《士相见礼》。孔子周流列国,就老聃、苌弘识大识小之徒而访求焉者,但得其大者而已,势不能传而致之,尽以教及门之士。与其失之繁多而终归于废坠,不如择其简要而可垂诸永久也。此《礼经》在孔子时不止十七篇,亦不止五十六篇,而定为十七篇,举要推类而尽其余者,非至当不易之理欤?"锡瑞案:邵氏不尊《周官》,不信逸《礼》,专据十七篇为孔子手定,故谓繁多不如简要。此《礼经》之定论,实亦诸经之通论也。孔子定六经以教万世,必使万世可以通行。上智少而中材多,古今之所同然。若书过于繁多,则惟上智之人能通,而中材之人不能通,不受教者多,而受教者少矣。古无纸墨刊印,漆书竹简尤不能繁。即如邵氏所推合六经十六万余言,传诵已苦不易。凡学务精,不务博;务实,不务名;务简明有用,不务繁杂无用。孔子定六经之旨,曰删正,曰笔削,皆变繁杂为简明之意也。汉人治经,能得此旨,其后乃渐失之。《艺文志》曰:“古之学者耕且养,三年而通一艺,存其大体,玩经文而已。是故用日少而畜德多,三十而五经立也。后世经传既已乖离,博学者又不思多闻阙疑之义,而务碎义逃难,便辞巧说,破坏形体,说五字之文至于二三万言,后进弥以驰逐。故幼童而守一艺,白首而后能言。安其所习,毁所不见,终以自蔽。此学者之大患也。”班氏此言,能括汉一代经学之盛衰,而为万世治经之龟鉴。经学莫盛于西汉,如《禹贡》治河、《洪范》察变、《春秋》决狱、《诗》当谏书,皆简明而有用。至西汉末,此风遂变,乃有若秦恭之三万言说“若稽古”者。章句破碎,繁杂无用,于是古文家起而抵其隙;师说太多,莫知所从,于是郑君出而集其成。及汉亡,而经学遂衰,皆由贪多务博者贻之咎也。今科学尤繁,课程太密,即上智之士,亦不能专力治经。是以大义不明,好新奇者诋毁旧学,至有烧经之说。故作《通论》,粗发大纲,俾学者有从入之途,而无多歧之患。条举群经之旨,冀存一线之遗,观者当谅其苦衷,而恕其僭妄。以教初学,或有裨益。若赡学渊闻之士,固无取乎此也。

春　秋

一、论《春秋》大义在诛讨乱贼，微言在改立法制，孟子之言与《公羊》合，朱子之注深得孟子之旨

《春秋》有大义，有微言。所谓大义者，诛讨乱贼以戒后世是也；所谓微言者，改立法制以致太平是也。此在孟子已明言之，曰："世衰道微，邪说暴行又作，臣弑其君者有之，子弑其父者有之。孔子惧，作《春秋》。《春秋》，天子之事也。是故孔子曰：'知我者，其惟《春秋》乎？罪我者，其惟《春秋》乎？'"赵注："设素王之法，谓天子之事也。"朱注引胡氏曰："罪孔子者，以谓无其位而托二百四十年南面之权。"朱注又曰："仲尼作《春秋》以讨乱贼，则治世之法垂于万世，是亦一治也。"孟子又曰："王者之迹熄而《诗》亡，《诗》亡然后《春秋》作。晋之《乘》，楚之《梼杌》，鲁之《春秋》，一也。其事则齐桓、晋文，其文则史。孔子曰：'其义，则丘窃取之矣。'"赵注："窃取之，以为素王也。"朱

注："此又承上章历叙群圣[1]，因以孔子之事继之，而孔子之事莫大于《春秋》，故特言之。"锡瑞案：孟子说《春秋》，义极闳远。据其说，可见孔子空言垂世，所以为万世师表者，首在《春秋》一书。孟子推孔子作《春秋》之功，可谓天下一治，比之禹抑洪水、周公兼夷狄驱猛兽；又从舜明于庶物，说到孔子作《春秋》，以为其事可继舜、禹、汤、文、武、周公，且置孔子删《诗》《书》、订《礼》《乐》、赞《周易》皆不言，而独举其作《春秋》，可见《春秋》有大义微言，足以治万世之天下，故推尊如此之至。两引孔子之言，尤可据信。是孔子作《春秋》之旨，孔子已自言之；孔子作《春秋》之功，孟子又明著之。孔子惧弑君弑父而作《春秋》，"《春秋》成而乱臣贼子惧"，是《春秋》大义。"天子之事"，"知我、罪我"，"其义窃取"，是《春秋》微言。大义显而易见，微言隐而难明。孔子恐人不知，故不得不自明其旨。"其事则齐桓、晋文"一节，亦见于《公羊》昭十二年传，大同小异，足见孟子《春秋》之学，与《公羊》同一师承，故其表章微言，深得《公羊》之旨。赵岐注《孟子》，两处皆用《公羊》"素王"之说。朱子注引胡《传》，亦与《公羊》"素王"说合。素，空也，谓空设一王之法也，即孟子云"有王者起，必来取法"之意，本非孔子自王，亦非称鲁为王。后人误以此疑《公羊》，《公羊》说实不误。胡《传》曰"无其位而托南面之权"，此与"素王"之说有以异乎？无以异乎？赵岐汉

① "又"，原误作"文"，据朱熹《四书集注》卷八改。

人，其时《公羊》通行，岐引以注《孟子》，固无足怪。若朱子宋人，其时《公羊》久成绝学，朱子非墨守《公羊》者，胡安国《春秋传》，朱子亦不深信，而于此注不能不引胡《传》为说，诚以《孟子》义本如是，不如是则解《孟子》不能通也。后人于《公羊》“素王”之说群怪聚骂，并赵岐注亦多诟病，而朱注引胡《传》则尊信不敢议，岂非知二五而不知十乎？朱子云“孔子之事莫大乎《春秋》”，深得孟子、《公羊》之旨，云“治世之法垂于万世，是亦一治”，亦与《公羊》拨乱功成、太平瑞应相合，人多忽之而不察耳。

二、论《春秋》是作不是抄录，是作经不是作史，杜预以为周公作凡例，陆淳驳之甚明

说《春秋》者，须知《春秋》是孔子作。作是做成一书，不是抄录一过。又须知孔子所作者，是为万世作经，不是为一代作史。经、史体例所以异者，史是据事直书，不立褒贬，是非自见；经是必借褒贬是非，以定制立法，为百王不易之常经。《春秋》是经，《左氏》是史。后人不知经、史之分，以《左氏》之说为《春秋》，而《春秋》之旨晦；又以杜预之说诬《左氏》，而《春秋》之旨愈晦。杜预曰：“《周礼》有史官，掌邦国四方之事，达四方之志。诸侯亦各有国史。大事书之于策，小事简牍而已。《孟子》曰：‘楚谓之《梼杌》，晋谓之《乘》，而鲁谓之《春秋》，其实一也。’韩宣子适鲁，见《易·象》与鲁《春秋》，曰：‘周礼尽在鲁矣。吾乃今

知周公之德与周之所以王。’韩子所见，盖周之旧典礼经也。周德既衰，官失其守，上之人不能使《春秋》昭明，赴告策书，诸所记注，多违旧章。仲尼因鲁史策书成文，考其真伪而志其典礼，上以遵周公之遗制，下以明将来之法。其教之所存，文之所害，则刊而正之，以示劝戒，其余则皆即用旧史。”锡瑞案：杜预引《周礼》、《孟子》，皆不足据。孟子言鲁之《春秋》止有其事、其文而无其义，其义是孔子创立，非鲁《春秋》所有，亦非出自周公。若周公时已有义例，孔子岂得不称周公而攘为己作乎？杜引《孟子》之文不全，盖以其引孔子云云不便于己说，故讳而不言也。《周礼》虽有史官，未言史有凡例。杜预云：“其发凡以言例，皆经国之常制，周公之垂法。”正义曰：“今案《周礼》，竟无凡例。”是孔颖达已疑其说，特以疏不驳注，不得不强为傅会耳。正义又曰：“先儒之说《春秋》者多矣，皆云丘明以意作传，说仲尼之经，凡与不凡无新、旧之例。”据孔说，则杜预以前，如贾逵、服虔诸儒说《左氏》者，亦未尝以凡例为周公作。盖谓丘明既作传，又作凡例，本是一人所作，故无新例、旧例之别也。至杜预，乃专据韩宣疑似之文，尽翻前人成案，以《左氏传》发凡五十为周公旧例，周衰史乱，多违周公之旧，仲尼稍加刊正，余皆仍旧不改，其称书、不书、先书、故书、不言、不称、书曰之类，乃为孔子新例。此杜预自谓创获，苟异先儒，而实大谬不然者也。自孟子至两汉诸儒，皆云孔子作《春秋》，无搀入周公者。及杜预之说出，乃有周公之《春秋》，有孔子之《春秋》；周公之凡例多，孔子之变例少。若此,则周公之功大,孔子之功小。以故唐时学校尊周公为先圣,抑孔子为先师。以生民未有之圣人,不得专享太牢之祭,止可降居配享之列。《春秋》之旨晦,而孔子之道不尊,正由此等谬说启之。据孟子说,孔子作《春秋》是一件绝大事业,大有关系文字。若如杜预经承旧史、史承赴告之说,止是抄录一过,并无褒贬义例,则略识文字之钞胥皆能为之,何必孔子?即曰"据事直书,不虚美,不隐恶",则古来良史如司马迁、班固等亦优为之,何必孔子?孔子何以有"知我罪我"、"其义窃取"之言?孟子何以推尊孔子作《春秋》之功配古帝王,说得如此惊天动地?与其信杜预之说,夺孔子制作之功以归之周公,曷若信孟子之言,尊孔子制作之功以上继周公乎!陆淳《春秋纂例》驳杜预之说曰:"杜预云凡例皆周公之旧典礼经,按其传例云:'弒君称君,君无道也;称臣,臣之罪也。'然则周公先设弒君之义乎?又曰:'大用师曰灭,弗地曰入。'又周公先设相灭之义乎?又云:'诸侯同盟,薨则赴以名。'又是周公令称先君之名以告邻国乎?虽夷狄之人,不应至此也。"案:陆淳所引后一条,即《左氏》所谓礼经、杜预所谓常例。陆驳诘明快,不知杜预何以解之,袒杜预者又何以解之。柳宗元亦曰"杜预谓例为周公之常法,曾不知侵、伐、入、灭之例,周之盛时不应预立其法",与陆氏第二条说同。

三、论董子之学最醇，微言大义存于董子之书，不必惊为非常异义

孟子之后，董子之学最醇。朱子称仲舒为醇儒。然则《春秋》之学，孟子之后，亦当以董子之学为最醇矣。《史记·儒林列传》曰："言《春秋》，于齐、鲁自胡毋生，于赵自董仲舒。董仲舒，广川人也。以治《春秋》，孝景时为博士。汉兴至于五世之间，惟董仲舒名为明于《春秋》，其传公羊氏也。胡毋生，齐人也。孝景时为博士。齐之言《春秋》者，多受胡毋生。公孙弘亦颇受焉。"锡瑞案：太史公未言董子受学何人，而与胡毋同为孝景博士，则年辈必相若。胡毋师公羊寿，董子或亦师公羊寿。何休《解诂序》谓"略依胡毋生《条例》"，疏云："胡毋生以《公羊》经传传授董氏，犹自别作《条例》。"太史公但云公孙弘受胡毋，不云董子亦受胡毋。《汉书·儒林传》于胡毋生云："与董仲舒同业，仲舒著书称其德。"云"同业"，则必非受业。戴宏《序》、郑君《六艺论》，皆无传授之说，未可为据。何氏云依胡毋而不及董，《解诂》与董书义多同，则胡毋、董生之学本属一家。胡毋书不传，而董子《春秋繁露》十七卷尚存。国朝儒臣复以《永乐大典》所存楼钥本详为勘订，凡补一千一百二十一字、删一百二十一字、改定一千八百二十九字，前之讹缺不可读者，今粗得通，圣人之微言大义，得以复明于世。汉人之解说《春秋》者，无有古于是书，而广大精微，比伏生

《大传》、《韩诗外传》尤为切要，未可疑为非常异义而不信也。《太史公自序》："余闻董生曰：周道衰废，孔子为鲁司寇，诸侯害之，大夫壅之。孔子知言之不用、道之不行也，是非二百四十二年之中，以为天下仪表，贬天子，退诸侯，讨大夫，以达王事而已矣。子曰：'我欲载之空言，不如见之行事之深切著明也。'夫《春秋》，上明三王之道，下辨人事之纪，别嫌疑，明是非，定犹豫，善善恶恶，贤贤贱不肖，存亡国，继绝世，补敝起废，王道之大者也。拨乱世反之正，莫近于《春秋》。《春秋》文成数万，其指数千。万物之聚散，皆在《春秋》。《春秋》之中，弑君三十六，亡国五十二，诸侯奔走不得保其社稷者不可胜数，察其所以，皆失其本已。故《易》曰：'失之毫厘，差以千里。'故曰：'臣弑君，子弑父，非一旦一夕之故也，其渐久矣。'故有国者不可以不知《春秋》，前有谗而弗见，后有贼而不知；为人臣者不可以不知《春秋》，守经事而不知其宜，遭变事而不知其权。为人君父而不通于《春秋》之义者[1]，必蒙首恶之名。为人臣子而不通于《春秋》之义者，必陷篡弑之诛、死罪之名。其实皆以为善，为之不知其义，被之空言而不敢辞。夫不通礼义之旨，至于君不君，臣不臣，父不父，子不子。夫君不君则犯，臣不臣则诛，父不父则无道，子不子则不孝。此四行者，天下之大过也。以天下之大过予之，则受而弗敢辞。故《春秋》者，礼义之大宗也。夫礼禁未然之前，法施

① "之义"，原脱，据《史记·太史公自叙》补。

已然之后。法之所为用者易见，而礼之所为禁者难知。”案：太史公述所闻于董生者，微言、大义兼而有之，以礼说《春秋》，尤为人所未发。《春秋》拨乱反正，道在别嫌明微。学者知《春秋》近于法家，不知《春秋》通于礼家；知《春秋》之法可以治已然之乱臣贼子，不知《春秋》之礼足以禁未然之乱臣贼子。自汉以后，有用《春秋》之法，如诛意、如无将，而引经义以断狱者矣，未有用《春秋》之礼，别嫌疑、明是非，而明经义以拨乱者也。若宋孙复《尊王发微》狭隘酷烈，至谓《春秋》有贬无褒，是以《春秋》为司空城旦书，岂知《春秋》者乎！董子尝作《春秋决事》，弟子吕步舒等以《春秋》颛断于外，而其言礼之精如是。是董子之学，当时见之施行者特其粗粗，而其精者并未尝见之施行也。然则世但知汉世《公羊》盛行，究之其盛行者，特酷吏借以济其酷，致后人为《公羊》诟病。董子所谓“礼义之大宗”，汉时已以为迂而不之用矣。董子之学不行，后人并疑其书而不信。试观太史公所述，有一奇辞险语否？何必惊为非常异义乎！

四、论存三统明见董子书，并不始于何休，据其说足知古时二帝三王本无一定

何氏《文谥例》：《春秋》有“五始、三科、九旨、七等、六辅、二类之义”，三科、九旨尤为闳大。《文谥例》：“三科九旨者，新周，故宋，以《春秋》当新王，此一科三旨也；所见异

辞，所闻异辞，所传闻异辞，二科六旨也；内其国而外诸夏，内诸夏而外夷狄，是三科九旨也。”宋氏之注《春秋说》：“三科者，一曰张三世，二曰存三统，三曰异外内，是三科也。九旨者，一曰时，二曰月，三曰日，四曰王，五曰天王，六曰天子，七曰讥，八曰贬，九曰绝。”何氏九旨在三科之内，宋氏九旨在三科之外，其说亦无大异。而三科之义，已见董子之书。《楚庄王》篇曰：“《春秋》分十二世以为三等：有见，有闻，有传闻。有见三世，有闻四世，有传闻五世。故哀、定、昭，君子之所见也；襄、成、宣、文，君子之所闻也；僖、闵、庄、桓、隐，君子之所传闻也。所见六十一年，所闻八十五年，所传闻九十六年。”此张三世之义。《王道》篇曰：“内其国而外诸夏，内诸夏而外夷狄，言自近者始也。”此异外内之义。《三代改制质文》篇曰：“《春秋》应天作新王之事，时正黑统，王鲁，尚黑，绌夏，新周，故宋。”又曰：“《春秋》上绌夏，下存周，以《春秋》当新王。《春秋》当新王者奈何？曰：王者之法必正号，绌王谓之帝，封其后以小国，使奉祀之，下存二王之后以大国，使服其服，行其礼乐，称客而朝。故同时称帝者五，称王者三，所以昭五端，通三统也。是故周人之王，尚推神农为九皇，而改号轩辕，谓之黄帝，因存帝颛顼、帝喾、帝尧之帝号，绌虞，而号舜曰帝舜，录五帝以小国，下存禹之后于杞，存汤之后于宋，以方百里，爵号公，皆使服其服，行其礼乐，称先王客而朝。《春秋》作新王之事，变周之制，当正黑统，而殷、周为王者之后，绌夏，改号禹，谓之帝禹，录其后以小国，故曰：绌夏，存周，以《春秋》当新王。”此存三统之义。锡瑞案：“存三统”尤为世所骇怪，不知此是古时通礼，并非《春秋》创举。以董子书推之，古王者兴，当封前二代子孙以大国，为二王后，并当代之王为三王，又推其前五代为五帝，封其后以小国，又推其前为九皇，封其后为附庸，又其前则为民。殷、周以上皆然。然则有继周而王者，当封殷、周为二王后，改号夏禹为帝。《春秋》托王于鲁，为继周者立法，当封夏之后以小国，故曰绌夏；封周之后为二王后，故曰绌周。此本推迁之次应然。《春秋》“存三统”，实原于古制。逮汉以后，不更循此推迁之次，人但习见周一代之制，遂以五帝、三王为一定之号。于是《尚书大传》“舜乃称王”，解者不得其说；《周礼》先、后郑注引“九皇六十四民”，疏家不能证明。盖古义之湮晦久矣。晋王接，宋苏轼、陈振孙，皆疑“黜周”、“王鲁”《公羊》无明文，以何休为《公羊》罪人。不知存三统明见董子书，并不始于何休。《公羊传》虽无明文，董子与胡毋生同时，其著书在《公羊》初著竹帛之时，必是先师口传大义。据其书，可知古时五帝、三王并无一定，犹亲庙之祧迁。后世古制不行，人遂不得其说。学者试取董书《三代改制质文》篇深思而熟读之，乃知《春秋》损益四代，立一王之法，其制度纤悉具备，诚非空言义理者所能解也。

五、论异外内之义与张三世相通，当竞争之时，尤当讲明《春秋》之旨

三科惟“张三世”之义明见于《公羊传》。隐元年：“公

子益师卒。何以不日？远也。所见异辞，所闻异辞，所传闻异辞。”解诂曰：“所见者，谓昭、定、哀，己与父时事也。所闻者，谓文、宣、成、襄，王父时事也。所传闻者，谓隐、桓、庄、闵、僖，高祖、曾祖时事也。所以三世者，礼，为父母三年，为祖父母期，为曾祖父母齐衰三月。立爱自亲始，故《春秋》据哀录隐，上治祖祢。”与董子书略同，皆以三世为孔子之三世。据此，足知《春秋》是孔子之书。“张三世”之义虽比“存三统”、“异外内”为易解，然非灼知《春秋》是孔子作，必不信“张三世”之义，而《春秋》书法详略远近，皆不得其解矣。“张三世”有二说。颜安乐以为从襄二十一年之后孔子生讫，即为所见之世。《演孔图》云：“文、宣、成、襄，所闻之世也。”颜氏分张一公而使两属[①]，何劭公以为任意。二说小异，而以三世为孔子三世则同。“异外内”之义与“张三世”相通。隐元年解诂曰[②]：“于所传闻之世，见治起于衰乱之中，用心尚粗粗，故内其国而外诸夏，先详内而后治外。于所闻之世，见治升平，内诸夏而外夷狄。至所见之世，著治太平，夷狄进至于爵，天下远近小大若一。”锡瑞案：《春秋》有攘夷之义，有不攘夷之义。以攘夷为《春秋》义者，但见宣十一年晋侯会狄于攒函，解诂有“殊夷狄”之文；成十五年叔孙侨如等会吴于钟离，传有“曷为殊会吴？外吴也”之文。不知宣、成皆所闻世，治近升平，故殊夷狄。若所见世，著治太平，哀四年晋侯执戎曼

① “一”，原误作“二”，据《春秋公羊传注疏》改。

② “年”，原误作“羊”，据文义改。

子赤归于楚，十三年公会晋侯及吴子于黄池，夷狄进至于爵，与诸夏同，无外内之异矣。外内无异，则不必攘；远近小大若一，且不忍攘。圣人心同天地，以天下为一家，中国为一人，必无因其种族不同而有歧视之意。而升平世不能不外夷狄者，其时世界程度尚未进于太平，夷狄亦未进化，引而内之，恐其侵扰。故夫子称齐桓、管仲之功，有"被发左衽"之惧，以其能攘夷狄、救中国而特笔褒予之。然则以《春秋》为攘夷，圣人非无此意，特是升平主义，而非太平主义。言岂一端而已，夫各有所当也。拨乱之世内其国而外诸夏，诸夏非可攘者，而亦必异外内，故董子明言"自近者始"。王化自近及远，由其国而诸夏而夷狄，以渐进于大同。正如由修身而齐家而治国，以渐至平天下。进化有先后，书法有详略，其理本极平常。且春秋时夷狄，非真夷狄也。吴，仲雍之后。越，夏少康之后。楚，文王师鬻熊之后。而姜戎是四岳裔胄，白狄、鲜虞是姬姓。皆非异种异族，特以其先未与会盟，中国摈之，比于戎狄，故《春秋》有七等进退之义。《公羊》庄十三年传曰："州不若国，国不若氏，氏不若人，人不若名，名不若字，字不若子。"疏云："言荆不如言楚，言楚不如言潞氏、甲氏，言潞氏不如言楚人，言楚人不如言介葛卢，言介葛卢不如言邾娄仪父，言邾娄仪父不如言楚子、吴子。"《春秋》设此七等，以进退当时之诸侯。韩文公曰："诸侯用夷礼则夷之，进于中国则中国之。"是中国、夷狄之称，初无一定。宣十二年传曰："不与晋而与楚子为礼也。"《繁露·竹林》篇曰："《春秋》之常辞也，不予夷狄而予中国为礼[①]。至邲之战，偏然反之。晋变而为夷狄，楚变而为君子，故移其辞以从其事。”是进退无常，可见《春秋》立辞之变。定四年传曰：“吴何以称子？夷狄也，而忧中国。”“吴入楚”传曰：“吴何以不称子？反夷狄。”是进退甚速，可见《春秋》立义之精，皆以今之所谓文明、野蛮为褒贬予夺之义。后人不明此旨，徒严种族之辨，于是同异竞争之祸烈矣。盖托于《春秋》义，而实与《春秋》义不甚合也。

六、论《春秋》素王不必说是孔子素王，《春秋》为后王立法，即云为汉制法亦无不可

《公羊》有《春秋》“素王”之义，董、何皆明言之，而后世疑之者，因误以“素王”属孔子。杜预《左传集解序》曰：“说者以仲尼自卫反鲁，修《春秋》，立素王，丘明为素臣。子路欲使门人为臣，孔子以为欺天。而云仲尼素王，丘明素臣，又非通论也。”正义曰：“麟是帝王之瑞，故有素王之说。言孔子自以身为素王，故作《春秋》，立素王之法；丘明自以身为素臣，故为素王作左氏之《传》。汉、魏诸儒，皆为此说。董仲舒对策云：‘孔子作《春秋》，先正王而系以万事，见素王之文焉。’贾逵《春秋序》云：‘孔子览史记，就是非之说，立素王之法。’郑玄《六艺论》云：‘孔子既西狩获

① “而予”，原误作“而与”，据《春秋繁露·竹林》改。

麟，自号素王，为后世受命之君制明王之法。’卢钦《公羊序》云：‘孔子自因鲁史记而修《春秋》，制素王之道。’是先儒皆言孔子立素王也。《孔子家语》称齐太史子余叹美孔子，言‘天其素王之乎’。素，空也，言无位而空王之也。彼子余美孔子之深，原上天之意，故为此言耳，非是孔子自号为素王。先儒盖因此而谬，遂言《春秋》立素王之法；左丘明述仲尼之道，故复以为素臣。其言丘明为素臣，未知谁所说也。”锡瑞案：据杜、孔之说，则《春秋》“素王”非独《公羊》家言之，《左氏》家之贾逵亦言之。至杜预，始疑非通论。杜所疑者是“仲尼素王”，以为孔子自王，此本说者之误。若但云“《春秋》素王”，便无语弊。孔疏所引云“素王之文”、“素王之法”、“素王之道”，皆不得谓非通论。试以孔疏解“素”为“空”解之，何不可通？杜预《序》云“会成王义，垂法将来”，其与“素王立法”之说有以异乎？无以异乎？惟《六艺论》之“自号素王”，颇有可疑。郑君语质，不加别白，不必以辞害意。孔子作《春秋》以讨乱贼，必不自蹈僭妄，此固不待辨者。《释文》于《左传序》“素王”字云：“王，于况反。下‘王鲁’、‘素王’同。”然则“素王”之“王”，古读为“王天下”之“王”，并不解为“王号”之“王”。孔子非自称“素王”，即此可证。若丘明自称“素臣”，尤为无理。丘明尊孔子，称弟子可矣，何必称臣示敬？孔疏亦不知其说所自出，盖《左传》家窃取《公羊》“素王”之说，张大丘明以配孔子，乃造为此言耳。汉人又多言《春秋》为汉制法。《公羊疏》引《春秋说》云：“‘伏羲作八卦，丘合而演其文，渎而出其神，作《春秋》以改乱制。’又云：‘丘水精治法，为赤制功。’又云：‘黑龙生为赤，必告云象使知命[①]。’又云：‘经十有四年春，西狩获麟，赤受命，仓失权，周灭火起，薪采得麟。’以此数文言之，《春秋》为汉制明矣。”据此，则《春秋》为汉制法，说出纬书。何氏《解诂》于哀十四年云：“木绝火王，制作道备。”“血书端门”明引《春秋纬演孔图》，《史晨》、《韩勑》诸碑亦多引之。东平王苍曰：“孔子曰‘行夏之时，乘殷之辂，服周之冕’，为汉制法。”王充《论衡》曰：“夫五经亦汉家之所立，儒生善政大义皆出其中。董仲舒表《春秋》之义，稽合于律，无乖异者。然则《春秋》，汉之经，孔子制作，垂遗于汉。”“孔子曰：‘文王既没，文不在兹乎！’文王之文，传在孔子。孔子为汉制文，传在汉也。”仲任发明《春秋》义甚畅，而史公、董子书未有《春秋》为汉制法之说，故后人不信。欧阳修讥汉儒为狭陋，云：“孔子作《春秋》，岂区区为汉而已哉！”不知《春秋》为后王立法，虽不专为汉，而汉继周后，即谓为汉制法，有何不可？且在汉言汉，推崇当代，不得不然。即如欧阳修生于宋，宋尊孔教，即谓《春秋》为宋制法，亦无不可。今人生于大清，大清尊孔教，即谓《春秋》为清制法，亦无不可。欧阳所见，何拘阂之甚乎！汉尊谶纬，称为内学，郑康成、何劭公生于其时，不能不从时尚。后人议何氏《解诂》不应引《演孔图》之文，试观《左氏》文十三年传“其处者为刘

① “云”，原误作“之”，据《春秋公羊传注疏》改。

氏”,孔疏明云:“《左氏》不显于世,先儒无以自申。刘氏从秦从魏,其源本出刘累。插注此辞,将以媚世。明帝时,贾逵上疏云:‘五经皆无证图谶明刘氏为尧后者,而《左氏》独有明文。’窃谓前世借此以求道通,故后引之以为证耳。”据孔疏,足见汉时风气,不引谶纬不足以尊经。而《左氏》家擅增传文,《公羊》家但存其说于注而未敢增传,相提并论,何氏之罪不比贾逵等犹可末减乎?

七、论《春秋》改制犹今人言变法,损益四代,孔子以告颜渊,其作《春秋》亦即此意

《史记·孔子世家》:“子曰:‘弗乎,弗乎,君子病殁世而名不称焉。吾道不行矣,吾何以自见于后世哉!’乃因史记作《春秋》,上至隐公,下讫哀公十四年,十二公。据鲁,亲周,故殷,运之三代,约其文辞而指博[①]。故吴、楚之君自称王,而《春秋》贬之曰子;践土之会实召周天子,而《春秋》讳之曰‘天王狩于河阳’。推此类以绳当世,贬损之义,后有王者举而开之,《春秋》之义行,则天下乱臣贼子惧焉。孔子在位听讼,文辞有可与人共者,弗独有也。至于为《春秋》,笔则笔,削则削,子夏之徒不能赞一辞。弟子受《春秋》,孔子曰:‘后世知丘者以《春秋》,而罪丘者亦以《春秋》。’”又《自序》引壶遂曰:“孔子之时,上无明君,下

① “文辞”,原倒,据《史记》乙正。

不得任用，故作《春秋》，垂空文以断礼义，当一王之法。”锡瑞案：此二条，史公未明引董生，不知亦董生所传否，而其言皆明白正大。云“据鲁，亲周，故殷”，则知《公羊》家“存三统”之义古矣。云有贬损、有笔削，则知《左氏》家“经承旧史”之义非矣。云“垂空文”、“当一王之法”，则知“素王改制”之义不必疑矣。《春秋》有“素王”之义，本为改法而设。后人疑孔子不应称王，不知“素王”本属《春秋》，《淮南子》以《春秋》当一代。而不属孔子。疑孔子不应改制，不知孔子无改制之权，而不妨为改制之言。所谓改制者，犹今人之言变法耳。法积久而必变。有志之士，世不见用，莫不著书立说，思以其所欲变之法传于后世，望其实行。自周、秦诸子，以及近之船山、亭林、梨洲、桴亭诸公皆然。亭林《日知录》明云“立言不为一时”。船山《黄书》、《噩梦》，读者未尝疑其僭妄，何独于孔子《春秋》反以僭妄疑之？《春秋》变周之文，从殷之质。或疑孔子自言“从周”，何得变周从殷？不知孔子周人，平日行事，必从时王之制，至于著书立说，不妨损益前代。颜子问为邦，子兼取虞、夏、殷、周以答之。此损益四代之明证。郑君解《王制》与《周礼》不合者，率以殷法解之，证以爵三等、岁三田，皆与《公羊》义合。此《春秋》从殷之明证。正如今人生于大清，衣冠、礼节必遵时制；若著书言法政，则不妨出入，或谓宜从古制，或谓宜采西法。圣人制法，虽非后学所敢妄拟，然自来著书者莫不如是，特读者习而不察耳。《春秋》所以必改制者，周末文胜，当救之以质。当时老子、墨子、子桑伯子、棘子成，皆已见及之。《春秋》从殷之质，亦是此意。《檀弓》一篇三言郗娄，与《公羊》齐学同，而言礼多从殷。《中庸》疏引：赵商问："孔子称：'吾学周礼，今用之，吾从周。'《檀弓》云：'今丘也，殷人也。'两楹奠殡、哭师之处，皆所法于殷礼，未必由周，而云'吾从周'者，何也？"答曰："今用之者，鲁与诸侯皆用周之礼法，非专自施于己。在宋冠章甫之冠，在鲁衣逢掖之衣，何必纯用之？"《儒行》疏："案《曲礼》云：'去国三世，唯兴之日，从新国之法。'防叔奔鲁，至孔子五世，应从鲁冠，而犹著殷章甫冠者，以丘为制法之主，故有异于人。所行之事多用殷礼，不与寻常同也。且《曲礼》'从新国之法'，只谓礼仪法用，未必衣服尽从也。"案：郑、孔所言，足解"从殷"之惑。惟衣冠、礼法是一类。冠章甫本周制，故公西华可以相礼。两楹奠殡，哭师于寝，盖当时亦可通行。惟作《春秋》立法以待后王，可自为制法之主耳。谓《春秋》皆本鲁史旧文，孔子何必作《春秋》？谓《春秋》皆用周时旧法，孔子亦何必作《春秋》？

八、论《春秋》为后世立法，惟《公羊》能发明斯义，惟汉人能实行斯义

孔子手定六经，以教后世，非徒欲使后世学者诵习其义，以治一身，并欲后世王者实行其义，以治天下。《春秋》立一王之法，其义尤为显著。而惟《公羊》知《春秋》是素王改制，为能发明斯义；惟汉人知《春秋》为汉定道，为能实

行斯义。姑举数事证之。《公羊》之义:大一统。路温舒曰:“臣闻《春秋》正即位,大一统而慎始也。”《公羊》之义:立子以贵不以长。光武诏曰:“《春秋》立子以贵不以长。东海王阳,皇后之子,宜承大统。”《公羊》之义:子以母贵。公孙瓒罪状袁绍曰:“《春秋》之义,子以母贵。绍母亲为傅婢,无虚退之心。”《公羊》之义:大居正。袁盎曰:“方今汉家法周。周之道不得立弟,当立子。故《春秋》所以非宋公,死不立子而与弟。弟受国死,复反之与兄之子。弟之子争之,以为我当代父,后即刺杀兄子。以故国乱,祸不绝。故《春秋》曰:‘君子大居正。’”《公羊》之义:天子尝娶于纪,故封之百里。《恩泽侯表》:“其余后父据《春秋》褒纪之义。”应劭曰:“《春秋》天子将纳后于纪,纪本子爵也,故先褒为侯,言王者不娶于小国。”《公羊》之义:子尊不加于父母。郑玄《伏后议》:“帝皇后父、屯骑校尉不其亭侯伏完,公庭,完拜如臣礼;及皇后在离宫,拜如子礼。”《公羊》之义:昏礼不称主人,不称母,母不通也。杜邺曰:“礼明三从之义,虽有文母之德,必系于子。《春秋》不书纪侯之母,阴义杀也。”《公羊》之义:褒仪父,贬无骇。李固曰:“《春秋》褒仪父以开义路,贬无骇以闭利门。”《公羊》之义:三公之职号尊名也。翟方进曰:“《春秋》之义,尊上公谓之宰,海内无不统焉。”《公羊》之义:昭公出奔,国当绝。匡衡曰:“《春秋》之义,诸侯不能守其社稷者绝。”《公羊》之义:善善及子孙。成帝封丙吉孙诏曰:“夫善善及子孙,古今之通义也。”《公羊》之义:臣有大丧,则君三年不呼其门。陈忠曰："先圣人缘人情以著其节，制服二十五月。是以《春秋》臣有大丧，三年不呼其门。"《公羊》之义：出竟有可以安社稷、利国家者，专之可也。御史大夫张汤劾徐偃矫制大害，法至死，偃以为："《春秋》之义，大夫出疆，有可以安社稷、存万民，专之可也。"《公羊》之义：讥世卿。乐恢曰："世卿持禄，《春秋》所戒。"《公羊》之义：原情定罪。霍谞曰："《春秋》之义，原情定过，赦事诛意。故许止虽弑君而不罪，赵盾以纵贼而见书。"《公羊》之义：人臣无将。胶西王曰："淮南王安，废法行邪。《春秋》曰：'臣无将，将而诛。'安罪重于将。"《公羊》之义：三年一祫，五年一禘。张纯曰："《春秋传》曰：'大祫者何？合祭也。毁庙及未毁庙之主皆登，合食太祖，五年而再殷。'汉旧制，三年一祫，毁庙主合食高庙，存庙主未尝合祭。元始五年，诸王公、列侯庙会[1]，始为禘祭。"《公羊》之义：未踰年君不书葬。周举曰："北乡立未踰载，年号未改。孔子作《春秋》，王子猛不称崩，鲁子野不书葬。"《公羊》之义：讥逆祀。质帝诏曰："昔定公追正顺祀，《春秋》善之。其令恭陵次康陵，宪陵次恭陵。"《公羊》之义：不书闰。班固以闰九月为后九月。《公羊》之义：怀藏以养微，是月不杀。章帝诏曰："《春秋》于春每月书王者，重三正，慎三微也。律，十二月立春，不以报囚。"《公羊》之义：通三统。刘向曰："王者必通三统，明天命所授者博，非独一姓。"此皆见于两《汉书》

① "庙"，原误作"朝"，据《后汉书·张纯传》改。

者。更以汉碑考之。《巴郡太守张纳碑》云“正始顺元”，用《公羊》“五始”之义。《处士严发残碑》云“盖孔子作《春秋》，褒仪甫以中缺塞利欲之傒”，《成阳令唐扶颂》云“通天三统”，《杨孟文石门颂》云“《春秋》记异”，《安平相孙根碑》云“仲伯拨乱，蔡即“祭”字足谲权”，《卫尉卿衡方碑》云“存亡继绝”，《樊毅修华岳碑》云“世室不修，《春秋》作讥”，《郎中郭君碑》云“为人后者为之子”，皆本《公羊》。足见汉时《公羊》通行，故能知孔子作《春秋》为后世立法之义，非止用之以决狱也。胡安国曰：“武、宣之世，时君信重其书，学士大夫诵说，用以断狱决事。虽万目未张，而大纲克正，过于春秋之时，其效亦可见矣。”

九、论《穀梁》在春秋之后，曾见《公羊》之书，所谓“一传”即《公羊传》

郑君《释废疾》曰：“孔子虽有圣德，不敢显然改先王之法[①]，以教授于世；若其所欲改，其阴书于纬，藏之以传后王。《穀梁》‘四时田’者，近孔子故也。《公羊》正当六国之亡，谶纬见，读而传为‘三时田’。作传有先后，虽异，不足以断《穀梁》也。”郑君言《春秋》改制之义极精，故郑云“《公羊》善于谶”，而以《公羊》之出在《穀梁》后，则未知所据。《释文·序录》云：公羊高受之于子夏，穀梁赤乃后

① “王”，原误作“生”，据《释废疾》改。

代传闻。陈澧曰："《释文·序录》之言是也。庄二年'公子庆父帅师伐于余丘'，《公羊》云：'邾娄之邑也，曷为不系乎邾娄？国之也。曷为国之？君存焉尔。'《穀梁》云：'公子贵矣，师重矣，而敌人之邑，公子病矣。其一曰：君在而重之也。'刘原父《权衡》云：'此似晚见《公羊》之说而附益之。'隐二年'无骇帅师入极'，八年'无骇卒'，《穀梁传》皆两说，刘氏亦以为穀梁见《公羊》之书而窃附益之。澧案：更有可证者。文十二年'子叔姬卒'，《公羊》云：'此未适人，何以卒？许嫁矣。'《穀梁》云：'其曰子叔姬，贵也，公之母姊妹也。其一传曰：许嫁以卒之也。'此所谓'其一传'，明是《公羊传》矣。宣十五年'初税亩。冬，蝝生'，《穀梁》云：'蝝非灾也。其曰蝝，非税亩之灾也。'此《穀梁》驳《公羊》之说也。《公羊》以为宣公税亩，应是而有天灾。《穀梁》以为不然，故曰'非灾也'，驳其以为天灾也。又云'其曰蝝，非税亩之灾也'，驳其以为应税亩而有此灾。其在《公羊》之后，更无疑矣。《公羊》、《穀梁》二传同者，隐公不书即位，《公羊》云'成公意'，《穀梁》云'成公志'；郑伯克段于鄢，皆云'杀之'。如此者，不可枚举矣。僖十七年'夏，灭项'，《公羊》云：'孰灭之？齐灭之。曷为不言齐灭之？《春秋》为贤者讳。此灭人之国，何贤尔？君子恶恶也疾始，善善也乐终。桓公尝有继绝存亡之功，故君子为之讳也。'《穀梁》云：'孰灭之？桓公也。何以不言桓公也？为贤者讳也。既灭人之国矣，何贤乎？君子恶恶疾其始，善善乐其终。桓公尝有存亡继绝之功，故君子为之讳也。'此更句句相同,盖《穀梁》以《公羊》之说为是而录取之也。《穀梁》在《公羊》之后,研究《公羊》之说,或取之,或不取,或驳之,或与己说兼存之。其传较《公羊》为平正者,以此也。"锡瑞案:以《穀梁》晚出,曾见《公羊》之书,刘原父已言之,陈氏推衍尤晰。治《穀梁》者必谓《穀梁》早出,观此可以悟矣。晁说之曰:"《穀梁》晚出于汉,因得监省《左氏》、《公羊》之违畔而正之。至其精深远大者,真得子夏之所传。范氏又因诸儒而博辨之,申《穀梁》之志也,其于是非亦少公矣。非若征南一切申传,汲汲然不敢异同也。"晁氏以为《穀梁》监省《左氏》、《公羊》,与陈氏所见同,不知陈氏见晁说否。晁以范氏是非为公,则宋重通学,不守专门之见也。

十、论《公羊》、《穀梁》二传当为传其学者所作,《左氏传》亦当以此解之

子夏传公羊高,至四世孙寿,乃著竹帛。戴宏所言,当得其实。穀梁则有数说,且有四名。桓谭《新论》云:"《左氏》传世后百余年,鲁人穀梁赤为《春秋》,残亡多所遗失。"应劭《风俗通》云:"穀梁子名赤,子夏弟子。"麋信则以为秦孝公同时人。阮孝绪则以为名俶,字元始。《汉书·艺文志》颜注云名喜,而《论衡·案书》篇又云穀梁寘。岂一人有四名乎?抑如《公羊》之祖孙父子相传,非一人乎?名赤见《新论》,为最先,故后人多从之。而据《新论》,后《左氏》百馀年,年代不能与子夏相接,而与秦孝公

同时颇合。《四库提要》曰:“其传,则士勋疏称‘穀梁子名俶,字元始,一名赤。受经于子夏,为经作传’,则当为穀梁子所自作。徐彦《公羊传疏》又称:公羊高五世相授,至胡毋生乃著竹帛,题其亲师,故曰《公羊传》。《穀梁》亦是著竹帛者题其亲师,故曰《穀梁传》,则当为传其学者所作。案《公羊传》‘定公即位’一条引‘子沈子曰’,何休解诂以为后师。此传‘定公即位’一条,亦称‘沈子曰’。公羊、穀梁既同师子夏,不应及见后师。又‘初献六羽’一条,称‘穀梁子曰’。《传》既穀梁自作,不应自引己说。且此条又引‘尸子曰’,尸佼为商鞅之师,鞅既诛,佼逃于蜀,其人亦在穀梁后,不应预为引据。疑徐彦之言为得其实,但谁著于竹帛,则不可考耳。”锡瑞案:杨《疏》云穀梁传孙卿。孙卿去子夏甚远,穀梁如受经于子夏,不得亲传孙卿,以《传》为传其学者所作,极是。非独《公》、《穀》二传,即《左氏传》亦当以此解之。故其《传》有后人附益,且及左氏后事。若必以为左氏自作,反为后人所疑。赵匡、郑樵遂以为左氏非丘明,是六国时人矣。朱子亦云:“左氏不必解是丘明,《公》、《穀》传大概皆同,所以林黄中说只是一人。只是看他文字,疑若非一手者。”罗璧《识遗》云:“公羊、穀梁,自高、赤作《传》外,更不见有此姓。万见春谓皆姜字切韵脚,疑为姜姓假托。”案:邾娄为邹、勃鞮为披之类,两音虽可合为一字,《越绝书》云“以口为姓,承之以天”。朱子注《楚词》,自署邹䜣。古人著书,亦有自隐其姓名者,而二子为经作传,要不应自隐其姓。至谓公羊、穀梁,高、赤外不见有此姓，则尤不然。《礼记·檀弓》明云"凿巾以饭[1]，公羊贾为之也"，何得谓公羊高外不见公羊姓乎？疑"公羊贾"即《论语》之"公明贾"，"公羊高"即《孟子》之"公明高"。高，曾子弟子，亦可从子夏受经。古读"明"如"芒"，《诗》以"我齐明"与"我牺羊"为韵，"明"、"羊"音近，或亦可通。是说虽未见其必然，而据《礼记》，明明有姓公羊者矣。《汉书·古今人表》有公羊、穀梁，列四等，必实有其人可知。近人又疑"公羊"、"穀梁"皆"卜商"转音，更无所据。

十一、论《穀梁》废兴及三《传》分别

《史记·儒林传》曰："瑕丘江生为《穀梁春秋》。自公孙弘得用，尝集比其义，卒用董仲舒。"《汉书·儒林传》曰："瑕丘江公受《穀梁春秋》及《诗》于鲁申公，传子至孙，为博士。武帝时，江公与董仲舒并。仲舒通五经，能持论，善属文。江公讷于口，上使与仲舒议，不如仲舒。而丞相公孙弘本为《公羊》学，比辑其议，卒用董生。于是上因尊《公羊》家，诏太子受《公羊春秋》，由是《公羊》大兴。太子既通，复私问《穀梁》而善之。其后浸微。宣帝即位，闻卫太子好《穀梁春秋》，以问丞相韦贤、长信少府夏侯胜及侍中乐陵侯史高，皆鲁人也，言穀梁子本鲁学，公羊氏乃齐学也，宜兴《穀梁》。由是《穀梁》之学大盛。"故范宁论之曰：

---

① 按，本句实见于《礼记·杂记下》。

“废兴由于好恶，盛衰继于辩讷。”是汉时不独《左氏》与《公羊》争胜，《穀梁》亦尝与《公羊》争胜。武帝好《公羊》，而《公羊》之学大兴；宣帝好《穀梁》，而《穀梁》之学大盛，非奉朝廷之意旨乎？公孙弘齐人，而袒齐学之《公羊》；韦贤鲁人，而袒鲁学之《穀梁》，非出乡曲之私见乎？据《汉书》，江公传子至孙为博士，周庆、丁姓皆为博士，申章昌亦为博士。赞曰“孝宣世复立《穀梁春秋》”，则《穀梁》在前汉尝立学官，有博士。而后汉十四博士止有《公羊》严、颜二家，而无《穀梁》，则《穀梁》虽暂立于宣帝时，至后汉仍不立，犹《左氏》虽暂立于平帝与光武时，至其后仍不立也。《后汉·贾逵传》云：“建初八年，乃诏诸儒各选高才生，受《左氏》、《穀梁春秋》、古文《尚书》、《毛诗》，由是四经遂行于世。”此四经虽行于世，而不立学，观《左氏》、《毛诗》、古文《尚书》终汉世不立学，《穀梁春秋》可知。熹平石经止有《公羊》，无《穀梁》。然则《穀梁》虽暂盛于宣帝之时，而汉以前盛行《公羊》，汉以后盛行《左氏》。盖《穀梁》之义不及《公羊》之大，事不及《左氏》之详，故虽监省《左氏》、《公羊》，立说较二家为平正，卒不能与二家鼎立。郑樵曰：“《儒林传》学《公羊》者凡九家，而以《穀梁》名家独无其人。”此所谓师说久微也。无论瑕丘江公，即尹、胡、申、章、房氏之学，今亦无有存者。仅存者惟范氏《集解》，而《集解》所引亦惟同时江、徐及兄弟子侄诸人。古义沦亡，无可探索，求如《公羊》大师董子犹传《繁露》一书、胡毋生《条例》犹存于《解诂》者，渺不可得。今其条理略可寻者，时、月、日例而已。综而论之，《春秋》有大义，有微言，大义在诛乱臣贼子，微言在为后王立法。惟《公羊》兼传大义、微言。《穀梁》不传微言，但传大义。《左氏》并不传义，特以记事详赡，有可以证《春秋》之义者。故三《传》并行不废，特为斟酌分别，学者可审所择从矣。

十二、论《春秋》兼采三《传》、不主一家始于范宁，而实始于郑君

何休《解诂》专主《公羊》，杜预《集解》独宗《左氏》，虽义有拘窒，必曲为解说，盖专门之学如是。惟范宁范字武子，其名当为"宁武子"之"宁"。《穀梁集解》，于三《传》皆加贬辞，曰："《左氏》以鬻拳兵谏为爱君，文公纳币为用礼。《穀梁》以卫辄拒父为尊祖，不纳子纠为内恶。《公羊》以祭仲废君为行权，妾母称夫人为合正。以兵谏为爱君，是人主可得而胁也。以纳币为用礼，是居丧可得而婚也。以拒父为尊祖，是为子可得而叛也。以不纳子纠为内恶，是仇雠可得而容也。以废君为行权，是神器可得而窥也。以妾母为夫人，是嫡庶可得而齐也。若此之类，伤教害义，不可强通者也。"又曰："《左氏》艳而富，其失也巫。《穀梁》清而婉，其失也短。《公羊》辨而裁，其失也俗。"锡瑞案：范氏兼采三《传》，不主一家，开唐啖、赵、陆之先声，异汉儒专门之学派。盖经学至此一变，而其变非自范氏始。郑君从第五元先习《公羊》，其解礼多主《公羊》说，而《针膏》、

《起废》兼主《左氏》、《穀梁》，尝云“《左氏》善于礼，《公羊》善于谶，《穀梁》善于经”，已为兼采三《传》之嚆矢。盖解礼兼采三《礼》，始于郑君；解《春秋》兼采三《传》，亦始于郑君矣。晋荀崧曰：“孔子作《春秋》，左丘明、子夏造膝亲受，此用刘歆之说。无不精究。丘明撰所闻为传，其书善礼，多膏腴美辞，张本继末，以发明经意，信多奇伟。儒者称公羊高亲受子夏，立于汉朝，辞义清俊，断决明审，多可采用，董仲舒之所善也。穀梁赤师徒相传，暂立于汉。以为“暂立”，最是。时刘向父子犹执一家，莫肯相从。其书文清义约，诸所发明，或《左氏》、《公羊》所不载，亦足订正。是以三《传》并行。”荀崧在东晋初请立《公羊》、《穀梁》博士，观其持论，三《传》并重，亦在范氏之前。范氏并诋三《传》乖违，惟《左氏》兵谏、丧娶二条，何氏《膏肓》已先斥之，诚为伤教害义，不可强通。若《穀梁》以卫辄拒父为尊祖，是尊无二上之义；以不纳子纠为内恶，是敌怨不在后嗣之义，皆非不可通者。范解《穀梁》不以为是，故于《序》先及之。《公羊》以祭仲废君为行权，乃《春秋》借事明义之旨。祭仲未必知权，而借以为行权之义。仲废君由迫胁，并非谋篡。范以为窥神器，未免深文。妾母称夫人为合正，《春秋》质家，本有“母以子贵”之义，董子《繁露·三代改制质文》篇言之甚明。范氏主《穀梁》妾母不得称夫人，义虽正大，然是文家义，不合于《春秋》质家。刘逢禄治《公羊》，乃于此条必从《穀梁》，以汩《公羊》之义，是犹未曙于质家、文家之别也。

十三、论《春秋》借事明义之旨，止是借当时之事做一样子，其事之合与不合、备与不备，本所不计

借事明义是一部《春秋》大旨，非止祭仲一事。不明此旨，《春秋》必不能解。董子曰："孔子知时之不用、道之不行也，是非二百四十二年之中，以为天下仪表，贬天子，退诸侯，讨大夫，以达王事而已矣。曰：'我欲载之空言，不如见之行事之深切著明也。'"锡瑞案：董子引孔子之言，与孟子引孔子之言，皆《春秋》之要旨，极可信据。"载之空言，不如见之行事"，后人亦多称述，而未必人人能解。《春秋》一书亦止是载之空言，如何说是见之行事？即后世能实行《春秋》之法，见之行事，亦非孔子之所及见，何以见其深切著明？此二语看似寻常之言，有令人百思而不得其解者，必明于《公羊》借事明义之旨，方能解之。盖所谓"见之行事"，谓托二百四十二年之行事，以明褒贬之义也。孔子知道不行而作《春秋》，斟酌损益，立一王之法以待后世，然不能实指其用法之处，则其意不可见。即专著一书，说明立法之意如何，变法之意如何，仍是托之空言，不如见之行事，使人易晓。犹今之《大清律》，必引旧案以为比例，然后办案乃有把握。故不得不借当时之事，以明褒贬之义，即褒贬之义，以为后来之法，如：鲁隐非真能让国也，而《春秋》借鲁隐之事，以明让国之义；祭仲非真能知权也，而《春秋》借祭仲之事，以明知权之义；齐襄非真能复仇也，而《春秋》借

齐襄之事，以明复仇之义；宋襄非真能仁义行师也，而《春秋》借宋襄之事，以明仁义行师之义。所谓“见之行事，深切著明”，孔子之意盖是如此。故其所托之义，与其本事不必尽合，孔子特欲借之以明其作《春秋》之义，使后之读《春秋》者，晓然知其大义所存，较之徒托空言而未能征实者，不益深切而著明乎？三《传》惟《公羊》家能明此旨，昧者乃执《左氏》之事，以驳《公羊》之义，谓其所称祭仲、齐襄之类如何与事不合。不知孔子并非不见国史，其所以特笔褒之者，止是借当时之事做一样子，其事之合与不合、备与不备，本所不计。孔子是为万世作经而立法以垂教，非为一代作史而纪实以征信也。董子曰：“《春秋》文成数万，其旨数千。”张晏曰“《春秋》万八千字”，李仁甫曰“细数之，尚减一千四百二十八字”，与王氏《学林》云万六千五百馀字合。夫以二百四十二年之事，止一万六千馀字。计当时列国赴告，鲁史著录，必十倍于《春秋》所书。孔子笔削，不过十取其一，盖惟取其事之足以明义者笔之于书，以为后世立法，其余皆削去不录。或事见于前者，即不录于后；或事见于此者，即不录于彼。以故一年之中寥寥数事，或大事而不载，或细事而详书，学者多以为疑，但知借事明义之旨，斯可以无疑矣。

十四、论三统、三世是借事明义，黜周、王鲁亦是借事明义

《春秋》借事明义，且非独祭仲数事而已也。“存三

统”、“张三世”，亦当以借事明义解之，然后可通。隐公非受命王，而《春秋》于隐公托始，即借之以为受命王。哀公非太平世，而《春秋》于哀公告终，即借之以为太平世。故论春秋时世之渐衰：春秋初年，王迹犹存，及其中叶，已不逮春秋之初，至于定、哀，骎骎乎流入战国矣。而论《春秋》三世之大义：《春秋》始于拨乱，即借隐、桓、庄、闵、僖为拨乱世；中于升平，即借文、宣、成、襄为升平世；终于太平，即借昭、定、哀为太平世。世愈乱，而《春秋》之文愈治，其义与时事正相反。盖《春秋》本据乱而作，孔子欲明驯致太平之义，故借十二公之行事，为进化之程度，以示后人治拨乱之世应如何，治升平之世应如何，治太平之世应如何，义本假借，与事不相比附。《公羊疏》于注“至所见之世，著治太平”云：“当尔之时，实非太平，但《春秋》之义，若治之太平于昭、定、哀也，犹如文、宣、成、襄之世实非升平，但《春秋》之义而见治之升平然。”《疏》之解此亦甚明矣，昧者乃引当时之事，讥其不合。不知孔子生于昭、定、哀世，岂不知其为治为乱？《公羊》家明云“世愈乱而《春秋》之文愈治”，亦非不知其为治为乱也。孟子以《春秋》成为天下一治。“黜周”、“王鲁”，亦是假借。《公羊疏》引：“问曰：《公羊》以鲁隐公为受命王，黜周为二王后。案《长义》云：‘名不正则言不顺，言不顺则事不成。今隐公人臣而虚称以王，周天子见在上而黜公侯，是非正名而言顺也。’答曰：《春秋》借位于鲁，以托王义。隐公之爵不进称王，周王之号不退为公，何以为不正名？何以为不顺言乎？”贾逵所疑，

《疏》已解之。《左传疏》引刘炫难何氏云："新王受命，正朔必改，是鲁得称元，亦应改其正朔，仍用周正，何也？即托王于鲁，则是不事文王，仍奉王正，何也？诸侯改元，自是常法，而云托王改元，是妄说也。"锡瑞案：刘炫习见后世诸侯改元之事，不知何氏明言"惟王者改元立号"，《春秋》王鲁，故得改元。托王非真，故虽得改元，不得改正朔。此等疑义，皆甚易解。后之疑《公羊》与董、何者，大率皆如贾逵、刘炫之说，不知义本假托，而误执为实事，是以所见拘滞。刘逢禄《释三科例》曰："且《春秋》之托王至广，称号名义仍系于周，挫强扶弱常系于二伯，何尝真黜周哉！郊禘之事，《春秋》可以垂法，而鲁之僭则大恶也。就十二公论之，桓、宣之弑君宜诛，昭之出奔宜绝，定之盗国宜绝，隐之获归宜绝，庄之通仇、外淫宜绝，闵之见弑宜绝，僖之僭王礼、纵季姬、祸鄫子，文之逆祀、丧娶、不奉朔，成、襄之盗天牲，哀之获诸侯、虚中国以事强吴，虽非诛绝，不免于《春秋》之贬黜者多矣，何尝真王鲁哉！"刘氏谓"黜周"、"王鲁"非真，正明其为假借之义。陈澧乃诋之曰："言黜周、王鲁非真，然则《春秋》作伪欤？"不知为假借，而疑为作伪。盖《春秋》是专门之学，陈氏于《春秋》非专门，不足以知圣人微言也。

十五、论《春秋》有现世主义，有未来主义，义在尊王攘夷，而不尽在尊王攘夷

董子曰"其旨数千"，即孟子所引"其义则丘窃取"者。

以《春秋》万六千馀字，而其旨以千数，则必有两义并行而不相悖、二意兼用而适相成者，自非专门之学，则但见其显而不见其隐，知其浅而不知其深。圣人之书，广大精微，仁者见仁，知者见知，得其一解，已足立义，亦无背于圣人之旨也。特患习于所见而蔽所不见，但见其义之显而浅者，而于其义之隐而深者素所不解，遂诳而不信，或嗔目扼腕以争之，则所得者少，而所失者多矣。《春秋》之义旨，既如此之多，必非据事直书，而论者以为止于据事直书；且必非止惩恶劝善，而论者以为止于惩恶劝善。微言大义既已暗而不章，宋儒孙复、胡安国之徒，其解《春秋》又专言尊王攘夷。不知《春秋》有“尊王”之义，而义不止于“尊王”；有“攘夷”之义，而义不止于“攘夷”。既言“尊王”，又有“黜周”、“王鲁”之义，似相反矣，而《春秋》为后王立法，必不专崇当代之王，似相反，实非相反也。既言“攘夷”矣，又有“夷狄进至于爵”之义，似相反矣，而圣人欲天下大同，必渐推渐广，远近若一，似相反，亦非相反也。成元年“王师败绩于贸戎”，《公羊传》曰：“王者无敌，莫敢当也。”疏云：“《春秋》之义，托鲁为王，而使旧王无敌者，见任为王，宁可会夺？正可时时内鲁见义而已。”陈澧遂据此传，谓：“既以周为王者无敌，必无黜周、王鲁之说。此疏正可以驳黜周之说。”不知疏明言《春秋》王鲁，不夺旧王，是《春秋》“尊王”之义与“王鲁”之义本可并行不悖也。僖四年“楚屈完来盟于师，盟于召陵”，《公羊传》曰：“南夷与北狄交，中国不绝若线。桓公救中国而攘夷狄，卒帖荆，以此为王者之事。”解诂曰:“言桓公先治其国以及诸夏,治诸夏以及夷狄,如王者为之,故云尔。”后人多据此传,以为《春秋》“攘夷”之证。不知解诂明言“桓公先治其国以及诸夏,治诸夏以及夷狄”,僖公当所传闻世而渐近于所闻,故有合于《春秋》“内其国而外诸夏,内诸夏而外夷狄”之义。若至所见世,夷无可攘。是《春秋》“攘夷”之义与“夷狄进至于爵”之义,本是两意相成也。综而言之,有现世主义,有未来主义。圣人作《春秋》,因王灵不振,夷狄交横,尊王攘夷,是现世主义,不得不然者也。而王灵不振,不得不为后王立法;夷狄交横,不能不思用夏变夷。为后王立法,非可托之子虚乌有,故托王于鲁以见义;思用夏变夷,非可限以种族不同,故进至于爵而后止。此未来主义,亦不得不然者也。《春秋》兼此二义,惟《公羊》、董、何能发明。今为一语道破,亦实寻常易解,并无非常异义可怪之论。而不治《公羊》,则但知其一,不知其二,即寻常之义,亦骇怪以为非常矣。

十六、论孔子成《春秋》不能使后世无乱臣贼子,而能使乱臣贼子不能无惧

或曰:孟子言“孔子成《春秋》,而乱臣贼子惧”,何以《春秋》之后,乱臣贼子不绝于世?然则孔子作《春秋》之功安在?孟子之言殆不足信乎?曰:孔子成《春秋》,不能使后世无乱臣贼子,而能使乱臣贼子不能全无所惧。自

《春秋》大义昭著，人人有一《春秋》之义在其胸中，皆知乱臣贼子人人得而诛之。虽极凶悖之徒，亦有魂梦不安之隐；虽极巧辞饰说，以为涂人耳目之计，而耳目仍不能涂。邪说虽横，不足以蔽《春秋》大义。乱贼既惧当时义士声罪致讨，又惧后世史官据事直书。如王莽者，多方掩饰，穷极诈伪，以盖其篡弑者也。如曹丕、司马炎者，妄托禅让，褒封先代，篡而未敢弑者也。如萧衍者，已行篡弑，旋知愧憾，深悔为人所误者也。如朱温者，公行篡弑，犹畏人言，归罪于人以自解者也。他如王敦、桓温谋篡多年，而至死不敢；曹操、司马懿及身不篡，而留待子孙。凡此等固由人有天良，未尽泯灭，亦由《春秋》之义深入人心，故或迟之久而后发，或迟之又久而卒不敢发。即或冒然一逞，犯天下之不韪，终不能坦怀而自安，如萧衍见吴均作史，书其助萧道成篡逆，遂怒而摈吴均；燕王棣使方孝孺草诏，孝孺大书"燕贼篡位"，遂怒而族灭孝孺。其怒也，即其惧也。盖虽不惧国法，而不能不惧公论也。或曰：桓温尝言"不能流芳百世，亦当贻臭万年"，彼自甘贻臭者，又岂能惧清议？曰：桓温虽有此言，亦止敢行废立，而未敢行篡弑，正由惧清议之故。且彼自知"贻臭"，则已有清议在其心矣，安能晏然不一动乎？是非曲直，世之公理。独臣子于君父，不得计是非曲直，所谓"天下无不是的父母"。《春秋》弑君三十六，而弑父者三：文二年楚世子商臣弑其君頵，襄三十年蔡世子般弑其君固，昭十九年许世子止弑其君买。被弑三人，皆兼君父。许止进药而药杀，非真弑者，而《春秋》以弑书。蔡侯淫而不父，祸由自取，楚子轻于废立，机泄致祸，《春秋》亦以弑书。盖君父虽有过愆，臣子无可解免。以此推之，臣子之于君父，不当论是非曲直，亦不当分别有道、无道。臣子既犯弑逆之罪，即人伦之大变，天理所不容。虽其人有恩惠于民，有功劳于国，亦不当称道其小善，而纵舍其大恶。春秋时如齐之陈氏，未尝无恩惠于民；晋之赵盾，亦未尝无功劳于国，而经一概书弑，不使乱臣贼子有所借口。正如后世曹操、刘裕之类，有功于国，有德于民，而论者不为末减也。至于但书弑君，而不书弑君为何人，盖由所据旧史未有明文，圣人以为既无主名，自难擅入人罪，虽有传闻，未可据以增加，不若阙之为愈。此正"罪疑惟轻"与"不知盖阙"之义。若"弑君称君，君无道"之例，与《春秋》大义反对，必非圣人作经之旨。杜预奸言诬圣，先儒已加驳正，学者不当更扬其波，使邪说诬民，充塞仁义也。

十七、论《春秋》一字褒贬之义，宅心恕而立法严

《春秋》大义在讨乱贼，则《春秋》必褒忠义。经曰："宋督弑其君与夷，及其大夫孔父。""宋万弑其君捷，及其大夫仇牧。""晋里克弑其君卓，及其大夫荀息。"三大夫皆书"及"，褒其皆殉君难。《公羊传》曰："何贤乎孔父？孔父可谓义形于色矣。""何贤乎仇牧？仇牧可谓不畏强御矣。""何贤乎荀息？荀息可谓不食其言矣。"《春秋》同一

书法，《公羊》同一褒辞，足以发明大义。《左氏》序事之书，本不传义，故不加褒，亦不加贬，惟荀息引“君子曰：斯言之玷”，语含讥刺。此林黄中所以谓《左传》“君子曰”是刘歆增入也。杜预乃有“书名罪之”之例，《释例》曰：“孔父为国政则取怨于民，治其家则无闺阃之教，身先见杀，祸遂及君，既无所善。仇牧不警而遇贼，又死无忠事。晋之荀息，期欲复言，本无大节。先儒皆随加善例，又为不安。”孔疏曰：“《公羊》、《穀梁》及先儒皆以善孔父而书字。知不然者，案‘宋人杀其大夫司马’，传称握节以死，故书其官。又‘宋人杀其大夫’，传以为无罪，不书名。今孔父之死，传无善事。故杜氏之意，以父为名，言若齐侯禄父、宋公兹父之等。”锡瑞案：大夫“书名罪之”之例，本不可信，且《左氏》明云“孔父嘉为司马”，是其名嘉甚明。古人名嘉字孔，郑公子嘉字子孔可证。“父”通“甫”，汉碑称“孔甫”、“宋甫”可证。甫者，男子之美称，岂有以“父”与“甫”为名者乎？禄父、兹父非单名父，不称齐侯父、宋公父也。颖达曲徇杜预而毒詈其远祖，岂自忘其为孔氏子孙乎？杜、孔之解《春秋》如此等处，不谓之邪说不可也。陈澧谓：“孔《疏》覼缕数百言，尤所谓锻炼深文，不知孔颖达何以恶其先世孔父至于如此。”锡瑞案：圣人之作《春秋》，其善善也长，其恶恶也短，有一字之褒贬。三大夫之书“及”，所谓一字之褒。弑君之臣一概书“弑”，所谓一字之贬。圣人以为其人甘于殉君，即是大忠，虽有小过，如《左氏》所书孔父、荀息之事。可不必究；其人忍于弑君，即是大恶，虽有小功，如

《左氏》所书赵盾之事。亦不足道。盖宅心甚恕，而立法甚严也。《春秋》之法，弑君者于经不复见，以为其人本应伏诛，虽未伏诛，而削其名不再见经，即与已伏诛等。赵盾弑君所以复见者，以其罪在不讨贼，与亲弑者稍有分别。《春秋》之法，弑君贼不讨不书葬，以为君父之仇未报，不瞑目于地下，虽葬与不葬等。许止弑君未讨而君书葬，以其罪在误用药，与亲弑者稍有分别。是亦立法严而宅心恕也。欧阳修谓赵盾弑君，必不止不讨贼，许止弑君，必不止不尝药，以三《传》为皆不足信。不知如三《传》之说，于赵盾见忠臣之至，于许止见孝子之至，未尝不情真罪当；"臣弑君，凡在官者杀无赦。子弑父，凡在宫者杀无赦"，未尝不词严义正，而欧阳修等必不信传。孙复曰："称国以弑者，国之人皆不赦也。"然则有王者作，将比一国之人而诛之乎？虽欲严《春秋》诛乱贼之防，而未免过当矣。

十八、论《春秋》书灾异，不书祥瑞，《左氏》、《公羊》好言占验，皆非大义所关

胡安国《进〈春秋传〉表》曰："仲尼制《春秋》之义，见诸行事，垂训方来。虽祖述宪章，上循尧、舜、文、武之道，而改法创制[①]，不袭虞、夏、商、周之迹。盖'洪水滔天，下民昏垫'，与'《箫韶》九成，百兽率舞'，并载于《虞书》；'大

① "制"，原误作"治"，据《春秋胡传》卷首《进表》改。

木斯拔’与‘嘉禾合颖’，‘鄙我周邦’与‘六服承德’，同垂乎周史。此上世帝王纪事之例。至《春秋》，则凡庆瑞之符，礼文常事，皆削而不书，而灾异之变，政事阙失，则悉书之，以示后世，使鉴观天人之理，有恐惧祗肃之意。乃史外传心之要典，于以反身，日加修省，及其既久，积善成德，上下与天地同流，自家刑国，措之天下，则麟凤在郊，龟龙游沼，其道亦可驯致之也。故始于隐公，终于获麟，而以天道终焉，比于《关雎》之应，而能事毕矣。”锡瑞案：胡氏此论，深得《春秋》改制驯致太平之义。《春秋》书灾异，不书祥瑞，圣人盖有深意存焉。绝笔获麟，《公羊》以为受命制作，有反袂拭面、称吾道穷之事，则是灾异，并非祥瑞。若以麟至为太平瑞应，比于《麟趾》之应《关雎》，则又别是一义。胡氏引此以责难于君，非前后矛盾也。《困学纪闻》曰：“《春秋》三书孛，文十四年、昭十七年、哀十三年。而昭十七年有星孛于大辰，申须曰：‘彗所以除旧布新也。’《史记·天官书》刘更生封事云《春秋》彗星三见，则彗、孛一也。《晏子春秋》齐景公睹彗星，使伯常骞禳之，晏子曰：‘孛又将出，彗星之出，庸何惧乎？’则孛之为变，甚于彗矣。星孛东方，哀十三年冬。在于越入吴之后。十三年夏。彗见西方，在卫鞅入秦之前。天之示人著矣。齐桓之将兴也，恒星不见，星霣如雨。晋文之将兴也，沙鹿崩。自是诸侯无王矣。晋三大夫之命为侯也，九鼎震。自是大夫无君矣。故董子曰：‘天人相与之际，甚可畏也。’”又曰：“‘八世之后’，庄二十二年。其田氏篡齐之后之言乎？‘公侯子孙，必复其始’，闵元年。其三卿分晋之后之言乎?‘其处者为刘氏’,文十三年。其汉儒欲立《左氏》者所附益乎?皆非《左氏》之旧也。新都之篡,以沙鹿崩为祥。释氏之炽,以恒星不见为证。盖有作俑者矣。”案:此亦得《春秋》书灾异、不书祥瑞之旨。书灾异,所以示人儆惧;不书祥瑞,所以杜人觊觎。《困学纪闻》前说以为天人相应,此示人儆惧之意也;后说以为后人附益,此杜人觊觎之意也。《左氏》好言祥异占验,故范宁以为“其失也巫”。而如懿氏卜妻敬仲,毕万筮仕于晋之类,又或出于附益,而非《左氏》之旧。《公羊》家与《左氏》异趣,而亦好言祥异占验。汉儒言占验者,齐学为盛,伏《传》五行、《齐诗》五际皆齐学。公羊氏亦齐学,故董子书多说阴阳、五行,何氏《解诂》说占验亦详。要皆《春秋》之别传,与大义无关,犹《洪范五行传》与《齐诗》,非《诗》、《书》大义所关也。

十九、论获麟《公羊》与《左氏》说不同,而皆可通,郑君已疏通之

臧琳曰:“杜元凯《春秋左氏传序》:‘《春秋》之作,《左传》及《穀梁》无明文。’正义曰:‘据杜云《左传》及《穀梁》无明文,则指《公羊》有其显说。今验何注《公羊》,亦无作《春秋》事。案:孔舒元《公羊传》本云:“十有四年,春,西狩获麟。何以书?记异也。以上何本同。今麟,非常之兽。其为非常之兽奈何?二句何本无。有王者则至,无王者则不

至。二句何本同。然则孰为而至？为孔子之作《春秋》。”二句何本无。是有成文也。《左传》及《穀梁》则无明文。’案：孔舒元未详何时人，《儒林传》及《六艺论》皆无之。《隋志》有‘《公羊春秋传》十四卷，孔衍集解’，未知是否。杜氏作《序》既所据用，则为古本可知矣。”锡瑞案：臧氏据孔《疏》以证《公羊》逸文，能发人所未发。疑舒元即孔衍而未能决，不知舒元即孔衍之字。《晋书·儒林传》：“孔衍字舒元，孔子二十二世孙。中兴初，补中书郎，出为广陵郡”。亦见刘知幾《史通》。见《书论》。衍虽晋人，其年辈在杜预后。杜所据用，非必衍书，或杜所见《公羊》与衍所据本同。汉时《公羊》有严、颜二家。何劭公据颜氏，故少数语。杜预、孔衍盖据严氏，故多数语。郑君注《礼》笺《诗》引《公羊》，与何本不同，如“昉”作“放”，“登来”作“登戾”，“野留”作“鄙留”，“祠兵”作“治兵”，“大瘠”作“大渍”，“已蹙”作“已戚”，“使之将”作“使之将兵”，“群公禀”作“群公慊”，“为周公主”作“为周公后”，“仡然从乎赵盾”作“疑然从于赵盾”。《考工记》注引“子家驹曰：天子僭天”，何本无之。皆《严氏春秋》也。“获麟”有数说。《异义》：“《公羊》说：哀十四年获麟，此受命之瑞，周亡失天下之异。《左氏》说：麟是中央轩辕大角兽。孔子备“备”当为“作”字之误。《春秋》，礼修以致其子，故麟来为孔子瑞。陈钦说：麟，西方毛虫。孔子作《春秋》，有立言。西方兑，兑为口，故麟来。许慎谨案云：议郎尹更始、刘更生等议，以为吉凶不并，瑞灾不兼。今麟为周亡天下之异，则不得为瑞以应孔子至。玄之闻也：以下郑《驳》。《洪范》五事，二曰言。言曰从[1]，从作乂。乂，治也。言于五行属金。孔子时，周道衰亡，已有圣德，无所施用，作《春秋》以见志。其言少从以为天下法，故应以金兽性仁之瑞。贱者获之，则知将有庶人受命而行之[2]。受命之征已见，则于周将亡，事势然也。兴者为瑞，亡者为灾，其道则然，何'吉凶不并，瑞灾不兼'之有乎？如此，修母致子，不若'立言'之说密也。"案：如郑君之义，则《公羊》、《左氏》可通。"兴者为瑞，亡者为灾"，所见明通，并无拘阂。据孔舒元引《公羊传》，麟至"为孔子之作《春秋》"，与《左氏》家贾逵、服虔、颍容以为"孔子修《春秋》，文成致麟，麟感而至"，见《左传正义》引。本无异义。惟杜预苟异先儒，以为感麟而作，则与《左氏》义违；又不取称"吾道穷"之文，则与《公羊》又异。杜预以为孔子《春秋》抄录旧文，全无关系，故为瑞、为灾之说，皆彼所不取也。

二十、论《春秋》本鲁史旧名，《墨子》云"百国春秋"即百二十国宝书

孔颖达曰："'春秋'之名，经无所见，惟传、记有之。昭二年韩起聘鲁，称见鲁《春秋》。《外传·晋语》司马侯对晋悼公云羊舌肸习《春秋》，《楚语》申叔时论傅太子之

---

① "曰"，原误作"从"，据《礼记·礼运》正义引《驳五经异义》改。

② "行"，原误作"得"，据《礼记·礼运》正义引《驳五经异义》改。

法，云教之以《春秋》。《礼·坊记》云'鲁《春秋》记晋丧曰：杀其君之子奚齐'，又《经解》曰'属辞比事，《春秋》教也'。凡此诸文所说，皆在孔子之前，则知未修之时，旧有'春秋'之目。其名起远，亦难得而详。"郑樵曰："今《汲冢琐语》亦有鲁《春秋》，记鲁献公十七年事。诸如此类，皆夫子未生之前未经笔削之《春秋》也。西、东周六百年事。孟子云：'《诗》亡然后《春秋》作。'又曰：'知我者其惟《春秋》乎？罪我者其惟《春秋》乎？'诸如此类，皆鲁史记东迁已后事，已经夫子笔削之《春秋》也。自平王四十九年始。或谓'春秋'之名，取'赏以春夏，刑以秋冬'；或谓一褒一贬，若春若秋；或谓春获麟，秋成书，《公羊正义》解"获麟"云。谓之《春秋》。皆非也。惟杜预所谓'年有四时，故错举以为所记之名'，此说得之。《汲冢琐语》记太丁时事，目为《夏殷春秋》。见《史通》。《墨子》曰：'吾见百国《春秋》。'以至晏子、虞卿、吕不韦、陆贾著书，皆曰《春秋》。盖当时述作之流，于正史外各记其书，皆取《春秋》以名之。然观其篇第，本无年月，与错举春秋以为所记之名则异矣。"锡瑞案：郑氏之说，多本刘知幾《史通·六家》篇。刘氏云："《春秋》家者，其先出于三代。"亦引《国语》、《左传》之文，则"春秋"自是旧名，非夫子始创。或谓春获麟，秋成书，虽出《公羊》家说，而与《传》引不修《春秋》之文不合。或谓赏刑褒贬，说亦近凿。当以杜预云错举四时为是。晏、吕之书非错举四时，而亦名《春秋》，当时百国《春秋》具存，其体例或亦有所本。百国《春秋》，即百二十国宝书。《公羊疏》：

“案闵因叙云：‘昔孔子受端门之命，制《春秋》之义，使子夏等十四人求周史记，得百二十国宝书，九月经立。《感精符》、《考异邮》、《说题辞》具有其文。’问曰：‘若然，《公羊》之义，据百二十国宝书以作《春秋》，今经止有五十馀国，通戎、夷、宿、潞之属，仅有六十，何言百二十国乎？’答曰：‘其初求也，实得百二十国宝书。但有极美可以训世、有极恶可以戒俗者，取之；若不可为法者，则弃而不录。是故止得六十国也。’”苏轼《春秋列国图说》曰：“春秋之世[①]，见于经、传者，总一百二十四国：鲁、晋、楚、齐、秦、吴、越、宋、卫、郑、陈、蔡、邾、曹、许、莒、杞、滕、薛、小邾、息、随、虞、北燕、纪、巴、邓、郕、徐、鄫、芮、胡、南燕、州、梁、荀、贾、凡、祭、宿、郿、原、夔、舒鸠、滑、郯、黄、罗、邢、魏、霍、郜、郹瞒、向、偪阳、韩、舒庸、焦、杨、夷、申、密、耿、麇、莱、弦、顿、沈、谷、谭、舒、邳、白狄、赖、肥、鼓、戎、唐、潞、江、郧、权、道、柏、贰、轸、绞、蓼、六、遂、崇、戴、冀、蛮、温、厉、项、英氏、介、巢、卢、根牟、无终、郝、姒、蓐、狄、房、鲜虞、陆浑、桐、鄀、于余丘、须句、颛臾、任、葛、萧、牟、鄟、极、鄣。蛮夷戎狄，不在其间。”苏氏云百二十四国，正合“百二十国宝书”之数。《公羊疏》但据经言，止得其半；苏氏兼据《左氏传》，乃得其全。于余丘、鄣之类，《公羊》以为邑，《左氏》以为国。故知苏据《左氏》。惟苏氏计数亦有疏失，云百二十四国，今数之止百二十一国，二虢及齐所迁之阳、楚所灭之庸，皆失数。

① “世”，原误作“国”，据《春秋四传》卷首《春秋列国东坡图说》改。

传言毛、聃、雍、邗、应、蒋、茅、胙，亦不列入。沈、姒、蓐、黄在北，沈、胡、江、黄在南，当有二沈、二黄，止列其一。云“蛮夷戎狄，不在其间”，又有鄋瞒、白狄、肥、鼓、戎、蛮、潞、狄、无终、鲜虞、陆浑诸国，此皆夷蛮戎狄，未必有宝书。当去诸国，而以所漏列者补之，数虽稍赢，计其整数，亦与百二十国合也。

二十一、论《汉志》“《春秋》古经”即《左氏》经，《左氏》经长于二《传》，亦有当分别观之者

《汉志》“《春秋》古经十二篇”，班氏无注。钱大昕曰：“谓《左氏》经也。汉儒传《春秋》者，以《左氏》为古文，《公羊》、《穀梁》为今文，称‘古经’，则共知其为《左氏》矣。《左氏》经、传本各单行，故别有《左氏传》。”《汉志》“经十一卷”，班氏注云：“《公羊》、《穀梁》二家。”沈钦韩曰：“二家合闵公于庄公，故十一卷。彼师当缘闵公事短，不足成卷，并合之耳，何休乃云‘系闵公篇于庄公下者，子未三年，无改于父之道’。”锡瑞案：何氏说是也。沈专主《左氏》，故不以何为然。《汉志》“《左氏传》三十卷”，班氏注云：“左丘明，鲁太史。”案：《说文叙》曰“北平侯张苍献《春秋左氏传》”，《论衡》曰“《左传》三十篇，出恭王壁中”，二说不同。班氏无明文，似不信此二说。《汉志》“《公羊传》十一卷”，注云：“公羊，齐人。”《汉志》“《穀梁传》十一卷”，注云：“穀梁子，鲁人。”不别出《公》、《穀》二

家之经。马端临云:“《公羊》、《穀梁传》直以其所作传文搀入正经,不曾别出,而《左氏》则经自经而传自传。又杜元凯《经传集解》序文以为‘分经之年,与传之年相附’,则是左氏作传之时,经文本自为一书,至元凯始以《左氏传》附之经文各年之后。是《左氏传》中之经文,可以言古经矣。”案:汉熹平石经《公羊》隐公一段直载传文而无经文,是《公羊》经、传亦自别行,不如马氏之言。孔疏云:“丘明作传,与经别行,《公羊》、《穀梁》莫不皆然。”是《公羊》、《穀梁》、《左氏》之经、传皆自别行。《左氏》经、传,至杜预始合之。《公》、《穀》经、传,不知何人始合之也。《汉志》所列“古经”,即是《左氏》之经,马氏不知,乃云:“《春秋》古经虽《汉·艺文志》有之,然夫子所修之《春秋》,其本文世所不见,而自汉以来所编古经,则俱自三《传》中取出经文,名之曰正经耳。”又云:“《春秋》有三《传》,亦本与经文为二,而治三《传》者合之。先儒务欲存古,于是取其已合者复析之,命之曰‘古经’。”案:三《传》与经皆别行,而后人合之。马氏乃以为汉人于三《传》中取出经文,不知何据。马氏所云先儒,似指朱子所刻《春秋经》、李焘所定《春秋古经》而言,然不得谓之“汉以来”。其立说不分明,皆由不知《汉志》之古经即是《左氏》经也。《四库提要》曰:“徐彦《公羊传疏》曰‘《左氏》先著竹帛,故汉儒谓之古学’,则所谓‘古经十二篇’,即《左传》之经,故谓之‘古’,刻《汉书》者误连二条为一耳。今以《左传》经文与二《传》校勘,皆《左氏》义长,知手录之本确于口授之经也。”谨案:《左氏》经长于二《传》,详见侯康《春秋古经说》。然则《春秋》经文,三《传》不同,如“蔑”“昧”、“郿”“微”之类,专据《左氏》可也,而“君氏”、“尹氏”之类,仍当分别观之。

二十二、论左氏不在七十子之列,不得口受传指,《左传疏》引《严氏春秋》不可信,引刘向《别录》亦不可信

《史记·十二诸侯年表序》曰:“是以孔子明王道,干七十余君,莫能用,故西观周室,论史记旧闻,兴于鲁而次《春秋》,上记隐,下至哀之获麟。约其辞文,去其烦重,以制义法,王道备,人事浃。七十子之徒口受其传指,为有所刺讥、褒讳、挹损之文,不可以书见也。鲁君子左丘明,惧弟子人人异端,各安其意,失其真,故因孔子史记,具论其语,成《左氏春秋》。”《汉书·刘歆传》曰:“初,《左氏传》多古字古言,学者传训故而已。及歆治《左氏》,引传文以解经,转相发明,由是章句、义理备焉。”锡瑞案:史公生于刘歆未出之前,其说最为近古。班氏生于《左氏》盛行之后,其说信而有征。史公以丘明为“鲁君子”,别出于七十子之外,则左氏不在弟子之列、不传《春秋》可知;云“七十子之徒口受其传指”,而左氏特“因孔子史记,具论其语”,则左氏未得口授可知。班氏云汉初学《左氏》者惟传训故,则其初不传微言大义可知;云“歆治《左氏》,引传文以解经”,由是备章句、义理,则刘歆以前未尝引传解经,亦无章

句、义理可知。据马、班两家之说，则汉博士谓“左丘明不传《春秋》”，范升谓“《左氏》不祖孔子而出于丘明，师徒相传又无其人”，必是实事而非诬妄。《左传疏》据沈氏云：“《严氏春秋》引《观周》篇云：‘孔子将修《春秋》，与左丘明乘如周，观书于周史，归而修《春秋》之经，丘明为之传，共为表里。’”案：沈氏谓陈沈文阿，《严氏春秋》久成绝学，未必陈时尚存。汉博士治《春秋》者惟严、颜两家，严氏若有明文，博士无缘不知。如《左氏传》与《春秋》经相表里，何以有丘明不传《春秋》之言？刘歆博极群书，又何不引《严氏春秋》以驳博士？则沈引《严氏春秋》必伪。其不可信者一也。《左传疏》引刘向《别录》云：“左丘明授曾申。申授吴起。起授其子期。期授楚人铎椒。铎椒作《抄撮》八卷，授虞卿。虞卿作《抄撮》九卷，授荀卿。荀卿授张苍。”陆德明《经典释文》略同，盖皆本于《别录》。案：《左氏》传授，《史》、《汉》皆无明文。《汉书·儒林传》云：“汉兴，北平侯张苍及梁太傅贾谊、京兆尹张敞、太中大夫刘公子，皆修《春秋左氏传》。”而《张苍》《贾谊》《张敞传》皆不云传《左氏春秋》，故范升以为师徒相传无其人。若如《别录》传授源流若此彰灼，范升何得以此抵《左氏》，陈元又何不引以转抵范升？盖如《释文》所引《毛诗》源流，同为后人附会。则陆、孔所引刘向《别录》必伪。其不可信者二也。赵匡已以《释文·序例》为妄，谓：“此乃近世之儒欲尊崇《左氏》，妄为此记。向若传授分明如此，《汉书·张苍》《贾谊》及《儒林传》何故不书？则其伪可知也。”是唐人已知之而明辨之矣。

二十三、论赵匡、郑樵辨左氏非丘明,《左氏传》文实有后人附益

刘歆以为"左丘明好恶与圣人同,亲见夫子",始以作《传》之左氏为《论语》之丘明。汉博士惟争"左丘明不传《春秋》",而作《传》之丘明与《论语》之丘明是一是二,未尝深辨。其后桓谭、班固以至啖助,皆同刘歆说,无异议。赵匡始辨之曰:"啖氏依旧说,以左氏为丘明,受经于仲尼。今观《左氏》解经浅于《公》、《穀》,诬谬实繁。若丘明才实过人,岂宜若此?推类而言,皆孔门后之门人。但《公》、《穀》守经,《左氏》通史,故其体异耳。丘明者,盖夫子以前贤人,如史佚、迟任之流,见称于当时耳。"王安石《左氏解》疑左氏为六国时人者十一事,其书不传。叶梦得疑《传》及韩、魏、知伯、赵襄子之事。郑樵《六经奥论》辨之尤力,曰:"《左氏》终纪韩、魏、知伯之事,又举赵襄子之谥。若以为丘明,自获麟至襄子卒已八十年矣,使丘明与孔子同时,不应孔子既没七十有八年之后,丘明犹能著书。此左氏为六国人,明验一也。《左氏》'战于麻隧,秦师败绩,获不更女父',又云'秦庶长鲍、庶长武帅师',及晋师战于栎。秦至孝公时立赏级之爵,乃有不更、庶长之号,明验二也。《左氏》云'虞不腊矣'。秦至惠王十二年初腊,明验三也。《左氏》师承邹衍之说,而称帝王子孙。案:齐

威王时邹衍推五德终始之运，明验四也。《左氏》言分星，皆准堪舆。案：韩、魏分晋之后，而堪舆十二次始于赵分曰大梁之语，明验五也。《左氏》云‘左师展将以公乘马而归’。案：三代时有车战，无骑兵，惟苏秦合从六国，始有‘车千乘，骑万匹’之语，明验六也。《左氏》序吕相绝秦、声子说齐，当作“楚”，此误。其为雄辨狙诈，真游说之士、捭阖之辞，明验七也。《左氏》之书序晋、楚事最详，如‘楚师熸’、‘犹拾沈’等语，则左氏为楚人，明验八也。据此八节，可以知左氏非丘明，是为六国时人，无可疑者。或问伊川曰：‘左氏是丘明否？’曰：‘传无丘明字，不可考。’真知言欤！”朱子亦谓《左传》有纵横意思，“不腊”是秦时文字，二条盖本郑樵。锡瑞案：《史记》张守节正义云“秦惠文王始效中国为之”，明古有腊祭，秦至是始用，非至是始创，则以“不腊”为秦时文字，固未可据。“左师展将以公乘马而归”，即子家子谓“公以一乘入于鲁师”之意，一乘仍是车乘，亦未可据为乘马之证。传及知伯，或后人续增。不更、庶长之类，或亦后人改窜。《左氏》一书实有增窜之处。文十三年传“其处者为刘氏”，刘炫、孔颖达已明言先儒插此媚世。僖十五年传“上天降灾”至“唯君裁之”四十一字[①]，服、杜及唐《定本》皆无[②]。林黄中谓《左传》“君子曰”是刘歆之辞。王应麟曰：“‘八世之后’，其田氏篡齐之后之言乎？‘公侯子孙，必复其始’，其三卿分晋之后之言乎？

① “五”，原误作“六”，据《左传》改。

② “杜”，原误作“柱”，据文义改。

‘其处者为刘氏’,其汉儒欲立《左氏》者所附益乎？皆非《左氏》之旧也。”近儒姚鼐以“公侯子孙,必复其始”,及季札闻歌《魏》,曰“以德辅此,则明主也”,传中盛称魏绛、魏舒之类,为吴起附益以媚魏者。陈澧以《左传》凡例与所记之事有违反者,可见凡例未必尽是,而传文亦有后人所附益。刘逢禄以《左氏》凡例、书法皆出刘歆。虽未见其必然,而《左氏》有后人附益之辞,唐、宋人已有此疑矣。

二十四、论贾逵奏《左氏》义长于《公羊》,以己所附益之义为《左氏》义,言多诬妄

《后汉书·贾逵传》:“帝善逵说,使出《左氏传》大义长于二《传》者。逵于是具条奏之曰:‘臣谨擿出《左氏》三十事尤著明,斯皆君臣之正义,父子之纪纲。其余同《公羊》者什有八九,或文简小异,无害大体。至如祭仲、纪季、伍子胥、叔术之属,《左氏》义深于君父,《公羊》多任于权变。’”李贤注:“《左传》:宋人执郑祭仲,曰:‘不立突,将死。’祭仲许之,遂出昭公而立厉公。杜预注云:‘祭仲之如宋,非会非聘,见诱被拘。废长立少,故书名罪之。’《公羊传》曰:‘祭仲者何？郑之相也。何以不名？贤也。何贤乎祭仲？以为知权也。其知权奈何？宋人执之,谓之曰:为我出忽而立突。祭仲不从其言,则君必死,国必亡;从其言,则君可以生易死,国可以存易亡。古之有权者,祭仲之权是也。’《左传》:纪季以酅入于齐,纪侯大去其国。贾逵

以为纪季不能兄弟同心以存国，乃背兄归雠，书以讥之。《公羊传》曰：'纪季者何？纪侯之弟也。何以不名？贤也。何贤乎？服罪也。其服罪奈何？请后五庙[1]，以存姑姊妹。'《左传》：楚平王将杀伍奢，召伍奢子伍尚、伍员曰：'来，吾免而父。'尚谓员曰：'闻免父之命，不可以莫之奔；亲戚为戮，不可以莫之报。父不可弃，名不可废。'子胥奔吴，遂以吴师入郢，卒复父雠。《公羊传》曰：'父受诛，子复雠，推刃之道也。'《公羊》不许子胥复雠，是不深父也。《左传》曰：'冬，邾黑肱以滥来奔。贱而书名，重地故也。君子曰：名之不可不慎。以地叛，虽贱必书。地以名其人，终为不义，不可灭已。是以君子动则思礼，行则思义。'《公羊传》：'冬，黑肱以滥来奔。文何以无邾娄？通滥也。曷为通滥？贤者子孙宜有地。贤者孰谓？谓叔术也。何贤乎叔术？让国也。'"锡瑞案：《春秋》大义在诛乱臣贼子，贾逵以义深君父为重，自是正论，而所举数事，则无一合者。《公羊》，释经者也。经书祭仲、纪季，字而不名，故以为贤；书黑肱不加邾娄，故以为通滥。《左氏》纪事，不释经者也。序祭仲事与《公羊》略同，而未加断语。杜预乃执大夫书名之例，以祭仲书名为有罪。《左氏》明云"祭封人仲足"，又屡举"郑祭足"，是名足、字仲甚明，岂有以伯、仲、叔、季为名者乎？《左氏》曰"纪侯不能下齐，以与纪季"，则纪季入齐是受兄命，亦与《公羊》略同。贾责以"背兄归

① "五"，原误作"立"，据《公羊传》及《后汉书·贾逵传》李贤注改。

雠”,《左氏》有此说乎?《左氏》序子胥,亦未加断语,而鬭辛有“君讨臣,谁敢雠之”之言,忠孝不能两全,二人各行其是。若如贾逵之说,正可以《左氏》载鬭辛语为不深父矣。《公羊》借子胥明复雠之义,谓“父不受诛,子复雠可也。父受诛,子复雠,此推刃之道”,是泛言人子应复雠、不应复雠之通义。子胥之父以忠获罪,正不受诛、应复雠者,《公羊》未尝不许子胥复雠。贾逵乃不引其上句与事合者,而引其下句不与事合者,妄断为不深父,不犹胥吏之舞文乎?叔术事,《左氏》不载,可不必论。何休《解诂序》谓:“贾逵缘隙奋笔,以为《公羊》可夺,《左氏》可兴。”贾逵《春秋左氏长义》二十卷见于《隋书·经籍志》者,今佚不存。其所擿三十事,亦不可考。而如所引祭仲、纪季、伍子胥事,皆不足为《左氏》深君父、《公羊》任权变之证。《公羊》于祭仲之外,未尝言权,逵乃以缘隙奋笔之私心,逞舞文弄法之谬论,欲抑《公羊》而莫能抑,欲伸《左氏》而莫能伸,乃必以为《左氏》义长,而此三事《左氏》止纪实,而未尝发义,不知其长者安在?逵以己所附益之义为《左氏》义,以难《公羊》,上欺其君,而下欺后世。东汉之治古学、贵文章者,大率类此,惜李育、何休未能一一驳之。

二十五、论《左氏传》不解经,杜、孔已明言之,刘逢禄考证尤详晰

晋王接谓:“《左氏》自是一家书,不主为经发。”此确

论也。祖《左氏》者或不谓然，试以《春秋》经及《左氏传》证之。庄公二十六年传："秋，虢人侵晋。冬，虢人又侵晋。"杜预集解云："此年经、传各自言其事者，或经是直文，或策书虽存而简牍散落，不究其本末，故传不复申解，但言传事而已。"孔疏曰："此年传不解经，经、传各自言事。伐戎、日食，体例已举，或可经是直文，不须传说。曹杀大夫，宋、齐伐徐，或须说其所以。此去丘明已远，或是简牍散落，不复能知故耳。上二十年亦传不解经，彼经皆是直文，故就此一说，言下以明上。"刘逢禄《左氏春秋考证》曰："左氏后于圣人，未能尽见列国宝书，又未闻口授微言大义，惟取所见载籍，如晋《乘》、楚《梼杌》等，相错编年为之，本不必比附夫子之经，故往往比年阙事。刘歆强以为传《春秋》，或缘经饰说，或缘《左氏》本文前后事，或兼采他书以实其年。如此年之文，或即用《左氏》文，而增春、夏、秋、冬之时，遂不暇比附经文，更缀数语。要之，皆出点窜，文采便陋，不足乱真也。然歆虽略解经文，颠倒《左氏》，二书犹不相合。《汉志》所列《春秋》古经十二篇、经十一卷、《左氏传》三十卷是也。自贾逵以后，分经附传，又非刘歆之旧，而附益改窜之迹益明矣。"锡瑞案：刘氏以为刘歆改窜传文，虽未见其必然，而《左氏传》不解经，则杜、孔极祖《左氏》者，亦不能为之辨。杜《序》明言"分经之年，与传之年相附"，孔疏云："丘明作传，不敢与圣言相乱。经、传异处，于省览为烦，故杜分年相附。"是分年附传实始于杜，非始贾逵，刘氏说犹未谛。刘氏《考证》又举隐二年

“纪子帛、莒子盟于密”，证曰：“如此年《左氏》本文全阙，所书皆附益也。”十年“六月，戊申”，证曰：“十年《左氏》文阙。”桓公元年，证曰：“是年《左氏》文阙。”七年，“冬，曲沃伯诱晋小子侯杀之”，证曰：“即有此事，亦不必在此年。是年《左氏》文阙。”九年“冬，曹太子来朝”，证曰：“是年《左氏》文阙，巴子篇年月无考。”十年“冬，齐、卫、郑来战于郎，我有辞也”，证曰：“是年《左氏》文阙，虞叔篇年月无考。”十一年，证曰：“楚屈瑕篇年月无考。”十二年，证曰：“是年《左氏》文阙，楚伐绞篇当与屈瑕篇相接，年月亦无考。”十三年，证曰：“是年亦阙，伐罗篇亦与上相接，不必蒙此年也。”十四年，证曰：“是年文亦阙。”十六年，证曰：“是年亦阙。”十七年，证曰：“是年文盖阙。”庄元年，证曰：“此以下七年文阙，楚荆尸篇、伐申篇年月亦无考。”十三年、十五年、十七年，证曰：“文阙。”二十七年，证曰：“比年《左氏》文阙，每于年终分析晋事，附益之迹甚明。盖《左氏》旧文之体，如《春秋》前则云惠之二十四年，获麟以后则云悼之四年，本不必拘拘比附《春秋》年月。”二十九年，证曰：“文阙。”三十年，证曰：“是年亦阙。”三十一年，证曰：“文阙。”僖元年，证曰：“是年文阙。”锡瑞案：自幼读《左氏传》书、不书之类，独详于隐公前数年，而其后甚略，疑其不应如此草草。及观刘氏考证《左氏》释经之文，阙于隐、桓、庄、闵为尤甚，多取晋、楚之事敷衍，似皆出晋《乘》、楚《梼杌》。尤可疑者，杜、孔皆谓经、传各自言事，是虽经刘歆、贾逵诸人极力比附，终不能弥缝其迹。王接谓《传》“不主为经发”，确有所见。以刘氏《考证》为左验，学者可以恍然无疑。刘逢禄曰：“左氏以良史之材，博闻多识，本未尝求附于《春秋》之义。后人增设条例，推衍事迹，强以为传《春秋》，冀以夺《公羊》博士之师法，名为尊之，实则诬之，《左氏》不任咎也。余欲以《春秋》还之《春秋》，《左氏》还之《左氏》，而删其书法、凡例，及论断之谬于大义、孤章绝句之依附经文者，冀以存《左氏》之本真。”近人有驳刘氏者，皆强说，不足据。

二十六、论《左氏传》止可云载记之传，刘安世已有“经自为经，传自为传，不可合一”之说

张杓曰：“传有二义，有训诂之传，有载记之传。训诂之传，主于释经；载记之传，主于纪事。昔之传《春秋》者五家，邹氏无师，夹氏无书，今所传惟《左》、《公》、《穀》。《公》、《穀》依经立传，经所不书，更不发义。故康成谓‘《穀梁》善于经’，王接亦曰‘《公羊》于文为俭，通经为长’。此而例之训诂之传，犹或可也。若《左氏》之书，据太史公《十二诸侯年表》，则曰《左氏春秋》，而不言传；据严彭祖引《观周》篇之文，则言为传，与《春秋》相表里，而不言是释经；据卢氏植、王氏接，则谓囊括古今，成一家之言，不主为经发；据高氏祐、贺氏循，则并目之为史。是汉、晋诸儒言《左氏》者，莫不以为纪事之书，所谓载记之传是

也。故汉《左氏传》与《春秋》分行。至杜元凯作《集解》[1]，始割传附经，妄生义例，谓‘传或先经以始事[2]，或后经以终义，或依经以辨理，或错经以合异’，一似《左氏》此书专为解驳经义者，独不思经止哀十六年，而传则终于二十七年。如依杜说，此十有一年之传，为先后何经、依错何经耶？甚矣，其惑也！后儒不察，乃反依据杜本，妄议《左氏》之书。唐权德舆谓：‘《左氏》有无经之传，失其根本。’宋王晳谓：‘《左氏》贪惑异说，于圣人微旨疏略。’明何异孙谓：‘《左氏》疏于义理，理不胜文。’凡此狂言，皆杜氏以传附经，谓《左氏》专为释经而作有以启之也。昔人谓三《传》作而《春秋》微，余亦谓杜《注》行而《左传》隐。”锡瑞案：《史记》云“《左氏春秋》”，《汉志》云“《左氏传》”，近人据博士说“左丘明不传《春秋》”，以《汉志》称《传》为沿刘歆之误。此独分别有训诂之传，有载记之传，以《左传》为载记之传，其说亦通。《南齐书·陆澄传》曰：“泰元取服虔，而兼取贾逵经。由服传无经[3]，虽在注中，而传又有无经者故也。今留服而去贾，则经有所阙。”据此，则服子慎知经、传有别，故但释传而不释经，贾景伯则经、传并释。杜从贾，不从服，故《集解序》不及服虔。其后服、杜并行，卒主杜而废服，盖以杜解有经、服解无经之故。不知经、传分行，实古法也。刘安世曰：“《公》、《穀》皆解正《春秋》，《春秋》

① “解”，原误作“传”，据张杓《磨甋斋文存》卷一改。
② “始”，原误作“纪”，据杜预《春秋经传集解序》改。
③ “由”，原脱，据《南齐书·陆澄传》补。

所无者,《公》、《穀》未尝言之。若《左传》,则《春秋》所有者或不解,《春秋》所无者或自为传。故先儒以谓《左氏》'或先经以起事,或后经以终义,或依经以辨理,或错经以合异',然其说亦有时牵合。要之,读《左氏》者当经自为经,传自为传,不可合而为一也,然后通矣。"据此,则《左氏》经、传当各自为书,宋人已见及之,可为刘逢禄先路之导。

二十七、论杜预解《左氏》始别异先儒,尽弃二《传》,不得以杜预之说为孔子《春秋》之义

杜预《春秋序》曰:"古今言《左氏春秋》者多矣,今其遗文可见者十数家,大体转相祖述,进不成为错综经文以尽其变,退不守丘明之传。于丘明之传有所不通,皆没而不说,而更肤引《公羊》、《穀梁》,适足自乱。预今所以为异,专修丘明之传以释经。经之条贯,必出于传;传之义例,总归诸凡。推变例以正褒贬,简二《传》以去异端。盖丘明之志也。然刘子駿创通大义[①],贾景伯父子、许惠卿,皆先儒之美者也。末有颍子严者[②],虽浅近,亦复名家。故特举刘、贾、许、颍之违,以见同异。分经之年,与传之年相附,比其义类,各随而解之,名曰《经传集解》。"疏曰:"丘

---

① "駿",原误作"駮",据杜预《春秋经传集解序》改。

② "颍",原误作"颖",据杜预《春秋经传集解序》改。下句"颍"同此。

明作传，不敢与圣言相乱，故与经别行。何止丘明，公羊、穀梁，及毛公、韩婴之为《诗》作传，莫不皆尔。经、传异处，于省览为烦，故杜分年相附，别其经传，聚集而解之。杜言‘集解’，谓聚集经、传为之作解。”锡瑞案：据杜、孔之说，杜之《集解》异于先儒者有数事。古者经自经，传自传。汉熹平石经《公羊》有传无经，是其证。杜乃分经附传，取便学者省览。此异于先儒者一也。《左氏》本不解经，先儒多引《公》、《穀》二传，以释经义。汉儒家法，尚无臆说。杜乃尽弃二《传》，专以己意解传，并以己意解经。如以周公为旧例、孔子为新例是。此异于先儒者二也。郑注《周礼》，先引杜、郑。韦注《国语》，明征贾、唐。言必称先，不敢掠美。杜乃空举刘、贾、许、颍，而《集解》中不著其名。此异于先儒者三也。杜解不举所出，刘与许、颍之说尽亡，贾、服二家尚存崖略。杜举四家而不及服，孔疏遂云“服虔之徒劣于此辈[①]”，其说非是。南北分立时代，江南《左传》则杜元凯，河、洛则服子慎。当时有“宁道孔、孟误，讳言郑、服非”之语，则服《注》盛行可知。据《世说新语》云郑君作《左氏传注》未成，以与子慎，则郑、服之学本是一家。北方诸儒徐遵明传服《注》，传其业者有张买奴、马敬德、邢峙诸人。卫冀隆申服难杜。刘炫作《春秋述义》、《攻昧》、《规过》，以规杜氏。惟姚文安排斥服《注》。南方则崔灵恩申服难杜，虞僧诞又申杜难服，以答灵恩；秦道静亦申杜，以答卫冀

---

① “劣”上，《春秋左传正义》本有“殊”字。

隆。杜预玄孙坦与弟骥为青州刺史，故齐地多习杜义。盖服、杜之争二百余年，至唐始专宗杜。杜作《集解》，别异先儒，自成一家之学。唐作《正义》，扫弃异说，如驳刘炫以申杜是。又专用杜氏一家之学。自是之后，治《春秋》者既非孔子之学，亦非《左氏》之学，又非贾、服诸儒之学，止是杜预一家。正如元、明以来，治《春秋》者止是胡安国一家，当时所谓经义，实安国之传义。盖舍经求传，而《春秋》之义晦；舍传求注，而《春秋》之义更晦矣。

二十八、论孔子作《春秋》以辟邪说，不当信刘歆、杜预，反以邪说诬《春秋》

《春秋》大义，炳如日星，而讨乱臣贼子之明文仍茫昧不明者，邪说蔽之也。据孟子所言"邪说暴行又作，孔子惧，作《春秋》"，是孔子时已有邪说。邪说与暴行相表里。暴行即谓弑君、弑父；邪说谓为弑君父者多方掩饰，解免其罪，大率以为君父无道，应遭弑逆之祸，而弑逆者罪可末减。凡人欲弑君父，不能无所顾忌；有人倡为邪说，以为有辞可执，乃横行而全无所畏；更有人张大邪说，设为淫辞助攻，益肆行而相率效尤。后世史书于被弑之君，皆甚言其恶。如秦苻生，史称好杀。刘裕灭后秦，得一老人，亲见苻秦之事，云苻生并不好杀。苻坚篡国，史书诬之，刘知幾《史通》云"秦人不死，验苻生之厚诬"是也。金完颜亮，史称淫恶，几非人类。由世宗得国后，令人以海陵恶事进呈者有赏。史称宋、齐之主,亦极丑秽不堪,船山史论力辨其不足信。可见乱世无信史,而多助乱之邪说也。此等邪说,春秋时已有之,《左氏》一书是其明据。《传》载韩厥称赵盾之忠,士鞅称栾书之德,弑君之贼,极口赞美;史墨云"君臣无常位",逐君之贼,极力解免,而反罪其君。可见当时邪说诬民,故《春秋》二百四十二年之中,致有弑君三十六之事。孔子于此矗然伤之,以为欲治乱贼,必先辟邪说;欲辟邪说,不得不作《春秋》。此孟子所以极推作《春秋》之功也。《左氏》原本国史,据事直书,当时邪说不得不载。正赖《左氏》载之,孟子言春秋时有邪说益信,孔子作《春秋》辟邪说之功益彰。此《左氏》所以有功于《春秋》也。至于《左氏》凡例,未审出自何人,杜预以为周公,陆淳、柳宗元已驳之;或以为孔子,更无所据。据孔《疏》,云先儒以为并出丘明。刘逢禄以为刘歆窜入。例与传文不合,实有可疑。"凡弑君称君,君无道也;称臣,臣之罪也"一条,尤与《春秋》大义反对。杜预《释例》曲畅其说,以为君无道则应弑,而弑君者无罪。不知君实有道,何至被弑;君而被弑,无道可知。惟无道亦有分别。使如桀、纣残贼,民欲与之偕亡,汤、武伐罪吊民,自不当罪其弑。若但童昏儿戏,非有桀、纣之暴,如晋灵公、郑灵公之类,权臣素有无君之心,因小隙而弑之,与汤、武之伐罪吊民全然不同,岂得借口于君无道而弑者无罪乎?杜预于郑祝聃"射王中肩"一事,曲为郑伯回护,谓"郑志在苟免,王讨之非"。焦循作《左传补疏序》曰:"预为司马懿女婿,目见成济之事,射王中肩，即成济抽戈犯跸也。将有以为昭饰，且有以为懿、师饰，即用以为己饰。此《左氏春秋集解》所以作也。”锡瑞案：预父恕，与司马懿不合，幽死。预忘父仇而娶懿女，助司马氏篡魏，正与刘歆父向言刘氏、王氏不并立，而歆助王莽篡汉相似。二人不忠不孝，正《春秋》所讨之乱贼。而《左氏》创通于刘歆，昌明于杜预，则《左氏》一书必有为二人所乱者。故林黄中以“君子曰”为刘歆之言，刘逢禄以为歆窜入凡例，焦循以为预作《集解》将为司马氏饰。孔子作《春秋》以辟邪说，后人乃反以邪说诬《春秋》，盖不特孔子之经为所诬罔，即《左氏》之传亦为所汩乱，致使学者以《左氏》为诟病。若歆与预，乃《左氏》之罪人，岂得为《左氏》之功臣哉！读《左氏》者，于此等当分别观之，一以孔子之《春秋》大义断之可也。

二十九、论《左氏》采各国之史以成书，读者宜加别白，断以《春秋》之义

《左氏》采各国之史以成书，作者意在兼收，读者宜加别白。或古今异事，各有隐衷；或借儆其君，自有深意；或阿附权臣，实为邪说，未可一概论也。所谓古今异事，各有隐衷者，古者诸侯世爵，大夫世卿，卿命于天子，与诸侯同守社稷，故君臣皆以社稷为重。如崔子弑齐君，晏子曰：“君为社稷死，则死之；为社稷亡，则亡之。若为己死而为己亡，非其私暱，谁敢任之？”与孟子社稷为重、君为轻之义

若合符节。孟子言“诸侯危社稷①”，则君属诸侯。说《春秋》义“国君死社稷”，国君亦属诸侯。或疑孟子之言为过，又疑晏子不死为无勇，皆未晓古义也。又如晋范文子、鲁叔孙昭子，皆使祝宗祈死而卒，杜预以为因祷自裁。夫二子不惜一死自明，文子何不以死卫君，昭子何不以死讨季氏而复君？而二子不为者，彼自祖宗以来，世有禄位，外虽忧国，内亦顾家，故宁亡其身，而不肯亡其家。文子之祈死也，恐与三郤同夷族也。昭子之祈死也，以“无季氏，是无叔孙氏也。”观于宋公孙寿辞司城，使其子意诸为之，谓“去官，则族无所庇。虽亡子，犹不亡族”，可知春秋世卿，以族为重，非如后世大臣起自田间，其位既非受之祖宗，其死亦无关于家族，忠义奋发，可无内顾。此则古今异事，而古人之隐衷不尽白于后世者也。所谓借儆其君，自有深意者，如卫侯出奔齐，师旷侍于晋侯，晋侯曰：“卫人出其君，不亦甚乎？”对曰：“或者其君实甚。”又曰：“天之爱民甚矣，岂其使一人肆于民上，以纵其淫，而弃天地之性？必不然矣！”危言激论，令人悚然，借儆其君，不嫌过当。孟子有“土芥”、“寇仇”之言，有“残贼”、“一夫”之戒，皆对齐王言之。或疑孟子之言未纯，盖不知为托讽。师旷之意，犹孟子之意也。所谓阿附权臣，实为邪说者，如鲁昭公薨于乾侯，赵简子问于史墨曰：“季氏出其君，而民服焉，诸侯与之。君死于外，而莫之或罪也？”对曰：“鲁君世从其失，季氏世修其勤，民忘君矣。

① “危”，原误作“违”，据《孟子·尽心下》改。

虽死于外，其谁矜之？社稷无常奉，君臣无常位，自古以然。故《诗》曰：'高岸为谷，深谷为陵。'三后之姓，于今为庶，主所知也。在《易》卦，雷乘《乾》曰《大壮》，天之道也。"夫简子，晋之权臣，正犹鲁之季氏。为史墨者，当斥季氏之无君，戒简子之效尤，乃盛称季氏而反咎鲁君，且以"君臣无常位"为言，则真助乱之邪说矣。君尊臣卑，比于上天下泽，何得以雷乘《乾》与陵谷之变，为"君臣无常位"之比哉！师旷与史墨两说相似，而实不同，一对君言，则不失为纳约自牖；一对臣言，则适足以推波助澜。国史并记之，《左氏》兼存之，读者当分别观之而是非自见，不当不分黑白而概执为《春秋》之义也。

三十、论《左氏》所谓礼多当时通行之礼，非古礼，杜预短丧之说，实则《左氏》有以启之

朱大韶《左氏短丧说》曰："《晋书·杜预传》议曰：'周景王有后、世子之丧，既葬，除丧而宴。叔向不讥其除丧，而讥其宴乐，则是既葬应除，而违谅闇之节。'按：杜预短丧之说，固为名教罪人，实则《左氏》有以启之。诸传所载：文元年：'晋襄公既祥，朝王于温。'襄十五年：'十二月，晋悼公卒。十六年春，平公即位，改服，修官，烝于曲沃，会于溴梁。晋侯与诸侯宴，使诸大夫舞，歌诗必类。'传载其事，而无贬刺之文。昭十二年：'晋侯享诸侯，子产相郑伯，请免丧而后听命，晋人许之，礼也。六月，葬郑简公。'未葬而请

免丧，则既葬即除丧矣。以此为礼，此杜预所借口以诬世者也。襄九年：'五月，穆姜薨。冬十二月，同盟于戚。晋侯以公宴，问公年，曰："可以冠矣。"季武子对曰："君冠，必以祼享之礼行之，以金石之乐节之，以先君之祧处之。今寡君在行，请及兄弟之国而假备焉。"公还，及卫，冠于成公之庙，假钟磬焉，礼也。'按：《杂记》曰：'以丧冠者，虽三年之丧可也。既冠于次，哭踊者三，乃出。'此谓孤子当冠之年，因丧而冠，故《曾子问》曰：'除丧不改冠乎？'明不备礼。穆姜，襄公適祖母，承重三年。公年十二，未及冠，又因丧冠而用吉冠，此何礼也？文元年：'穆伯如齐，始聘焉，礼也。凡君即位，卿出并聘，践修旧好，要结外援，好事邻国，以卫社稷，忠信卑让之道也。'襄元年：'邾子来朝。冬，卫侯使公孙剽来聘。'《左氏》并曰：'礼也。凡君即位，小国朝之，大国聘焉，以继好结信，谋事补阙，礼之大者也。'二年：'春，王正月，葬简王。'昭十一年：'五月，齐归薨，大蒐于比蒲，非礼也。孟僖子会邾庄公，盟于祲祥，礼也。'按：《聘礼》于聘君曰：'宰入，告具于君，朝服出门左，南乡。'于所聘之君曰：'公皮弁，迎宾于大门内。'始即位必相聘，则两国之孤并须释服即吉。《礼经》又曰：'聘遭丧，入境，则遂。不郊劳，不筵几，不礼宾。遭夫人、世子之丧[①]，君不受，使大夫受于庙，其他如遭君丧。'此已入竟而遭所聘君之丧，非因即位而聘。又曰：'聘句，君若薨于后，

① "夫人"，原误作"大夫"，据《仪礼》及朱大韶文改。

入竟则遂。赴者未至,则哭于巷,衰于馆。赴者至,则衰而出。'云'入竟则遂',若未入竟,则反奔丧矣,岂有君丧未期而使大夫朝服出聘乎? 丧三年不祭,不以纯凶接纯吉也。烝、尝之礼尚不行,而要结外援,舍其本而末是图,此何礼也? 昭十年:晋平公既葬,诸侯之大夫送葬者欲因见新君,叔向辞曰:'大夫之事毕矣。而又命孤,孤斩焉在衰绖之中,其以嘉服见,则丧礼未毕;其以丧服见,是重受吊也。大夫将若之何?'皆无辞以对。引彼证此,自相乖刺,而郑《箴膏肓》曰:'《周礼》:邦交,世相朝。《左氏》合古礼。'按:父子相继曰世,非谓三年之中必相朝。依礼,三年丧毕,当先朝天子,不得诬《周官》。《丧服·斩衰章》一曰君。天王崩未葬,而诸侯自相朝,此何礼也? 君母之丧服斩。盟礼非皮弁即朝服,以大蒐为非礼,而以盟为礼,此何礼也? 文二年:'襄仲如齐纳币,礼也。凡君即位,好甥舅,修婚姻,取元妃以奉粢盛,孝也。孝,礼之始也。'按:《公羊》曰:'三年之内不图昏。'董子曰:'纳币之月在丧分,故谓之丧取。'而《箴膏肓》曰:'僖公母成风主昏,得权宜之礼。'按:礼为长子三年,无论成风不当主昏,即主昏亦须禫后。凡事可以权,三年之重无所谓权。郑此说,所谓'又从而为之辞'。《左氏》习于衰世之故,以非礼为礼。不知《春秋》所书,皆直书其事,不待贬绝而其恶自见者也。"锡瑞案:郑君云"《左氏》善于礼",实则《左氏》之所谓礼,多春秋衰世之礼,不尽与古礼合,故《左氏》亦自有矛盾之处。如以大蒐为非礼,载叔向辞诸大夫欲见新君,非不知吉凶不可并行，而于他处又以为礼。此矛盾之甚者。朱子曰："《左氏》说礼，皆是周末衰乱不经之礼，无足取者。"陈傅良谓："礼也者，盖鲁史旧文，未必皆合于《春秋》。"其说是也。郑《驳异义》谓"诸侯岁聘、间朝之属，说无所出，或以为文、襄之制"，则郑君亦知《左氏》之礼不可尽据，而《箴膏肓》又强为饰说，至以丧娶为合权宜，不亦谬乎！朱大韶驳《左氏》，可谓辞严义正。三年之丧在春秋时已不通行，故滕人有"鲁先君亦莫之行"等语。《左氏》序事之书，据事直书，不加褒贬，自是史家通例。其所云礼，为当时通行之礼，亦不必为《左氏》深咎。惟文元年穆伯如齐始聘、文二年襄仲如齐纳币、襄元年邾子来朝之类，乃《左氏》自发之凡。杜预且以凡例皆出周公，是周公已制短丧之礼，且制丧娶之礼矣。此则万无可解，即祖《左氏》者如沈钦韩等，亦无以申其说。必如刘逢禄以凡例为刘歆增窜，乃可以为《左氏》解也。文公丧娶在三年外，惟纳采、问名犹在三年之中，故《左氏》不以为非。公羊受经子夏，子夏作《丧服传》，讲丧礼最严，故《公羊》云"三年之内不图昏"。此《公羊》有师授、《左氏》无师授之一证。杜、孔乃曲为《左氏》解，以为文公纳采在为太子之时，此所谓"又从为之辞"，亦非《左氏》意也。

三十一、论《春秋》是经，《左氏》是史，必欲强合为一，反致信传疑经

《左氏》叙事之工、文采之富，即以史论，亦当在司马迁、班固之上，不必依傍圣经，可以独有千古。《史记》、

《汉书》,后世不废,岂得废《左氏》乎?且其书比《史》、《汉》近古,三代故实、名臣言行,多赖以存,如:纳鼎有谏,观社有谏,申繻名子之对,御孙别男女之贽,管仲辞上卿之飨,魏绛之述夏训、虞箴,郯子之言纪官,子革之诵《祈招》,且有齐虞人之守官,鲁宗人之守礼,刘子所云天地之中,子产所云天地之经,胥臣敬德之聚,晏子礼之善物。王应麟《汉制考序》尝历举之,顾栋高、陈澧皆引之,以为《左氏》之善矣。然《左氏》记载诚善,而于《春秋》之微言大义实少发明,则陆淳《春秋纂例》尝言之矣:“或问:无经之传,有仁义诚节、知谋功业、政理礼乐、谠言善训多矣,顿皆除之,不亦惜乎?答曰:此经,《春秋》也。此传,《春秋传》也。非传《春秋》之言[①],理自不得录耳,非谓其不善也。且历代史籍善言多矣,岂可尽入《春秋》乎?其当示于后代者,自可载于史书尔。今《左氏》之传见存,必欲耽玩文彩、记事迹者,览之可也。若欲通《春秋》者,即请观此传焉。”锡瑞案:陆氏自言其所作《集传》,不取《左氏》无经之传之义。治《春秋》者,皆当知此义,分别《春秋》是经、《左氏》是传,离之双美,合之两伤。经本不待传而明,故汉代《春秋》立学者止有《公羊》,并无《左氏》,而《春秋》经未尝不明。其后《左氏》盛行,又专用杜预《集解》,学者遂执《左氏》之说为《春秋》之义,且据杜氏之说为《左氏》之义,而《春秋》可废矣。分别《春秋》、《左氏》最明者,惟唐大中时

① “言”,原误作“旨”,据陆淳《春秋集传纂例》卷一改。

工部尚书陈商《立〈春秋左传〉学议》:"以孔子修经,褒贬善恶,类例分明,法家流也;左丘明为鲁史,载述时政,惜忠贤之泯灭,恐善恶之失坠,以日系月,修其职官,本非扶助圣言、缘饰经旨,盖太史氏之流也。举其《春秋》,则明白而有实[①];合之《左氏》,则丛杂而无征。杜元凯曾不思夫子所以为经,当与《诗》、《书》、《周易》等列[②];丘明所以为史,当与司马迁、班固等列。取二义乖刺不侔之语,参而贯之,故微旨有所不周,宛章有所未一。"此《议》载令狐澄《大中遗事》、孙光宪《北梦琐言》。陈商在唐代不以经学名,乃能分别夫子修经,与《诗》、《书》、《周易》等列,丘明作史,与《史记》、《汉书》等列,以杜预参贯经、传为非是,可谓卓识。其谓《左传》"非扶助圣言",即汉博士云"丘明不传《春秋》"之说也;非"缘饰经旨",即晋王接云"《左氏》自是一家言,不主为经发"之说也。经、史体例,判然不同。经所以垂世立教,有一字褒贬之文;史止是据事直书,无特立褒贬之义。杜预、孔颖达不知此意,必欲混合为一,又无解于经、传参差之故,故不能据经以正传,反信传而疑经矣。

三十二、论《公羊》、《左氏》相攻最甚,何、郑二家分左右袒,皆未尽得二《传》之旨

《公羊疏》云:"《左氏》先著竹帛,故汉时谓之古学。

---

① "实",原误作"识",据《北梦琐言》卷一改。

② "与",原误作"以",据《北梦琐言》卷一改。

《公羊》汉世乃兴,故谓之今学。是以许慎作《五经异义》,云‘古者,《春秋》左氏说;今者,《春秋》公羊说’,是也。”又引戴宏《序》云:“子夏传与公羊高,高传与其子平,平传与其子地,地传与其子敢,敢传与其子寿。至汉景帝时,寿乃共弟子齐人胡毋子都著于竹帛。”锡瑞案:戴宏汉人,其言当可信据。《左氏》书先出而不传口授之义,《公羊》书后出而实得口授之传,此汉所以立《公羊》而不立《左氏》也。汉今、古文家相攻击,始于《左氏》、《公羊》,而今、古文家相攻若仇,亦惟《左氏》、《公羊》为甚。四家《易》之于《费氏易》,三家《尚书》之于古文《尚书》,三家《诗》之于《毛诗》,虽不并行,未闻其相攻击。汉博士惟以《尚书》为备,亦未尝攻古文。惟刘歆请立《左氏》,则博士以“左丘明不传《春秋》”抵之;韩歆请立《左氏》,则范升以“《左氏》不祖孔子”抵之。郑众作《长义》十九条十七事,“论《公羊》之短,《左氏》之长”。贾逵作《长义》四十条,“云《公羊》理短,《左氏》理长”。李育读《左氏传》,“虽乐文采,然谓不得圣人深意”,作《难左氏义》四十一事[①]。何休与其师羊弼“追述李育意,以难二《传》,作《公羊墨守》、《左氏膏肓》、《穀梁废疾》”。郑康成针《膏肓》、发《墨守》、起《废疾》。隗禧谓:“《左氏》为相斫书,不足学。”钟繇谓:“《左氏》为大官,《公羊》为卖饼家。”各经皆有今、古文之分,未有相攻若此之甚者。盖他经虽义说不同,尚未大相反对,惟《左氏》与

① “义”,原脱,据《后汉书·李育传》补。

《公羊》不止义例不合，即事实亦多不符。《左氏》以文、宣为父子，昭、定为兄弟，《公羊》以文、宣为兄弟，昭、定为父子，鲁十二公伦序已大不同。《左氏》经作“君氏卒”，以为鲁之声子；《公羊》经作“尹氏卒”，以为周之世卿。所传之经，一字不同，而一以为妇人，一以为男子，乖异至此，岂可并立？平心而论，以《左氏》为相斫书，则诋之大过，亦由治《左氏》者专取莫敖采樵、栾枝曳柴之类有以致之。以《左氏》为大官，《公羊》为卖饼家，专以繁简详略言之，不关大义。郑众、贾逵《长义》不传。贾所举《左氏》深于君父，不可据，已见前。李育、羊弼书亦不传。何休《墨守》仅存一二，《废疾》得失互见，《膏肓》以《左氏》所载之文为《左氏》之罪，未知国史据事直书之例，且驳论多琐细，惟兵谏、丧娶数条于大义有关。郑《发墨守》亦仅存一二，《起废疾》亦得失互见，《鍼膏肓》多强说，以文公丧娶为权制，岂有丧娶可以从权者乎？《后汉书》于郑康成《针膏肓》下云“自是《左氏》大兴”，盖郑君虽先习《公羊》，而意重古学，常轩《左氏》而轻《公羊》，重其学者意有偏重，遂至《左氏》孤行。自汉以后，治《公羊》者如晋之王接、王愆期，已不多见。《北史·儒林传》云何休《公羊传》大行于河北，而其《传》载习《公羊》者止有梁祚一人，且《传》又云《公羊》、《穀梁》多不措意，则以为河北行《公羊》，似非实录。《唐志》《公羊疏》无撰人名氏，《崇文总目》或云徐彦，《郡斋读书志》引李献民说同。董逌《广川藏书志》亦称“世传徐彦，不知时代”，意其在贞元、长庆之后。王应麟《小学绀珠》谓："《公羊疏》，徐彦撰。"《宋志》直云"徐彦《公羊疏》三十卷"。严可均曰："不知何据。即徐彦，亦不知何代人。东晋有徐彦，与徐众同时，见《通典》九十五，又九十九有武昌太守徐彦《与征西桓温笺》。而《疏》中引及刘宋庾蔚之，则非东晋人。今世皆云唐徐彦，尤无所据，盖涉徐彦伯而讹耳。《疏》先设问答，与蔡邕《月令章句》相似，唐疏无此体例。所引书百三十许种[①]，最晚者郭璞、庾蔚之，余皆先秦、汉、魏。开卷疏'司空掾'，云'若今三府掾是也'。齐、梁、陈、隋、唐无此官制，惟北齐有之，则此《疏》北齐人撰也。"洪颐煊、姚范之说略同。王鸣盛以为即北史徐遵明，考其年代，似亦相近。惟据《北史》所载，遵明传郑《易》、《尚书》、三《礼》、服氏《春秋》，未闻传何氏《公羊》，其弟子亦无治《公羊》学者，则谓彦即遵明，尚在疑似之间。若以"葬桓王"一条同于杨士勋《穀梁疏》，谓徐袭杨《疏》，当在杨后，又安知杨士勋非袭徐《疏》乎？

三十三、论《春秋》必有例，刘逢禄、许桂林《释例》大有功于《公羊》、《穀梁》，杜预《释例》亦有功于《左氏》，特不当以"凡例"为周公所作

《礼记·经解》引孔子曰："属辞比事，《春秋》教也。"

① "三"，原误作"二"，据严可均《铁桥漫稿》卷八《书〈公羊疏〉后》改。

又曰:“《春秋》之失乱。”《经解》引此为夫子自道,是犹孟子两引孔子之语,皆圣人自发其作《春秋》之旨,最可凭信。古无“例”字,“属辞比事”即“比例”。《汉书·刑法志》师古曰:“比,以例相比况也。”《后汉书·陈宠传》注:“比,例也。”夫子以《春秋》口授弟子,必有比例之说,故自言“属辞比事”为《春秋》教。《春秋》文简义繁,若无比例以通贯之,必至人各异说而大乱不能理,故曰“《春秋》之失乱”。乱,由于无比例。是后世说经之弊,夫子已豫防之矣。何休《公羊解诂序》曰:“往者略依胡毋生《条例》,多得其正。”是胡毋生以《公羊传》著于竹帛,已为之作《条例》。董仲舒曰“《春秋》无达例”,则董子时《公羊春秋》已有例可知。胡毋生《条例》散见《解诂》,未有专书。何休《文谥例》仅见于《疏》所引。《公羊传条例》见于《七录》,今佚。刘逢禄作《公羊何氏释例》以发明之,其《释时月日例》引子思赞《春秋》上律天时,以为“《春秋》不待褒讥贬绝,以月、日相示,而学之者湛思省悟”,推阐甚精。《穀梁》时、月、日例更密于《公羊》,许桂林作《穀梁释例》以发明之,其有功于《穀梁》,与刘逢禄有功于《公羊》相等。范宁解《穀梁》亦有例,《四库提要》曰:“《自序》有‘商略名例’之句,疏称宁别有《略例》百余条,此本不载,然注中时有‘传例曰’字,或士勋割裂其文,散入注疏中欤?”陈澧曰:“杨《疏》有称范氏《略例》者,有称范《例》者,有称范氏《别例》者,皆即《略例》也。范氏注中已有例,又别为《略例》,故可称《别例》。杨《疏》所引二十余条,王仁圃《汉魏遗书抄》已抄出。”据此，则《公羊》、《穀梁》二家说《春秋》者皆有例矣。《左氏》之例始于郑兴、贾徽，其子郑众、贾逵各传家学，亦有条例。颍容已有《释例》，在杜预之前。《左氏传》本无日、月例，孔《疏》曰：“《春秋》诸事，皆不以日、月为例。其以日、月为义例者，唯卿卒、日食二事而已。”陈澧曰：“此说可疑，岂有一书内唯二条有例者乎？且日食不书日为官失之，其说通；大夫卒，公不与小敛，不书日，则不可通。孔巽轩云：‘九月，甲申，公孙敖卒于齐，公岂得与小敛乎？’此无可置辨矣。盖《左传》无日、月例，后人附益者以《公》、《穀》有之，故亦仿效而为此二条耳。”锡瑞案：二条为后人附益，固无可疑。即五十凡，亦未知出自何人。然郑、贾、颍已言例在前，则非杜预所创，特不当以旧例为周公所定耳。

三十四、论日、月、时正变例

胡安国曰：“《春秋》之文，有事同而辞同者，后人因谓之例，有事同而辞异，则其例变矣。是故正例非圣人莫能立，变例非圣人莫能裁。正例，天地之常经。变例，古今之通谊。惟穷理精义，于例中见法、例外通类者，斯得之矣。”案：《春秋》正变例以日、月、时为最著明。正例日则变例时，正例时则变例日，而月在时、日之间。《公羊》、《穀梁》说已详晰，而后人犹疑之者，以解者繁杂，未有简明之说以括之也。今据《春秋》之例，讨贼、侵伐常事，与不以日、月计者，皆例时。以月为变者，不以月计也。《春秋》以月计时事，以月分尊卑，除二者之外，遂不以日、月为例。《春秋》记事，大事记之详，如君、夫人葬薨，大夫卒，天王崩，外诸侯卒，大异，宗庙灾，祭事，盟，战，所关者大，重录之则详，故记其日；小事则从略，如来往，如致，朝聘，会遇，外盟，外战，一切小事，皆例时。大事日，小事时，一定之例也，亦记事之体应如是也。至于轻事而重之，则变时而日、月焉；重事而轻之，则变日而月、时焉。事以大小为准，例以时、日为正，一望而知者也。而月在时、日之中，为消息焉。凡月，皆变例。大事例日，如盟例日，而桓盟皆不日而月，变也。柯之盟时者，变之至也。此日为正，月为变，时为尤变之例也。小事例时，如外诸侯葬例时，月为变，日为变之甚。此时为正，月为变，日为尤变之例也。又如朝时也，变之则月，尤变则日；用币时也，谨之则日。因其事之小，知其日、月之为变。外诸侯卒例日，变之则月，尤变则时。因其事之大，知其月、时之为变。凡变，则有二等，以差功过浅深，故月皆变例。从时而日，从日而时，皆变之尤甚者。有条不紊，纲目明白。先儒因有记时分早暮二例，遂遍推之，则正例有三等，无以进退，而于二主之间又添一主，则正、变不明，端委朦混，治丝而棼，故使人疑之也。浅人以为经承旧史，或时，或月，或日，皆无义例，则断烂朝报可为确论矣。

三十五、论三《传》以后说《春秋》者亦多言例，以为本无例者非是

洪兴祖曰："《春秋》本无例，学者因行事之迹以为例，

犹天本无度，治历者因周天之数以为度。”锡瑞案：洪氏此说，比例正合。圣人作《春秋》，当时尝自定例与否，诚未可知，而学者观圣人之书，譬如观天，仁者见仁，知者见知，各成义例，皆有可通。治历者因周天之数以为度，不得以为非天之度。学者因行事之迹以为例，岂得以为非《春秋》之例乎？朱彝尊《经义考》论崔子方《本例》云[①]：“以例说《春秋》，自汉儒始。曰《牒例》，郑众、刘实也。曰《谥例》，何休也。曰《释例》，颍容、杜预也。曰《条例》，荀爽、刘陶、崔灵恩也。曰《经例》，方范也。曰《传例》，范宁也。曰《诡例》，吴略也。曰《略例》，刘献之也。曰《通例》，韩滉、陆希声、胡安国、毕良史也。曰《统例》，啖助、丁副、朱临也。曰《纂例》，陆淳、李应龙、戚崇增也。曰《总例》，韦表微、成元、孙明复、周希孟、叶梦得、吴澂也。曰《凡例》，李瑾、曾元生也。曰《说例》，刘敞也。曰《忘例》，冯正符也。曰《演例》，刘熙也。曰《义例》，赵瞻、陈知柔也。曰《刊例》，张思伯也。曰《明例》，王晳、王日休、敬铉也。曰《新例》，陈德宁也。曰《门例》，王镃、王炫也。曰《地例》，余嘉也。曰《会例》，胡箕也。曰《断例》，范氏也。曰《异同例》，李氏也。曰《显微例》，程迥也。曰《类例》，石公孺、周敬孙也。曰《序例》，家铉翁也。曰《括例》，林尧叟也。曰《义例》，吴迂也。而梁简文帝、齐晋安王子懋皆有《例苑》，孙立节有《例论》，张大亨有《例宗》，刘渊有《例义》，

① 按，下引文实见于朱彝尊《曝书亭集》卷三十四《涪陵崔氏〈春秋本例〉序》。

刁氏有《例序》。绳之以例，而义益纷纶矣。彦直崔子方字。谓：'圣人之书，编年以为体[①]，举时以为名，著日月以为例。'《春秋》固有例也，而日、月之例盖其本，乃列一十六门，而皆以日、月、时例之，亦一家之言云尔。"案：诸家书多不传，未能考其得失，惟陆淳《纂例》兼采三《传》，崔子方《本例》多本《公》、《穀》，能成一家之言。其后赵汸《春秋属辞》为最著，孔广森《公羊通义》本之，谓知《春秋》者惟赵汸一人。或谓赵汸、崔子方无三科九旨以统贯之，故其例此通而彼窒，左支而右绌。是二家之书亦未尽善。盖日、月例，《公》、《穀》已极详密，崔子方等更求详于《公》、《穀》之外，又不尽用《公》、《穀》之义，未免过于穿凿。然例虽未尽善，犹愈于全不言例者。全无例，则必失乱矣。后人矫言例者支离破碎之过，谓《春秋》本无例，例出后儒傅会。郑樵谓例非《春秋》之法。为此说者，非独不明《春秋》之义，并不知著书作文之体例矣。凡修史皆有例，《史记》、《汉书》自序，即其义例所在。后世修史，先定凡例，详略增损，分别合并，或著录，或不著录，必有一定之法。修州郡志亦然。即自著一部书，或注古人之书，其引用书传、编次子目，亦必有凡例，或自列于简端。即为人撰碑志墓铭，其述祖考、子孙、官爵、事实亦有例，故有《墓铭举例》、《金石三例》等书。惟日录、笔记，随手纪载，乃无义例。再下则胥吏之档案，市井之簿录耳。圣人作经以教万世，乃谓其全无例义，同于档案、簿录，

① "编"，原误作"总"，据《曝书亭集》卷三十四改。

比后儒之著书作文者犹不逮焉，诚不知何说也。

三十六、论啖助说《左氏》具有特识，说《公》、《穀》得失参半，《公》、《穀》大义散配经文，以传考之，确有可征

《春秋》杂采三《传》[①]，自啖助始。《三传得失议》曰："古之解说，悉是口传。自汉以来，乃为章句。如《本草》皆后汉时郡国，而题以神农；《山海经》广说殷时，而云夏禹所记。自余书籍，比比甚多。是知三《传》之义本皆口传，后之学者乃著竹帛，而以祖师之目题之。予观《左氏传》，自周、晋、齐、宋、楚、郑等国之事最详。晋则每一出师，具列将佐；宋则每因兴废，备举六卿。故知史策之文，每国各异。左氏得此数国之史，以授门人，义则口传，未形竹帛。后代学者乃演而通之，总而合之，编次年月以为传记，又广采当时文籍，故兼与子产、晏子及诸国卿佐家传，并卜书、梦书及杂占书、纵横家、小说、讽谏等杂在其中。故叙事虽多，释意殊少，是非交错，混然难证。其大略皆是《左氏》旧意，故比余传，其功最高，博采诸家，叙事尤备，能令百代之下，颇见本末，因以求意，经文可知。又况论大义，得其本源，解三数条大义，亦以原情为说[②]，欲令后人推此以及余事。而作传之人不达此意，妄有附益，故多迂诞。又《左

① "春秋"上，当有"治"字。

② "亦"，原误作"不"，据陆淳《春秋集传纂例》卷一改。

氏》本未释者，抑为之说，遂令邪正纷糅，学者迷宗也。《公羊》、《穀梁》初亦口授，后人据其大义，散配经文，原注：《传》中犹称"穀梁子曰"，是其证也。故多乖谬，失其纲统。然其大指亦是子夏所传，故二《传》传经，密于《左氏》。《穀梁》意深，《公羊》辞辨，随文解释，往往钩深。但以守文坚滞，泥难不通，比附日月，曲生条例，义有不合，亦复强通，踳驳不伦，或至矛盾，不近圣人夷旷之体也。夫《春秋》之文，一字以为褒贬，诚则然矣，其文亦有文异而义不异者。原注："详内以略外"、"因旧史之文"之类是也。二《传》穿凿，悉以褒贬言之，是故繁碎甚于《左氏》。《公羊》、《穀梁》又不知有'不告则不书'之义，凡不书者，皆以义说之。且列国至多，若盟会、征伐、丧纪，不告亦书，则一年之中可盈数卷，况他国之事，不凭告命，从何得书？但书所告之事，定其善恶，以文褒贬耳。《左氏》言褒贬者，又不过十数条，其余事同文异者亦无他解，旧解皆言从告及旧史之文。若如此论，乃是夫子写鲁史，何名修《春秋》乎？予故谓二者之说俱不得中。"锡瑞案：啖氏《春秋》之学非专家，故所说有得有失。其说《左氏》具有特见，说《公》、《穀》则得失参半。谓三《传》皆后学著竹帛，"而以祖师之目题之"，与《公羊》徐疏同。徐疏惟言《公羊》、《穀梁》，啖氏并言《左氏》，亦以为门人乃著竹帛，且有附益。故啖氏兼取三《传》，而不尽信三《传》也。啖氏不云左氏非丘明，但云《传》非丘明自作，比赵匡之论为更平允。谓《公》、《穀》得子夏口授，"后人据其大义，散配经文"，所见尤精。既云"二《传》传经密于

《左氏》”，不得疑其繁碎。《春秋》之旨数千，圣人详示后人，无所谓不夷旷，若其矛盾穿凿，正由散配经文时致误，与《左氏》之徒附益迂诞正相等耳。《公》、《穀》释经虽密，亦或有经无传，经所书者，间无其说，不书者以义说之，实所罕见。啖氏知“不告则不书”，不知《春秋》即告者亦多不书。圣人笔削，大率笔者一而削者十。若从旧史、赴告全录，则一年之中亦可盈卷矣。以“夫子写鲁史，何名修《春秋》”，驳《左氏》家经承旧史，尤为明快。知啖氏云《公》、《穀》大义散配经文之说是者，如“君子大居正”一条，《公羊》以之说宋宣，《穀梁》以之说鲁隐，是二家据《春秋》“大居正”之大义散配经文，而参差不同之明证也。《公羊传》“《春秋》有讥父老子代从政者，未知其为齐与、曹与”，是《公羊》家据《春秋》“讥世子”之大义散配经文，而未知其属齐世子、属曹世子，游移莫决之明证也。明乎此，则于传义之可疑者，不必强通。啖氏见及此，可谓卓识矣。

三十七、论啖、赵、陆不守家法，未尝无扶微学之功，宋儒治《春秋》者皆此一派

三《传》专门之学，本不相通，而何休《解诂序》云：“援引他经，失其句读。”疏云：“三《传》之理，不同多矣，群经之义[①]，随经自合。而颜氏之徒既解《公羊》，乃取他经为

① “经”上，原衍“群”，据《春秋公羊传注疏》删。

义，犹贼党入门，主人错乱，故曰'失其句读'。"据此，则汉之治《公羊》者，未尝不兼采三《传》也。杜预《集解序》云："古今言《左氏春秋》者多矣，肤引《公羊》、《穀梁》，适足自乱。"孔疏云："《公羊》、《穀梁》口相传授，因事起问，意于《左氏》不同，故引之以解《左氏》，适足以自错乱也。"《疏序》又云："郑众、贾逵、服虔、许惠卿之等，各为诂训，然杂取《公羊》、《穀梁》以释《左氏》。"据此，则汉之治《左氏》者，未尝不兼采三《传》也。范武子《穀梁集解序》兼及《左氏》、《公羊》，尤为显著。惟诸人兼采三《传》，仍是专主一家，间取二家之说，裨补其义。晋刘兆作《春秋调人》三万言[①]，又为《左氏传》解，"名曰《全综》，《公羊》、《穀梁》解诂皆纳经、传中[②]，朱书以别之"，似已合三《传》为一书，而其书不传。今世所传合三《传》为一书者，自唐陆淳《春秋纂例》始。淳本啖助、赵匡之说，杂采三《传》，以意去取，合为一书，变专门为通学，是《春秋》经学一大变。宋儒治《春秋》者皆此一派，如孙复、孙觉、刘敞、崔子方、叶梦得、吕本中、胡安国、高闶、吕祖谦、张洽、程公说、吕大圭、家铉翁，皆其著者，以刘敞为最优，胡安国为最显。刘敞《春秋传》本啖、赵、陆之法，删改三《传》，合为一传。陈澧纠其删改不当："如'郑伯克段于鄢'，录《左传》而改之云：'太叔出奔，公追而杀诸鄢。'既信《公》、《穀》杀段之说，乃录《左传》而删改之。此孔冲远所谓方凿圆枘者。"胡安国《春秋传》杂采三

① "三万言"，今《晋书·儒林传》作"七万余言"。

② "公羊"上，原衍"作"，据《晋书·儒林传》删。

《传》,参以己意。朱子已驳其王不称天、以宰咺为冢宰、桓公不书秋冬、贬滕称子之类。其说有本于《公》、《穀》者;有胡氏自为说,出《公》、《穀》之外者。盖宋人说《春秋》,本啖、赵、陆一派,而不如啖、赵、陆之平允。邵子曰:"《春秋》三传之外,陆淳、啖助可以兼治。"程子称其绝出诸家,有攘异端、开正途之功。朱子曰:"赵、啖、陆淳皆说得好。"吴澄曰:"唐啖助、赵匡、陆淳三子,始能信经驳传,以圣人书法纂而为例,得其义者十七八。自汉以来,未闻或之先也。"案:吴氏极推三子得圣人之义[①],胜于汉儒之不合不公。盖自唐、宋以后,《春秋》无复专门之学,故不知专门之善,而反以为非。后儒多归咎于昌黎三《传》束阁之言,见昌黎赠玉川子卢仝诗。诋啖、赵、陆不守家法,而据啖子曰"今《公羊》、《穀梁》二传殆绝,习《左氏》者皆遗经存传",则其时《春秋》之学不讲可知。唐开元八年,国子司业李元瓘上言"《公羊》、《穀梁》殆绝";十六年,杨瑒为国子祭酒,奏言"今明经习《左氏》者十无二三,《公羊》、《穀梁》殆将绝废"。啖氏正当其时,于经学废坠之余,为举世不为之事,使《公》、《穀》二传复明于世,虽不守家法,不得谓其无扶微学之功也。

三十八、论《公》、《穀》传义,《左氏》传事,其事亦有不可据者,不得以亲见国史而尽信之

自啖助斟酌三《传》,各取其长,云:"《左氏》叙事尤

① "三",原误作"二",据上引吴澄之语改。

备，能令百代之下，颇见本末，因以求意，经文可知。二《传》传经，密于《左氏》。《穀梁》意深，《公羊》辞辨。”宋人推衍其说，胡安国曰：“事莫备于《左氏》，例莫明于《公羊》，义莫精于《穀梁》。”叶梦得曰：“《左氏》传事不传义，是以详于史而事未必实。《公羊》、《穀梁》传义不传事，是以详于经而义未必当。”朱子曰：“《左氏》是史学，《公》、《穀》是经学。史学者，记得事却详，于道理上便差。经学者，于义理上有功，然记事多误。”又曰：“左氏曾见国史，考事颇精，只是不知大义，专去小处理会，往往不曾讲学。公、穀考事甚疏，然义理却精，二人乃是经生，传得许多说话，往往不曾见国史。”吕大圭曰：“左氏熟于事，公、穀深于理。盖左氏曾见国史，而公、穀乃经生也。”吴澄曰：“载事则《左氏》详于《公》、《穀》，释经则《公》、《穀》精于《左氏》。”锡瑞案：诸说皆有所见，朱子之说尤晰。惟兼采三《传》，亦必有啖、赵诸人之学识，方能别择，初学不守家法，必至茫无把握，而陷于“《春秋》之失乱”。《公》、《穀》精于义，《左氏》详于事，诚如诸儒之说。《春秋》重义不重事。治《春秋》者，当先求《公》、《穀》之义，而以《左氏》之事证之，乃可互相发明，不至妄生疑难。即啖助云“因以求意，经文可知”之说。若但考《左氏》之事，不明《春秋》之义，将并传之不可信者而亦信之，必至如杜预、孔颖达诸人从传驳经，非圣无法，正犹齐人知有孟尝君而不知有王、秦人知有穰侯而不知有王矣。引《左氏》之事，以证《春秋》之义，可也；据《左氏》之义，以为《春秋》之义，不可也。《左氏》不传《春秋》，本无义例。刘歆治《左氏》，引传文以解经，始有章句、义理。杜预排斥二《传》，始专发《左氏》义。刘歆、杜预之义明，而孔子《春秋》之义隐。《左氏》凡例、书法、君子曰，前人已多疑之。陆淳已驳弑君、灭国、薨赴以名之例矣。朱子曰："《左传》君子曰最无意思。因举'芰夷蕴崇之'一段，是关上文甚事？""左氏是一个审利害之幾、善避就底人[①]，所以其书有贬死节等事。指孔父、荀息诸人。《左氏》亦无贬诸人明文，惟论荀息有君子曰。其间议论有极不是处，如周、郑交质之类，是何议论？此是实事，史官据事直书，却不碍。其曰：'宋宣公可谓知人矣。立穆公，其子飨之，命以义夫。'只知有利害，不知有义理。此段不如《穀梁》说'君子大居正'[②]，却是儒者议论。"案：朱子说是也。且殇公立而被弑，所谓"其子飨之"安在？非但不明义理，并不合事实。《左氏》于叙事中搀入书法，或首尾横决，文理难通。如"郑伯克段于鄢"，传文"太叔出奔共"下，接"书曰郑伯克段于鄢"，至"不言出奔，难之也"云云，乃曰"遂置姜氏于城颍"，"遂"字上无所承，文理鹘突。若删去"书曰"十句，但云"太叔出奔共，遂置姜氏于城颍"，则一气相承矣。其他"书曰"、"君子曰"亦多类此，为后人搀入无疑也。诸儒多云"左氏亲见国史，事必不误"，亦未尽然，姑举一二证之。如昭七年"春，王正月，暨齐平"，杜解曰："暨，与也。燕与齐平。前年冬，齐伐燕，间无异事，故不重言燕，从可

① "氏"，原误作"传"，据《朱子语类》卷八十三改。

② 按，主张"君子大居正"的是《公羊传》，朱子此说有误。

知。”孔疏曰：“此直言‘暨齐平’，不知谁与齐平。《穀梁传》云‘以外及内曰暨’，谓此为鲁与齐平。贾逵、何休亦以为鲁与齐平。许惠卿以为燕与齐平。服虔云：襄二十四年‘仲孙羯侵齐’，二十五年‘崔杼伐我’，自尔以来，齐、鲁不相侵伐。且齐是大国，无为求与鲁平。此六年‘冬，齐侯伐北燕，将纳简公’，齐侯贪贿而与之平，故传言‘齐求之也’。‘齐次于虢’，‘燕人行成’，其文相比，许君近之。案经例，即燕与齐平，当书燕；鲁与诸侯平，皆言暨。下‘三月，公如楚，叔孙婼如齐涖盟’，公不在国，故齐无来者。据经言之，贾君为得，杜则从许说也。”案：疏举经例甚明，当从《公》、《穀》，而《左氏》本年传明云“齐、燕平之月”，则《左》实以为燕与齐平。贾解《左氏》，仍从《公》、《穀》。孔疏云贾逵杂采《公》、《穀》，此其一证。许、服、杜则以《左》解《左》，然《左》实与书法不合。亲见圣人、亲见国史者，何以有此误乎？《左氏传》卫宣公烝于夷姜，生急子，为之妻于齐而美，公妻之，生寿及朔。夫宣公烝庶母，必在即位之后；生子能妻，必十六七年；公妻之，生寿及朔，朔能谮兄，寿能代死，必又十六七年。而卫人立晋在隐四年，宣公卒在桓十三年[①]，共止二十年，如何能及？若谓烝夷姜在即位前，桓公不应容其弟浊乱宫闱，石碏未必立此秽德彰闻之公子。《史记》云“爱夫人夷姜”，不云烝淫，则《左氏》未可信。洪迈谓：“十九年之间，如何消破？此最为难晓也。”晋献公烝齐姜，近人

① 按，卫宣公卒于鲁桓公十二年，皮氏下文说“共止二十年”有误。

亦有疑之者。蘧伯玉、延陵季子皆年近百，而服官帅师，事亦可疑。是《左氏》之事，亦不尽可信也。朱子曰"《左氏》所传《春秋》事恐八九分"，是亦不尽信《左氏》。《公羊传》惟季姬使鄫子请己、单伯淫子叔姬、叔术妻嫂事有可疑。董子《繁露》于此数事皆无说，或以不关大义，或亦疑而不信。学者于此等处阙疑可也。《解诂》是章句，不得不解传。《繁露》说大义，故于此数条皆无说。学者亦不必强说。

三十九、论刘知幾诋毁《春秋》并及孔子，由误信杜预、孔颖达，不知从《公》、《穀》以求圣经

说《春秋》者，唐刘知幾为最谬。其作《史通》，有《惑经》、《申左》二篇，诋毁《春秋》，并诋孔子，曰："善恶必书，斯为实录。观夫子修《春秋》也，多为贤者讳。狄实灭卫，因桓耻而不书；河阳召王，成文美而称狩。斯则情兼向背，志怀彼我。哀八年及十三年，公再与吴盟，而皆不书。桓二年公及戎盟，则书之。戎实豺狼，非我族类。夫非所讳而仍讳，谓当耻而不耻，求之折衷，未见其宜。如鲁之隐、桓戕弑，昭、哀放逐，姜氏淫奔，子般夭酷，斯则邦之孔丑，讳之可也。如公送晋葬，公与吴盟，为齐所止，为邾所败，盟而不至，会而后期，并讳而不书，岂非烦碎之甚？"锡瑞案：刘氏但晓史法，不通经义，专据《左氏》，不读《公》、《穀》，故不知《春秋》为尊亲讳，其书不书皆有义例，非可以史法"善恶必书"绳之。《左氏传》云：孙、宁出君，"名藏

在诸侯之策，曰：‘孙林父、宁殖出其君。’”夫子以为臣出君，不可训，故更之曰“卫侯衎出奔齐”，以君自出为文。“天王狩于河阳”，其义亦然。《左氏》引“仲尼曰：以臣召君，不可以训”，是隐讳之义，《左氏》亦知之。而续经云“齐陈恒执其君，寘于舒州”，则与《春秋》不书孙、宁出君之义相背。是《左氏》于《春秋》隐讳之旨半明半昧，刘氏则全不知。夫吴为伯主，故耻不书；公及戎盟，本无庸讳。且及戎盟，隐、桓二年凡两见，刘举桓而失隐，知其读《春秋》不熟矣。刘氏又曰：“齐、郑及楚国有弑君，各以疾赴，遂皆书卒。反不讨贼，药不亲尝，遂皆被以恶名，播诸来叶。”案：刘氏此说，亦由不解隐讳之义。郑伯髡原如会，卒于操，《公羊传》明以为隐，以为弑，以为为中国讳。楚子卷、齐侯阳生卒，《公羊》无说，《左氏》亦但于郑伯之卒，云以疟疾赴于诸侯。楚郏敖、齐悼公，《左氏》以为弑，而不云以疾赴。刘云“各以疾赴”，不知何据。“反不讨贼”，本晋史之旧文；“药不亲尝”，由君子之听止。是二君之弑，初非夫子所加，夫子特因旧文书之，以著忠臣孝子之义。若齐、郑、楚三君，其国无董狐之直笔，国史本不书弑，夫子岂得信传闻之说，遽加人以弑逆之罪乎？至郑伯隐讳，又是一义。刘氏不明其义，而并为一谈，斯惑矣。鲁桓弑隐，但书“公薨”。刘氏以为：“董狐、南史，各怀直笔。孟子言孔子成《春秋》而乱臣贼子惧，无乃乌有之谈？”不知南、董非崔、赵之臣，故可直书；孔子是鲁臣，于其先君篡弑，不可直书。刘氏在唐，曾为史官，试问其于唐代之事，能直书无隐否？乃以此惑圣经，并疑孟子之言为乌有，固由读书粗疏，持论犷悍，亦由误信杜预、孔颖达，不知从《公》、《穀》以求圣经也。

四十、论刘知幾据竹书以诋圣经，其惑始于杜预，唐之陆淳、刘贶已驳正其失

且刘氏受惑之处，非直此也。曰："案：汲冢竹书《晋春秋》及《纪年》之载事也，如重耳出奔，惠公见获，书其本国，皆无所隐。唯鲁《春秋》之纪其国也，则不然。何者？国家事无大小，苟涉嫌疑，动称耻讳。又案：晋自鲁闵公以前，未通于上国，至僖二年灭下阳已降，渐见于《春秋》。盖始命行人，自达于鲁也。而《琐语·春秋》载鲁国闵公时事，言之甚详。斯则闻见必书，无假相赴者也。盖当时国史，他皆仿此。至于夫子所修也，则不然。凡书异国，皆取来告，苟有所告，虽小必书；如无其告，虽大必阙。寻兹例之作也，盖因周礼旧法，鲁策成文。夫子既撰不刊之书，为后王之则，岂可仍其过失而不中规矩乎？又案：古者国有史官，具列时事。观汲坟出记，皆与鲁史符同。至于周之东迁，其说稍备；隐、桓已上，难得而详。此之烦省，皆与《春秋》不别。又获君曰止，诛臣曰刺，杀其大夫曰杀，'执我行人'，'郑弃其师'，'陨石于宋五'，诸如此句，多是古史全文。则知夫子之所修者，但因其成事，就加雕饰，仍旧而已，有何力哉！"锡瑞案：刘氏据《左传》而疑经，谓经全

因旧史，已是大惑；又据竹书而疑经，谓经何以不改旧史，更滋其惑。而其惑实始于杜预。杜预《春秋集解后序》论汲冢书云："其著书文意，大似《春秋》经，推此足见古者策书之常也[①]。文称'鲁隐公及邾庄公盟于姑蔑'，即《春秋》所书邾仪父'未王命，故不书爵，曰仪父，贵之也'。又称'晋献公会虞师伐虢，灭下阳'，即《春秋》所书'虞师、晋师灭下阳'，'先书虞，贿故也'。又称'周襄王会诸侯于河阳'，即《春秋》所书'天王狩于河阳'，'以臣召君，不可以训'也。诸若此辈甚多，略举数条，以明国史皆承告据实而书时事，仲尼修《春秋》，以义而制异文也。"胡渭曰："《竹书纪年》文意简质，虽颇似《春秋》经，然此书乃战国魏哀王时人所作，往往称谥以记当时之事，如'鲁隐公及邾庄公盟于姑蔑'，'晋献公会虞师伐虢，灭下阳'，'周襄王会诸侯于河阳'，明系春秋后人约《左传》之文，仿经例而为之，与身为国史、承告据实书者不同。杜氏《后序》则谓'推此足见古者国史策书之常'，不亦过乎？"案：胡氏此说足解杜氏之惑，即足解刘氏之惑。《春秋》传于子夏。子夏退老西河，为魏文侯师，魏人必有从之受《春秋》者。《纪年》作于魏哀王时，距孔子作《春秋》已百年，其书法明是仿《春秋》。杜氏乃疑古史书法本然，孔子《春秋》是依仿此等书为之，而益坚其经承旧史、史承赴告之说。不思著书年代先后具有明征，但有后人袭前人，

① "策"上，杜预《春秋集解后序》本有"国史"二字。

未有前人袭后人者。孔子作《春秋》在百年前，魏人作《纪年》在百年后，犹之《史记》在《汉书》前，《三国志》在《后汉书》前，若有谓史公袭班书，陈寿袭范书，人未有不哑然笑者。杜氏之惑，何异于是？陆淳《春秋纂例》尝言之矣："或曰：若左氏非受经于仲尼，则其书多与汲冢《纪年》符同，何也？答曰：彭城刘惠卿名贶。著书云：'《纪年》序诸侯列会皆举其谥，知是后人追修，非当世正史也。至如"齐人歼于遂"，"郑弃其师"，皆夫子褒贬之意，而竹书之文亦然。其书"郑杀其君某"，因释曰是子亹；"楚囊瓦奔郑"，因曰是子常，率多此类。别有《春秋》一卷，全录《左氏传》卜筮事，无一字之异。故知此书按《春秋》经传而为之也。'刘之此论当矣。且经书'纪子伯、莒子盟于密'，《左氏》经改为'纪子帛'，传释云'鲁故也'，以为是纪大夫裂繻之字，缘为鲁结好，故褒而书字，同之内大夫，序在莒子上。此则鲁国褒贬之意，而竹书自是晋史，亦依此文而书，何哉？此最明验[①]。其中有'郑庄公杀公子圣'，《春秋》作"段"。'鲁桓公、纪侯、莒子盟于区蛇'，如此等数事，又与《公羊》同。其称今王者，魏惠成王也。此则魏惠成王时史官约诸家书，追修此纪，理甚明矣。观其所记，多诡异鄙浅，殊无条例，不足凭据而定邪正也。"案：刘贶、陆淳皆唐人，曾见《纪年》全书，其说可凭。陆年辈后于刘知幾，其说正可驳刘。以"齐人歼于遂"、"郑

① "最"，原误作"是"，据陆淳《春秋集传纂例》卷一改。

弃其师"为夫子褒贬之特笔，远胜刘说以为出《琐语·晋春秋》矣。陆通经学，刘不通经，故优劣判然也。

四十一、论《春秋》家、《左传》家当分为二，如刘知幾说

刘知幾说《春秋》虽谬，犹知《春秋》、《左传》之分。其论史体六家，一曰《尚书》家，二曰《春秋》家，三曰《左传》家，四曰《国语》家，五曰《史记》家，六曰《汉书》家。前二家经也，后二家史也，中二家《左传》、《国语》，则在经、史之间。是刘知幾犹知《春秋》家与《左传》家体例不同，当分为二，不当合为一也。古经、传皆别行，据《汉书·艺文志》与《左传序》孔疏，具有明证。熹平石经《公羊春秋》有传无经。汉时专主《公羊》，故直以《公羊》为《春秋》。后世孤行《左传》，又直以《左传》为《春秋》。《公羊》字字解经，经、传相附，以《公羊》为《春秋》，可也。《左氏》本不解经，经、传不相附，或有经无传，或有传无经，以《左氏》为《春秋》，不可也。唐人作《五经正义》，《春秋》主《左氏传》，《公羊》、《穀梁》虽在中经、小经之列[①]，而习此二经者殆绝。唐时如啖、赵、陆兼通三《传》者甚少，如陈商能分别《春秋》是经、《左氏》是史者，更别无其人矣。宋人刊《十三经注疏》，《公》、《穀》称《公羊》、《穀梁》，《左氏》称《春

① 按，据《新唐书·选举志》，《公羊》、《穀梁》均为小经。

秋左传》，明以《春秋》专属《左氏》，而屏《公》、《穀》于《春秋》之外。夫以《公》、《穀》之字字解经者，不以《春秋》属之，《左氏》之本不解经者，独以《春秋》属之，宜乎学者止知有《左氏传》，不知有《春秋》经，圣人之作经为万世法者，付之若存若亡之列。洪迈《容斋续笔》有"绍圣废《春秋》"一条云："五声本于五行而徵音废，四渎源于四方而济水绝，《周官》六典所以布治而司空之书亡，是固出于无可奈何，非人力所能为也。乃若六经载道，而王安石欲废《春秋》。绍圣中，章子厚作相，蔡卞执政，遂明下诏罢此经，诚万世之罪人也。"如洪氏说，彼悍然废《春秋》者罪诚大矣，然亦岂非唐、宋以来不尊《春秋》有以阶之厉乎？宋人以《春秋》专属《左传》，由于唐作正义但取《左传》。汉人以《礼经》专属《仪礼》，而唐作正义但取《礼记》，故后世以《礼记》取士，论者讥其舍经用传。《礼记》体大物博，虽有解《仪礼》数篇之义，而非尽解《仪礼》，不得全谓之传。若《左氏》，明明《春秋》之传，传又不与经合，而后世《左氏》孤行，舍经用传，较之舍《仪礼》而用《礼记》者，盖有甚焉。王应麟《困学纪闻》先列《春秋》，继以《左传》、《公羊》、《穀梁》，分别尚晰。学者当知如此分别，则经、传部居不紊，不得以《春秋》专属《左氏》，而竟以《左氏》冒《春秋》。后之治《左氏》者，能诠择经义，解说凡例，可附于《春秋》家。若专考长历、地名、人名、事实，或参以议论者，止可入《左氏》家，以与圣经大义无关，止可谓之史学，不得谓之经学也。

四十二、论孔子作《春秋》，增损改易之迹可寻，非徒因仍旧史

陈寿祺曰："窃观孟子言'孔子作《春秋》'，'作'之云者，虽据旧史之文，必有增损改易之迹。不修《春秋》曰：'雨星不及地尺而复。'君子修之曰：'星陨如雨。'诸侯之策曰：'孙林父、宁殖出其君。'孔子书之曰：'卫侯衎出奔齐。'晋文公召王而朝之，孔之曰：'以臣召君，不可以训。'故书曰：'天王狩于河阳。'鲁《春秋》去夫人之姓曰吴，其卒曰孟子卒。孔子书'孟子卒'，而不书夫人吴。此其增损改易之验见于经典者也。华督得罪于宋殇公，'名在诸侯之策'。晋董狐书曰：'赵盾弑其君。'齐太史书曰：'崔杼弑其君。'鲁《春秋》记晋丧曰：'弑其君之子奚齐，及其君卓。'孔子于《春秋》皆无异辞。此循旧而不改之验也。太子独记'子同生'，而不及子赤、子野、襄公，则知此为《春秋》特笔，以起不能防闲文姜之失。妾母独录惠公仲子、僖公成风，而略于敬嬴、定姒、齐归，则知此亦《春秋》特笔，以著公妾立庙称夫人之始。'有年'，'大有年'，惟见桓三年及宣十六年，盖承屡祲之后，书以示幸。王臣书氏，惟见隐三年及昭二十三年、二十六年，盖兆世卿之乱王室，书以示讥。则其他之删削者夥矣。外大夫奔书字，惟见文十四年宋子哀，盖褒其不失职。外大夫见杀书字，惟见桓二年孔父，盖美其死节。公子季友、公弟叔肸称字，季子、高子称

子，所以嘉其贤。齐豹曰盗，三叛人名，所以斥其恶。公薨以不地见弑，夫人以尸归见杀，师以战见败，公夫人奔曰孙，内杀大夫曰刺，天王不言出，凡伯不言执，与王人盟不言公，皆《春秋》特笔也。是知圣人修改之迹，不可胜数。善善恶恶，义踰衮钺，然后是非由此明，功罪由此定，劝惩由此生，治乱由此正。故曰：'《春秋》，天子之事。'苟徒因仍旧史，不立褒贬，则诸侯之策当时未始亡也，孔子何为作《春秋》？且使《春秋》直写鲁史之文，则孟子何以谓之作？则知我、罪我安所征，乱臣贼子安所惧？"锡瑞案：陈氏引《春秋》书法，兼采三《传》，求其增损改易之迹，可谓深切著明。即此足见《左氏》家经承旧史、史承赴告，其说近是而实不是。孔子作《春秋》，非可凭空结撰，其承旧史是应有之事。鲁史亦非能凭臆捏造，其承赴告亦是应有之事。《左氏》家说本非全然无理，特后人视之过泥，持之太坚，谓《春秋》止是抄录旧文，尚不如《汉书》之本《史记》，《后汉书》之袭《三国志》，新《五代史》、《唐书》之因旧《五代史》、《唐书》，犹有增损改易之功，则《春秋》一书，于鲁史为重台，于《左传》为疣赘，宋人废之，诚不为过矣，而《春秋》经岂若是乎！

四十三、论宋五子说《春秋》有特见，与孟子、《公羊》合，足正杜预以后之陋见谬解

宋五子于《春秋》无专书，而说《春秋》皆有特见。周

子曰:“《春秋》正王道,明大法也,孔子为后世王者而修也。乱臣贼子诛死者于前,所以惧生者于后。”邵子曰:“《春秋》者,孔子之刑书也。功过不相揜,圣人先褒其功而贬其罪,故罪人有功,亦必录之。”程子曰:“夫子作《春秋》,为百王不易之大法。斯道也,惟颜子尝闻之矣:‘行夏之时,乘殷之辂,服周之冕,乐则《韶舞》。’此其准的也。后世以史视《春秋》,谓褒善贬恶而已,至于经世之大法,则不知也。《春秋》大义,炳如日星,乃易见也。惟其微辞隐义、时措咸宜者,为难知也。或抑或纵,或予或夺,或进或退,或微或显,而得乎义理之安,文质之中,宽猛之宜,是非之公,乃制事之权衡,揆道之模范也。”张子曰:“《春秋》之书,在古无有,乃仲尼所自作,惟孟子为能知之。”朱子曰:“孔子作《春秋》,当时亦须与门人讲说,所以公、穀、左氏得一个源流,只是渐渐讹舛。当初若是全无传授,如何凿空撰得?”又曰:“三家皆非亲见孔子,左氏不必解是丘明。”又曰:“杜预每到不通处,不云传误云经误,可怪,是何识见!”锡瑞案:《春秋》始误于杜预,而极谬于刘知幾,当以宋五子之说正之,其说与孟子、《公羊》之旨合。周子曰“《春秋》正王道,明大法”,非即“素王改制”之旨乎?曰“孔子为后世王者而修”,非即“为汉定道”之旨乎?邵子曰“《春秋》者,孔子之刑书”,非即“贬天子,退诸侯,讨大夫,以达王事”之旨乎?曰“功过不相揜”,非即“善善从长”之旨乎?程子曰“作《春秋》,为百王不易之大法”,非即“作《春秋》,垂空言以断礼义,当一王之法”之旨乎?引

"行夏之时"四语为证,非即"损益四代,变周之文,从殷之质"之旨乎?张子曰"《春秋》之书,在古无有",岂得如杜预云周公已有《春秋》凡例乎?曰"乃仲尼所自作",岂得如杜预云孔子多抄鲁史旧文乎?朱子曰"孔子作《春秋》,与门人讲说",即"七十子之徒口受其传旨"之意,而《史记》以"鲁君子左丘明"列七十子口受传旨之外,则丘明不得口受,不当如刘歆轻口说而重传记矣。曰"三家皆非亲见孔子",公、穀皆子夏弟子,未必亲见孔子;而作传之丘明与《论语》之丘明是一是二,古无明文,不必如刘歆云"丘明亲见圣人"、荀崧云"丘明造膝亲受"矣。程子云"后世以史视《春秋》,谓褒善贬恶而已,至于经世之大法,则不知也",尤道尽杜预以后诸儒之陋见谬解。"《春秋》经世",庄子尝言之矣。其义,在孟子云"天子之事",《公羊》云"素王改制",其大者在三科九旨。杜预以后,不明此义,其高者以为惩恶劝善,仅同良史直书;其下者以为录旧增新,不过抄胥校对。其失由于专据《左氏》,不治《公》、《穀》,于孔子所以为后王立法以驯致太平者,全未梦见;孟子所称为天下一治、功可继群圣者,亦不致思。宋五子非《春秋》专门,未必深求《公》、《穀》二传,乃独能知微言大义,不惑于杜预诸人浅陋之见,由其学识超卓,亦由此心此理之同,与古人不谋而合也。程子曰"大义炳如日星",朱子已引"成宋乱"、"宋灾故"之类以证之。至于微辞奥义、时措咸宜,程、朱以为难知者,学者能研求《公》、《穀》二传,当知之矣。

四十四、论“断烂朝报”之说不必专罪王安石，朱子疑胡《传》，并疑《公》、《穀》，故于《春秋》不能自信于心

《困学纪闻》引：“王介甫答韩求仁问《春秋》曰：‘此经比他经尤难，盖三《传》不足信也。’尹和靖云：‘介甫不解《春秋》，以其难之也。废《春秋》，非其意。’”又林希逸曰：“‘尹和靖言介甫未尝废《春秋》。废《春秋》，以为断烂朝报，皆后来无忌惮者托介甫之言也。’”锡瑞案：此诸说，可为安石平反。然《春秋》之义具在三《传》，安石过为高论，以三《传》不足信，则《春秋》不废而废矣。以《春秋》经为难知，何不深求三《传》？至于断烂朝报，则非特宋人有是言，自《左氏》孤行、杜预谬解，人之视《春秋》者，莫不如是。专信《左氏》家经承旧史之说，一年之中寥寥数事，信手抄录，并无义例，则是朝报而已。不信《公》、《穀》家一字褒贬之义，日月、名氏、爵号有不具者皆为阙文，万六千余字而阙文百数十条，则是朝报之断烂者而已。如杜预、孔颖达之说，《春秋》实是断烂朝报，并不为诬。若不谓然，则当罪杜、孔，不当罪宋人矣。《困学纪闻》又引：“朱文公亦曰：‘《春秋》义例，时亦窥其一二大者，而终不能自信于心，故未尝敢措一辞。’”王应麟引王介甫、尹和靖二条，继引朱文公说，盖谓朱子亦以《春秋》为难知，与王介甫意同。案：朱子所谓“《春秋》义例窥其一二大者”，如“成宋乱”、

“宋灾故”,既引以证程子所云大义,又云:“如书会盟侵伐,不过见诸侯擅兴自肆耳;书郊禘,不过见鲁僭礼耳。至于三卜、四卜,牛伤、牛死,是失礼之中又失礼也。如‘不郊,犹三望’,是不必望而犹望也。如书‘仲遂卒,犹绎’,是不必绎而犹绎也。如此等义,却自分明。”此朱子所云“窥其一二”者。朱子学最笃实,故于《春秋》之义,但言其分明可据者,若其义稍隐,或不见经而但见传,则皆不敢信据。当时盛行胡《传》,《朱子语录》曰:“胡文定《春秋》非不好,却不合。这件事圣人意是如何下字,那件事圣人意又如何下字?要知圣人只是直笔,据见在而书,岂有许多忉怛?”案:胡《传》议论苛碎,多出《公》、《穀》之外。朱子惩胡《传》之苛碎,遂并不信《公》、《穀》一字褒贬之义,以为“必于一字一辞之间求褒贬所在,窃恐不然”,“圣人只是直笔,据见在而书”,则仍惑于杜预、孔颖达,而与孟子、程子之说不合矣。朱子谓“《春秋》自难理会”,足见朱子矜慎,远胜强不知为知者,但亦有矜慎太过处。胡《传》不可尽信,而《公》、《穀》近古则可信。能深考《公羊》之微言大义,参以《穀梁》之例,又参以《左氏》所载事实,亦可以得十之七八。朱子谓“须是己之心,果与圣人之心神交心契,始可断他所书之旨”,则圣人往矣,安得复有圣人?以朱子之贤,犹不敢自信,安得复有自信与圣人神交心契者?《春秋》一经,将沉霾终古矣。《公羊疏》引闵因叙云:“昔孔子制《春秋》之义,使子夏等十四人求周史记,得百二十国宝书。”庄七年传云:“不修《春秋》曰:‘雨星不及地尺而复。'君子修之曰:'星霣如雨。'"朱子病二书之不传,不得深探圣人笔削之意。夫二书不得见,学者无如何也;三《传》犹幸存,学者所当信也,亦何必矜慎太过而不措一辞乎?

四十五、论据朱子之说足证《春秋》是经非史,学《春秋》者当重义不重事

朱子曰:"前辈做《春秋》义,言辞虽粗率,却说得圣人大意出。如二程未出时,便有胡安定、孙泰山、石徂徕,他们说经虽是甚有疏略处,观其推明治道,直是懔懔可畏。《春秋》本是严底文字,圣人此书之作,遏人欲于横流,遂以二百四十二年行事,寓其褒贬,一字不敢胡乱下。"又林问:"先生论《春秋》一经本是正谊明道、权衡万世典刑之书,如朝聘、会盟、侵伐等事,皆是因人心之敬肆,为之详略,或书字,或书名,皆就其事而为之义理,最是斟酌,毫忽不差。后之学《春秋》,多是较量齐、鲁短长。自此以后,如宋襄、晋悼等事,皆是论霸事业。不知当时为王道作耶?为霸者作耶?若是为霸者作,则此书岂足为义理之书?"曰:"大率本为王道,正其纪纲。看以前《春秋》文字虽粗,尚知有圣人明道正谊道理,尚可看。近来止说得伯业权谲底意思,更开眼不得。此义不可不知。"锡瑞案:据朱子之说,可知学者当以《春秋》为经,不当以《春秋》为史;当重《春秋》之义,不当重《春秋》之事。谓"以二百四十二年行事,寓其

褒贬”,即借事明义也。谓“一字不敢胡乱下”,即一字褒贬也。谓“书字、书名,皆就其事而为之义理”,亦即一字褒贬之旨。正谊明道,权衡万世,惟在《春秋》一经,若置经而求传,舍义而论事,则不过较量齐、鲁之短长,宋襄、晋悼之霸事而已。孟子曰:“王者之迹熄而《诗》亡,《诗》亡然后《春秋》作。”是《春秋》所以承王者之迹,故孟子断之曰“天子之事”。若夫鲁之旧史,止有“其事则齐桓、晋文”,而无其义,故孔子裁之以义,曰“其义,则丘窃取之矣”。《春秋》是经不是史,重义不重事,即孔子、孟子之言足以证之。《左氏》叙事详而释义略,仍如鲁史其事、其文之旧,非但侈陈桓、文。《春秋》虽褒桓、文,实与而文不与。孟子深于《春秋》,谓“仲尼之徒,无道桓、文之事”,盖裁之以义,不当侈陈其事,并晋悼之霸亦侈陈之。何劭公不许晋悼之霸,郑君以为“乡曲之学,深可忿疾”。不知桓、文之事犹无足道,何论晋悼?以郑君之学而所见如此,何怪后之学者“遗经存传,谈其事迹”?用唉助语。或且乐道阴谋诡计,如魏禧作《左传经世》,又纂《左氏兵谋》《兵法》,以张其焰,与“《春秋》无义战”之旨全然相反,正朱子所谓“止说得伯业权谲,更开眼不得”者。试思《春秋》为王道作,岂专论伯事者哉!朱子云“以前文字虽粗”,即指胡安定、孙泰山诸人。胡书不传。孙氏《尊王发微》论虽近苛,尚能比附《春秋》之义,以其重义不重事,是经不是史,故文字虽粗,而与圣人之旨犹近也。后来止说“伯业权谲”,虽由其人识见卑陋,亦由专主《左氏》,不知有《春秋》经,而其流弊遂至于此。以其重事不重义，是史不是经，故议论猥多，而与圣人之旨愈远也。学《春秋》者，观朱子之论，可以审所去取矣。

四十六、论杜预专主《左氏》，似乎《春秋》全无关系无用处，不如啖、赵、陆、胡说《春秋》尚有见解

凡书必有关系、有用处，然后人人尊信诵习；若无关系、无用处，虽间存于一二好古之士，而尊信诵习者鲜矣。汉人之尊《春秋》，在《易》、《诗》、《书》之上，一则以为诸经止是孔子赞修，不如《春秋》为孔子手作；二则孔子赞修诸经之旨未甚著明，不如孔子所作之《春秋》，微言大义显然可见；三则诸经虽为后世立法，亦不如《春秋》素王改制之显。故为汉定道，多专属之《春秋》，且多引《春秋》以决时事。是汉人以《春秋》为有关系、有用处，人人尊信诵习，由专主《公羊》之故也。及《左氏传》出而一变。《左氏》自成一家之书，亦未尝与《公羊》抵牾，而偏护古文者务张大其说，以驳异今文。自刘歆、韩歆欲以《左氏》立学，为今文博士所排，仇隙愈深，反对愈甚。贾逵已将臆造之说为《左氏》之说，以斥《公羊》，而解《左氏》，犹采《公》、《穀》。至杜预出，乃尽弃二《传》，专执韩宣"周礼在鲁"一语，以《左氏传》五十凡例尽属周公，孔子止是抄录成文，并无褒贬笔削，又安得有微言大义与立法改制之旨？故如杜预所说，

《春秋》一经全无关系，亦无用处。由于力反先儒之说，不信汉儒之论，不顾《孟子》之文，以致圣人所作之经沉废搁弃，良可浩叹！啖助在唐时，已云："习《左氏》者，皆遗经存传，谈其事迹，玩其文采，如览史籍，不复知有《春秋》微旨。"盖《左氏传》本是史籍，并无《春秋》微旨在内，止有事实、文采可玩。自汉以后，六朝及唐皆好尚文辞，不重经术，故《左氏传》专行于世，《春秋》经义委之榛芜。啖、赵、陆始兼采三《传》，不专主《左氏》，推明孔子褒贬之例，不以凡例属周公，虽未能上窥微言，而视杜预、孔颖达以《春秋》为录成文而无关系者，所见固已卓矣。宋儒通学，啖、赵遗风。至程子出，乃于孔子作《春秋》为后王立法之意有所窥见，其《春秋传自序》曰："夫子当周之末，以圣人不复作也，顺天应时之治不复有也，于是作《春秋》，为百王不易之大法。后王知《春秋》之义，则虽德非禹、汤，尚可以法三代之治。自秦而下，其学不传。予悼夫圣人之志不明于后世也，故作传以明之，俾后之人通其文而求其义，得其意而法其用，则三代可复也。"自汉以后，论《春秋》者鲜知此义。惜其《传》作于晚年，略举大义，襄、昭以后尤略，书止二卷。胡安国师程子，其作《传》大纲本孟子，而微旨多以程子之说为据。本晁、陈二氏之说。其《序》曰："孟氏发明宗旨，目为天子之事者，周道衰微，乾纲解纽，乱臣贼子接迹当世，人欲肆而天理灭矣。仲尼天理之所在，不以为己任而谁可？五典弗惇，己所当叙。五礼弗庸，己所当秩。五服弗章，己所当命。五刑弗用，己所当讨。故曰：'我欲载之空言,不如见之行事之深切著明也。'空言独能载其理,行事然后见其用。是故假鲁史以寓王法,拨乱世反之正,其大要皆天子之事也。"锡瑞案:胡氏以惇典、庸礼、命德、讨罪为天子之事,又云仲尼以为己任,足以发明《春秋》"素王"之义。"空言独能载其理,行事然后见其用",尤足证明《春秋》借事明义之旨。"假鲁史以寓王法",即托王于鲁也。"拨乱世反之正",亦《公羊》之文也。胡氏尊孟子,故能信《公羊》,惜其《传》不能笃守《公羊》,故虽窥见微言,未尽原本古义,间涉穿凿,不惬人心,而视前儒以《春秋》为托空言而无用处者,其见为更卓矣。近汉学家不取通学,啖、赵、陆、胡,皆致不满。窃谓诸家虽非专门,然犹知《春秋》有关系、有用处,故其所著之书体例虽杂,犹于《春秋》有关系、有用处。若专主《左氏》者,专执杜、孔之说,并不知《春秋》有关系、有用处,则其所著之书考证虽详,亦于《春秋》无关系、无用处也。

四十七、论《春秋》一字褒贬,不得指为阙文

郑樵曰:"诸儒之说《春秋》,有以一字为褒贬者,有以为有贬无褒者,有以为褒贬俱无者。谓《春秋》以一字为褒贬者,意在于推尊圣人,其说出于太史公,曰'夫子修《春秋》,游、夏之徒不能赞一辞',故学者因而得是说也。谓《春秋》有贬无褒者,意在于列国之君臣也,其说出于孟子,曰'《春秋》无义战。彼善于此,则有之矣',故学者因而得

是说也。谓《春秋》无褒贬者，意在于矫汉儒，其说出于《竹书纪年》所书，案：此即刘知幾之说，前已辨之。载'郑弃其师'、'齐人歼于遂'之类，皆孔子未修之前，故学者因而得是说也。虽其意各有所主，然亦不可以泥。泥一字褒贬之说，则是'春秋'二字皆挟剑戟风霜，圣人之意不如是之劳顿也。泥于有贬无褒之说，则是《春秋》乃司空城旦之书，圣人不如是之惨刻也。泥于无褒贬之说，则是《春秋》为琐语小说，圣人又未尝无故而作经也。"顾栋高曰："郑氏之言极是。圣人之心正大平易，何尝无褒贬？但不可于一字上求褒贬耳。案：此正同朱子之说。孟子明言'其事则齐桓、晋文，其文则史。孔子曰：其义，则丘窃取之矣'，如以为无褒贬，则是有文、事而无义也。如此，则但有鲁之《春秋》足矣，孔子更何用作《春秋》乎？近日有厌支离之说而竟将《春秋》之褒贬抹去者，矫枉过正，亦非圣人之意。有以《春秋》为有笔无削者，是即无褒贬之说也。夫未修之《春秋》即不可得见，而《左氏》之书具在，如襄公亲送葬楚子[①]，昭公昏于吴，岂有不遣卿大夫往会吴、楚葬之理？而终《春秋》，吴、楚之葬不书。此削之以示义也。襄公葬楚子不书，而于二十九年'春，王正月，公在楚'见之。昭公昏于吴不书，而于哀十二年书'孟子卒'见之。此削之以示讳也。又如十二公之纳币、逆夫人，鲁史皆书，而《春秋》于僖公、襄公不书，此所谓合礼不书也。世子生皆书，而《春秋》止书'子同

① "如"，原误作"于"，据顾栋高《春秋大事表》附录《读春秋偶笔》改。

生’，此所谓常事不书也。此皆其显然可见者。如以为有笔无削，则《春秋》竟是一部抄胥，何足以为经世大典乎？”锡瑞案：以《春秋》为一字褒贬，《公》、《穀》之古义也。以为有贬无褒，孙复之新说也。以为褒贬俱无，后世习《左氏》者之霆言也。郑樵并三《传》皆不信，故于三说皆不取。其不取后二说，是也；不取前一说，非也。《春秋》一字之褒，一字之贬，两汉诸儒及晋范宁皆明言之。《左氏》孤行，学者不信《公》、《穀》，于是《春秋》或日、或不日，四时或具、或不具，或州、或国、或氏、或人、或名、或字、或子之类，人皆不得其解。圣人岂故为是参差，以贻后世疑惑乎？《春秋》文成数万，其旨数千，非字字有褒贬之义，安得有数千之旨？若如杜预、孔颖达说，其不具者概为阙文，则断烂朝报之讥诚不免矣。顾氏于《春秋》用功深，《大事表》一书实出宋章冲、程公说之上。惟其《春秋》之学专主《左氏》，惑于杜、孔之说，故以郑氏为是。其《春秋阙文表》于一字褒贬之处，皆以为偶阙，且谓："此皆《公》、《穀》倡之，而后来诸儒如孔氏颖达、啖氏助、赵氏匡、陆氏淳、孙氏复、刘氏敞亦既辨之矣，而复大炽于宋之中叶者，盖亦有故焉。自诸儒攻击三《传》，王介甫遂目《春秋》为断烂朝报，不立学官。文定反之，矫枉过正，遂举圣经之断阙不全者，皆以为精义所存，复理《公》、《穀》之故说，而吕氏东莱、叶氏少蕴、张氏元德诸儒俱从之。由是《春秋》稍明于唐以后者，复晦昧于宋之南渡，岂非势之相激使然哉！夫蔑弃圣人之经，与过崇圣人之经，其用心不同，而其未得乎圣人垂世立教之心则一也。”案:顾氏之说非是,断烂朝报之说起而《春秋》废,正由说《春秋》者阙文太多之故。南宋诸儒力反其说,如胡文定者,其穿凿或出《公》、《穀》之外,诚未免求之过深。然文定之深文不可信,而《公》、《穀》之故说则可信。文定反断烂朝报之说,顾氏以为矫枉过正。顾氏反文定一字褒贬之说,以圣经为断阙不全,则仍是断烂朝报之说矣,独不为矫枉过正乎?《春秋》经惟“夏五”、“伯于阳”实是阙文,其余后世以为阙者,皆有说以处之,并非断阙不全。如文定之说,犹不失为过崇圣经;如顾氏之说,已不免于蔑弃圣经矣。黄泽曰:“屈经申传者,杜预辈是也。屈传申经者,若胡文定诸公是也。”

四十八、论经、史分别甚明,读经者不得以史法绳《春秋》,修史者亦不当以《春秋》书法为史法

刘敞曰:“《传》曰:‘公出复入,不书,讳之也。讳国恶,礼也。’杜氏曰:‘掩恶扬善,义存君亲,皆当时臣子率意而隐,故无浅深之准。’非也。《传》所云者,似言仲尼作《春秋》,改旧史,有所不书之意也,非当时史官以讳为礼也。何以知之邪?按:御孙谓庄公曰:‘君举必书。书而不法,后嗣何观?’此曹刿之言,以为御孙,误。以御孙之说论之,君之不法,无所不书也。既无所不书,则是讳国恶者,非史官之事,《春秋》之意也。为之臣子,率意为君父讳,非也。臣

之意莫不欲尊其君，子之意莫不欲美其亲。如此，国史为无有实事，皆虚美也，谓之史，可乎？故《春秋》一也，鲁人记之则为史，仲尼修之则为经。经出于史，而史非经也。史可以为经，而经非史也。譬如攻石取玉，玉之产于石，必也，而石不可谓之玉；披沙取金，金之取于沙，必也，而沙不可谓之金。鲁国之史，贤人之记，沙之与石也；《春秋》之法，仲尼之笔，金之与玉也。金石必待拣择追琢而后见，《春秋》亦待笔削改易而后成也。谓《春秋》之文皆旧史所记，无用仲尼者，是谓金石不待拣择追琢而得，非其类矣。”锡瑞案：刘氏分别经、史，义极精确。即以《左氏传》义驳杜预经出旧史之非，尤足以关其口。《春秋》是为万世作经，为后人立法，圣人特笔，空前绝后，不可无一、不能有二之书。前古未有，本张横渠说。则不得谓前有所承；后莫能继，则不得云后人可续。乃后之读经者，既不知圣人所作是经，而误以史法绳之，于是经义乱；如刘知幾《惑经》、《申左》之类。后之修史者，又不知非圣人不能作经，而误以史书拟之，于是史法亦乱。如沈既济之类。司马迁、班固，世称良史，所著《史记》、《汉书》多得《春秋》之义，然其书不敢学一字褒贬，只是据事直书。扬雄准《易》作《太玄》，仿《论语》作《法言》，而不敢拟《春秋》。王通始拟《春秋》作《元经》，论者以为宋阮逸伪作。盖隋以前犹知古义，唐、宋以下议论始繁。唐沈既济书中宗，曰“帝在房陵”。孙甫、范祖禹用其说，以《春秋》“公在乾侯”为比。程迥驳之曰：“《春秋》书王在畿内，曰‘居于狄泉’；出王畿，曰‘出居于郑’。

诸侯在境内，曰‘公居于郓’；出境，曰‘公在乾侯’。《唐鉴》用《春秋》书法，中宗则宜曰‘帝居房陵’，不宜曰‘在’。”案：程氏之驳是矣，而未尽也。敬王与王子朝，虽有东王、西王之称，士伯问介众而辞王子朝，则当时皆推戴敬王。襄王之出居郑，诸侯推戴，更无异说。是《春秋》书“天王”，据实直书也。昭公出奔在外，鲁国未别立君。平子每岁贾马，具从者之衣屦，而归之于乾侯。士鞅以为季孙事君如在国，齐、晋诸国亦皆以君礼待之。景公曰：“孰君而无称？”是《春秋》书“公”，亦据实直书也。若唐中宗，已废为庐陵王，武后自称则天皇帝。今书庐陵王曰“帝”，则唐有两帝矣。若夺则天之帝以与庐陵，则不据实直书而变乱当时之事实，虽圣人有所不敢矣。乾侯，晋地，故书“在”，与“公在楚”同义。房陵，唐地，不当引以为比。《唐鉴》书“帝在东宫”，尤不可通，非止刘知幾貌同心异之诮，钱大昕已辨之。欧阳修《五代史》、朱子《纲目》，亦有此失。《纲目》书“莽大夫扬雄死”，钱大昕亦已辨之。王鸣盛论《五代史》曰：“欧公手笔诚高，学《春秋》却正是一病。《春秋》出圣人手笔，义例精深。后人去圣久远，莫能窥测，岂可妄效？”引薛应旂《宋元通鉴·义例》云：“《春秋》诸侯而或书其名，大夫而或书其字，或生而书其爵，或卒而去其官，论者以为夫子之褒贬于是焉在也。夫《春秋》大义，炳如日星，而其微词变例，美恶不嫌同辞，有非浅近之所能推测者。后人修史辄从而拟之，不失之迂妄，则失之鄙陋。”又论孙甫《唐史论断》云：“观其《自序》，欲效《春秋》书法，以褒贬予夺示劝戒。幸其书亡，若存，徒汩乱学者耳目。大抵作史者宜直叙其事，不必弄文法，寓予夺；读史者宜详考其事实，不必凭意见，发议论。宋人略通文义，便想著作传世，一涉史事，便欲法圣人笔削。此一时习气。”王氏此说，切中作史者妄拟《春秋》之弊，皆由不知《春秋》是经，不是史，经非可僭拟者也。黄泽曰：“作史惟当直书为得体。夫子《春秋》只借二百四十二年，以示大经大法于天下，故不可以史法观之。”

四十九、论《春秋权衡》驳《左氏》及杜解多精确，驳《公》、《穀》则未得其旨

刘敞曰：“前汉诸儒不肯为《左氏》学者，为其是非谬于圣人也，故曰《左氏》不传《春秋》。此无疑矣。然为《左氏》者皆耻之，因共护曰：丘明受经于仲尼。此欲以自解免耳，其实非也。何以言之邪？仲尼之时，鲁国贤者无不从之游，独丘明不在弟子之籍。若丘明真受经作传者，岂得不在弟子之籍哉？岂有受经传道而非弟子者哉？以是观之，仲尼未尝授经于丘明，丘明未尝受经于仲尼也。然丘明所以作传者，乃若自用其意说经，泛以旧章凡例，通之于史策，可以见成败耳。其褒贬之意，非丘明所尽也，以其不受经也。学者可勿思之哉！杜氏《序》曰：‘仲尼因鲁史策书成文，考其真伪而志其典礼，上以遵周公之遗制，下以明将来之法。其教之所存，文之所害，则刊而正之，以示劝戒。其余皆即用旧史，史有文质，辞有详略，不必改也。’此

未尽也。苟唯文之所害则刊而正之，其余皆因而不改，则何贵于圣人之作《春秋》也？而《传》又何以云非圣人莫能修之乎？大凡《左氏》本不能尽得圣人《春秋》之意，故《春秋》所有义同文异者，皆没而不说。而杜氏患苦《左传》有不传《春秋》之名，因为作说云：此乃圣人即用旧史尔。观丘明之意，又不必然。按：隐公之初，始入《春秋》。丘明解经，颇亦殷勤，故'克段于鄢'传曰：'不言出奔，难之也。''不书城郎，非公命也。'不书之例，一年之中凡七发，明是仲尼作经，大有所删改也，岂专用旧史者乎？"又曰："大率《左氏》解经之蔽有三：从赴告，一也；用旧史，二也；经阙文，三也。按：史虽待赴告而录，然其文非赴告之词也。《春秋》虽据旧史而作，然其义非旧史之文也。简牍虽有阙失，其史非圣人所遗也。如谓史之记从赴告而已，则乱臣贼子何由而书[1]？如谓《春秋》用旧史而已，则何贵于圣人之笔削也？且《春秋》书'良霄入于郑，郑人杀良霄'，'栾盈入于晋，晋人杀栾盈'，其文同也。至哀十四年，非仲尼所修矣，其记陈宗竖，乃曰'陈宗竖入于陈，陈人杀之'，明史之所记，与仲尼之所修异矣。又仲尼所修，无记内邑叛者，哀十五年独记'成叛'，此亦史文，不与仲尼相似。仲尼不专用史文，验也。如谓经之阙文皆圣人所遗者，苟传有所说而不与经同，尽可归过于经，何赖于传之解经哉？故《春秋》者，出于旧史者也，而《春秋》非旧史之文也；旧史

① "书"，原误作"惧"，据刘敞《春秋权衡》卷七改。

者，出于赴告者也，而旧史非赴告之辞也。传者，出于经者也，而传非经之本也。今传与经违，是本末反矣。”锡瑞案：刘氏《春秋权衡》为世所称，以愚观之，惟驳《左氏传》及杜预《集解》说多精确。盖《左氏》传事不传义，本无所谓义例，杜氏傅会，多不可据，故刘氏所驳多中肯。《公》、《穀》二传各有义例，非会通全经之旨，必至多所窒碍。诚能融会贯通，则人所见为窒碍者，皆有说以处此。枚乘曰：“铢铢而积之，至石必差；寸寸而度之，至丈必过。石称丈量，径而寡失。”专求字句，则多见窒碍，此所谓“铢铢而积，寸寸而度”也；会通全文，则少所窒碍，此所谓“石称丈量，径而寡失”也。《春秋》是孔子所作一部全书，其中又有非常异义，若不大通义例，精究微言，则但能见浅而不能见深。凡所为三科九旨、一字褒贬、时月日例之类，皆以为横生枝节，妄立异端。不知游、夏不能赞一辞者，义正在此。不达乎此，则虽知经承旧史之谬，而不知圣人作经以教万世，其异于旧史者究竟安在。经、史之异，岂仅在一字一句间乎？刘氏博学精识，而《春秋》非专门，故虽知《左氏》、杜预之非，而未晓《公》、《穀》二传之是，其所驳多字句琐细，不关大义，其大义明著者，又或诳而不信。故《权衡》一书，驳《左氏》及杜预者多可取，驳二《传》者可取甚鲜。其合并三《传》为《刘氏传》，尤近童牛角马。“郑伯克段”一事，陈澧已驳其非。

五十、论吕大圭以后世猜防之见疑古义，宋儒说经多有此失

吕大圭曰："《公羊》论隐、桓之贵贱[①]，而曰：'子以母贵，母以子贵。'夫谓'子以母贵'，可也；谓'母以子贵'，可乎？推此言也，所以长后世妾母陵僭之祸者，皆此言基之也。《穀梁》论世子蒯聩之事，则曰：'信父而辞王父，则是不尊王父也。其弗受，以尊王父也。'夫尊王父，可也；不受父命，可乎？推此言也，所以启后世父子争夺之祸者，未必不以此言借口也。晋赵鞅入于晋阳以叛，赵鞅归于晋，《公》、《穀》皆曰：'其言归何？以地正国也。'后之臣子有据邑以叛而以逐君侧之小人为辞者矣。公子结媵妇，遂盟，《公羊》曰：'大夫受命不受辞，出境有可以安社稷、利国家，则专之可也。'后之人臣有事异域而以安社稷、利国家自诿者矣。祭仲执而郑忽出，其罪在祭仲也，而《公羊》则以为合于反经之权，后世盖有废置其君如弈棋者矣。圣人作经，本以明其理也。自传者学不知道，妄为之说，而是非易位，义利无别。其极于下之僭上，卑之陵尊，父子相夷，兄弟为仇，为大臣而称兵以向阙，出境外而矫制以行事。国家易姓，而为其大臣者，反以盛德自居而无所愧。君如武帝，臣如隽不疑，皆以《春秋》定国论而不知其非也。

① "桓"，原误作"公"，据吕大圭《春秋五论》改。

此其为害甚者，不由于叙事失实之过哉？故尝以为三《传》要皆失实，而失之多者，莫如《公羊》；何、范、杜三家各自为说，而说之缪者，莫如何休。《公羊》之失，既已略举其一二[①]，而何休之缪为尤甚。'元年，春，王正月'，《公羊》不过曰'君之始年尔'，何休则曰：'《春秋》纪新王受命于鲁。'滕侯卒不名[②]，不过曰'滕微国而侯，不嫌也'，而休则曰：'《春秋》王鲁，托隐公以为始。'黜周、王鲁，《公羊》未有明文也，而休乃唱之，其诬圣人也甚矣。《公羊》曰'母弟称弟，母兄称兄'，此其言已有失矣，而休从为之说曰：'《春秋》变周之文，从商之质。质家亲亲，明当亲厚于群公子也。'使后世有亲厚于同母弟兄而薄于父之枝叶者[③]，未必不由斯言启之。《公羊》曰：'立適以长不以贤，立子以贵不以长。'此言固有据也，而何休乃为之说曰：'嫡子有孙而死，质家亲亲，先立弟；文家尊尊，先立孙。'使后世有惑于质、文之异而嫡庶互争者，未必非斯语祸之。其释会戎之文，则曰：'王者不治夷狄。录戎，来者勿拒，去者勿追也。'《春秋》之作，本以正夫夷夏之分，乃谓之'不治夷狄'，可乎？其释天王使来归赗之义，则曰：'王者据土与诸侯分职，俱南面而治，有不纯臣之义。'《春秋》之作，本以正君臣之分，乃谓'有不纯臣之义'，可乎？"锡瑞案：宋儒不信古义而好驳难，是一时风气，不足怪。其最不可训者，

① "一"，原脱，据吕大圭《春秋五论》补。

② "名"，原误作"日"，据吕大圭《春秋五论》改。

③ "兄"，原脱，据吕大圭《春秋五论》补。

则误沿当时猜防疑忌之习，反以古训为助乱之阶，非止上诬古人，且恐下惑后世。胡安国《春秋传》发明尊王攘夷之义于南宋初，切中时势，而解“翚帅师”之类，以权臣主兵为大戒。王夫之论之曰：“王之尊，非唯喏趋伏之可尊；夷之攘，非一身两臂之可攘。岳侯之死，其说先中于庸主之心矣。”王氏之驳胡《传》，诚非苛论。宋惩黄袍加身之事，首夺将帅之权。子孙传为家法，贤者限于习俗。南宋之初，欲雪国耻，正赖师武臣力，乃诸将稍稍振起，秦桧夺其兵而杀之、废之。胡氏与桧，薰莸不同，而误加推荐，盖由于议论之偶合，而实因经义之不明。岳侯之死，虽未可以咎胡，而解经不精，以致误国，亦有不得辞其咎者。吕氏此论，多以后世之乱归咎汉人。不知汉人但解经义，何能豫防后世之乱？奸人引古借口，何所不至？曹丕自比舜、禹，岂得以舜、禹禅让为非？王莽自比周公，岂得以周公居摄为误？废君者自比伊尹，岂得疑伊尹为篡？反上者自比汤、武，岂得疑汤、武为弑乎？若以僭上陵尊、相夷为仇归咎《公》、《穀》，孔子作《春秋》时，已有弑君父者，亦《公》、《穀》为之乎？黜周王鲁，变文从质，母弟称弟，母以子贵，亲亲立弟，尊尊立孙，《公羊》虽不皆有明文，董子当《公羊》初著竹帛之时，其书已有明文。吕氏但责何休，而不知其本于董子，是董子书并未得见，何足以言《春秋》义乎？“来者勿拒，去者勿追”，并无语弊。吕以为非，将来者拒之，去者追之乎？王者、诸侯分土，有不纯臣之义，封建时本如是，岂可以一统时世并论乎？《容斋随笔》有“二《传》误后世”

一条，以《左氏》“大义灭亲”、《公羊》“母以子贵”并论，与吕氏所见同。

五十一、论黄泽、赵汸说《春秋》有可取者，而误信杜预，仍明昧参半

黄泽曰：“春秋以前，礼法未废，史所书者，不过君即位、君薨葬、逆夫人、夫人薨葬、大夫卒、有年无年、天时之变、郊庙之礼、诸侯卒葬、交聘会朝，大抵不过如此尔，无有伐国、围城、入某国某邑等事也。其后礼法既坏，史法始淆乱，如隐公元年除书及邾、宋盟，‘公子益师卒’外，其余皆失礼之事。如不书即位，是先君失礼，为鲁乱之本；郑伯克段，是兄不兄，弟不弟；天王归仲子之赗，则失礼显然；祭伯来，则不称使。举一年如此，则二百四十二年可知。如此，则夫子《春秋》安得不作？”锡瑞案：黄氏之说甚是。据此，可见《春秋》凡例必不出自周公。周公时，天子当阳，诸侯用命，必不容有伐灭围入等事。故柳宗元、陆淳皆有此疑。黄氏所见，与柳氏、陆氏同而说加详。然则韩宣之单辞，杜预之谬解，不当以汩乱《春秋》明矣。乃黄氏既知此义，又曰：“《春秋》凡例，本周公之遗法。故韩宣子适鲁，见《易·象》与鲁《春秋》，曰：‘周礼尽在鲁矣。吾乃今知周公之德与周之所以王[1]。’此时未经夫子笔削，而韩宣子乃如此称赞者，见得鲁之史与诸国迥然不同故也。”案：黄氏

① “与周”下，原衍“公”，据《左传》删。

前后之说大相矛盾，谓“凡例本周公遗法”，然则伐灭围入，周公之时已有之乎？鲁史“与诸国迥然不同”，然则孟子云“晋之《乘》，楚之《梼杌》，鲁之《春秋》，一也”，又何说乎？此等皆由惑于杜预之说，先入为主，故虽于《春秋》有所窥见，而其说半明半昧。凡经学所以不明者，由为前人之说所压。不知前人与前人说各不同，有是有非，所当审择。其审择是非之法，当视前人之年代先后与其人之贤否。如杜预解《春秋》与孟子全然反对，以年代论，则孟子在五百余年之前，杜预在五百余年之后；以贤否论，则孟子为命世亚圣，杜预为党逆乱臣。其所说之是非，自不待辨而决。而自杜解孤行之后，学《春秋》者误守其说，尽反孟子之说以从之。黄氏于《春秋》自谓功力至深，亦未能免此失，所以一知半解，间有所窥，而大义微言，终不能喻也。其徒赵汸说《春秋》，亦得失互见，大率本其师说。黄氏谓：“孔子非史官，何由得见国史？盖鲁之史官以孔子是圣人，乃禀君命，使其刊正。”又谓：“公羊氏五世传《春秋》，左氏增年传文亦当是其子孙所续，故通谓之《左氏传》。”二说皆有思想，而无所依据。

五十二、论赵汸说《春秋》策书笔削近是，孔广森深取其书，而亦不免有误

赵汸《春秋集传序》曰：“策书之例十有五，而笔削之义有八。策书之例十有五：一曰君举必书，非君命不书。二曰公即位不行其礼不书。三曰纳币、逆夫人、夫人至、夫人归皆书之。四曰君、夫人薨，不成丧不书葬，不用夫人礼

则书卒，君见弑则讳而书薨。五曰適子生则书之，公子、大夫在位书卒。六曰公女嫁为诸侯夫人，纳币、来逆、女归、娣妇、来媵、致女、卒葬、来归皆书；为大夫妻，书来逆而已。七曰时祀、时田，苟过时越礼则书之，军赋、改作踰制亦书于策。此史氏之录乎内者也。八曰诸侯有命告则书[①]，崩卒不赴则不书，祸福不告亦不书；虽及灭国，灭不告败，胜不告克，不书于策。九曰虽伯主之役令，不及鲁亦不书。十曰凡诸侯之女行，惟王后书；适诸侯，虽告不书。十一曰诸侯之大夫奔，有玉帛之使则告，告则书。此史氏之录乎外者也。十二曰凡天子之命无不书，王臣有事为诸侯，则以内辞书之。十三曰大夫已命书名氏，未命书名，微者名氏不书，书其事而已，外微者书人[②]。十四曰将尊师少称将，将卑师众称师，将尊师众称某帅师，君将不言帅师。十五曰凡天灾、物异无不书，外灾告则书之。此史氏之通录乎内外者也。笔削之义有八：一曰存策书之大体。凡策书之大体，曰天道，曰王事，曰土功，曰公即位，曰逆夫人、夫人至、世子生，曰公、夫人外如，曰薨葬，曰孙，曰夫人归，曰内女卒葬，曰来归，曰大夫、公子卒，曰公、大夫出疆，曰盟会，曰出师，曰国受兵，曰祭祀、蒐狩越礼，军赋、改作踰制，外诸侯卒葬，曰两君之好，曰玉帛之使。凡此之类，其书于策者，皆不削也。二曰假笔削以行权。《春秋》拨乱经世，而国史有恒体，无辞可以寄文，于是有书、有不书，以互显

① “侯”下，原衍“事”，据赵汸《春秋集传序》删。

② “人”，原脱，据赵汸《春秋集传序》补。

其义。书者笔之，不书者削之。其笔削大凡有五：或略同以存异，公行不书至之类也[①]；或略常以明变，释不朝正、内女归宁之类也；或略彼以见此，以来归为义则不书归、以出奔为义则杀之不书之类也；或略是以著非，诸杀有罪及勤王、复辟不书之类也[②]；或略轻以明重，非有关于天下之故不悉书是也。三曰变文以示义。《春秋》虽有笔有削，而所书者皆从主人之辞。然有事同而文异者，有文同而事异者，则予夺无章而是非不著，于是有变文之法焉，将使学者即其文之异同、详略以求之[③]，则可别嫌疑，明是非矣。四曰辨名实之际，亦变文也。正必书王，诸侯称爵，大夫称名氏，四夷大者称子，此《春秋》之名也。诸侯不王而伯者兴[④]，中国无伯而夷狄横，大夫专兵而诸侯散，此《春秋》之实也。《春秋》之名实如此，可无辨乎？于是有去名以全实者，征伐在诸侯，则大夫将不称名氏；中国有伯，则楚君侵伐不称君。又有去名以责实者，诸侯无王，则正不书王；中国无伯，则诸侯不序君；大夫将，略其恒称则称人。五曰谨华夷之辨，亦变文也。楚至东周，强于四夷，僭王猾夏，故伯者之兴，以攘却为功。然则自晋伯中衰，楚益侵陵中国，俄而入陈、围郑、平宋、盟于蜀、盟于宋、会于申，甚至伐吴、灭陈、灭蔡，假讨贼之义，号于天下，天下知有楚而已。故

① “至”，原误作“致”，据赵汸《春秋集传序》改。

② “杀”，原误作“侯”，据赵汸《春秋集传序》改。

③ “异同”，原误作“是非”，据赵汸《春秋集传序》改。

④ “不”，原误作“有”，据赵汸《春秋集传序》改。

《春秋》书楚事，无不一致其严者。而书吴、越与徐，亦必与中国异辞，所以信大义于天下也。六曰特笔以正名。笔削不足以尽义，而后有变文。然祸乱既极，大分不明，事有非常，情有特异，虽变文犹不足以尽义，而后圣人特笔是正之，所以正其名分也。夫变文虽有损益，犹曰史氏恒辞；若特笔，则辞旨卓异，非复史氏恒辞矣。七曰因日月以明类。上下、内外之无别，天道、人事之反常，六者尚不能尽见，则又假日月之法区而别之。大抵以日为详，则以不日为略；以月为详，则以不月为略。其以日为恒，则以不日为变；以不日为恒，则以日为变，甚则以不月为异。其以月为恒，则以不月为变[①]；以不月为恒，则以月为变，甚则以日为异。将使属辞比事以求之，则笔削、变文、特笔既各以类明，而日月又相为经纬，无微不显矣。八曰辞从主人。主人，谓鲁君也。《春秋》本鲁史成书，夫子作经，唯以笔削见义，自非有所是正，皆从史氏旧文，而所是正亦不多见，故曰辞从主人。此八者，实制作之权衡也。"锡瑞案：赵氏分别策书、笔削，语多近是。《春秋属辞》本此立说，孔广森深取其书。惟其书学非专门，仍有未尽是者。如隐公不书即位以成公意，桓公书即位以如其意，公薨以不地见弑，公夫人出奔曰孙，凡此等皆《春秋》特笔，未必鲁史有此书法。赵氏以为存策书之大体，是犹惑于杜预之说，又信其师黄泽臆撰孔子奉君命修国史之文。不知圣人口授微言，实是私修而非

① "不"，原脱，据赵汸《春秋集传序》补。

官书。不信古义而臆造不经，故其所著《集传》、《属辞》，仍不免有误也。

五十三、论“王正月”是周正，胡安国“夏时冠周月”之说，朱子已驳正之

《春秋》王正月，三《传》及三《传》之注皆云周正建子之月。《左氏传》加一“周”字，云：“元年，春，王周正月。”孔疏：“言‘王正月’者，王者革前代驭天下，必改正朔，易服色，以变人视听。夏以建寅之月为正，殷以建丑之月为正，周以建子之月为正。三代异制，正朔不同。正是时王所建，故以‘王’字冠之，言是时王之正月也。”《左氏》之增一字，可谓一字千金。孔疏解释详明，自宋以前皆无异义。胡安国《春秋传》始有“夏时冠周月”之说，云：“以夏时冠月，垂法后世。以周正纪事，示无其位，不敢自专。”朱子曰：“某亲见文定家说。文定《春秋》说夫子以夏时冠月[①]，以周正纪事。谓如‘公即位’，依旧是十一月，只是孔子改正作‘春正月’。某便不敢信。恁地？时二百四十二年，夫子只证得个‘行夏之时’四个字。据今《周礼》，有‘正月’，有‘正岁’，则周实是元改作‘春正月’。夫子所谓‘行夏之时’，只是为他不顺，欲改从建寅。如孟子说‘七、八月之间旱’，这断然是五、六月；‘十一月徒杠成，十二月舆梁成’，

① “月”上，原衍“周”，据胡安国《春秋传》及《朱子语类》卷八十三删。

这分明是九月、十月。”黄泽曰：“近世士大夫多辟《春秋》用周正之说，以为时不可改，甚者至以为月亦不可改。如‘七、八月之间旱’，与‘十一月徒杠成，十二月舆梁成’，赵岐释以周正，晦庵亦从赵岐。而近世说者以赵岐为非，则是并晦庵皆非之矣。此是本无所见，而妄生事端，以疑惑圣经，为害不细。前世士大夫学问，却未见有如此者。”锡瑞案：《春秋》本鲁史旧文，鲁史奉周王正朔，“王正月”之为周正，无可疑者。孔子作《春秋》，述时事必不擅改周历，以致事实不明。《春秋》之书“无冰”皆在春，此周正也；若夏正，则春无冰，何足为异？又书“冬，十月，陨霜杀菽”，此周正也；若夏正，则十月陨霜，何足为异？十月亦未必有菽。僖公三年，自去冬“十月，不雨”，至春，书“王正月，不雨。夏，四月，不雨”，至“六月，雨”。若夏正，则六月建未之月，历三时不雨，至六月不得耕种矣。惟六月为周正建巳之月，得雨犹可耕种。故《春秋》是年不书旱，亦不书饥，《传》曰“不为灾也”，此显有可据者。乃胡氏诸人好逞异说，此宋人说经所以多不可从。朱子不以胡《传》为然，此朱子在宋儒之中所以为最笃实。乃其弟子蔡沈解《尚书》，以为商、周不改月，不守师说，殊不可解。《春秋》为后王立法，汉儒以为素王改制，实有可据，而后人必不信。《春秋》虽为后王立法，不能擅改时王正朔。宋儒以为夏时冠周月，实不可据，而后人反信之。是末师而非往古，岂非颠倒之甚！

五十四、论三《传》皆专门之学，学者宜专治一家，治一家又各有所从入

汉十四博士今文之学，今多不传，施、孟、梁丘、京《易》，欧阳、夏侯《尚书》，齐、鲁、韩《诗》，皆已亡佚。惟《公羊春秋》犹存，《穀梁》亦存全书，此天之未丧斯文也。而自《左氏》孤行，二《传》虽存若亡。陆德明作《经典释文》，已云"二《传》近代无讲者，恐其学遂绝，故为音以示将来"。幸而唐人虽以《左氏》列于五经，而《公羊》为中经，《穀梁》为小经[①]，亦用之以取士。故士子习者虽少，见李元瓘、杨瑒所奏。而书犹不至亡。啖、赵、陆兼采之，以作《纂例》。宋人沿啖、赵、陆之派说《春秋》，多兼采《公》、《穀》，故未至如《韩诗》之亡于北宋。惟宋尚通学，不主专门，合三《传》为一家，是合五金为一炉而冶之，合三牲鱼腊为一鼎而烹之也。《春秋》是一部全书，其义由孔子一手所定，比《诗》、《书》、《易》、《礼》不同。学《春秋》必会通全经，非可枝枝节节而为之者。若一条从《左氏》，一条从《公羊》，一条从《穀梁》，一条从唐、宋诸儒，虽古义略传，必不免于《春秋》"失乱"之弊。故《春秋》一经，尤重专门之学。国朝稽古，汉学中兴。孔广森作《公羊通义》，阮元称为孤家专学。然其书不守何氏义例，多采后儒之说，又不信黜

① 按，据《新唐书·选举志》、《公羊》、《穀梁》均为小经。

周、王鲁科旨，以新周比新郑，虽有荜路蓝缕之功，不无买椟还珠之憾。惟何氏《解诂》与徐《疏》简奥难读，陈立书又太繁，治《公羊》者可从《通义》先入，再观《注疏》。常州学派多主《公羊》，庄存与作《春秋正辞》，传之刘逢禄、宋翔凤、龚自珍诸人。凌曙作董子《繁露注》，其徒陈立作《公羊义疏》。治《公羊》者，当观凌曙所注《繁露》，以求董子大义，及刘逢禄所作《释例》，以求何氏条例，再览陈立《义疏》，以求大备，斯不愧专门之学矣。许桂林作《穀梁释例》，柳兴宗作《穀梁大义述》[①]，钟文烝作《穀梁补注》，亦成一家之言。《穀梁》不传三科九旨，本非《公羊》之比，惟其时、月、日例与《公羊》大同小异，详略互见，可以补《公羊》所未及。治《穀梁》者，先观范《解》、杨《疏》及许桂林《释时月日例》。许书简而有法。如“公子益师卒”，传云：“大夫日卒，正也；不日卒，恶也。”何休《废疾》已引“公子牙、季孙意如何以书卒”难之，郑君所释亦不可通。许据《左氏》“公不与小敛”，谓不与小敛即是恶，乃得其解。柳兴恩、钟文烝皆据《穀梁》“谨始”，谓隐公之让为不能正始，柳兴恩至以乱臣贼子斥隐公。夫以让国之贤君而斥为乱贼，则篡弑之桓公，将何以处之乎？《春秋》善善从长，必不如此深刻；《穀梁》恶桓而善隐，其义亦不如此之刻也。《穀梁》义例多比附《公羊》，故治《穀梁》不如治《公羊》，治《公羊》乃可兼采《穀梁》。如《穀梁》桓二年传：

① 按，柳兴宗后改名柳兴恩。

"或曰:其不称名,盖为祖讳也。孔子故宋也。"是比附《公羊》"故宋"而失其旨之证。成九年传:"不言战,以郑伯也。为尊者讳耻,为贤者讳过,为亲者讳疾。"是比附《公羊》"为亲者讳"而失其旨之证。《春秋》为亲者讳惟鲁。昭二十一年传:"东者,东国也。曰东,恶之而贬之也。"是比附《公羊》"讥二名"而失其旨之证。若《左氏》不传《春秋》,亦有"讥二名"之说,云"先名武庚,乍名禄父",则尤不知而强说者。治《左氏》者,先观杜《解》、孔《疏》,再及李贻德《贾服辑述》以参考古义,顾栋高《春秋大事表》以综览事实,然亦只是《左氏》一家之学,于《春秋》之微言大义无甚发明。

五十五、论俞正燮说《春秋》最谬,乃不通经义、不合史事、疑误后学之妄言

近人说《春秋》者,俞正燮为最谬,其《公羊传及注论》曰:"《公羊传》者,汉人所致用,所谓汉家自有法度,奈何言王道?《公羊》集酷吏、佞臣之言,谓之经义,汉人便之,谓之通经致用。"锡瑞案:"汉家自有制度"乃宣帝之言,宣帝好《穀梁》,非尊《公羊》者。"通经致用"乃西汉今文之学简明有用,如《禹贡》治河、《洪范》察变之类,非止《春秋》一经。俞云"《公羊》集酷吏、佞臣之言",酷吏似指张汤,佞臣似指公孙弘。《史记·酷吏列传》曰:"是时上方乡文学,汤决大狱,欲傅古义,乃请博士弟子治《尚书》、

《春秋》，补廷尉史，亭疑法。"又曰："依于文学之士，丞相弘数称其美。"又《平准书》曰："自公孙弘以《春秋》之义绳臣下，取汉相，张汤用峻文决理为廷尉，于是见知之法生，而废格沮诽穷治之狱用矣。"据《史记》，则弘、汤希世用事，见《公羊传》有贬绝之义、无将之诛，傅会之以行惨酷之法，要非《公羊》所能逆料。俞氏以为《公羊》罪案，则《庄子》云"儒以《诗》、《礼》发冢"，可以发冢归罪《诗》、《礼》？王莽动托《周官》，可以王莽归罪《周官》乎？《公羊传》由胡毋生著竹帛，公孙弘受学胡毋生，则《公羊》成书，必不在弘、汤用事之后。据俞氏说，似作《公羊传》者集弘、汤之言为之，年代不符，甚不可通。若酷吏、佞臣不指弘、汤，则胡毋生之前，酷吏、佞臣为何人，更无可据。《汉书·董仲舒传》曰："仲舒在家，朝廷如有大议，使使者及廷尉张汤就其家而问之，其对皆有明法。"《后汉书·应劭传》曰："故胶西相董仲舒老病致仕[①]，朝廷每有政议，数遣廷尉张汤亲至陋巷，问得失。于是作《春秋决狱》二百三十二事[②]，动以经对。"据此，则张汤用法，尝询仲舒。《汉·艺文志》"《董仲舒治狱》十六篇"久亡，《通典》、《六帖》、《御览》共载六事，引《春秋》义以断当时之狱，多以为某人罪不当坐。盖以汉法严酷，持议多归仁恕，与弘、汤之惨刻异趣。《繁露·郊祀对》仲舒答张汤问凫鹜之类，亦不尽属刑法。则不能以张汤之法归咎仲舒，尤不能归咎《公羊》矣。三科、

① "相"，原脱，据《后汉书·应劭传》补。

② "三十二"，原误作"三十三"，据《后汉书·应劭传》改。

九旨,《繁露》书明言之。俞云“董仲舒未敢言而心好之,故陷吕步舒之狱”,以俞氏之博,似并未见《繁露》,殊不可解。何休《解诂》曰“自王者言之,以屈远世子在三公下[①]”,引《礼·丧服》为证。何氏解礼即不当,亦无关《春秋》大义。俞以此为何氏罪案,谓以己得公府掾之故。论古人当平心静气,不当锻炼以入人罪。必欲深文锻炼,谓何氏因己为公府掾,故崇重三公,亦安知俞氏非因己为时相所扼,故卑抑三公乎?俞为董诰所扼,不得进士。孟子曰:“《春秋》,天子之事也。”又曰:“孔子成《春秋》而乱臣贼子惧。”《公羊》家说与孟子合。若《左氏》家说经承旧史,无“素王”之法,则天子之事安在?曰“凡弑君称君,君无道也;称臣,臣之罪也”,如其说,则君无道而弑君之臣无罪。传文于殉君之孔父、荀息并无褒辞,而弑君之赵盾、栾书反加称许,且有“君臣无常位”之言,《左氏》据事直书,初无成见。杜预张大其说,与《春秋》之义相反。是《春秋》成而乱臣贼子喜矣。如俞氏说,不亦可云“《左氏》集乱臣、贼子之言,谓之经义”乎?俞氏曰:“《左氏》,万世之书也。《公羊传》,汉廷儒臣通经致用干禄之书也。何休所说,汉末公府掾致用干禄之书也。”请为更正之曰:“《公羊传》,经学也,一字褒贬,孔子作《春秋》之义本如是也。《左氏传》,史学也,据事直书,不立褒贬,虽不传《春秋》,而书不可废也。”俞氏所说,乃不通经义、不合史事、疑误后学之妄言也。

① “以”,原脱,据《春秋公羊传注疏》补。

五十六、论《春秋》明王道，绌诈力，故特褒宋襄而借以明仁义行师之义

尝读《春秋》而有感焉。《春秋》据乱而作，乱莫甚于战争。孟子曰："《春秋》无义战。彼善于此，则有之矣。"今据《公羊》之传，推孟子之义，而知孟子之善说《春秋》也。《春秋》托始于隐。隐二年，"无骇帅师入极"，传曰："何以不氏？疾始灭也。"然则后之灭人国者，皆《春秋》之所疾矣。四年，"莒人入杞，取牟娄"，传曰："外取邑不书，此何以书？疾始取邑也。"然则后之取人邑者，皆《春秋》之所疾矣。桓七年，"焚咸丘"，传曰："以火攻也。何言乎以火攻？疾始以火攻也。"然则后之以火攻者，皆《春秋》之所疾矣。《春秋》战例时，偏战日，诈战月。《左氏》凡例"凡师，敌未阵曰败某师"，即诈战，"皆阵曰战"，即偏战。桓十年，"冬，十有二月，丙午，齐侯、卫侯、郑伯来战于郎"。僖元年[①]，"冬，十月，壬午，公子友帅师败莒师于犁，获莒拏"。僖十五年，"十一月，壬戌，晋侯及秦伯战于韩，获晋侯"。僖二十二年，"冬，十有一月，己巳朔，宋公及楚人战于泓，宋师败绩"。文七年，"夏，四月，戊子，晋人及秦人战于令狐"。十二年，"冬，十有二月，戊午，晋人、秦人战于河曲"。传皆以为偏战，是彼善于此者，犹愈于诈战也。宋、楚战泓，传

① "元年"，原误作"二年"，据《春秋左传》改。

曰:"偏战者日尔。此其言朔何?《春秋》辞繁而不杀者,正也[①]。君子大其不鼓不成列,临大事而不忘大礼,有君而无臣,以为虽文王之战,亦不过此也。"是宋襄战泓为善之善者,故夫子特笔褒之。董子《繁露·王道》《俞序》篇、《史记·宋世家》赞、《淮南·泰族训》、《白虎通·号》篇、何氏《穀梁废疾》皆褒宋襄。锡瑞案:《司马法》曰:"逐奔不过百步,从绥不过三舍,明其礼也。不穷不能而哀怜伤病,明其仁也。成列而鼓,明其信也。争义不争利,明其义也。"据此,则"不鼓不成列"、"不重伤"、"不禽二毛",本古军礼之遗。古礼不行,而《老子》有以奇用兵之言,谈兵者谓兵不厌诈。宋襄独行古礼,宜世皆迂之矣。《穀梁》、《左氏》不以宋襄为是,狃于后世诈力之见。《左氏》书之善,在明典礼、详事实,而浅人武夫但以为善言兵,故隗禧以《左氏》为相斫书。《左氏》述子鱼之言,訾宋襄者以为口实。不知《宋世家》亦载子鱼"兵以胜为功"之言,而史公作赞,必褒宋襄之礼让者,以《春秋》拨乱之旨具在此也。当其时,战祸亟矣,独有一宋襄公能明王道,绌诈力。故《春秋》特褒之,而借以明仁义行师之义,以为后之用兵者能如宋襄之言,则战祸少纾,民命可保矣。春秋时,宋华元、向戌皆主弭兵,其后墨翟、宋牼以禁攻寝兵为务,似闻宋襄仁义之风而兴起者。《左氏》载子罕之言以斥向戌,似亦近正,然不得以弭兵为非。兵虽不能终弭,弭一日,缓一

① "正",原脱,据《春秋公羊经传解诂》补。

日之祸也。痛乎何劭公之言火攻也，曰："征伐之道，不过用兵，服则可以退，不服则可以进[①]。火之盛炎，水之盛冲，虽欲服罪，不可复禁。故疾其暴而不仁也。"今之战事专尚火攻，其暴而不仁，又百倍于东周之世。西人近讲公法，开弭兵会，似得墨子兼爱、非攻之旨。若进之以《春秋》之义，明王道，绌诈力，战祸庶少瘥乎！

① "则"下，原衍"不"，据《春秋公羊经传解诂》删。

附　录

皮鹿门先生传略

皮名振

公讳锡瑞，字鹿门，一字麓云，姓皮氏，湖南善化人。颜其所居曰“师伏堂”，学者因称“师伏先生”。

皮氏之先，由赣迁湘。曾祖智州公，以货殖起家，财雄府邑。父鹤泉公，以儒术饰吏治，为浙江宣平知县。

公以清道光三十年庚戌十一月十四日（西历一八五〇年十二月十七日）生于善化城南里第，为鹤泉公长子。幼承庭训，好学覃思。六龄就外傅，八岁能诗文。年十四，应童子试，补善化县学生员。越年，食廪饩。年二十四，举同治癸酉科拔贡。翌年，部试报罢。年三十三，举光绪壬午科顺天乡试。复阨于礼闱，试内阁中书，引见不记名。尔后三应礼部试，皆报罢。

公既困于甲科，遂潜心讲学、著书。光绪十六年，主湖南桂阳州龙潭书院讲席。后二年，移主江西南昌经训书院。江右故宗宋学，偏重性理，或流禅释。公以西京微言大义教诏学者，说经当守家法，词章必宗家数。一时高才隽秀，咸集其门。先后七年，学风丕变。

光绪初叶，四境多虞，俄人既窥伺新疆，琉球、安南亦渐脱藩属。公悯乱忧时，倡屯田固边及救藩备圉诸议。甲午战后，朝野倡言变法，公独以为"宜先清内乱，严惩贿赂，刻绳赃吏，实事求是，且必先改宋明陋习，不必皆从西俗"。时湖南设时务学堂及《湘报》馆，戊戌复创南学会于长沙，公被聘为学长，主讲学派一科。开讲之日，官绅士民集者三百馀人，公阐明学会宗旨，略谓："学非一端所能尽，亦非一说所能该。先在读书穷理，务其大者远者，将圣贤义蕴，了然于中，古今事变，中外形势，亦须讲明切究，方为有体有用之学。"学会开讲计三月，公讲演共十二次。所言贯穿汉宋，融合中西，闻者莫不动容。是年秋，变法事败，六君子殉难于京师，公有诗哭之。复以参与南学会，为忌者诬奏，奉廷寄，革举人，交地方官管束。公以布衣罹党禁，杜门著述。三年，始得开复。

庚子乱后，国内咸以兴学育材为救国急务。光绪二十八年夏，公被聘创办湖南善化小学堂。赣南、常德等地，欲聘公为学堂总教，均辞不就。翌年，湖南设高等学堂及师范馆，公任伦理、经、史讲席，兼代高等学堂监督。时京师大学堂成立，经、史、文三科讲座需人，张文厚三次电湘，请公北上，均以事辞。公留湘讲学，先后五年，历任湖南高等、师范馆、中路师范、长沙府中学堂讲席，学务公所图书课长，及长沙定王台图书馆纂修。博学沈思，诲人不倦，三湘硕学，咸出其门。

公以经学名于时。光绪五年，年三十，乃始治经。研精覃思，更三十年，著书百卷，成一家言。光绪十三年，始为《尚书大传笺》，后更名《尚书大传疏证》。越十年始成，凡七卷，以丙申秋刊于南昌。公平生学问，实萃此书，自序谓："殚精数年，易稿三次。既竭驽钝，粗得端倪。原注引郑，必析异同；辑本据陈，间加厘定；所载名物，亦详引征。冀以扶孔门之微言，具伏学之梗概。"盖公治《尚书》，服膺伏生，宗今文说。然尝谓："解经当实事求是，不当党同妒真。"故其疏证，于曲直离合之间，类有发明。

公少壮所作，多属诗文，有《师伏堂骈文》及《师伏堂诗草》。中年主讲江右，专治经学，尝集所作经解，为《经训书院自课文》。既刊《尚书大传疏证》，复成《古文尚书疏证辨正》、《九经浅说》、《古文尚书冤词平议》、《孝经郑注疏》、《郑志疏证》、《今文尚书考证》及《圣证论补评》等书。戊戌以后，杜门著述，成《尚书中候疏证》、《驳五经异义疏证》、《发墨守》《箴膏肓》《释废疾疏证》、《汉碑引经考》及《王制笺》等书。晚年讲学湘垣，复撰《经学历史》、《经学通论》二书，为经学课本，今日犹为初学治经者所必读。

公瘁精学术，体力早衰，以光绪三十四年戊申二月初四日（公历一九〇八年三月六日）卒于善化南城故宅，享年五十有九。

公平生著述刊印行世者，有《师伏堂丛书》及《皮氏八种》。其已刊今佚，及未刊遗著，尚有多种，谨次为著述总目，附录如后。至公师友交游、著述先后、出处本末，具详《年谱》。

皮鹿门先生著述总目

一、《师伏堂丛书》,善化皮氏师伏堂辑印,计十八种,其子目如下:

《经学通论》五卷,光绪三十三年丁未(一九〇七)湖南思贤书局刊(又商务印书馆排印本,选入《万有文库》及《国学基本丛书》)。

《经学历史》一卷,光绪三十三年丁未(一九〇七年)湖南思贤书局刊(又商务印书馆排印本,及周予同注释本)。

《尚书大传疏证》七卷,光绪十三年初稿,原名《尚书大传笺》,二十一年更名《尚书大传疏证》,光绪二十二年丙申(一八九六)善化师伏堂自刊于南昌。

《今文尚书考证》三十卷,光绪二十三年丁酉(一八九七)善化师伏堂自刊。

《尚书中候疏证》一卷,光绪二十五年己亥(一八九九)湖南思贤书局刊。

《古文尚书冤词平议》二卷,光绪二十二年丙申(一八九六)湖南思贤书局刊。

《孝经郑注疏》二卷,光绪二十一年乙未(一八九五)善化师伏堂自刊于江西南昌。

《郑志疏证》八卷,附《郑记考证》一卷、《答临孝存周礼难》一卷,光绪二十五年己亥(一八九九)湖南思贤书局刊。

《圣证论补评》二卷,光绪二十五年己亥(一八九九)

善化师伏堂自刊。

《六艺论疏证》一卷，光绪二十五年己亥（一八九九）湖南思贤书局刊。

《鲁礼禘祫义疏证》一卷，光绪二十五年己亥（一八九九）湖南思贤书局刊。

《王制笺》一卷，光绪三十四年戊申（一九〇八）湖南思贤书局刊。

《汉碑引经考》六卷附《汉碑引纬考》一卷，光绪三十年甲辰（一九〇四）善化师伏堂自刊。

《经训书院自课文》三卷，光绪十九年癸巳（一八九三）、二十一年乙未（一八九五）善化师伏堂自刊。计光绪十九年刊壬辰、癸巳两年所作经解为《自课文》第一、二两卷，光绪二十一年刊甲午、乙未两年所作经解为《自课文》第三卷。

《师伏堂咏史》一卷，光绪三十年甲辰（一九〇四）善化师伏堂自刊。

《师伏堂词》一卷，光绪三十年甲辰（一九〇四）善化师伏堂自刊。

《师伏堂骈文》二种六卷，光绪二十一年乙未（一八九五）善化师伏堂自刊骈文二卷于南昌，光绪三十年甲辰（一九〇四）增入三十馀篇，补刊骈文四卷于善化。乙未以后骈文，及历年所作散体文，约四十馀篇，均未刊入，藏于家。

《师伏堂诗草》六卷，光绪三十年甲辰（一九〇四）善化师伏堂自刊。按《诗草》编年始同治九年庚午（一八七〇），终光绪二十四年戊戌（一八九八），凡六卷。己亥以后存稿未刊，又少壮所作，及戊戌八月政变后诗未录入《诗草》者，约百馀首。

二、《皮氏八种》，善化皮氏师伏堂近年重印《师伏堂丛书》中之经考，成《皮氏八种》一集，计：

《经学通论》五卷。

《经学历史》一卷。

《王制笺》一卷。

《圣证论补评》二卷。

《郑志疏证》八卷。

《六艺论疏证》一卷。

《古文尚书冤词平议》二卷。

《尚书中候疏证》一卷。

三、其他已刊各书：

《发墨守》《箴膏肓》《释废疾疏证》各一卷，光绪二十五年己亥（一八九九）湖南思贤书局刊。

《驳五经异义疏证》十卷，光绪二十五年己亥（一八九九）湖南思贤书局刊。

《古文尚书疏证辨正》，卷数未详，光绪二十二年丙申（一八九六）湖南思贤书局刊。

《九经浅说》，光绪二十年甲午（一八九四）辑壮岁治经所作共七种，计《左传》二卷，《公羊》一卷，《穀梁》一卷，《礼记》二卷，《尚书》二卷，《诗》二卷，《四书》

若干卷。光绪二十五年己亥（一八九九）湖南思贤书局刊《礼记浅说》（上下二卷）及《左传浅说》（上下二卷）二种。光绪二十六年庚子（一九〇〇）拟刊其他五种未果，现均散佚。

《尚书古文考实》一卷，光绪二十二年丙申（一八九六）湖南思贤书局刊。

《师伏堂笔记》三卷，原拟名《续鹿门家钞》，光绪三十三年丁未（一九〇七）善化师伏堂排印（又长沙杨树达积微居刻本一册）。

《南学会讲义》一卷，光绪二十四年戊戌（一八九八）载《湘报》。

《师伏堂春秋讲义》二卷，宣统元年（一九〇九）公次子嘉祐集公晚年在湖南高等学堂、中路师范及长郡中学三校讲义，成书二卷，排印于长沙。

《蒙学歌诀》二卷，题文薮主人撰，光绪二十八年壬寅（一九〇二）善化小学堂蒙学课本，翌年癸卯（一九〇三）长沙湘雅堂代刊。

《浙江宣平县志》，光绪三年（一八七七）代鹤泉公纂修，卷数及刊刻年月未详。

四、未刊及已佚遗稿：

《史记引尚书考》六卷，光绪二十至二十一年作。

《两汉咏史》一卷，光绪二十一年作。

《读通鉴论史评》一卷，光绪二十六年作。

《史记补注》，不分卷，光绪二十五年作。

《长芦盐法志》，光绪二十九年成《例言》十三条，并拟作《修志条议》六则，志未成书。

《广皮子世录》，光绪二十六年更前岁所辑《皮氏先贤录》，名《广皮子世录》，拟刊未果。

《师伏堂日记》，起光绪十八年壬辰（一八九二），终光绪三十四年戊申（一九〇八），凡十六年，无一间断。原稿共若干卷，藏皮氏师伏堂。

《易林证文》一卷，光绪二十六年庚子作。

原载长沙《南强旬刊》第一卷第七期，1938年5月出版；又见皮名振编《皮鹿门年谱》卷首，商务印书馆1939年出版。

《经学通论》提要

江　瀚

《经学通论》五卷，皮氏丛书本。清皮锡瑞撰。是编分《易》、《书》、《诗》、《礼》、《春秋》，共为五卷。《易论》"论卦辞文王作、爻辞周公作皆无明据，当为孔子所作"，又"论卦辞、爻辞即是系辞，《十翼》之说于古无征"，"论汉初说《易》皆主义理、切人事，不言阴阳、术数"，"论阴阳灾变为《易》之别传"，"论孟氏为京氏所托，虞氏传孟学，亦间出道家"，"论王弼以十篇说经，颇得费氏之旨"，"论黄宗羲论《易》取王《注》与程《传》，汉之焦、京，宋之陈、邵，皆所不取，说极平允，近人复理焦、京之绪，又生一障"，所论皆甚正当。惟"论焦循以假借说《易》本于《韩诗》，发前人所未发，学者当援例推补"，则殊失审。《韩诗外传》云：

"《易》曰：'困于石，据于蒺藜，入于其宫，不见其妻，凶。'此言困而不疾据贤人者。昔者，秦穆公困于殽，疾据五羊大夫、蹇叔、公孙支而小霸；晋文公以困于骊氏，疾据咎犯、赵衰、介子推而遂为君；越王句践困于会稽，疾据范蠡、大夫种而霸南国；齐桓公困于长勺，疾据管仲、宁戚、隰朋而匡天下。此皆困而知疾据贤人者也。夫困而不知疾据贤人而不亡者，未尝有也。"此以"疾据贤人"解"据于蒺藜"，焦氏以为可悟《易》辞比例引伸之妙。然蒺藜木名，困之为卦，坎下兑上，坎于木为坚多心，蒺藜之象。若以"疾"解"蒺"，不知"藜"又作何解？依此望文生义，援例推补，恐支离蔓衍，全经将为变乱矣。《书论》虽偏在今文一面，而持论尚属圆通。然因《洪范》"天锡"一语，遂谓"三国魏时，张掖涌石，有牛马之形及'大讨曹'字，足见祥异之兆，有未可据理以断有无者"，信伪为真，未免可笑。《诗论》以毛义不及三家，亦是尊重今文之意。其论古文《诗》、《书》之《序》，当"如郑君论纬说，云'不信亦非，悉信亦非'。若郑樵攻毛《序》而以己意为《序》，则近于妄。魏源《诗古微》主三家，而三家所无者，皆以己意补之为《序》，是郑樵之类也"，又论"毛《序》本不知出自何人，尊之者推之毛公之前而属之子夏，疑之者抑之毛公之后而属之卫宏，其实皆无明文。三家既亡，无有更古于《毛诗》者，即谓《序》出卫宏，亦在郑君之前，非后人臆说可比，学者尊崇为古义，不必争论为何人也"，是尤不愧通人之论。《三礼论》论三《礼》本是实学，非可空言，故南、北学分而三《礼》

皆从郑注。篇中谓习《礼记》者当熟玩注疏，实则治《仪礼》、《周礼》何独不然？至论“《王制》为今文大宗，即《春秋》素王之制”，则袭今人说，未足深信。《春秋论》“论《春秋》是作不是抄录，是作经不是作史，杜预以为周公作凡例，陆淳驳之甚明”，“论《春秋》改制犹今人言变法，损益四代，孔子以告颜渊，其作《春秋》亦即此意”之二说者，洵足发明孔子作《春秋》之旨，否则真如王安石所讥断烂朝报矣。锡瑞著述，固当以此书为最云。

中国科学院图书馆编：《续修四库全书总目提要（经部）》，中华书局，1993 年，第 1409—1410 页。

《易经通论》提要　　吴承仕

《易经通论》一卷，思贤书局本。清皮锡瑞撰。锡瑞字鹿门，善化人，举人，光绪三十四年卒。治经宗今文，颇持孔子改制之说，著述甚富。晚年教于乡校，初为《经学历史》以授诸生，犹恐语焉不详，学者未能窥治经门径，更纂《经学通论》。自序署光绪丁未，为其卒之前一年，是为晚年定本。《易经通论》即其一也。是书分三十章，章首标明论旨，体例与阎若璩《尚书疏证》相似。自三“易”名义，画卦、重卦，文、周系辞，孔子作传，汉、宋家法，古今宗派，以讫清代各家，皆能考其流别，辨其得失，断之己意，以示学人治《易》之术。大旨以汉初《易》说皆主义理，以施、孟、梁丘章句之学为正传，焦、京之阴阳灾变，则为《易》外别传，即孟之卦气、郑之爻辰，亦别传也。虞翻自言五世传《孟氏易》，而引《参同契》日月为易以明坎、离之用，又言梦道士饮以三爻，则其学杂出道家，不为典要。且汉儒言六十四卦直日用事者，何以震、离、坎、兑四卦不在其内？乾、坤为诸卦之宗，何以与诸卦并列？似未免削趾适屦，强合牵附之嫌。宋自陈、邵以还，图、书之说，雾塞一世。朱子虽依违其间，而《本义》九图及《启蒙》所载，杂出于其门人，非为定论。俞琰明言图、书为丹家之书，养生之切务。彼既自认不讳，吾儒犹据以说《易》，斯可谓大惑矣。是故魏之王辅嗣，有摧陷廓清之功；宋之程伊川，有卓然不惑之识。且程《传》不杂以老、庄玄言，说理尤为精切，则又胜于王氏。此之持论，盖杂采黄宗羲、顾炎武、胡渭、钱大昕、焦循、王引之等之善言而折衷至当者也。皮氏于清儒《易》学，独举张惠言、焦循二家，以为治《易》之法。焦本自名其家，张则专述虞氏。既以虞为外道矣，复谓张氏所发明得存汉学之什一于千百，视前此所述，不无矛盾。又引姚配中之说，谓以传附经，始于费直。案：《魏志·高贵乡公纪》载淳于俊之对，语意甚明，汉博士十二篇之旧次，自郑玄始附《彖》、《象》传于经，自王弼又附《文言》于《乾》、《坤》之后。事状明审，无可致疑。宋儒规复古《易》者，间有误说，讫于清代，悉已辨正。今乃信姚氏之诬言，乱已往之定论，亦疏漏之一端也。虽然，持论考事，违失人所时有，未为大过，独谓卦、爻之辞皆孔子作，于文、周无与，则向壁虚造，振古所无有也。近馀杭章君作《驳议》一首，举十二证以明其诬,学者庶几不为所惑乎。统观皮氏此书,凡论经、传缘起者,时有愚诬之谈;评汉、宋学术者,颇多持平之论。不以彼一害此一,亦初学者所宜参考也。

中国科学院图书馆编:《续修四库全书总目提要(经部)》,第174页。